南昌大学"双一流"学科建设经费资助

Research on the Jiangxi Scholars Community and
Local Society in the Southern Song Dynasty

邹锦良 著

南宋江西士人社群与地方社会研究

中国社会科学出版社

图书在版编目（CIP）数据

南宋江西士人社群与地方社会研究/邹锦良著.
—北京：中国社会科学出版社，2023.3
ISBN 978 - 7 - 5227 - 1368 - 7

Ⅰ.①南… Ⅱ.①邹… Ⅲ.①知识分子—研究—
江西—南宋 ②社会史—研究—江西—南宋
Ⅳ.①D691.71 ②K295.6

中国国家版本馆 CIP 数据核字(2023)第 026570 号

出 版 人　赵剑英
责任编辑　宋燕鹏　石志杭
责任校对　李　硕
责任印制　李寡寡

出　　　版　中国社会科学出版社
社　　　址　北京鼓楼西大街甲 158 号
邮　　　编　100720
网　　　址　http://www.csspw.cn
发 行 部　010 - 84083685
门 市 部　010 - 84029450
经　　　销　新华书店及其他书店

印　　　刷　北京明恒达印务有限公司
装　　　订　廊坊市广阳区广增装订厂
版　　　次　2023 年 3 月第 1 版
印　　　次　2023 年 3 月第 1 次印刷

开　　　本　710 × 1000　1/16
印　　　张　21.75
插　　　页　2
字　　　数　335 千字
定　　　价　118.00 元

目 录
MU LU

绪　　论

一　选题缘起

（一）"黄金时代"的地方士人

宋代特殊的历史环境为士人提供了较为宽松的政治参与空间，士人的社会责任感和历史使命感得到了充分的展示。因此，宋代士人的主人翁意识空前强烈，他们为后世树立了知识分子的光辉榜样。可以说，宋代士人是中国古代知识分子研究、宋史研究以及中国古代社会史研究的重要课题。毋庸置疑，对宋代社会的中坚阶层——士人群体进行研究，必将有利于我们了解宋代士人群体对当时社会历史发展所做出的贡献，从而有利于我们发现宋代社会发展的某些规律。可喜的是，国内学界自20世纪90年代以来对宋代士人的研究逐渐升温，取得了一系列丰硕成果，不仅体现在论著数量逐渐增多，学术质量不断提高，而且研究的深度和广度也在不断地拓展①。就现有研究成果来看，既有对宋代士大夫的整体探讨，也有对宋代士大夫与政治，宋代士大夫士风，士大夫的文学艺术成就，士大夫的社会生活、思想文化以及士大夫个案等内容的论述。故有学者说，宋代士大夫研究的再生空间已逐渐打开。② 因此，宋代士人及其相关的研究还有

---

① 国外学者自20世纪70年代就开始对宋代士人及士人社会予以关注，如郝若贝、刘子健、何安娜、韩明士、包弼德等学者，他们把视角更多地放在了宋代士人与地方社会，并把地方士人称之为"地方菁英"。Robert M. Hartwell. Demographic, political, and Social Transformations of China, 750 – 1550, Harvard Journal of Asiatic Studies, Vol. 42, No. 2（Dec. 1982）pp. 365 – 442；Robert Hymes. *Statesmen and Gentlemen: The Elite of Fu – Chou, Chiang – Hsi, in Northern and Southern Sung*, London: Cambridge University press, 1986；Anne Gerritsen. *Ji'an Literati and the Local in Song – Yuan – Ming China*, Brill, 2007.

② 马斗成、王滨：《20世纪70年代以来中国大陆宋代士大夫研究综述》，《青岛大学师范学院学报》2007年第2期。

较为广阔的空间。①

宋代江西是当时经济、文化、社会等各方面都全面兴盛的一个区域，或者说，宋代是江西发展的黄金时期。江西学者方志远教授曾用一连串的反问来形容宋代江西的辉煌发展："无法想象，没有欧阳修、王安石的北宋政坛、文坛该是什么样子？没有周敦颐、朱熹、陆九渊的宋学、宋代理学是什么样子？没有胡铨、文天祥的风骨，所谓宋代士大夫的气节从何说起？没有杨岐、曹洞、天师、净明诸派，宋代佛教和道教会是怎样？没有白鹿洞书院、白鹭洲书院、鹅湖书院，没有临川文化、庐陵文化为代表的江西文化，宋代文化会是什么样子？没有江西源源不断的物质支持，南宋半壁江山又该如何支撑？当然，在中华文明的发展历程中，各个地区都做出了自己的贡献，而在宋明时期，江西则不遑多让。"② 这一连串的"无法想象"恰是宋代江西"黄金"发展的时代写照。这里所提及的欧阳修、王安石、朱熹、陆九渊、胡铨、文天祥等名士，不仅是宋代江西士人的杰出代表，而且是彪炳史册的士人典范。当然，西方学者则习惯于把宋代这些为地方社会发展做出重要贡献的士人称之为"地方精英"。暂且不管宋代江西士人在基层社会是否占据着绝对的主导地位？是否以地方精英的身份发挥着积极作用？宋代地方士人作为一个拥有知识文化、思想信仰的社会阶层，他们应该是国家政治发展，社会活动的主要参与者，为宋代政治、经济、文化以及地方社会发展发挥着应有的作用。因此，宋代士人的政治参与、文化引领、经济建设等方面都得到了学界应有的关注。本书将通过梳理文献史料，挖掘南宋江西士人的日常活动，尤其是他们参与地方社会的活动，以期为南宋史研究、宋代士人研究以及宋代江西研究有所补益。

（二）"眼光向下"的学术取向

自 20 世纪初梁启超倡导"新史学"以来，西方社会科学对中国史学研究的影响逐渐加强。梁启超在 1901 年发表的《中国史叙论》中说："史

---

① "就宋代社会史的研究而言，针对士大夫人际关系的研究相对较少。尽管社会史已成为近年来宋史研究中的热点，也取得了丰硕的成果，但针对士大夫之间关系的专题研究并不多。"见祁琛云《北宋科甲同年关系与士大夫朋党政治》，四川大学出版社 2015 年版，第 25 页。

② 方志远：《宋代江西研究的成就与存在的问题》，《文史知识》2008 年第 11 期。

也者，记述人间过去之事实者也。虽然，自世界学术日进，故近世史家之本分，与前者史家有异。前者史家，不过记载事实，近世史家，必说明其事实之关系，与其原因结果。前者史家，不过记述人间一二有权力者兴亡隆替之事，虽名为史实，不过一人一家之谱牒。近世史家，必探察人间全体之运动进步，即国民全部之经历及其相互之关系。"① 1927 年 1 月，顾颉刚、容肇祖等人到福州，以厦大国学院名义与协和大学国学系共同恢复闽学会，其宣言称："国学的研究，自受了新史学和科学的洗礼，一方面扩大了眼光，从旧有的经史子集中打出一条'到民间去'的血路，一方面绵密其方法，用统计学、社会学、人类学、地质学、生物学、考古学多种科学的方法，来切实考求人文的真相，而予以簇新的解释，新史学的眼光渐离了政治舞台'四库式'的图书馆，而活动于实事求是之穷荒的探险或乡土的研求。"他们为《中山大学语言历史研究所周刊》所写的《发刊词》宣称："我们要实地搜罗材料，到民众中寻方言，到古文化的遗址去发掘，到各种的人间社会去采风问俗，建设许多的新学问。"②

随着学术研究交流的深入，西方学者的研究模式不断进入中国历史研究的视野中。一方面是眼光向下，视野下移的研究范式深刻地影响着中国历史研究。自 20 世纪 40 年代始，以马克·布洛赫、吕西安·费弗尔、布罗代尔和勒高夫等人为代表的法国年鉴学派一直重视将历史研究的视野移向民间基层和广大民众，他们以探寻人类社会的总体历史为学术旨归，把研究"成千上万的普通民众的活动为主体的人的历史"作为治史的根本原则。③ 21 世纪初以来，国内学界也开始提出要回到历史现场，"回到历史现场，不仅要回到一定的空间位置，回到事情发生的那个时代或那段时间，而且要设法回到当时当地，回到事情正在发生的过程之中。……回到历史现场，就是要和历史人物一起经历其事，而且不是作为旁观者，也不

---

① 梁启超：《新史学》，《饮冰室合集·文集之六》，中华书局 1989 年版，第 1—2 页。
② 陈锡襄：《闽学会的经过》，《国立第一中山大学语言历史学研究所周刊》第 1 集第 7 期（1927 年 12 月 13 日）。
③ 王先明：《走向社会的历史学——社会史理论问题研究》，河南大学出版社 2010 年版，第 269 页。

仅仅是参与者之一，而是和所有亲历者一起经历他们各自所经历的全部过程。……犹如上演一出戏剧，研究者如场记，知道每一位角色做什么和为什么会这样做。他只是客观地展示实情，而不必导演剧情"①。

西方"眼光向下"的研究范式和国内"回到历史现场"的意识也影响着宋史研究，"西方历史学的研究取向也在不同程度地影响着 20 世纪 80 年代以后内地的宋史研究。虽然国内宋史研究者并没有自觉和刻意追随西方历史学研究取向的转移，但是在某些方面确实有某种程度上的契合，比如：20 世纪 80 年代中后期悄然兴起的社会生活史和文化史研究，日益受到中青年学者的关注而成为典章制度史之外的又一研究热点或增长点，而且问题研究微观细化的倾向也是显而易见的"②。为避免这种"微观细化的倾向"（或者被称之为"碎片化"），学者们注意到，区域社会史研究所关照的就不能仅仅是所论述区域的社会，"区域社会并不是出于研究便利的人为拼凑，而是在生态环境、语言系统、风土人情、心理特征等诸要素之间存在着自然耦合的人文结构，并在实际生活的运作过程中体现出区域特质，不同的区域社会以此相互区别"③。因此，区域社会史的研究不仅要回答"是什么"？而且要回答"为什么"？区域社会史要把"区域"作为社会现象和社会透视单位的结合体，在关注区域特色的同时，关注与区域内部权力结构和功能一样重要的大场域的国家与社会的关系以及历史与现实的关系。④

二　学术史回顾

（一）宋代士人研究

1. 士人研究

众所周知，士人在中国传统社会一直承担着重要的职责和使命，国外

---

① 桑兵：《从眼光向下回到历史现场——社会学人类学对近代中国史学的影响》，《中国社会科学》2005 年第 1 期。
② 李华瑞：《近三十年来国内宋史研究方向博士学位论文选题取向分析与思考》，《历史教学》2009 年第 12 期。
③ 小田：《江南场景：社会史的跨学科对话》，上海人民出版社 2007 年版，第 3 页。
④ 行龙主编：《区域社会史研究导论》，中国社会科学出版社 2018 年版，第 40 页。

学者甚至把宋代士人称为"精英阶层"。因此，士人始终是学界关注的重要研究内容，也取得了丰硕研究成果。举其要者如顾颉刚《武士与文士之蜕化》① 认为士是低级之贵族，文士是从武士蜕化而来的；张仲礼《中国绅士：关于其在19世纪中国社会中作用的研究》②、费孝通《中国士绅》③、刘泽华《士人与社会》（先秦卷）④ 和《士人与社会》（秦汉魏晋南北朝卷）⑤ 等，这些前辈学者系统阐述了士在中国历史上的作用及其演变，展现了士在中国文化史上的特殊地位；阎步克《士大夫政治演生史稿》⑥、王长华《春秋战国士人与政治》⑦、王廷治《中国早期知识分子的社会职能》⑧、赵园《明清之际士大夫研究》⑨、葛荃《立命与忠诚——士人政治精神的典型分析》⑩ 和《权力宰制理性：士人、传统政治文化与中国社会》⑪ 等，强调士人的历史定位决定其在社会中的特殊身份和地位；于迎春《秦汉士史》⑫、王永平《中古士人迁移与文化交流》⑬ 分析了中古士人在学术文化交流和传播过程中的突出作用，指出士人群体与社会环境之间存在的关系；黄云鹤《唐宋下层士人研究》⑭ 以唐宋时期的下层士人为着眼点，分析了时代变革对这一群体造成的影响以及群体自身的发展变化；陈弱水《唐代文士与中国思想的转型》⑮ 论述唐代社会变迁、政局变动与士人思想意识之间的关系，审视唐代文士的精神世界；刘晓东《明代

---

① 顾颉刚：《武士与文士之蜕化》，中华书局2005年版。
② 张仲礼：《中国绅士：关于其在19世纪中国社会中作用的研究》，上海社会科学院出版社1991年版。
③ 费孝通：《中国士绅》，生活·读书·新知三联书店2009年版。
④ 刘泽华：《士人与社会》（先秦卷），天津人民出版社1988年版。
⑤ 刘泽华：《士人与社会》（秦汉魏晋南北朝卷），天津人民出版社1992年版。
⑥ 阎步克：《士大夫政治演生史稿》，北京大学出版社1996年版。
⑦ 王长华：《春秋战国士人与政治》，上海人民出版社1997年版。
⑧ 王廷治：《中国早期知识分子的社会职能》，河南人民出版社1997年版。
⑨ 赵园：《明清之际士大夫研究》，北京大学出版社1999年版。
⑩ 葛荃：《立命与忠诚——士人政治精神的典型分析》，浙江人民出版社2000年版。
⑪ 葛荃：《权力宰制理性：士人、传统政治文化与中国社会》，南开大学出版社2003年版。
⑫ 于迎春：《秦汉士史》，北京大学出版社2000年版。
⑬ 王永平：《中古士人迁移与文化交流》，社会科学文献出版社2005年版。
⑭ 黄云鹤：《唐宋下层士人研究》，河北人民出版社2006年版。
⑮ 陈弱水：《唐代文士与中国思想的转型》，广西师范大学出版社2009年版。

士人生活状态研究》①、徐林《明代中晚期江南士人社会交往研究》② 等，都是关于中国传统士人研究的力作，为学界深入研究士人奠定了基础。

2. 宋代士人研究

宋代是中国传统社会转型、变革的一个重要时期，转型、变革使得宋代社会出现了诸多新变化。新的时代变革为宋代士大夫治国平天下的政治抱负带来了新机遇。宋代士大夫社会地位有了极大提升，他们的政治热情、报国情怀、责任意识前所未有地被激发出来，使得宋代士人在中国传统社会中留下了浓墨重彩的一笔，是备受关注和研究的一个群体。

学界已有较多关于宋代士人的研究，前人也做了相关的总结。如杨世利《近二十年来宋代士大夫政治研究综述》一文从士大夫阶层与宋代的政治制度、士大夫阶层与宋代的政风和士风、士大夫阶层与宋代的变法和党争、儒学复兴与士大夫政治等 4 方面对此前国内研究进行了全面梳理③，马斗成、王滨《20 世纪 90 年代以来中国大陆宋代士大夫研究综述》一文从政治、士风、文学艺术、社会生活和思想文化、主体特征研究、个案研究等方面对宋代士大夫研究进行了全面回顾。④ 国外相关研究如日本学者真锅多嘉子《近十五年来日本对宋代士大夫的研究》一文就日本宋代士人相关研究进行了总结。⑤ 以下拟从三方面对宋代士人研究进行再梳理，再回顾。

（1）政治视野中的宋代士人

宋代是士人最为活跃的时期之一，宋代士人活动首先是体现在政治层面，因而研究宋代士人首先应该把他们放置到政治领域中去观察。目前，学界这方面的研究颇多，举其要者如张希清《士大夫与天子"共治天下"——范仲淹与庆历新政》一文认为宋代士人逐渐走向自觉，他们"以

① 刘晓东：《明代士人生活状态研究》，吉林文史出版社 2002 年版。
② 徐林：《明代中晚期江南士人社会交往研究》，上海古籍出版社 2006 年版。
③ 杨世利：《近二十年来宋代士大夫政治研究综述》，《中国史研究动态》2008 年第 4 期。
④ 马斗成、王滨：《20 世纪 90 年代以来中国大陆宋代士大夫研究综述》，《青岛大学师范学院学报》2007 年第 2 期。
⑤ 真锅多嘉子：《近十五年来日本对宋代士大夫的研究》，《中国史研究动态》2005 年第 8 期。

天下为己任"，具有强烈的忧患意识和强烈的担当精神。庆历新政功败垂成，是中国古代一次有着深远意义的政治改革，是范仲淹等士大夫"以天下为己任"、与天子"共治天下"的一次可贵实践。① 陈峰《宋朝的治国方略与文臣士大夫地位的提升》一文指出，宋代文人士大夫地位的提高是与赵宋统治者在处理文武关系方面所采取的"崇文抑武"的治国方略紧密相连的。宋太祖在位期，文官执政原则得以确立，太宗朝"崇文抑武"方略得到深化，文臣地位进一步提高，之后的宋真宗将延续下来的"崇文抑武"治国方略继续放大，宋代历史上文尊武卑的格局由此形成，文人士大夫已成为政治上的主体。② 陈峰《政治选择与宋代文官士大夫的政治角色——以宋朝治国方略及处理文武关系方面探究为中心》一文重点就宋初三朝（太祖、太宗、真宗）对士大夫文官阶层的选择展开了具体论述，并对士大夫文官政治的确立以及宋廷在处理文武关系方面的影响与作用进行了深入分析。③

邓小南《走向再造：试谈十世纪前中期的文臣群体》一文对 10 世纪前中期文人群体的变化、演进脉络、能力素质以及唐末至宋初文武关系问题进行了深入研究。北宋初年以进士起家的执政文臣中的多数以纯诚勤勉著称，都是赵宋开国后一系列"祖宗法度"的参与制定者和忠实维护者，但直到 11 世纪前中期，具有明确主体意识、道德责任感张扬，同时兼有才学识见和行政能力的新型士大夫群体才从真正意义上形成。④ 邓小南《祖宗之法——北宋前期政治述略》一书一方面分析了宋朝"祖宗之法"的具体内涵以及其与现实之间复杂多变的关系，另一方面又指出"祖宗之法"寄托了士大夫的某些理想情结，士大夫成为其推衍主体，因而它既是统治者的政治规则，又成为士阶层的政治信念。邓先生着重把握政治与文化间

---

① 张希清：《士大夫与天子"共治天下"——范仲淹与庆历新政》，《博览群书》2010 年第10 期。

② 陈峰：《宋朝的治国方略与文臣士大夫地位的提升》，《史学集刊》2006 年第 1 期。

③ 陈峰：《政治选择与宋代文官士大夫的政治角色——以宋朝治国方略及处理文武关系方面探究为中心》，《河南大学学报》2007 年第 1 期。

④ 邓小南：《走向再造：试谈十世纪前中期的文臣群体》，载本书编委会编《漆侠先生纪念文集》，河北大学出版社 2002 年版。

的复杂互动关系，从文化的角度来理解和透视宋代政治制度的时代特性和发展脉络。① 郭学信《士与官僚的合流：宋代士大夫文官政治的确立》一文认为，士大夫政治形态的最终确立是在宋代完成的。宋代士大夫文官政治的确立，不仅改变了自汉代以来主要代表世族门阀阶层利益的政权性质，扩大了统治基础，而且在很大程度上提高了官僚集团的整体文化素质，有利于社会文化事业的发展和进步。②

王瑞来《走向象征化的皇权》一文认为，自宋朝始，在皇帝与士大夫共治天下的政治环境下，由科举入仕的文人士大夫阶层的政治势力空前成长；由于士大夫政治在官僚政治形态中已居于支配地位，从而让皇帝在政治舞台上由主角变成了配角。③ 张其凡《皇帝与士大夫共治天下试析：北宋政治架构探微》一文认为，皇权、相权与台谏之权构成宋代中央政府互相限制、又互相倚恃的三角，形成"共治"架构。④ 程民生《论宋代士大夫政治对皇权的限制》一文认为，宋朝君主神圣的观念有所减弱，产生了与皇帝共天下的士大夫政治，士大夫阶层敢于激烈地抨击皇帝，公开抵制皇帝的不当旨令，利用神权和史官之权制约皇帝并强化对皇帝的儒家思想教育，从而限制着皇权膨胀。⑤ 应该说，文化史是在儒学的复兴及其演进中所展现，政治史则是在改革活动中所显现的权力结构与动作方式。但在实际的历史过程中，这两个系列的发展根本是交织在一起而不可能清楚分开的，二者统摄在士大夫的整体活动之中。宋代士阶层不但是文化主体，而且也是一定程度的政治主体，至少他们在政治上所表现的主动性超过了以前的汉、唐和后面的元、明、清。这是宋代在中国史上的一个非常显著的特色，过去的史学界对此也已或隐或显地有所察识。但是根据比较严格的史学观点，怎样将这一论断建立在可以客观检证的历史事实之上，才是

① 邓小南：《祖宗之法：北宋前期政治述略》，生活·读书·新知三联书店2006年版。
② 郭学信：《士与官僚的合流：宋代士大夫文官政治的确立》，《安徽师范大学学报》2005年第5期。
③ 王瑞来：《走向象征化的皇权》，载朱瑞熙、王曾瑜、姜锡东等主编《宋史研究论文集》，上海人民出版社2008年版。
④ 张其凡：《皇帝与士大夫共治天下试析：北宋政治架构探微》，《暨南学报》2001年第6期。
⑤ 程民生：《论宋代士大夫政治对皇权的限制》，《河南大学学报》1999年第3期。

专业史学的本格任务。所以，对宋代士大夫的思维结构与行动模式的关注在学界研究中占据了重要位置。

（2）文化视野中的宋代士人

宋代崇文重教的治国方略为士人的发展提供了广阔空间，士人在文化中也表现得非常活跃，学者对此关注甚多。如美国学者刘子健《中国转向内在——两宋之际的文化内向》一书从士大夫的学术和思想方面对宋代转型的诸多问题作了新诠释。首先，关于两宋之际文化转型的性质。刘先生认为那些被描述为近代化的东西不仅没有导出近代化，而且新的意识形态——新儒家文化凝结为一种顽固的文化类型，成为后期中国古代社会的主流意识形态。因此，宋代以后的中国文化只是在旧的基础上发生新变化，这本身又成为传统的一部分。其次，关于两宋文化转型的根据。刘先生对两宋文化的转型不满足于仅做思想史、文化史的分析，而是从历史变化的层面寻找其根本原因。他认为，两宋文化转型的基本原因是专制权力的扩张与强化，而这种扩张和强化是通过君相关系的一系列变化来实现的①。美国学者包弼德《斯文：唐宋思想的转型》一书以北宋王安石、司马光、苏轼、程颐为中心，研究了初唐到北宋的思想演变。他认为，唐宋之际，政治与社会转型使得社会产生了极大变化。这种变化的原因，首先是唐代士族门第的地位不断下降。唐初以来，特别是安史之乱后，士族门第在社会上和政治上的影响迅速减弱，同时，科举制度的确立，也严重削弱了通过家族门第取得仕宦资格的传统。这种变化导致在对士人身份的评价中，家族与政事所占地位相对降低，而学识所占的地位则大大提高。由唐及宋的古文运动，要求士人通过为学求道，在政事与文章方面恢复孟子后不得其传的古代圣人之道，就是在这种社会背景下，学术演变的新发展②。诸葛忆兵《宋代士大夫的境遇与士大夫精神》一文认为，宋代士大夫阶层的构成与以往相比发了根本性变化，即文人的出身由前代的以世家贵族为主转为以寒族为主，大量出身下层的知识分子在"与士大共治天

---

① ［美］刘子健著，赵冬梅译：《中国转向内在：两宋之际的文化内向》，江苏人民出版社2002年版。

② ［美］包弼德著，刘宁译：《斯文：唐宋思想的转型》，江苏人民出版社2000年版。

下"的治国方略下，通过科举取士成为士大夫阶层中的主体力量并且在国家政治生活中发挥着重要作用。在宋代，由于帝王采取了"与士大夫共治天下"的治国方针以及对后妃、外戚、宦官、宗室四种政治势力的抑制，从而使士大大的政治势力空前提高。①

（3）社会视野中的宋代士人

除了政治层面、文化层面的活动，宋代士人在社会层面的活动也非常活跃，尤其是随着学术研究趋向的转变，宋代士人的社会参与得到了国内外学界较多的关注。日本学者近藤一成《宋代的士大夫与社会——黄幹的礼世界和判词世界》一文认为，士大夫作为一种特殊的统治阶层，出现于科举制度确立的唐代，并在宋代取得了稳固的社会地位。他指出，与以前的统治阶级出身不同的宋代士大夫、士人阶层在积极地谋求自身的社会定位；经过唐宋变革，作为新兴的士大夫官僚登上了政治舞台，科举也作为士大夫官僚再生产机器一直在发挥着重要的作用。然而，社会中特别是地方社会内部的士大夫、士人层却未能确立与其应有的政治和思想地位相匹配的，并能够与之进行更稳定、更正确的整合的社会地位。② 龙登高《略论宋代士大夫家庭的经济生活》一文就宋代士大夫的家庭经济管理体系、家产管理以及家庭财务支出与分配，家庭与市场联系等做了分析。③ 宋燕鹏《试论南宋士人参与地方公益的外在动因》一文论述了南宋士人参与地方公益活动的几点因素，他认为南宋士人逐渐成为参与地方公益的主要力量。④ 李侦观《宋代士人婚姻观念研究》一文通过梳理相关的文献资料全面展现宋代士人阶层的婚姻观念，并借此呈现在大变革时代背景下，宋代士人阶层与环境的互动以及士人自身主体性的增强。⑤ 梁蓉、铁爱花《从墓志看宋代士人的居乡生活——以四川地区为主的考察》一文以士人文集

① 诸葛忆兵：《宋代士大夫的境遇与士大夫精神》，《中国人民大学学报》2001 年第 1 期。

② ［日］近藤一成：《宋代的士大夫与社会——黄幹的礼世界和判词世界》，载近藤一成主编《宋元史学的基本问题》，中华书局 2010 版。

③ 龙登高：《略论宋代士大夫家庭的经济生活》，《史学月刊》1991 年第 4 期。

④ 宋燕鹏：《试论南宋士人参与地方公益的外在动因》，载姜锡东主编《宋史研究论丛》第 14 辑，河北大学出版社 2013 年版。

⑤ 李侦观：《宋代士人婚姻观念研究》，博士学位论文，浙江师范大学，2011 年。

中的墓志资料考察宋代士人的居乡生活，了解宋代四川地区士人丰富多彩的居乡生活以及与乡里社会密切的互动。① 许南海《从宋代养生诗看宋代士人的养生》分析了宋代士人对养生重要性的认识，梳理了宋代士人养生之术的方式以及宋代士人养生日常生活化、简约实用化、动静结合等原则特征。②

近年来，关于宋代士人日常交游的研究也逐渐增多。有宋代士人交游的个案研究，主要是围绕宋代著名士大夫展开，如范仲淹、王安石、司马光等文学家、政治家和思想家。有宋代士人群体交游状况的研究，如徐红《北宋进士的交游圈对其家族通婚地域的影响》一文指出，北宋士人在进士及第取得功名之后，与同年、同僚以及志趣相投的文人师友进行了广泛交游，一方面扩大了其人际交往与交游圈，另一方面更重要的是其家族成员的联姻对象选择范围扩大。③ 崔延平《北宋士大夫交游研究》一文从士大夫群体交游的全局来说明北宋士大夫这一阶层群体的交游情况，考虑到北宋士大夫生存发展的政治生态环境，他认为北宋士大夫的交游方式主要以走访、雅集和结社等为主，进而促成了朋党、婚姻关系的结成④。邹锦良《心理认同与士人结群：南宋庐陵士人的日常交游——以周必大为中心考察》一文论述周必大与胡铨、杨万里，以及周必大的同甲、门生等人的交游活动，他们郊居从游、赋诗、赏花、品酒以及校刻书籍，营造了庐陵文化氛围，并对地方学术文化氛围产生重大影响。⑤ 有士人与方外人士交游的研究，龙延、陈开勇《黄庭坚禅林交游考略》一文考述黄庭坚与僧人们的交游活动。⑥ 宋代士人交游活动除上文提及的类型之外，还有士人与武将、后妃、宗室、外戚、歌妓、商人等的交游，如何冠环《北宋武将研

① 梁蓉、铁爱花：《从墓志看宋代士人的居乡生活——以四川地区为主的考察》，《乐山师范学院学报》2014 年第 10 期。
② 许南海：《从宋代养生诗看宋代士人的养生》，《黑龙江史志》2011 年第 11 期。
③ 徐红：《北宋进士的交游圈对其家族通婚地域的影响》，《史学月刊》2008 年第 12 期。
④ 崔延平：《北宋士大夫交游研究》，博士学位论文，山东大学，2011 年。
⑤ 邹锦良：《心理认同与士人结群：南宋庐陵士人的日常交游——以周必大为中心考察》，《北方论丛》2012 年第 4 期。
⑥ 龙延、陈开勇：《黄庭坚禅林交游考略》，《重庆师院学报》（哲学社会科学版）2002 年第 2 期。

究》，书中有涉及武将与士大夫的交游，从中可以了解士人与武将交游的原因，不少士大夫自身是儒将，如范仲淹，能文会武，双重身份的转换有利于和武将进行交游。①

应该说，宋代士人研究是宋史研究中的重要内容，随着宋史研究的逐渐推进，包括社会生活史研究的扩展，以及"唐宋变革论""宋元变革论"等研究的深入，宋代士人研究愈来愈受到学界的关注。目前来看，宋代士人研究中的个案研究已近精深，每年有关士人个案研究的论著层出不穷。当然，两宋士人众多，还有一定的个案研究空间。同时，士人群体研究中，有关士人的精神、心态、政治活动、交游研究较为成熟，士人群体的日常生活、士人群体与中央的政治运行关系、士人群体与地方社会的互动等则是学界关注较少的话题，这应该是宋代士人研究亟需推进的领域。

（二）宋代江西研究

宋代是江西发展的黄金时期，经济富庶，文化发达，教育兴盛，人才辈出。因此，江西是宋史研究中的重要区域。

1. 宋代江西文化研究

宋代江西文化灿烂，"对于宋代江西经济文化的发展，宋代人早已在关注，致使江西得以'文章节义之邦'名世，直至明代，素以文章自负的浙江文化人，仍然为浙江在宋代被江西、川中所压制而耿耿于怀"②。许怀林《试论宋代江西经济文化的大发展》一文对宋代江西研究有开创之功，该文从州县的增加、人口的繁衍、物产的丰盛、文化的昌盛、人才的涌现等方面论述了江西在宋代发展的情况③。刘锡涛《宋代江西文化地理研究》一文对宋代江西的文化做了全面梳理，包括宋代江西文化的空间与环境、宋代江西文化发展的格局、宋代江西民俗地理、宋代江西学校教育、宋代江西的宗教信仰、宋代江西方言地理、宋代江西文化地位及文化的区划以及影响宋代江西文化发展因素等内容，该文不仅旁搜博采，大量挖掘宋代

---

① 何冠环：《北宋武将研究》，中华书局 2002 年版。
② 方志远：《宋代江西研究的成就与存在的问题》，《文史知识》2008 年第 11 期。
③ 许怀林：《试论宋代江西经济文化的大发展》，《江西师范学院学报》1980 年第 4 期。

历史文献和士人文集资料，而且通过翔实的数据，列出了宋代江西人才的状况及其分布，宋代江西刻书、藏书情况及其分布，宋代江西书法、绘画、音乐、戏曲等方面的发展情况及地区发展特色，宋代江西衣、食、住、行、婚、丧等方面的民俗基本状况，宋代江西书院的分布情况，宋代江西佛教、道教宗派发展情况及寺院的地区分布等。可以说，该文是对宋代江西文化发展情况最全面最早的研究成果。①

许怀林《江西通史》（北宋卷、南宋卷）② 被称为"研究宋代江西地方史三十年的结晶"，对宋代江西的政治、经济、军事、文化、教育及社会状况做了全面、深入、系统的研究和介绍，加深了学人们对宋代江西历史的了解。该书大量搜集宋及宋以后的相关记载，不限于文献资料，又充分搜集了江西的考古与文物资料，并兼之以实地调查③。虞文霞、王河《宋代江西文化史》一书涵盖了宋代江西的文化、经济、科技、学术以及教育等各方面的内容。有从总体上论述宋代江西文化兴盛的背景以及发展特色；有论述宋代江西的学术发展，尤以理学和佛道的兴盛为显；有阐述宋代江西的文学盛况，包括领率全国的文坛领袖，宋代江西的家族文学现象，江西诗派的情况，江西词人群体效应以及南宋江西的爱国诗人、词人；有论及宋代江西的艺术成就，包括宋代江西的歌舞戏曲内容，书法绘画艺术成就；有论述宋代江西的史学成就，重点阐述了当时出现的一些史学名著，如欧阳修《新唐书》《新五代史》等；有分析宋代江西的金石学成就以及图书文献的典藏与刊刻成就等；有论述宋代江西教育的发展情况，尤以书院教育为甚；有分析宋代江西科技发展情况，如各种农作物的种植，手工业，医药等产业的发展；还有概述宋代江西的社会风尚，如民风民俗、宗教信仰，等等④。可以说，《宋代江西文化史》一书全面概括和总结了宋代江西文化各方面内容。

① 刘锡涛：《宋代江西文化地理研究》，博士学位论文，陕西师范大学，2001年。
② 许怀林：《江西通史》（北宋卷、南宋卷），江西人民出版社2008年版。
③ 王曾瑜：《研究宋代江西地方史三十年的结晶——评〈江西通史〉的〈北宋卷〉和〈南宋卷〉》，《江西社会科学》2010年第1期。
④ 虞文霞、王河：《宋代江西文化史》，江西人民出版社2012年版。

2. 宋代江西文学研究

宋代江西文学成就非常突出，也受到学界的广泛关注。夏汉宁在这方面用力最勤，出版了一系列成果。如《两宋文坛一道灿烂的风景线——宋代的江西作家群》一文指出："在宋代三百多年的历史中，江西文坛堪称人才济济，名家辈出，异彩纷呈，光华四溢。据有关资料统计，活跃在两宋文坛，并有作品传世的江西籍作家便有 250 多人，一部《全宋词》，收入词作者 1397 人，其中江西词人便有 174 人，占 12.46%，仅次于浙江，居全国第二位。在这些众多的江西作家中，更有不少是全国著名的文学家。"① 如《宋代江西文学家考录》一书在《全宋诗》《全宋文》《全宋词》《全宋词补辑》《全宋诗订补》（统称"三全"）及其他文献资料的基础上，辑得宋代江西籍文学家 1362 人、寓居江西的文学家 67 人，所辑文学家数大大超过了以往的辑录，是迄今为止收录宋代江西文学家人数最为全面的一部著作。②《宋代江西文学家地图》一书对宋代江西文学创作中的顶尖文学家进行了论述，并通过翔实而周密的统计，对宋代江西文学家的性别结构、身份结构、年寿结构、产量结构等进行详细论述和分析，对宋代江西文学家在各州军府及州军府辖县的地理分布情况、宋代江西文学家族在宋代各州军府及州军府辖县的地理分布情况都进行了详细列表统计。③《宋代江西籍进士地图》一书以明清以来各版本《江西通志》、各版府志与县志以及各种文人笔记、文献总集等为数据来源，对宋代江西进士数量做了全面梳理。④ 黎清《宋代江西文学家族研究》一书对宋代江西洪州、吉州、江州等州军的文学家族情况做了系统梳理，同时分析了宋代江西文学家族的地理分布及其特征，还分析了宋代江西文学家族的构成，统计了宋代江西文学家族作品数量，探析了宋代江西文学家族的联姻及其对家族文学的影响以及宋代江西文学家族兴盛原因等内容。⑤

---

① 夏汉宁：《两宋文坛一道灿烂的风景线——宋代的江西作家群》，《文史知识》1998 年第 1 期。
② 夏汉宁：《宋代江西文学家考录》，中山大学出版社 2012 年版。
③ 夏汉宁：《宋代江西文学家地图》，江西美术出版社 2014 年版。
④ 夏汉宁等：《宋代江西籍进士地图》，江西美术出版社 2018 年版。
⑤ 黎清：《宋代江西文学家族研究》，中山大学出版社 2013 年版。

此外，宋代江西词学成就突出，也受到学界的关注。邱昌员《两宋江西词发展及其贡献的定量分析》一文提出，两宋江西词坛上有七个词人群体，即晏欧词人、江西诗派中的江西词人、江西南渡词人、辛派中的江西词人、淳雅派中的江西词人、风格闲逸的江西词人和"凤林书院"词人，这七个群体具有不同的创作风貌、审美特色和规模影响。① 林纾、向京《宋代江西词论》一书提出，"江西词派"是一个群体名称，是一个集体形象；并按风格把江西词人的创作分类为"晏欧体""凤林体"和"白石体"，并论述了重要的江西词人，包括词人的词作、风格及人品等。② 王毅《南宋江西词人群体研究》一文从梳理中西方文学批评中的"体"和"派"的内涵入手，分析了稼轩时期的江西词人群体构成与交往，须溪时期的江西词人群体的生平、交游、创作，辨析稼轩词风与江西词人风格，江西诗学精神与江西词人群以及江西的自然环境、人文传统、文化习尚对江西词人的影响等内容。③

3. 宋代江西教育研究

宋代江西凭借优越的地理位置，成为当时最为富庶的地区之一，富庶的经济带动了地方文化教育的发展。宋代江西教育发达，一方面体现在宋代江西州县官学高度普及，另一方面，其他形式的教育也发展迅速，如民间办学活动兴盛不衰，童蒙教育十分发达等。邹邦奴《宋代江西的教育》一文是比较早对宋代江西教育进行研究的论文，他认为，宋代江西的教育在全国居于领先地位，如宋王朝共有书院 203 所，江西就占有八十多所，该文还分析了宋代江西教育鼎盛的原因，包括得力的家教和勤奋读书之风盛以及教育上的言传身教。④ 对宋代江西书院研究最深的是李才栋，如《江西古代书院研究》《江西教育史》《江西古代教育家评传》《白鹿洞书院史略》《白鹿洞书院碑记集》《中国文化世家·江右卷》等均是有关宋代江西书院研究的力作。胡青《宋代江西地方官学考略》一文对宋代江西

---

① 邱昌员：《两宋江西词发展及其贡献的定量分析》，《南昌大学学报》2003 年第 3 期。
② 林纾、向京：《宋代江西词论》，百花洲文艺出版社 1999 年版。
③ 王毅：《南宋江西词人群体研究》，博士学位论文，华东师范大学，2006 年。
④ 邹邦奴：《宋代江西的教育》，《上饶师范学院学报》1985 年第 2 期。

官学教育的建学情况，尤其是州县学校的创建，人数的统计等做了全面梳理，并论述了发达的教育对繁荣江西文化的推动作用。①

崔丽君《宋代江西教育研究》一文论述了宋代江西教育的基本情况，宋代江西教育发展的原因，宋代教育发展对江西的影响等内容。② 弋杨《宋代江西书院及其发展的社会环境》一文梳理了宋代江西书院的兴盛情况，宋代江西书院的教学和规制堪称书院"典范"，涌现出白鹿洞书院、濂溪书院、象山书院、白鹭洲书院、鹅湖书院等著名书院，留下了像朱熹、陆九渊等一批大家的足迹，并且分析了宋代江西书院兴盛的思想文化动因，江西是理学的大本营，为宋代书院走向鼎盛提供了重要支撑。该文还分析了宋代江西书院发展的经济环境以及社会环境。③ 刘锡涛、牛江红《浅谈宋代江西乡村学校教育》一文梳理了宋代江西的县学、私学和书院情况，认为宋代江西文化发达，人才济济，与其学校教育发达密切相关。宋代江西乡村学校有县学，更有遍及各村落的众多私人学校，他们的教学内容、方法为社会培养了许多优秀的符合政府要求的人才。④ 邹锦良《"地方精英"视域下的宋代民间办学——以江右为例》一文认为，在良好的地域经济与文化基础上，宋代江右民间办学十分兴盛，不仅在数量上领先于全国，而且在规模上也翘楚一时。地方精英中既有闲居地方的学者，又有暂无功名的士子，还有盘踞地方的家族等，他们通过在地方社会的特殊地位以及对地方公共资源的调配，积极参与民间办学。⑤

此外，宋代江西士人众多，既有政治领域的杰出代表，如晏殊、欧阳修、王安石、周必大、文天祥等，又有文学领域的大家，如黄庭坚、曾巩、杨万里等，还有思想领域的著名学者，如朱熹、陆九渊、李觏等，这些都是首屈一指、彪炳史册的杰出士人。有关他们的个案研究已达到精耕

---

① 胡青：《宋代江西地方官学考略》，《江西教育科研》1991 年第 2 期。
② 崔丽君：《宋代江西教育研究》，硕士学位论文，南昌大学，2007 年。
③ 弋杨：《宋代江西书院及其发展的社会环境》，硕士学位论文，四川大学，2005 年。
④ 刘锡涛、牛江红：《浅谈宋代江西乡村学校教育》，《井冈山师范学院学报》2003 年第 3 期。
⑤ 邹锦良：《"地方精英"视域下的宋代民间办学——以江右为例》，《江西社会科学》2015 年第 3 期。

细作的程度，论文、论著数量非常之多，限于篇幅，在此不一一列举。有关宋代江西的学术积累，尤其是与本文相关的宋代江西士人研究，成果已非常丰厚。较为缺憾的是，以整体眼光将宋代江西士人统括为一个群体进行研究，包括士人群体的日常生活、士人群体与中央的政治运行关系、士人群体与地方社会的互动等方面，学界关注还不足，这也是宋代江西士人研究亟需推进的内容。

三　概念界定

（一）士人

"士人"是学者耳熟能详的词汇，可对其的理解却见仁见智。关于"士"的起源，"士"的内涵等诸多问题，学者们有着不同的理解。"士"起源于何时？就目前资料来看，《尚书·多士》中所称"尔殷遗多士"[①]应该是我们所能见到的最早有关"士"的记载，其中"殷"说明的是商朝已有"士"这样的称呼了。西周时则有"济济多士，文王以宁"的记载。

"士"是指什么样的人？学者们虽看法不一，但一般认为，士是指有知识有学问有才艺的人，是四民之首，所谓"士农工商，四民者，国之石民也。"《说文解字》的解释是："士，事也。数始于一终于十。从一从十。孔子曰推十合一为士。"古人以数为知识的标志，从事知识事业者为士。梁漱溟在《中国文化要义》中说："士人居四民之首，特见敬重于社会者，正为他'读书明理'主持风教，给众人作表率。有了他，社会秩序才是活的而生效。夫然后若农、若工、若商始得安其居乐其业。他虽不事生产，而在社会上却有其绝大功用。"[②] 钱穆说："士之一阶层，进于上，则干济政治。退于下，则主持教育，鼓舞风气。在上为士大夫，在下为士君子，于人伦修养中产出学术，再由学术领导政治。"[③] 也有学者指出，士人是"中国古代社会的读书人，他们以研习儒学经典为手段，以参与政治为最

---

① 孔安国传，孔颖达疏：《尚书正义》卷16，李学勤主编：《十三经注疏》，北京大学出版社1999年版，第422页。

② 梁漱溟：《中国文化要义》，上海人民出版社2011年版，第196页。

③ 钱穆：《国史新论》，生活·读书·新知三联书店2005年版，第45页。

佳生活选择，以道德修习和实现'内圣外王'理想为最佳人生设计，作为
传统政治文化的载体，他们以学习和传播儒学知识作为自己的基本生存方
式"①。

随着殷周时代士阶层的形成和壮大，"士"所指称的范围也日趋复杂
并发生分化。从士的起源和发展历程看，士大致经历了从低级贵族、武士
到文士的演变过程。大致说来，春秋之前，士是贵族中的一个等级，其社
会角色基本上以武士为业；自春秋战国开始，士则从一个等级概念转化为
一个社会阶层，其社会角色逐渐由武士转为文士②。或者可以说，"士大
夫"是战国开始出现的概念，我们在有关战国的典籍中常常可以看到"大
夫士"的记载，如《荀子·礼论》"大夫士有常宗"，《吕氏春秋·上农》
"大夫士皆有功业。"关于"士"与"大夫"的关系，阎步克指出，二者
"虽然确实是两个不同等级，但二者之间也不是没有融贯交汇之处。"士"
可以用为贵族官员之通称，兼含'大夫'在内，卿大夫总皆号为'士'。
大夫有时又须称'士'，如列国大夫入见天子须自称为'士'。作为贵族子
弟的'士'，可以受命而任为大夫，作为低级官员的'士'，也可以上升为
大夫，如孔子之初为士，后为大夫所反映的那样"③。刘泽华认为，春秋以
前的士，从社会地位看，它是一个等级；如果就其社会角色而言，他们的
多数以充当武士为业；而从春秋中后期起，士作为一个等级已经逐渐解
体，其后的战国时代士虽然仍具有等级上的意义，但这时的士基本上已从
一个等级转变成一个独立的社会阶层，其社会角色也逐渐由主要为武士转
为主要为文士；这一时期的士也不是不从武，但军士主要由庶民充当了。④

就"士"的早期发展和不同阶段的不同含义，学者们也有过比较多的
论述和讨论。葛荃认为："士人指的是中国古代社会的读书人。他们研习
儒学经典为手段，参与政治为最佳生活选择，道德修习和实现'内圣外

① 葛荃：《权力宰制理性：士人、传统政治文化与中国社会》，南开大学出版社 2003 年版，
第 15 页。
② 郭学信：《宋代士大夫群体意识研究》，中国社会科学出版社 2017 年版，第 1 页。
③ 阎步克：《士大夫政治演生史稿》，北京大学出版社 1996 年版，第 45 页。
④ 刘泽华：《先秦时期的士》，《文史知识》1987 年第 12 期。

王’理想为最佳人生设计，作为传统政治文化的载体，他们学习和传播儒学知识作为自己的生存方式。”①

对于中国历史上“士”的发展演变，钱穆概括的最为全面。钱穆将中国历史上士阶层的活动划分为四个不同历史时期：春秋末，孔子自由讲学，儒家兴起。下逮战国，百家竞兴，游士声势，递增递盛。一面加速了古代封建统治阶层之崩溃，一面促成了秦、汉以下统一大运之开始。中国四民社会以知识分子“士”的一阶层为之领导之基础于以奠定，是为中国史上士阶层活动之第一期。两汉农村儒学，创设了此下文治政府的传统，是为士阶层活动之第二期。魏晋南北朝下迄隋唐，八百年间，士族门第禅续不辍，而成为士的新贵族，是为士阶层活动之第三期。晚唐门第衰落，五代长期黑暗，以迄宋代而有士阶层之新觉醒。此下之士，皆由科举发迹，进而出仕，退而为师，其本身都系一白衣、一秀才，下历元、明、清一千年不改，是为士阶层活动之第四期。此四期，士之本身地位及其活动内容与其对外态势各不同，而中国历史演进，亦随之而有种种之不同。亦可谓中国史之演进，乃由士之一阶层为之主持与领导。此为治中国史者所必当注意之一要项。② 在钱穆看来，士的发展历程是不断演进的，而士真正作为一个独立的阶层，产生“新觉醒”是在宋代。应该说，这个论断还是较为可靠的。

唐宋科举制度兴盛，印刷术普及，尤其是宋以后，知识不再被某一阶层垄断，知识阶层也往往与科举密切相关。因此，现代人们在用“士大夫”这个概念时通常状况下是指具有科举功名的士人。如吴晗认为官僚、士大夫、绅士、知识分子四者是同一个东西，“士大夫与知识分子，两者之间必然有密切的关系，官僚就是士大夫在官位时的称号，绅士是士大夫的社会身份”。③ 在宋史学者视野中，他们多是把士人和参与举业联系在一起。邓小南是把“具备一定经济实力与文化背景、参加过科举考试（‘业

① 葛荃：《权利幸制理性：士人、传统政治文化与中国社会》，南开大学出版社2013年版，第15页。
② 钱穆：《国史大纲》，商务印书馆1996年版，第561页。
③ 吴晗、费孝通等：《皇权与绅权》，天津人民出版社1988年版，第66页。

进士')或曾出仕做官(特别是文官)者称作'士人'"①。梁庚尧认为:"至于士人,则包括曾经通过解试的解举人,曾经入官私学校肄业的学生,以及其它曾经以读书自业的读书人。"②陶晋生指出:"在宋人的笔下,士人就是读书人,一般来说,做了官和没有入仕的读书人都通称为士人。"③萧启庆的认识与陶晋生大致相似,认为,"士人"必须具有正统儒学教育与士大夫文化,并接受儒学基本理念与道德规范。论专长,士人不仅包括熟谙艺文的"文人",亦包括着重学问与德行的"儒士"。论社会地位,其人可能为官宦、可能为科第之士,亦可能是一袭青衿的布衣。④黄宽重认为:"宋代自从科举考试制度化并成为入仕的主要途径以后,魏晋以来门第贵胄,渐被新兴士人取代,人才晋升的通道较为开放,平民可能拜科举之赐,崛起政坛;后世子孙也可能由于几代无功名又沦为平民。"⑤美国学者包弼德(Peter K. Bol)认为"士"是被用来思考社会政治秩序的一个概念,同时,它指称某一社会成分。作为一个概念,"士"是由那些自命为士的人所标榜,由全社会认同建构起来的观念。因此,士的转型就可以从逻辑上区分为"士"自我确认方式的变化,以及自命为士的人社会构成的转变。⑥由此可见,士人在中国出现的历史很早,虽然概念和范围在不断地演变,直到今天,国内外学者仍然在不断地讨论士人的相关内容,但大致上来讲,拥有一定的文化知识是士人身份最重要的体现。

(二)士人社群

"社群"(community)是西方的概念,被翻译成"共同体"。费迪南·滕尼斯(Ferdinand Tönnies)在《共同体与社会》一书中认为,"共同体"

① 邓小南:《宋代士人家族中的妇女:以苏州为例》,《国学研究》第5辑1998年5月。
② 梁庚尧:《豪横与长者:南宋官户与士人居乡的两种形象》,载氏著《宋代社会经济史论集》,允晨文化实业股份有限公司1996年版,第474页。
③ 陶晋生:《北宋氏族:家族·婚姻·生活》,"中央研究院"历史语言研究所2001年版,第5页。
④ 萧启庆:《元代多族士人圈的形成初探》,载氏著《元朝史新论》,允晨文化实业股份有限公司1999年版,第206页。
⑤ 黄宽重:《宋代的家族与社会》,国家图书馆出版社2009年版。
⑥ 包弼德著,刘宁译:《斯文:唐宋思想的转型》,江苏人民出版社2001年版,第35页。

是指建立在自然基础之上的原始群体，如建立在血缘关系之上的家庭或家族共同体，随之而扩展的、建立在长期交往和固定住所之上的部族、邻里、乡村共同体等等。它所强调的是自然形成的，个人是不可选择的，是"本质意志"的体现。这样的共同体是以人的情感纽带而结成的，个人是不计较经济利益的，他们共同占有和享用财产，个人也不用选择或无法选择，每个人会处在某个等级秩序之中，遵守着长期形成的习俗。这里的"本质意志"是指自然而然的意志，是人过去历史的延续，它有三种表现形式，即本能、习惯和记忆。这种意志更多从人的自然的、生理的功能角度去讲的，同时也考虑到人本身能够在前人已经积累下来的文化中继承和发展的这种能力，所以需要教育。①

中国传统虽无"社群"的概念，但是有"社"与"群"单独的概念。中国古代"社"的初意是指土地神，后引申为祭祀后土之神的风俗。此后，"社"的含义被进一步引申，谓"人聚徒结会亦谓之社"②，也就是"合气类之相同，资众立之协助，主于成群聚会而为名者也"③。"群"最早见于《诗经》，其中有云："谁谓尔无羊？三百为群！"这里的群应该是其初意，就是指羊集聚在一起。从羊到其他动物，最后，"群"被引申为人聚集而成。孔子所谓："群居相切磋"即是指人聚集在一起，并且有互动，要相互启发，相互鼓励，这是人与动物集聚的不同所在。所以，自孔子时代开始，中国人就非常注重人与人之间的交游结群④，如孔子所说："乐多贤友"⑤，士人需要多一些贤能之友。战国时期孟子则说："一乡之善士，斯友一乡之善士……以友天下之善士为未足，又尚论古之人。颂其诗，读其书，不知其人，可乎？是以论其世也，是尚友也。"⑥ 演化到近代，梁启超

① 斐迪南·滕尼斯著，张巍卓译：《共同体与社会》，商务印书馆1999年版，第2—5页。
② 陈梦雷编纂：《古今图书集成》第33册《明伦汇编·交谊典》，中华书局、巴蜀书社1984年版，第39940页。
③ 杜登春：《社事始末》，昭代丛书本。
④ 何宗美指出"文人结社是古代文人乐群精神的体现。古代士人交游为人生一大乐事，其渊源可追溯到孔子和孟子。"见何宗美《明末清初文人结社研究续编》，中华书局2006年版，第33页。
⑤ 杨伯峻译注：《论语》，中华书局1980年版，第176页。
⑥ 杨伯峻译注：《孟子》，中华书局1960年版，第251页。

说："欲求进化之迹，必于人群。使人人析而独立，则进化终不可期，而历史终不可起。盖人类进化云者，一群之进也，非一人之进也，然则历史所最当注意者，惟人群之事，苟其事不关系人群者，虽奇言异行，而必不足以入历史之范围也。中国作史者，不知史之界说限于群。"① 由此可见，社与群在中国传统社会中很早就出现，并不断地发展、演变。可以说，中国人是在社与群中完成政治上、经济上、文化上乃至生活中的很多重要事情。

从殷商时代起源的士人，是中国传统文化中一个极为重要的符号，当然也是中国传统社会发展演进的重要力量。可以说，在中国历史的推进过程中，士人的力量似乎从未缺席。不唯如此，士人也在逐渐寻求参与历史，融入社会的正确方式，以群体的形式和力量融入应该是士人发展不可忽视的重要变化。桑兵认为："中国之所以从古至今经历无数次分合治乱的循环往复而国魂不灭、国体犹在，原因在于有一个由大大小小的士人组成的群体联结地方与中央，认同乡土与道统，维系传统与未来。"② 钱穆说，中国唐代以前是门第社会，宋代以后是科举社会③，不管门第社会还是科举社会，士人在其中均发挥着突出作用。应该说，唐以后，随着科举的发展，士人开始慢慢在政治舞台展现自身的力量。入宋后，在科举的改革、教育的兴盛、政府的重视、印刷术的改进等诸多因素的推动下，由科举而产生的一批又一批士人不仅实现了自身价值，而且他们以群体的形式出现，为推动宋代历史的发展起到了非常重要的作用。唐宋之际的社会变革，使底层的士人队伍日益成长壮大，并成为不可忽视的社会力量。

从宋代开始，广大士人阶层通过科举考试得以入仕参政，从而真正成为一个融知识主体、文化主体和政治主体于一身的社会精英阶层，成为宋代社会文化建设以及社会政治建设和发展的中坚力量④。宋代士大夫的群体意识具有鲜明的时代特征。一方面，他们自觉践履着儒学所规定的"仕以行道"的士道精神，"致君尧舜"和以天下为己任的政治主体意识得到

---

① 梁启超：《新史学》，《饮冰室合集·文集之九》，中华书局 1989 年版，第 9—10 页。
② 桑兵：《清末新知识界的社团与活动》，生活·读书·新知三联书店 1995 年版。
③ 钱穆：《唐宋时期的文化》，《大陆杂志》1952 年第 4 期。
④ 郭学信：《宋代士大夫群体意识研究》，中国社会科学出版社 2017 年版，第 5 页。

空前强化；另一方面，他们在经纶天下、积极入世的同时又背礼叛教，世俗享乐意识得到普遍的张扬和发展；同时，将以洒脱闲散为旨趣的隐逸文化以及琴棋书画等品性涵养作为调节内心情感平衡、寻求心灵解脱的重要手段和生活方式，凸显出一种自省内敛、沉潜向内的审美趣味。宋代士大夫颇具时代特色的群体意识对宋代社会的历史文化风貌及后世社会产生深刻的影响。① 所以有学者将宋代的文人士大夫阶层看作中国古代知识分子发展史上黄金时代的体现，认为"在中国封建时代，儒家传统文化虽然一直占主导地位，但儒学的传承者知识分子作为一个群体在政事活动中起决定性的作用，只是到了11世纪前后的北宋时代"②。

确切地说，士人的转型变化从唐代开始，经过北宋的发育，到南宋发展成型。由于统治阶层主要来自读书应举的士人阶层，而士人阶层是一个开放性的群体，任何读书人，无论出于何种背景，都可以成为其中的一份子。这使得士人的来源增加，造成其群体性质的转变，不再由一种固定的社会阶层出身，相同出身也未必能达到同样的社会地位。因此，他们的共同性是来自于生活方式和文化活动。换言之，因为"仕"的价值以及入仕通道的开放性，使士人群体越来越庞大，并且因为来自不同出身背景，其所具有的共同生活模式与文化基础遂成为最关键的性质，而形成南宋一个独立的士人阶层。③

宋代的士人群体组合方式较前代而言更复杂，师生关系、同年关系、同僚关系、同党关系、同乡关系、姻亲关系、同族关系等在宋代构成了各式各样的士人群体，这些群体形成对文化的刺激、对文学的促进作用不可小觑，而这些群体存在也常常具有相对稳定的地域性。因此，宋代文人群体与地域相结合的研究大有必要，近年来此类研究亦可谓风云涌动，研究模式也是千差万别，但是如何建立一种合理的研究模式仍在探索之中。④

---

① 郭学信：《论宋代士大夫群体意识的时代特征》，《聊城大学学报》2018年第1期。

② 陈植锷：《北宋文化史述论》，中国社会科学出版社1992年版，第12页。

③ 陈雯怡：《从官学到书院——从制度与理念的互动看宋代教育的演变》，联经出版事业股份有限公司2004年版，第335页。

④ 彭敏：《宋代湖湘诗人群体与地域文化形象研究》，中国社会科学出版社2017年版，第4页。

王水照较早对宋代士人群体进行探讨，《北宋洛阳文人集团与地域环境的关系》一文从洛阳的文化积淀、园林意象、地域景观及文人同游赋诗几个角度探讨文学与地域之间的关系，为属群文学与地域文学研究相结合提供了一个经典的思考范式。①

总的来说，士人社群是在士人群体基础上提出来的一个概念，学者们认为士人社群是高于士人群体的，社群"更强调作为文化载体以及社会组织结构的群体意义……社群成员对结社活动的自觉认同与追忆，彰显其对文人聚合的持久影响力。以结社形式存在过的文人群体，即便社事旋结旋散，其优游林下、风流偶傥的记忆也会跨越时空，以追忆社事、怀念社友的形式不断复现于文人之后的文学创作历程中，这里体现了短暂与永恒的辩证哲学"②。虽然这是关于士人文学社群的论述，但这个结论是比较可靠的。本书所要探讨的宋代江西士人社群应该也是以文化载体为核心，展现地方士人对结社、群体的认同与追忆，并形成具有较为长久影响力的群体。

四　研究内容

本书第一部分探讨唐宋转型视野下的宋代士人。唐宋时期是中国古代社会发生重要变化的历史时期，政治、经济、社会、文化等方面都发生了重大变化。士人作为社会的中流砥柱在历史转型中扮演着重要角色，自身也经历着改变。在历史变迁之下，唐中后期士人开始变化，他们的南迁促使了南方士人的崛起。入宋后，随着科举制度的发展和文化教育的兴盛，士人不断成长，宋代士人的"文化性""士本位"意识显著增强，表现为：社会使命感、责任感空前增强，他们以重整社会秩序为己任，自然肩负起维护国家稳定与发展的责任。南宋特殊的政治生态使得士人在保持历史承续性的同时又表现出与既有面貌的显著不同，表现在社会身份的变化、政治角色的转型，以及士人群体的自我调适与定位。士人角色逐渐多元化，表现在他们关注和参与地方事务逐渐增多。

① 王水照：《北宋洛阳文人集团与地域环境的关系》，《文学遗产》1994 年第 3 期。
② 祁高飞：《清代杭嘉湖地区文学社群研究》，博士学位论文，苏州大学，2013 年。

第二部分对南宋江西士人社群进行历史考察。首先探讨宋室南渡后的政治生态。南宋江西士人群体的变化，一方面体现于南宋时代分期，靖康之难后南宋仓促建立，经历了从尴尬立国到逐步中兴，随后又从承平苟安到亡国蒙元。与北宋不同，南宋的时代特征不仅给朝政带来巨大影响，而且给极富主人翁责任感的士人群体带来深刻变化。另一方面，南宋君权的强化以及权相的接连出现，直接导致南宋士人在心态、思想等方面的变化。其次重点分析江西地域文化与南宋士人群体。江西在地理环境上是一个有机整体，在人文环境上，江西也有其特定的发展历史。士人群体具体表现在士人的文化群体和地域群体。

第三部分关注南宋江西士人社群的构建。一方面是士人社群构建的因缘。通过梳理文献史料可知，家族姻亲、地缘身份、业缘纽带都是构成南宋江西士人群体并促使其在地方社会进行有效互动的重要因素。另一方面是士人社群构建的方式。南宋江西士人社群构建方式主要依靠文化媒介，如诗文唱和、文学雅集、走访交游、会文谈艺、题词作画、聚"会"结"社"等，士人的"会""社"，如文会、诗社、怡老会、老年会、社、同年会、讲会等，其次才是经济行为，如棋社、茶社、镜社，义社、经济互助社等。

第四部分探讨江西士人社群与南宋地方社会的互动关系。一方面是探讨地方事务中的士人表达。南宋江西士人参与地方公共事务，主动塑造其在地方社会中的形象，充当地方社会的核心力量。如修造桥梁、赈灾济贫等虽属于地方官的职责范围，但在南宋地方志中可以看到江西士人的广泛参与。另一方面是江西士人与南宋基层社会权力的关系。面临时势变化，江西士人对国事的关切更甚于前，但南宋君权强化，权相接连控制朝政，一定程度上阻碍着士人的上升空间，士人被逐步推向地方社会。同时，由于南宋财政中央化的不断加强，中央不仅削弱了地方财力，而且也控制了地方政府的行政权力。这并不意味着地方事务的减少，但却为士人实现自我认同提供了广阔空间，他们通过各种途径在地方不断获取文化地位，进而在地方政治、经济以及社会治理等方面发挥着重要作用，逐渐掌控南宋基层社会的某些权力。

第一章 唐宋转型视野下的士人

第一节 唐宋的历史转型

一 唐宋历史转型的学术溯源

（一）国内学者的唐宋历史转型论

唐宋被认为是中国历史上一个大的变革时期①。事实上，早在南宋初期就有学者提出唐宋时期历史转型的论断。南宋史家郑樵在《通志》中说："自隋唐而上，官有簿状，家有谱系，官之选举必由于簿状，家之婚姻必由于谱系。""自五季以来，取士不问家世，婚姻不问阀阅。"② 从"必由于谱系"到"不问家世"，可见唐宋的社会巨变。文天祥也说："自魏晋以来至唐最尚门阀，故以谱牒为重，近世此事寝废，予每为之浩叹。""族谱昉于欧阳，继之者不一而足，而求其凿凿精实，百无二三。原其所以，盖由中世士大夫以官为家，捐亲戚，弃坟墓，往往而是，虽坡公（苏轼）不免焉。此昌黎公所以有不去其乡之说也。"③ "中世士大夫"发生的巨大变化，直接影响到了宋代士大夫的行为。

---

① 包伟民说："唐宋之际是我国历史的一个重要转折时期。中外史学家对这一转折的性质存在着意见分歧，不过对唐至宋中国社会所发生的诸多变化，却颇多共识。在西方，'唐宋转折'自20世纪20年代以来一直是一个令人感兴趣的课题，对它的研究已涉及社会、政治、经济、文化等许多方面。"见韩森著，包伟民译《变迁之神：南宋时期的民间信仰》"译者前言"，中西书局2016年版，第2页。

② 郑樵：《通志》卷25《氏族略·氏族序》，中华书局1987年版，第439页。

③ 文天祥：《文天祥全集》卷10《跋李氏谱》，中国书店1985年版，第250页。

明代史家陈邦瞻在《宋史纪事本末叙》中把中国的历史进程分为三个重要阶段，"宇宙风气，其变之大者三：鸿荒一变而为唐虞，以至于周，七国为极；再变而为汉，以至于唐，五季为极；宋其三变，而吾未睹其极也。变未极，则治不得不相为因。今国家之制，民间之俗，官司之所持，儒者之所守，有一不与宋近者乎？非慕宋而乐趋之，而势固然已"①。由此可见，从宋代到明代，士人们一直在探讨唐宋之际的历史转型与社会变革问题。所以，唐宋变革或转型是中国学者很早就关注并提出了独立思考的论题，"不论是南宋学者敏锐观察到唐宋之际的大变动，还是明代学者陈邦瞻的中国历史三阶段说，都是'本土'学者的独立思考，或者说是地道的中国式的'历史分期'"②。

有关这个问题的讨论，清末民国学者仍然不断在推进，如陈寅恪曾言："唐代之史可分为前后两期，前期结束南北朝相承之旧局面，后期开启赵宋以降之新局面，关于政治经济者如此，关于文化学术者亦如此。"③钱穆认为："论中国古今社会之变，最要在宋代。宋以前，大体可称为古代中国，宋以后，乃为后代中国。秦前，乃封建贵族社会。东汉以下，士族门第兴起。魏晋南北朝定于隋唐，皆属门第社会，可称为是古代变相的贵族社会。宋以下，始是纯粹的平民社会。除蒙古、满洲异族入主，为特权阶级外，其升入政治上层者，皆由白衣秀才平地拔起，更无古代封建贵族及门第传统的遗存。故就宋代而言之，政治经济、社会人生，较之前代莫不有变。"④柳诒徵认为："自唐迄宋，变迁孔多。其大者则藩镇之祸，诸族之兴，皆于政治文教有种种之变化；其细者则女子之缠足，贵族之高坐，亦可以见体质风俗之不同。而雕板印刷之术之勃兴，尤于文化有大关系。故自唐室中晚以降，为吾国中世纪变化最大之时期。前此犹多古风，后则别成一种社会。综而观之，无往不见其蜕化之迹焉。"⑤

---

① 陈邦瞻：《宋史纪事本末》，中华书局 1977 年版，第 1191—1192 页。
② 李华瑞：《"唐宋变革论"的由来与发展》，《河北学刊》2010 年第 4 期。
③ 陈寅恪：《金明馆丛稿初编》，生活·读书·新知三联书店 2001 年版，第 332 页。
④ 钱穆：《理学与艺术》，载《宋史研究集》第 7 辑，中华丛书编审委员会 1974 年版。
⑤ 柳诒徵：《中国文化史》，东方出版中心 1988 年版，第 488 页。

傅斯年认为:"自隋迄宋为第二中国,此八百年中,虽为一线相承,而风俗未尝无变。自隋至于唐季,胡运方盛,当时风俗政教,汉胡相杂,虽年世愈后,胡气愈少,要之胡气未能尽灭。读唐世文家所载,说部所传,当知愚言之不妄也。至于周宋,胡气渐消,以至于无有。宋三百年间,尽是汉风。此其所以异于前代者也。就统绪相承为言,则唐宋为一贯,就风气异同以立论,则唐宋有殊别,然唐宋之间,既有相接不能相隔之势,斯惟有取而合之,说明之曰'第二中国',上与周汉魏晋江右之中国,对待分别可也。此'第二中国'者,至于靖康而丧其中原,犹晋之永嘉,至于祥兴而丧其江表,犹陈之祯明。祥兴之亡,第二中国随之俱亡,自此以后全为胡虏之运,虽其间明代光复故物,而为运终不长矣。祥兴于中国历史位置,尤重于祯明。诚汉族升降一大关键也。"①

雷海宗把中国历史分作两大周:"第一周,由最初至西元三八三年的淝水之战,大致是纯粹的华夏民族创造文化的时期,外来的血统与文化没有重要的地位。第一周的中国可称为古典的中国。第二周,由西元三八三年至今,是北方各种胡族屡次入侵,印度的佛教深刻地影响中国文化的时期。无论在血统上或文化上,都起了大的变化。第二周的中国已不是当初华夏族的古典中国,而是胡汉混合梵华同化的新中国,一个综合的中国。虽然无论在民族血统上或文化意识上,都可说中国的个性并没有丧失,外来的成分却占很重要的地位。"②雷海宗是以文化史观划分中国历史发展阶段,力图打破欧洲人的传统分期法。在雷海宗看来,唐宋处在第二周,南北朝隋唐五代(公元383—959年)是一个大的过渡、综合与创造的时代,宋代的三百年间是一个整理清算的时代。

夏曾佑在《中国古代史》一书中指出:"自传说时代至周末,为上古之世;自秦至唐,为中古之世;自宋至今,为近古之世。"③据相关史料介绍,内藤湖南的"唐宋变革论"观点是受夏曾佑的影响,"内藤于1902年

① 傅斯年:《中国历史分期之研究》,载氏著《史学方法导论》,中国人民大学出版社2006年版。
② 雷海宗:《断代问题与中国历史的分期》,《清华大学社会科学》1936年第1期。
③ 夏曾佑:《中国古代史》,《民国丛书》第2编第73册,上海书店1990年版,第5页。

会见过夏曾佑，对他的学问多有褒赞""内藤湖南从夏曾佑的书中，获得了某些启发，引起了思想共鸣"①。可以说，内藤湖南一定程度上受到了夏曾佑先生的影响。

新中国建立后，学者们对唐宋之际的历史转型和变革仍然有许多不尽相同的看法。邓广铭把宋代称为"中国封建社会发展的最高阶段"，认为："两宋时期内物质文明和精神文明所达到的高度，在中国封建社会历史时期之内，可以说是空前绝后的。"② 朱瑞熙在《宋代社会研究》中指出，从唐代中叶开始，中国封建社会进入了新的发展时期，我们称之为中国封建社会的中期。它经历五代十国、两宋、元代直到明代后期出现资本主义萌芽以前，共约八百年时间。由唐代中叶开始的社会发展变化，到宋代几乎完全定型，从而呈现出不同于过去的社会新面貌。③ 叶坦认为，宋代是中国封建发展史上重要的转折时期。④

胡如雷认为，从北宋开始，农民起义的纲领性口号发生了显著变化。王小波、李顺起义首先提出了"均贫富"的口号。南宋钟相、杨么起义继之以"均贫富，等贵贱"的口号。明末农民战争中，李自成更把传统的"均贫富"发展为"均田免粮"，为清代太平天国的"天朝田亩制度"开了先河。这些口号说明，虽然多数农民起义仍然打击封建王朝，有些大规模的农民战争且取得了改朝换代的成果，但作为时代特点，这些纲领性口号都把打击地主经济、地主土地所有制本身明确写在了斗争旗帜上，正是这一点显示了中国封建社会后期农民起义和农民战争新的时代特点。首先，公元 10 世纪末发生的王小波、李顺起义首次旗帜鲜明地提出了"均贫富"的纲领性口号，这件事集中反映了两个多世纪以来的社会变革，反映了农民阶级社会地位的变化。其次，唐代虽有客户，但系土、客相对，土户与宋代的主户还有区别。只有到北宋建立以后，主客户制度才正式确立，这件事集中反映了土地制度与佃客地位的变化。所

---

① 钱婉约：《内藤湖南研究》，中华书局 2004 年版，第 88、99 页。
② 邓广铭：《谈谈有关宋史研究的几个问题》，《社会科学战线》1986 年第 2 期。
③ 朱瑞熙：《宋代社会研究》，中州书画社 1983 年版，第 1 页。
④ 叶坦：《宋代社会经济结构的变迁》，《江海学刊》1990 年第 5 期。

以北宋的建立并非一般的革代易性，而是标志着历史时代的转折，具有特殊的社会意义。①

漆侠认为，唐宋之际的社会变革是一个比较繁杂的问题，需要进行多方面探索。他指出："这个时期的变革虽然是中国封建经济制度内部的推移衍化，但值得客观注意的是，它是唐代农奴制向宋代封建租佃制转化的全局性的重大问题。"他从各个方面加以论证：（1）唐中叶以来各种形式的封建国家土地所有制衰落，土地私有制在宋居于绝对的优势地位。（2）在土地私有制居于压倒的优势地位的同时，土地占有诸阶级阶层也发生显著变化，从而使土地占有关系出现了新的格局。这个土地占有新格局之一就是，新兴的土地兼并势力取代了以山东士族为代表的旧的土地兼并势力，逐步爬上社会的极峰。（3）封建租佃制关系取代农奴制而逐步居于支配地位。（4）"两税法"取代租庸调制而成为主要的税法。（5）经济关系的变革推动了经济的发展。（6）经济领域里的变革对文化思想领域产生了巨大影响。由于山东士族及其所代表的礼学的衰亡，数百年来社会压迫气氛一朝消散。人们的思想、新兴地主阶级的思想在相应程度上得到解脱，这对于一代新人及其所代表的新思想、新学风的形成是完全有利的，说到底，经济领域里的变革为文化思想领域的发展带来一个较为良好的社会环境，这是值得认真研究和阐明的。唐中叶，文化思想领域发生变革，主要有：（1）儒、佛、道三家矛盾斗争及其相互渗透。（2）儒家思想遇到佛、道两家的严重挑战。（3）宋儒从宏观上把握经学，而不是从章句上理解经学要旨，使经学研究达到新阶段。宋学不仅与汉学并驾齐驱，而且浸浸乎超而过之。②

傅乐成在《唐型文化与宋型文化》中论述了唐朝与宋朝学术文化的不同。他指出："大体说来，唐代文化以接受外来文化为主，其文化精神及动态是复杂而进取的。唐代文化，上承魏晋南北朝。魏晋南北朝时代的文化对唐代文化直接发生影响的重要因素不外三端，即老庄思想、佛教和胡

---

① 胡如雷：《唐宋之际中国封建社会的巨大变革》，《史学月刊》1960 年第 7 期。
② 漆侠：《唐宋之际社会经济关系的变革及其对文化思想领域所产生的影响》，《中国经济史研究》2000 年第 1 期。

人习俗。其中后两种因素自外族传入，而且是经历数百年的流播而形成的。唐代对这三种文化因素的承袭，也以后两种为主，在有唐三百年的大半时间中，它们是文化的主流，造成唐代文化的异彩特色。至于中国传统文化的儒学，从魏晋开始，即受这三种文化因素的压制，日渐衰微，在唐代大半时间的情形，仍是如此。直到唐代后期，儒学始开启复兴的机运。""在当时并没有多大作用。到宋，各派思想主流如佛、道、儒诸家，已趋融合，渐成一统之局，遂有民族本位文化的理学的产生，其文化精神及动态亦转趋单纯与收敛。南宋时，道统的思想既立，民族本位文化益形强固，其排拒外来文化的成见，也日益加深。宋代对外交通，甚为发达，但其各项学术，都不脱中国本位文化的范围；对外来文化的吸收，几达停滞状态。这是中国本位文化建立后最显著的现象，也是宋型文化与唐型文化最大的不同点。"①

　　张泽咸认为："唐宋变革论者认为唐、宋之际地主阶级和农民阶级内部发生了巨大变化，具有划时代意义的观点，在我看来，还不如唐中叶变革说有力，因为旧门阀士族地主的退出历史舞台，衣冠户的登场，体现了地主阶级上层的重大变化，至于地主阶级中数量最多的庶民地主在均田制崩坏以后，人数已显著增多，在唐、宋之际并没有发生重大的变更。农民阶级方面，广大民众贫困破产。日趋沦落为佃食客户，也是肇始于唐代中叶。手工业者的服役也是由唐初的番役制逐渐演变为中唐以后日趋广泛的纳资代役及和雇制（同时也有现役制并存）。处于社会最底层的奴婢，同样是在中唐时开始出现了雇佣现象。往后的历史发展，北宋时，官户取代衣冠户，佃农客户广泛取代了唐代土客对称的客户。北宋中叶以后，农业与手工业中的雇佣现象更为广泛。这些当然也是变化，但唐、宋之际并不是阶级关系的巨大变动时期。阶级关系而外，诸如府兵制和均田制的破坏，租庸调制演变为两税法，募兵制的全面确立，官制中使职差遣的盛行，科举制逐渐成为入仕主要途径，如此等等，其重大变革都发生于唐代中叶。唐宋之际虽然继续出现一些新的变化，但其性质也都不如中唐变革

―――――――

① 中国通史教学研讨会：《中国通史论文选》，华世出版社 1979 年版，第 314 页。

那么深刻而有重大意义。"①

刘方认为："转型不是一蹴而就，而是一个历史的连续演进过程。……中唐开其端的社会颓败与士大夫外王努力的受挫，……（经历）北宋王朝的倾覆，……断绝了外王之路。从南宋开始，他们彻底走向内倾之路，宋型文化在这一时期基本形成亚定型。……对'宋型文化'的研究，困难之处不在于一般地确定其作为成熟型的特质，而在于揭示其区别于'唐型文化'的具体特征。"② 台湾学者黄宽重认为："从社会的发展来看，唐末五代政局转变频繁、社会变动不居，是旧秩序解体、新制度待建立的时期，社会上出现许多新的事物与角色，到宋代才逐渐确定。"③

近年来，王瑞来又提出"宋元变革论"观点，"唐宋变革论"的立足点是放在唐末、北宋的社会变化，而"宋元变革论"的立足点是放在南宋的社会转型。他说："唐宋变革论诉说的是中国历史从中古走向近世的变化。而我则是向后看，从南宋历元，跟明清、乃至近代的联系来观察得出的认识。观察的矢向不同。靖康之变，北宋遽然灭亡。突然的巨变，政治场的位移，开启了下一个变革。靖康之变是一个促因，许多变革的因素已酝酿于北宋时期。这些因素伴随着时空的变革而发酵，偶然与必然汇合，从而造成宋元变革。这一变革，由南宋开始，贯穿有元一代，开启了中国历史走向近代的滥觞。"④

此外，在文学研究领域，学者亦认为"近十年来，唐宋文化与唐宋文学转型成为学界的热点话题，成为唐宋文学研究中最流行的一个'主题词'，甚至构成一种研究范式"⑤。在思想史研究领域，同样有学者认为："唐宋之际是中国历史上值得高度重视的一个转折阶段，无论从政治史、

---

① 张泽咸：《"唐宋变革论"若干问题的质疑》，载《中国唐史学会论文集》，三秦出版社1989年版。

② 刘方：《宋型文化与宋代美学精神》，巴蜀书社2004年版，第22—23页。

③ 黄宽重：《从中央与地方关系互动看宋代基层社会演变》，《历史研究》2005年第4期。

④ 王瑞来：《近世中国：从唐宋变革到宋元变革》，山西教育出版社2015年版，第190—191页。

⑤ 陈元锋：《唐宋之际：一个历久弥新的学术史话题》，《江西师范大学学报》2006年第5期。

经济史、社会史还是思想文化史角度看，这一时期都可谓是个重要的分水岭。"① 由此可见，在国内宋代文、史、哲研究领域，"唐宋历史转型"是一个备受关注的学术话题。

（二）国外学者的唐宋历史转型论

一般认为，国外学界最早提出"唐宋变革论"的是日本学者内藤湖南。1909 年，内藤湖南在讲授中国近世史的讲义中说："近世史应从什么时代开始，当说是宋代以后。"② 其后，他在 1914 年出版的《支那论》及 1920 年讲授《中国近世史》的讲义、1922 年发表《概括的唐宋时代观》中又逐步系统地阐述了这一观点。③ 内藤湖南认为，唐和宋在文化的性质上有着显著差异。唐代是中世纪的结束，而宋代则是近世的开始。他的这种观点是建立在新的历史分期方法基础之上的。他说："由于过去的历史家大多以朝代区划时代，所以唐宋和元明清等都成为通用语，但从学术上来说这样的区划法有更改的必要。不过，为了便于讨论，在这里暂且按照普通的历史区划法，使用唐宋时代一词，尝试综合说明从中世转移到近世的变化情形。"④

内藤湖南从政治、经济、文化三个层面阐述唐宋之间的差异。政治上，"贵族政治的式微和君主独裁的出现"是唐宋社会变革的主要表现。他认为，六朝时代，天下官吏以受贵族权力所左右的九品中正的方式选举；隋唐实行科举制，虽然对九品中正制的弊端有所改变，但隋唐的科举制仍然是贵族的。他认为，宋初的科举以帖经和诗赋为主，是一种人格测验和书写文章能力的考试，到了王安石时代改帖经为经义，代诗赋以策论，虽然到了后来经义成为以一时的念头去让考官吃惊的文章游戏，策论亦变得与实际的政务完全无关，但当时这样的一种改变仍达到了将过去的

---

① 徐洪兴：《唐宋间中国思想转型及其提供的思考》，《解放日报》2008 年 7 月 27 日第 8 版。

② ［日］内藤湖南：《内藤湖南全集》第 10 卷，筑摩书房 1970 年版。

③ ［日］葭森健介：《唐宋变革论于日本成立的背景》，《史学月刊》2005 年第 5 期。

④ ［日］内藤湖南：《概括的唐宋时代观》，载刘俊文主编，黄约瑟译《日本学者研究中国史论著选译：第一卷　通论》，中华书局 1992 年版，第 10 页。

人格主义改为实务主义的目的①。经济上，内藤湖南认为，唐朝时期主要还是以实物经济为主，货币经济有了出现的苗头，如唐朝的许多贸易还是通过绢和布进行交换，到了宋朝，铜钱广泛使用在贸易中，同时，在一些贸易较为发达的地区则出现了交子、会子等纸币。纸币的使用说明贸易的发达，经济的繁荣，也说明宋朝的经济较之唐朝更为活跃了。文化上，唐朝的文化多为贵族所掌握，至宋朝则"一变成为庶民之物"，经学方面，唐朝时期较为固守师承和家法，宋代儒者对于经学更为自由和活跃，允许用自身的见解去阐述儒家经典。尤其是词的广泛传播，使得文学创作更为自由活泼，不再拘泥于诗歌的五言七言格局。另外，诸如书画、歌舞等，宋代都较之于唐代更为平民化和自由化。

内藤湖南关于宋代是中国历史近世开端的假说，"是日本的中国史研究可举出的最重要的成果之一，至今仍然是考察这一时代的坐标轴。"② 其后，唐宋变革说经内藤湖南的学生宫崎市定等人的发挥和展开，至第二次世界大战结束以后，在国际唐宋史研究领域产生了深远而广泛的影响。宫崎市定认为唐宋之间发生的诸多社会变化具有划时代的意义，"即从唐朝衰亡期经五代至宋朝建立之间，中国社会发生了具有决定意义的性质变化的观点"③。

宫崎市定指出，宋朝是以商业统制作为中央集权基础君临万民的第一个统一王朝，从宋代社会可以看到显著的资本主义倾向。同时，宋朝的商业虽然蕴含着对自由企业压迫的一面，不利于自由企业的发展，但商业统制同时也可以起到保护商业的作用，如参与官业的商业，不仅商人的利润可以获得政府的保证，而且在交通运输方面，为了路途的畅通和安全，商人也能期待政府在武力上提供保护性的措施。因此，宋代都市的财富力量之所以能迅速

---

① ［日］内藤湖南：《概括的唐宋时代观》，载刘俊文主编，黄约瑟译《日本学者研究中国史论著选译：第一卷 通论》，中华书局 1992 年版，第 14—15 页。

② 张广达：《内藤湖南的唐宋变革说及其影响》，载《唐研究》第 11 卷，北京大学出版社2005 年版。

③ 内藤湖南研究会：《内藤湖南的世界》，三秦出版社 2005 年版，第 26 页。

崛起，与当时作为官道的运河网向广大民众开放有关，由此促进了国内商业经济的活跃和繁荣，从而导致都市经济势力的崛起和繁荣①。

佐竹靖彦在内藤湖南和宫崎市定等人的基础上，进一步深化了唐宋变革说理论，他将中国的宋代放置在世界史上的近代社会来考察。他认为，从社会结构上来看，唐代属于农村时代，宋代则已过渡到城市时代，从文化结构上看，唐代是宗教占据主导的时代，宋代是知识为主导的时代。他指出："宋元时代的变化具有试图将个人置身于更广泛社会关系中的方向性，肩负这一方向的主体即时代的领军者们，从与传统统治阶层完全不同、拥有各自基础的社会阶层脱颖而出，而且与这种新倾向相适应，他们的思维变得更为理性。换而言之，他们追求和确立的是一种将超越自身生活圈的现象，通过现实的人际关系来加以重新构造的信念……那些被称作读书人或士大夫的领军人物，不像过去那样形成世袭的统治阶层，他们期望把宗族中不同行业的个体家庭聚集起来，作为自己存在的基础。他们在社会中发挥主导作用的最终基础，是通过科举考试成为一名官僚。不过是一介草民的他们要想脱离生活的直接基础，成为远离地方、远离社会的中央政权的中坚力量，首先就要具备理性的、抽象的社会关系意识。正是这种理性意识，支撑了作为知识时代的中国近世社会。"②

法国汉学家埃狄纳·巴拉兹也对唐宋中国的社会变革给予关注，他认为宋代已经凸显了近代中国以前的新因素，"中国封建社会的特征到宋代已发育成熟，而近代中国以前的新因素到宋代已显著呈现，因此研究宋史

①　[日]宫崎市定：《东洋的近世》，收录于刘俊文主编，黄约瑟译《日本学者研究中国史论著选译：第一卷　通论》，中华书局1992年版，第153—241页。李华瑞认为，宫崎市定对宋代近世说的新贡献的主要表现概括为以下四个方面：（1）贵族所有庄园的农奴部分被解放，以自由平等为原则的新社会出现。（2）过去门阀贵族独占的政治特权不被承认，官吏地位的取得以科举制向万民开放。（3）由于贵族制被打倒而发生了新的资本主义潮流，财阀、地主阶级取代旧贵族，因而产生了教育权、参政权被他们独占的倾向。（4）既然佃户变成了独立的自由民，佃户在完成地契约义务后有转移的自由，就不受地主的人格束缚。地主利用佃户的弱点进行残酷压榨，这并非法制上的权利，而是资本主义的淫威。所以他否定了土地束缚、地主的恣意压榨和佃户身份的隶属性等事实。同时他认为，宋代以后确定了个人对土地的所有权，土地买卖即是出让所有权，这是尊重契约的表现。（见李华瑞《20世纪中日"唐宋变革"观研究述评》，《史学理论研究》2003年第4期）

②　[日]佐竹靖彦：《总论》，载近藤一成主编《宋元史学的基本问题》，中华书局2010年版。

不仅对于解决中国封建社会中承上启下的各种问题具有决定性的意义，而且还有助于解决中国近代开端的一系列重大问题。"①

法国另一著名汉学家谢和耐也阐述过此问题，他认为："11—13 世纪期间，在政治、社会或生活诸领域中没有一处不表现出较先前时代的深刻变化。……政治风俗、社会、阶级关系、军队、城乡关系和经济形态均与唐朝贵族的和仍是中世纪中期的帝国完全不同，一个新的社会诞生了，其基本特征可以说已是近代中国特征的端倪了。"② 美国学者包弼德虽然不赞同内藤湖南的唐宋变革说，但他也用"转型"来概括唐宋思想与文化的不同，他指出："自二十世纪八十年代以来，研究'中叶史'的史学家的著作，总起来提出了一个新的阐释。在社会史方面，我们现在可以把唐宋的社会转型定义为士或士大夫（他们是政治和文化精英）之身份的重新界定，以及他们逐渐变为'地方精英'的过程，以此来取代以往把这一转型定义为门阀制的终结和'平民'的兴起。……唐宋的思想、文化转型有三个显著的特征。首先，从唐代基于历史的文化观转向宋代基于心念的文化观。第二，从相信皇帝和朝廷应该对社会和文化拥有最终的权威，转向相信个人一定要学会自己做主。第三，在文学和哲学中，人们越来越有兴趣去理解万事万物是如何成为一个彼此协调和统一的体制的一部分。……宋代的思想文化使文人可以断言，学者能够立于政权来悟'道'，它以此创造了一种纽带，来联系社会和政治，以及作为社会基础的自我赓续的地方精英和自我限制、不积极有为的政府。"③

由此可见，国外学术界从 20 世纪初就开始探讨"唐宋历史转型"问题，并取得了较为丰富的研究成果。值得注意的是，日本学者内藤湖南的唐宋变革论一定程度上是受中国史家的影响，然后提炼总结，经由他的学生的阐发，不断完善提升。与此同时，欧美学者也对此问题给予关注，并影响着国内的宋史研究。

---

① 景戎华：《造极起宋，堪称辉煌》，《读书》1987 年第 5 期。
② ［法］谢和耐著，耿昇译：《中国社会史》，江苏人民出版社 1995 年版，第 243 页。
③ ［美］包弼德著，刘宁译：《唐宋转型的反思——以思想的变化为主》，《中国学术》第 3 辑，第 63—87 页。

二　唐宋历史转型的具体表征

从国内外学者的研究可以看出，唐宋之际的社会变革确实是中国古代史研究中的一个重要问题，唐宋之际的社会变革也称得上是一个具有划时代意义的历史现象，这种变革的表现是多方位的。可以说，从唐代中叶开始，中国封建社会进入了新的发展时期，我们称之为中国封建社会的中期。它经历五代十国、两宋、元代直到明代后期出现资本主义萌芽前夕，共约八百年时间。由唐代中叶开始的社会发展变化，到宋代几乎完全定型，从而呈现出不同于过去的社会新面貌。宋代社会的新面貌表现在社会的各个方面，首先是物质生产的发展和阶级关系的变化，在此基础上，出现了新的土地占有制度和租佃制度，从而形成了新的社会经济结构。其次是以新的社会经济结构为政治和精神的基础，整个上层建筑包括政治、军事、教育、法律等制度，乃至哲学、宗教、文学、艺术、学术等意识形态以及风俗习惯都出现了相应变革。再者是人民群众在新的历史环境里，以不同于以往的革命目标和方式进行阶级斗争，奏响了新的战斗乐章。这一切因素互相联系、互相制约、互相影响，构成了丰富多彩的宋代社会面貌的生动图画。①

（一）唐宋历史转型的政治表征

唐宋时期，随着科举制度的发展，士族门阀在文化上的优势减弱，"进士第成为大士族振兴或延续其家族的重要因素，……这种现象在许多次级旧族更为明显"②。科举优势的衰落，使唐代后期门阀士族进士及第人数呈现一种下降的趋势。有学者统计，德宗朝到中唐末（780—840 年），山东门阀士族约 2.4 代 29 人进士及第，平均每代约 12 人；而晚唐（841—907 年）约 5.64 代 16 人进士及第，平均每代不足 3 人。唐代后期士族宰相几乎皆由进士出身，而五代时士族及小姓宰相进士出身者总共不足

---

① 朱瑞熙：《宋代社会研究》，中州书画社 1983 年版，第 1 页。
② 毛汉光：《中国中古社会史论》，上海书店出版社 2002 年版，第 364 页。

50%。① 可以说，门阀士族的衰落与解体使得社会不同阶层在政治上的地位出现升降波动。

唐长孺认为，门阀士族的盛衰与封建土地所有制的形式有着不可分割的关系，"封建国家土地所有制的统治地位还没有动摇，与之相联系的贵族、官僚土地所有制也仍然存在，那么门阀制度也就能够继续下去。到了武后以至玄宗统治时期，均田制度最后崩溃，封建国家的土地所有制的统治地位动摇了，门阀制度也达到了最后衰亡的阶段。门阀特权无论是经济上和政治上都消失了，剩下来的便只有一个自矜高贵的血统。"② 此外，从隋炀帝开始实行政治上削弱士族政治特权的举措，比如他废除州郡辟举权，"隋氏罢中正，举选不本乡曲，故里闾无豪族，井邑无衣冠"③，这个措施在政治上极大地抑制了门阀士族的势力发展。经过唐代中叶以来土地所有制的发展，社会生产关系的剧烈变动，以及唐末五代几十年的大动乱，魏晋以来的士族门阀至宋彻底衰微，"举贤不出世族"的门阀贵族政治由此退出历史舞台。士族门阀的衰落，促使宋代的科举考试向着"取士不问家世"的方向发展，大批出身贫寒的士子登上政治舞台，大量非身份性的官僚地主迅速崛起，打破了此前门阀士族对政权的控制和垄断，由此地主阶级内部升降沉浮加速，社会各阶层在政治上出现了上下流动。④

钱穆认为："唐代中叶以后，中国有两项很大的变迁，一项是南北经济文化的转移，另一项是社会上贵族门第的逐渐衰落。……门第衰落后社会上有三种新形象，一是学术文化传播更为广泛，二是政治权解放更普遍……以前参与政治活动的，大体上为几个门第氏族所传袭，现在渐渐转换得更快，超迁得更速。三是社会阶级更消融"。⑤ 台湾学者梁庚尧也指出："科举制度配合印刷术的推广应用与教育机会的普遍增加，促成了唐宋之间社会形态的转变。这一转变表现在宋代社会上，便是统

---

① 金滢坤：《中晚唐五代科举与清望官的关系》，《中国史研究》2003 年第 1 期。
② 唐长孺：《门阀的形成及其衰落》，《武汉大学学报》1959 年第 8 期。
③ 杜佑：《通典》卷 17《选举志五》，中华书局 1988 年版，第 417 页。
④ 郭学信：《宋代士大夫群体意识研究》，中国社会科学出版社 2017 年版，第 49 页。
⑤ 钱穆：《国史大纲》（下册）第 41 章《社会自由讲学之再兴起》，商务印书馆 1996 年版，第 786—787 页。

治阶层社会纵向流动的加速。以往政权由少数世家大族长期垄断的情形不再存在，科举出身的士人取而代之成为政治的核心，而他们往往是骤盛忽衰，不容易再形成以往门第那种可以延续好几百年的政治力量。"①

（二）唐宋历史转型的经济表征

唐代中后期均田制开始瓦解②，同时，实行两税法，使得土地私有制度迅速发展，地权开始发生转换③，发生了从"贵者有势可以占田"到"富者有赀可以买田"的变化④，由此宋代各阶层在经济上也就发生较大的变化，以致到宋代社会出现"贫高无定势，田宅无定主"现象。除此之外，随着宋代农业生产技术的提高，农业生产快速发展，直接促使粮食产量大幅提高，在手工业领域，因煤炭的大规模使用，宋代出现所谓的"煤铁革命"⑤，加之造船技术的进步和运河的挖掘提升，使得宋代经济出现了"诸般新气象"。

漆侠认为，"就封建经济制度的发展而言，唐和宋分属两个不同的阶段：前者是庄园农奴制阶段，而后者则是封建租佃制占主导地位阶段。这种变化所体现的差异是非常巨大的，差异的背后，反映了包括宋代农业劳动生产率的空前提高，以及手工业、商业和城市经济的大幅度的增长等整个社会经济的全面发展，而尤其需要注意的一个因素，就是土地占有关系

---

①　梁庚尧：《宋代科举社会》，东方出版中心 2017 年版，第 128 页。

②　赵云旗指出："'不抑兼并'和'不立田制'并非出自宋代的政策，而是在唐代后期就出现了，它早已成为唐代后期土地买卖正常化的标志。"见赵云旗《唐代土地买卖研究》，中国财政经济出版社 2002 年版，第 342—343 页。

③　李栋材认为，唐代开元以后，均田制已经荡然无存，两税法实施，土地共有制度不复存在，土地私有制开始滋长，成为中国经济史的一大阶段。见李栋材《唐宋元明土地制度概略》，《中央日报》1947 年 10 月 29 日。

④　赵俪生：《中国土地制度史论要》，载氏著《赵俪生史学论著自选集》，山东大学出版社 1996 年版。

⑤　郝若贝（Robert Milton Hartwell）在《北宋中期中国铁与煤工业的革命（960—1126）》一文中指出，到 1078 年，北宋生铁年产量已经达到 7.5 到 15 万吨，这一产量是 1640 年英国本土生铁产量的两倍半至五倍。他认为，宋代用煤炼铁的技术已经达到英国 16—17 世纪早期工业化时期的水平（《中国史研究动态》1981 年第 5 期）。

的变化"①。黄宽重认为："宋代都市化日益发展、金融组织的发达、地方资源的特产化与国内、海外贸易的连环衔接，促使商业活动活络、贸易勃兴；加上农业生产力与新品种、农技的发展，使得宋代商业的性质和规模超越前代。"②

（三）唐宋历史转型的文化表征

受均田制经济解体和门阀政治崩溃的影响，宋代社会文化变得更为自由，如科举方面的取士不问家世、教育方面的广开来学之路、社交方面的所交不限士庶、学术方面的从汉学到宋学、文学方面的从雅到俗、书法方面的从碑书为主到帖书为主、绘画方面的从宗教画、政治画为主到山水画、花鸟画为主等现象的出现，表明宋代是一个与魏晋南北朝乃至唐代不尽相同的历史时期。③

有学者认为，从唐代开始，因科举考试的发展，给一般读书人提供了宽松空间和多元途径，包括科举入仕、藩镇延揽人才，使得很多优秀的士人可以冲击门阀贵族，并使得垄断知识资源的贵族瓦解，贵族社会的色彩也越来越淡化，这种现象也使过去垄断知识和真理、熟悉外在仪节、依赖血缘系统获得合法性地位的贵族社会，转向了依赖学习和努力、重视内在修养和精神、强调平民主义的士绅社会。从唐到宋，首先是意义和价值的宇宙依据发生了变化，从天到理，其次是意义和价值的历史基础也发生了变化，从"上古"即历史作为证明，到"心灵"或"观念"作为依据。④同时，我们不能忽略宋代造纸技术的提高，印刷技术的发明与不断改进，

---

① 漆侠《宋代经济史》，中华书局 2009 年版，第 137 页。葛金芳认为，汉唐的立国基础是小农经济，自然经济气息浓厚；宋明虽然仍以农业立国，但在高度发达的农业经济之基础上，已经生长出城市、货币、商业、信用、海外贸易等诸多工商业文明因子，雇佣劳动、包买商惯例、商业信用、集资合伙等新生事物均有踪迹可觅，已然处在迈向近代社会的前夜。宋代经济出现的新现象有：一是商品性农业的成长，二是都市化进程的加速，三是商品构成的变化和商业性质的转折，四是草市镇的勃兴和地方性市场的初步形成，五是商人群体的崛起和"谋利"观念的盛行，六是海外贸易的拓展，七是纸币的出现和白银的货币化。见葛金芳《宋代经济：从传统向现代转变的首次启动》，《中国经济史研究》2005 年第 1 期。

② 黄宽重：《从中央与地方关系互动看宋代基层社会演变》，《历史研究》2005 年第 4 期。

③ 张邦炜：《婚姻与社会：宋代》，四川人民出版社 1989 年版，第 182—183 页。

④ 包弼德著，刘宁译：《斯文：唐宋思想的转型》，江苏人民出版社 2017 年版。

以及教育在基层的普及，宋代出现了"文化平民化"的发展。①

第二节　唐宋转型视野下的士人

一　士人历史溯源

"士"的概念前已述及。就目前资料来看，"士"字最早出现可以追溯到《尚书·多士》中所称"尔殷遗多士"。② 先秦时期的"士"含义较为复杂，刘泽华做过统计，在战国文献中，以"士"为中心组成的称谓和专用名词，约有百余种。③ "士"的最基本含义，大约就是成年男子。如《诗·郑风·女曰鸡鸣》："女曰鸡鸣，士曰昧旦。"孔颖达疏："士者，男子之大号。"

长期以来，学者们对"士"字原始字义，说法不一。东汉许慎认为："士，事也。数始于一，终于十，从一从十。孔子曰，推十合一为士。"④ 郭沫若认为，士象阳物，用以指代男子，"余谓士、且、王、土同系牡器之象形"⑤。杨树达认为，士字象插苗田中之形，士通事，男子以耕作为事⑥。徐中舒认为，士字为人端共而坐之象，士为官长之意⑦。

由上可知，学者们普遍认可"士"的初始含义为成年男子，但是成年男子这个概念非常宽泛，因而可以理解为，士最初是指氏族中的所有男性成员。那么，士在氏族最重要的作用是什么呢？毫无疑问，士凭借较强的身体素质成为部落劳作和战斗的重要力量。《礼记·少仪》中称："问士之子长幼，长则曰'能耕矣'，幼则曰'能负薪''未能负薪'。"⑧ 这里的

---

① 郭学信：《宋代士大夫群体意识研究》，中国社会科学出版社2017年版，第50页。
② 孔安国传，孔颖达疏：《尚书正义》卷16，李学勤主编：《十三经注疏》，北京大学出版社1999年版，第422页。
③ 刘泽华：《士人与社会》，天津人民出版社1988年版，第21页。
④ 辛田：《春秋战国时期社会转型研究》，陕西人民出版社2006年版，第342页。
⑤ 郭沫若：《甲骨文字研究》，科学出版社1962年版，第47页。
⑥ 杨树达：《积微居小学述林》，中华书局1983年版，第72页。
⑦ 徐中舒：《士王皇三字之探源》，《中央研究院历史语言研究所集刊》1934年第4本。
⑧ 许慎撰，徐铉校定：《说文解字》，中华书局2013年版，第8页。

"长"即是指成年。《礼记·曲礼》中谓："君使士射，不能则辞以疾，言曰：某有负薪之忧。"由此可见，从事劳作是士最初的应有之义。同时，《盐铁论·未通》称："古者……二十冠而成人，与戎事。"这里的戎士说明士亦含有从事战斗的任务。但是，随着社会进化，社会内部发生分化，士的含义便不能不因之而复杂化。这种分化最初所采取的形式，看上去颇类似于社会科学所谓"等级分层"的过程，分化的最初结果，则是一个封建士大夫阶级的产生。① 《管子·问》中记载："……士之身耕者几何家？……士之有田而不使者几何人？吏恶何事？士之有田而不耕者几何人？身何事？……问士之有田宅、身在陈列者几何人？"从这段记载可以看出，士是有田宅，而且身在陈列，说明是具有一定的经济地位和军事职务之人。《左传》闵公二年："狄人伐卫……将战，国人受甲者皆曰……"，这里的"国人受甲者"就是指国士。由于国人是战斗主力，而"执干戈而卫社稷"是国人的义务、荣誉和特权，"士"特指甲士、军士或武士。所以，"士"的范围就相对缩小了，只限于统治部族的成员了。与此同时，在统治部族共同体内部，也早已有了贵族和平民的阶级分化，从而使"士"这个称谓进一步限定于拥有官爵的贵族之内。② 此后，随着社会的发展，"士"这一可以包容所有贵族成员的通称被继续分化，其地位高者别作称呼以示区别，"士"便进一步成为贵族与官员的最低等级之称了。而且这一等级之内，也已产生了上士、中士、下士之分。不同等级的礼仪、特权与可以担任的官职，各有严明的规定。

西周和春秋时代，士的职业相对比较固定，他们或委质为臣，或"为王前驱"，或为"公侯干城"，所以，当时的士人既能通晓诗书礼乐，又能射御执戈，既能文也能武。单就春秋以前士所受教育和所任社会角色看，士习武进而作武士，确是其主要内容。当时士所学科目为六艺，即礼、乐、射、御、书、数，礼有大射、乡射，乐有军乐，射御除田猎外，也都是作战技术，这四科皆为军事科目，只有书、数才为数学、文字、典章等

---

① 阎步克：《士大夫政治演生史稿》，北京大学出版社2018年版，第38页。
② 阎步克：《士大夫政治演生史稿》，北京大学出版社2018年版，第40页。

民政知识。在"国之大事唯祀与戎"的时代，受过军事教育的士自然是执干戈以卫社稷的军队主力。春秋初年，管仲助齐桓公改革，其中有一项士、农、工、商四民分业的措施，规定士的主要职能仍然是从军打仗。春秋中后期，士作为一个社会等级逐步解体，其社会角色也发生了倾向性的变化，即由主要从武转化为主要从事于文。士由以武为主到以文为主的历史转变，并不是由武士变为文士，而是指原来士中的文化人部分获得了迅速的发展。①

进入战国，诸侯之间争霸更趋激烈，导致社会发生了较大转变。与此同时，士人的数量却在不断地增多，在这种激烈的竞争环境下，很多士人不可避免面临着"失位"的窘境。他们为了生存和发展，不得不加强自身的修养和学习。所以，战国时期"士"的概念和种类非常之多，如武士、锐士、剑士、死士等，当来源于六乡军士的传统，亦即作为战士之称的"士"之沿袭。在技艺之士、商贾之士、筋力之士等话语中，"士"为"男子之大号"，即从事某种行业的男子之称。而如学士、文士、术士、方士、善士、志士、信士、修士、烈士、法士、辩士等，则特别地用以指称一批未必居官、非必世族，而特以道义才艺见长之人。他们可能来源于贵族或平民，但又绝不等同于贵族和平民，并且构成了一个影响巨大的分立阶层。他们仍然称"士"，这显示了传统的某种连续性；但他们与春秋以上之"士"已经大异其趣。这类以"士"为中心词的称谓之所强调者已是道艺的分类，而不是等级的分类了。"游士"之称，即表明了他们处于活跃的行业、地域和等级的流动之中。②

战国时代的动乱给士人们提供了广阔的舞台，他们活跃在各个诸侯国之间。秦始皇"乘六世之烈而吞食六国，兼诸侯并有天下"之后，士人们"斐然向风"，他们对新时代充满期望，但很快便发现自己好像没了出路，他们在社会舞台上充满活力的表现也被迫中断了。他们遭受禁抑，不得游宦，没有了战国时代的充分自由，在秦王朝既不被尊重，也没有权利。战

---

① 刘泽华：《士人与社会》，天津人民出版社1988年版，第13页。
② 阎步克：《士大夫政治演生史稿》，北京大学出版社2018年版，第111页。

国时期在历史舞台上大出风头的士人，入秦后却变得无足轻重，甚至黯然失色，这种境遇让他们感觉不自在，乃至失落、绝望和无所适从。

秦始皇之所以摒士人于政权之外，一定程度上是根源于他空前的权威感，即作为有史以来事业最为盛大的政治成功者；源于他对有效控制和行政精确性的强烈要求，以及以任何不齐整、不划一为非秩序的忧念；源于他浓厚的家天下观念，赤裸裸地视天下为个人的私产。[①] 于是，在李斯建议下，士人广泛多样的文化遭到了官方禁抑，同时，士人运用文化方式的自由也受到官方的强力控制，那些在战国时期习以为常的活动和行为，逐渐成为他们生命的严重威胁，史载："始皇可其议，收去《诗》《书》百家之语以愚百姓，使天下无以古非今。"[②] 秦始皇三十五年（公元前212年），有两位士人（侯生和卢生）在一起议论"始皇为人，天性刚戾自用，起诸侯，并天下，意得欲从，以为自古莫及己。专任狱吏，狱吏得亲幸。博士虽七十人，特备员弗用。丞相诸大臣皆受成事，倚辨于上。上乐以刑杀为威，天下畏罪持禄，莫敢尽忠。上不闻过而日骄，下慑伏谩欺以取容。秦法，不得兼方，不验，辄死。然候星气者至三百人，皆良士，畏忌讳谀，不敢端言其过。天下之事无大小皆决于上，上至以衡石量书，日夜有呈，不中呈不得休息。贪于权势至如此，未可为求仙药"[③]。这可以看作是秦朝的士人对秦始皇的集体指责。秦始皇对此反应非常激烈，他说："吾前收天下书不中用者尽去之。悉召文学方术士甚众，欲以兴太平，方士欲练以求奇药。今闻韩众去不报，徐市等费以巨万计，终不得药，徒奸利相告日闻。卢生等吾尊赐之甚厚，今乃诽谤我，以重吾不德也。诸生在咸阳者，吾使人廉问，或为妖言以乱黔首。"[④] 于是秦始皇下令："犯禁者四百六十余人，皆坑之咸阳，使天下知之，以惩后。"[⑤]

士人在秦朝不仅没有出路，而且遭受诛杀之虞。于是在陈胜揭竿之

---

① 于迎春：《秦汉士史》，北京大学出版社 2000 年版，第 12 页。
② 司马迁：《史记》卷 87《李斯列传》，中华书局 1982 年版，第 258 页。
③ 司马迁：《史记》卷 87《李斯列传》，中华书局 1982 年版，第 258 页。
④ 司马迁：《史记》卷 87《李斯列传》，中华书局 1982 年版，第 258 页。
⑤ 司马迁：《史记》卷 87《李斯列传》，中华书局 1982 年版，第 258 页。

后，天下群起，甚至以温良为训的孔子后裔也站出来反秦。史载："及至秦始皇兼天下，燔《诗》《书》，杀术士，六学从此缺矣。陈涉之王也，鲁诸儒持孔氏礼器往归之，于是孔甲为涉博士，卒与俱死。陈涉起匹夫，驱谪戍以立号，不满岁而灭亡，其事至微贱，然而搢绅先生负礼器往委质为臣者何也？以秦禁其业，积怨而发愤于陈王也。"① 秦朝对士人的压制与诛杀也让汉代士人为此非议，汉代士人认为："秦之时，羞文学，好武勇，贱仁义之士，贵治狱之吏；正言者谓之诽谤，遏过者谓之妖言。故盛服先王不用于世，忠良切言皆郁于胸，誉谀之声日满于耳；虚美熏心，实祸蔽塞。此乃秦之所以亡天下也。"②

西汉建立后，刘氏政权一反秦代百般疑忌大臣、置士人于黔首地位的做法，汉代士吏在政治生活中发挥了重要作用。于是，经术之士时常出现于朝廷，备问古今，敷设礼义，参议典礼政事。不过，更多的儒士则在民间精研义理，授受生徒，以观望的态度和不甚积极的姿态，保持与中央朝廷较为疏远的距离。一方面，儒士在朝廷不被礼遇，使他们对天子敬而远之。同时，他们知道，儒学蕃滋的时机尚未到来，在天下安集、百姓回返之初，儒学难有用武之地。③ 因此，鲁两生批评叔孙通知时善变，面谀亲贵，"今天下初定，死者未葬，伤者未起，又欲起礼乐。礼乐所由起，百年积德而后可兴也"④。

汉武帝即位后，"卓然罢百家，表章六经。遂畴咨海内，举其俊茂，与之立功。兴太学，修郊祀，改正朔，定历数，协音律，作诗乐，建封禅，礼百神，绍周后，号令文章，焕焉可述。后嗣得遵洪业，而有三代之风"⑤。于是，兴利之臣、军功武士、用法之史井始在国家事务中活跃起来，盛汉时代的昂扬气势和亢奋精神极大地感染了在野的士庶，人们纷纷上书言事，对国家建设发表意见。⑥ 元朔元年，汉武帝诏曰："公卿大夫，

---

① 班固：《汉书》卷88《儒林传》，中华书局1962年版，第3592页。
② 班固：《汉书》卷51《路温书传》，中华书局1962年版，第2369页。
③ 于迎春：《秦汉士史》，北京大学出版社2000年版，第69页。
④ 班固：《汉书》卷43《叔孙通传》，中华书局1962年版，第2127页。
⑤ 班固：《汉书》卷6《武帝纪》，中华书局1962年版，第212页。
⑥ 于迎春：《秦汉士史》，北京大学出版社2000年版，第70页。

所使总方略，一统类，广教化，美风俗也。夫本仁祖义，褒德禄贤，劝善刑暴，五帝三王所繇（由）昌也。朕夙兴夜寐，嘉与宇内之士臻于斯路。故旅耆老，复孝敬，选豪俊，讲文学，稽参政事，祈进民心。"① 汉武帝不仅下诏广揽英才，而且开始罢黜百家，独尊儒术，取得了良好效果，史称"自此以来，公卿大夫士吏彬彬多文学之士"②。同时，汉武帝在董仲舒建议下，开始设立太学，"夫不素养士而欲求贤，譬犹不琢玉而求文采也。故养士之大者，莫大乎太学；太学者，贤士之所关也，教化之本原也。今以一郡一国之众，对亡应书者，是王道往往而绝也。臣愿陛下兴太学，置明师，以养天下之士，数考问以尽其材，则英俊宜可得矣"③。

对于被视为国家之"重器""大宝"的士人，西汉统治者既不敢像秦一样钳制、冷遇，也不能像战国时代那样听凭其所为，而是把他们的出路作为官僚政治的一个重要问题来解决。既然士人的出路主要在于求官得禄，自汉武帝始，天子之外的几乎所有文职，皆向士人开放，三公九卿往往"由穷巷，起白屋。"皇帝以种种仕宦前途将广大士子紧紧吸引到对汉政权的亲附上来，使他们安于向以皇帝为代表的专制国家求仕。④

东汉政权也高度重视士人对国家政权的作用。东汉名士桓谭曾批判王莽"怀贪功独专之利"，不肯与士大夫共享天下。在他看来，王莽"智足以饰非夺是，辨能穷诘说士，威则震惧群下"，但他却恃才自用，"王翁始秉国政，自以通明贤圣，而谓群下才智莫能出其上。是故举措兴事，辄欲自信任，不肯与诸明习者通共，苟直意而发，得之而用，是以稀获其功效焉……故群臣莫能抗答其论，莫敢干犯匡谏，卒以致亡败"⑤。桓谭上书汉光武帝，要他重视贤士："国之兴废，在于政事，政事得失，由乎辅佐。辅佐贤明，则俊士充朝，而理合世务。"⑥

光武帝刘秀接受了这个建议，对大臣们说："能尽忠于国，事君无二，

---

① 班固：《汉书》卷6《武帝纪》，中华书局1962年版，第166页。
② 班固：《汉书》卷88《儒林传》，中华书局1962年版，第3596页。
③ 班固：《汉书》卷56《儒林传》，中华书局1962年版，第2512页。
④ 于迎春：《秦汉士史》，北京大学出版社2000年版，第113页。
⑤ 桓谭：《新辑本桓谭新论》，中华书局2009年版，第12、13页。
⑥ 范晔：《后汉书》卷28《桓谭传》，中华书局1999年版，第957页。

则爵赏光乎当世，功名列于不朽，可不勉哉!"① 另一方面，为巩固专制主义中央集权，光武帝又对士大夫，尤其是功高名大者疑忌重重。如"威震邻敌，功名发闻"的寇恂，有人即劝寇恂要以萧何守关中为借鉴，这样才能使君主放心，寇恂采纳这一意见，称疾不出。② 在此环境下，士人们只好臣服于皇权政治的显赫声威，"普天之下，赖我而得生育，由我而得富贵，安居乐业，长养子孙，天下晏然，皆归心于我矣……贵有常家，尊在一人。当此之时，虽下愚之才居之，犹能使恩同天地，威侔鬼神。暴风疾霆，不足以方其怒，阳春时雨，不足以喻其泽。周、孔数千，无所复角其圣；贲、育百万，无所复奋其勇矣"③。

东汉士人对大一统专制政权有了充裕的心理接受力。他们不仅充分认识了它的威严和力量，逐渐造应了其巨大的压力，而且肯定它，归顺它，并主动地追逐、利用它所能带来的机会和利益。④ 东汉中后期，外戚宦官专权严重，党锢之祸兴起，面对国家危亡，士大夫表现出了对以皇权为象征的江山社稷的忠心，如刘陶上书曰："臣自知言数见厌，而言不自裁者，以为国安则臣蒙其庆，国危则臣亦先亡也。"⑤ 东汉后期，随着社会政治的持续衰退和时代的激烈变动，出现"牛马车舆，填塞道路，游手为巧，充盈都邑，治本者少，浮食者众"的现象⑥，当时，人们衣服奢，饮食侈，游敖博弈，怀丸挟弹，俳倡戏弄，巫觋祝祷等，不惜奢费地追求生活享乐，士人们也不能免俗地炫世晔众、追富逐乐、求名取利，"博士倚席不讲，儒者竞论浮丽"⑦。他们在看似闲适、快乐的生活中体会着内心的失意与空虚，时局的变换使士人所心怀的"治国平天下"的目标无法实现。

魏晋时期，政权更替频繁，在政权内部表现为政治斗争复杂，外部则

---

① 范晔：《后汉书》卷26《冯勤传》，中华书局1999年版，第810页。
② 范晔：《后汉书》卷16《寇恂传》，中华书局1999年版，第622页。
③ 仲长统：《昌言·理乱》，中华书局1965年版，第1647页。
④ 于迎春：《秦汉士史》，北京大学出版社2000年版，第399页。
⑤ 范晔：《后汉书》卷57《刘陶传》，中华书局1999年版，第1850页。
⑥ 王符著，汪继培笺，彭铎校正：《潜夫论笺校正》卷3《浮侈第十二》，中华书局1985年版，第120页。
⑦ 范晔：《后汉书》卷32《樊准传》，中华书局1999年版，第1126页。

是社会动荡不安。此时，士人们虽然渴望通过参政来建功立业，但又不得不面对严酷的政治斗争，甚至在斗争中被打得头破血流。史载："魏晋之际，天下多故，名士少有全者。"① 因此，在魏晋特定的社会条件下，士人的人生观、价值观发生巨大的变化。他们当中不少人在参政后，为了既得利益，明哲保身，日益乖巧圆滑。也有人极力逃避政治，对社会对人生心灰意冷；还有人对恶势力毫不妥协，在高压政治面前义无反顾，临危不惧。②

与此同时，为在争夺政权和政治斗争中取得有利局面，魏晋时期的执政者对人才多表现出"礼贤下士"的姿态。如刘备"三顾茅庐"，请出隐居隆中的诸葛亮。孙权则主张用人要"忘其短而贵其长"，并鼓励部下读书。他手下不少文臣武将都是博览群书、学有专长的。曹操在优待士人方面更为出色。曾三次下求贤令，明确提出"唯才是举，任人唯贤"的用人原则。对前来投靠的士人，都量才录用。官渡之战后，他"多辟青、冀、幽、并名士以为掾属，使人心归附"③。此举使得当时许多文人名士都愿意投靠曹操，曹操身边也就形成了一个强大的文人谋士群，但由于曹操对为其所用的士人怀有较强的戒备心理，以"破浮华交会之徒"④ 为名，杀害为其立下汗马功劳的谋士们。如"少辩博，能属文"的边让，"建安中，其乡人有构让于操，操告郡就杀之"⑤。孔融被曹操以"讪谤朝廷"名义杀害⑥。"好学，有俊才"的杨修被曹操以"前后漏泄言教，交关诸侯"之名杀害⑦。史称"太祖性忌，有所不堪者，鲁国孔融、南阳许攸、娄圭，皆以恃旧不虔见诛。而琰最为世所痛惜，至今冤之"⑧。

对时政发表议论是士人的本性，这种行为往往会与执政者所制定的规范和执政者的权威发生冲突，这样一来，士人们很容易陷入危险的政治斗

① 房玄龄等：《晋书》卷49《阮籍传》，中华书局1974年版，第1360页。
② 刘泽华：《士人与社会》（秦汉魏晋南北朝卷），天津人民出版社1992年版，第259页。
③ 司马光：《资治通鉴》卷64《汉记五十六》，中华书局1956年版，第2059页。
④ 范晔：《后汉书》卷70《孔融传》，中华书局1999年版，第2273页。
⑤ 范晔：《后汉书》卷80《边让传》，中华书局1999年版，第2647页。
⑥ 范晔：《后汉书》卷70《孔融传》，中华书局1999年版，第2278页。
⑦ 范晔：《后汉书》卷54《杨震传》，中华书局1999年版，第1789页。
⑧ 陈寿：《三国志》卷12《崔琰传》，中华书局1975年版，第370页。

争漩涡中。在此情形下，他们要么磨平棱角，甘做忠臣；要么逃避现实，隐迹山林。以嵇康、阮籍、山涛、向秀、刘伶、王戎及阮咸七人组成的"竹林七贤"就是魏晋士人逃避现实的代表，他们"常集于竹林之下，肆意酣畅。"于是饮酒服药成为魏晋士人逃避政治的无奈之举，史载："晋人多言饮酒，至于沉醉者，未必真在乎酒。盖时方艰难，惟托于酒，可以疏远世故而已。陈平、曹参以来，已用此策。……传至嵇、阮、刘伶之徒，遂欲全然用此，以为保身之计，……如此，饮者未必剧饮，醉者未必真醉也！"①

应该说，参政入仕是中国传统士人奋斗、追求的最终目标。然而，一幕幕的悲剧结局却告诉人们，在这条道路上的士人过多，不仅加剧了官场的竞争和倾轧，还使知识分子丧失了独立人格，成为封建政治的奴婢和工具。从建安七子到竹林七贤正是这种现象的缩影。② 不过，在国家分裂，政治多元的大背景下，游离于政权之外的魏晋士人们却在思想上表现非常自由，宗白华说："汉末魏晋六朝是中国政治上最混乱、社会上最痛苦的时代，然而却是精神上极自由、极解放、最富于智慧、最浓于热情的时代，因此也就是最富有艺术精神的一个时代。"③ 士人们对内发现自我的价值，对外寻探自然山水之美，形成了独特的魏晋风度。④

南北朝时期，门阀制度盛行，门阀贵族为了保持门第的高贵，具有强烈的排他性，士族不断在经济、政治、文化上保持阶层的垄断地位，如曹魏实行的"九品官人法""汉末丧乱，魏武始创，军中仓卒，权立九品，

---

① 叶梦得撰，逯铭昕校注：《石林诗话校注》，人民文学出版社2011年版，第192页。

② 刘泽华《士人与社会》（秦汉魏晋南北朝卷），天津人民出版社1992年版，第275页。缪钺认为，二千多年来，士人在中国历史上发挥着极其重要的作用。但有两个问题时常困扰着中国古代士人的心灵：一是道与势的矛盾，一是求知之难与感知之切，这两个问题也可以说是两个情结。见缪钺《二千多年来中国士人的两个情结》，《中国文化》1991年第1期。

③ 宗白华：《美学散步》，上海人民出版社1981年版，第208页。

④ 赵克尧认为，魏晋风度作为一种特定的时代精神渗透在意识形态的各个领域和社会风范的许多方面，形成了某些共同的思想特征。一是思辨理性力度超过以往任何时代，魏晋玄学家注重内在精神的自我完善，轻视外在瞬逝的功名、富贵以及普遍具有的内心旷达、形迹放浪的风神。二是理想主义，魏晋名士几乎都是理想主义者。他们通过散文与诗，或以政论，或以记述，或以民俗传说等文体，在意识形态各个领域呈现出共同的理想色彩。三是批判精神，他们批判经学、批判名教。见赵克尧《魏晋风度论》，《复旦大学学报》1988年第1期。

盖以论人才优劣，非谓世族高卑。因此相沿，遂为成法，自魏至晋，莫之能改"①。"九品官人法"一直延续到隋初，此法"唯能知其阀阅，非复辨其贤愚"，由此造成"上品无寒门，下品无势族"②。到南北朝末年，九品中正制的弊端严重妨碍了人才的选用，动摇了中央政权的社会基础。因此，南北朝选举制度随之发生了一些有利于寒门士子的变化。在南朝，明经射策制度从考试内容上特别是从门第限制方面，保证了寒庶力量的上升，寒人开始掌管机要。③北周朝廷规定："今之选举者，当不限资荫，唯在得人。苟得其人，自可起厮养而为卿相。"④

隋文帝时废除九品官人法，创立了科举取士制度，把选用人才的权力掌握在君主手中，"自是海内一命以上之官，州郡无复辟署矣"⑤。在此背景下，士族的衰落成为当时的一种趋势。"（士族）不以轩冕位贵，自然是一种高风亮节；但不以才行相尚，则难免流于真正的'浮薄自大'。丧失了经济基础的旧族欲在唐代社会中立足，必须利用其传统的文化优势，励行其才，以求进身"⑥。

废除九品官人法，增加了寒素入仕的可能性。然而，士族阶层已存在着长达数百年的时间，他们不仅根基深厚，而且更为重要的是他们也会随着政治制度的改变做出一定的调整，他们适应新制度的能力远胜于寒门士人，他们在隋唐政治中仍然占据着重要地位。《新唐书》的"宰相世系表"中369位宰相，分别来自98个大的家族，尤其是唐朝势力庞大的李、崔、裴、张、韦、萧、卢等家族。另据学者统计，唐代的官吏按其社会成分分

---

① 郑樵：《通志二十略》，《选举略第二·杂议论第二》，中华书局1995年版，第1287页。

② 韩昇认为，魏晋隋唐时期，强宗大族雄踞乡间，武断乡曲，地方官员不能不与其妥协，甚至依靠他们，才能贯彻对地方的统治。这也说明魏晋南北朝乃至隋唐王朝对士族大姓的依赖程度颇高。见韩昇《南北朝隋唐士族向城市的迁徙与社会变迁》，《历史研究》2004年第4期。

③ 王力平：《中古士族到士人的演进》，《南开学报》2008年第3期。

④ 李延寿：《北史》卷63《苏绰传》，中华书局1974年版，第2334页。

⑤ 杜佑：《通典》卷14《选举二》，中华书局1988年版，第342页。

⑥ 任爽《唐代礼制研究》，东北师范大学出版社1999年版，第184页。张国刚认为："隋唐时代，由于九品中正制退出历史舞台，士族政治门荫特权不再，而且建国者乃是西北胡汉混血的军功贵族，在这种情况下，士族单凭文化优越而享受卓越社会地位的现象受到了挑战。"见张国刚《中古士族文化的下移与唐宋之际的社会演变》，《中华文史论丛》2014年第1期。

类，士族占 66.2%，小姓占 12.3%，寒素占 21.5%。所以，唐朝与魏晋南北朝的差别之一就是，唐朝已有若干比例的寒素入仕，入仕的寒素中，亦有能上升至士族者。①

"安史之乱"的爆发使得时局发生了重大变化，北方陷入动乱之中，南方则相对安定，于是北方的大量门阀士族纷纷选择南迁避难。如著名的博陵崔氏之崔祐甫，"属禄山构祸，东周陷没，公提携百口，间道南迁，讫于贼平，终能保全，置于安地。"② 博陵崔氏之崔翰，"父倚，举进士，天宝之乱，隐居而终。君既丧厥父，携扶孤老，托于大江之南"③。从唐代中后期开始，由于社会发生转型，原有的士族在自身门第和荫资等优势不断丧失以后，他们不得不改变原来的生存状态，努力适应并融入新环境。士族在此过程中慢慢转化为士人，即是所谓的士庶合流。"在唐朝后期，士族或指读书应举的布衣之家，或指进士出身的家族，或指公卿百官，虽然还没有一个非常确定的或法定的含义，但不论在何种场合，都不是用来指称魏晋南北朝时期的旧士族，也不是用指称他们的后裔。时代已经赋予了士族以新的意义"④。这里所说的新的时代意义即是指"士庶合流"现象。

二 唐宋转型下的士人崛起

（一）唐中后期士人南迁

如前所述，唐代"安史之乱"给北方地区经济社会带来了严重破坏，史称"自禄山肇祸，瀛、博流离；思明继衅，赵、魏埋厄。枌榆井邑，靡获安居，骨肉室家，不能相保"⑤。东到徐州，北到相州（今河南安阳）的

---

① 毛汉光：《中国中古社会史论》，上海书店出版社 2002 年版，第 102 页。

② 周绍良主编：《唐代墓志汇编》，《建中零零四》，《有唐中书侍郎同中书门下平章事常山县开国子赠太傅博陵崔（祐甫）公墓志铭》，上海古籍出版社 1992 年版，第 1823 页。

③ 马其昶校注，马茂元整理：《韩昌黎文集校注》卷六《崔评事墓铭》，上海古籍出版社 1986 年版，第 349 页。

④ 吴宗国：《唐代科举制度研究》，辽宁大学出版社 1992 年版，第 288 页。

⑤ 周绍良主编：《全唐文新编》卷47《贬田承嗣永州刺史诏》，吉林文史出版社 2000 年版，第 593 页。

广大地区"人烟断绝，千里萧条"①。北方社会动乱，南方相对安定，唐朝的社会经济开始衰退。经济上的波动，社会的不稳定，直接影响到魏晋以来的门阀士族们的地位。②唐后期社会所发生的变化一直持续到北宋，这个转型被称之为"唐宋变革"。唐宋间的转型涉及政治，经济，文化，社会等诸多方面，尤以士人的转型为显。社会的动乱使得北方的士族大量南迁，史载"三川北虏乱如麻，四海南奔似永嘉"③。又如"中国新去乱，士多避处江淮间"④。

北民南迁还有一个重要原因就是南方经济的发展对他们极具吸引力⑤，史称"江、淮田一善熟，则旁资数道，故天下大计，仰于东南"⑥。尤其是东南的吴越地区和西南的巴蜀地区是北方士人南迁的重要聚集地，吴越地区如"天宝末，安禄山反，天子去蜀，多士奔吴为人海"⑦，"自中原多故，贤士大夫以三江五湖为家，登会稽者如鳞介之集渊薮"⑧。"天下衣冠士庶，

---

① 刘昫等撰：《旧唐书》卷120《郭子仪传》，中华书局1975年版，第3457页。

② 韩昇认为，"安史之乱"时士族的流向，反映出盛唐城市繁荣的背后是士族的根本性衰落。"安史之乱"中士族无所作为，已经清楚地表现出以宗族为基础、兼具城乡两方面影响的士族政治社会没落，取而代之的国家官僚政治社会迅速成长，唐宋社会变革在不知不觉中已经走完了一大段路程。衰落中的士族一心期盼着国家重新统一安定，恢复往日的荣耀。士族阶层作为国家专制集权的制约，已经转变为维护国家稳定的力量。见韩昇《南北朝隋唐士族向城市的迁徙与社会变迁》，《历史研究》2003年第4期。

③ 李白著，王琦注：《李太白全集》卷8《永王东巡歌（其二）》，中华书局1977年版，第427页。

④ 见韩愈著，马其昶校注《韩昌黎文集校注》卷6《考功员外卢君墓铭》，古典文学出版社1957年版，第204页。这方面的例子在《旧唐书》和《新唐书》中记载甚多，如《旧唐书》卷15《窦群传》："窦群，扶风平陵人，群兄常、牟，弟巩，皆登进士第，唯群独为处士，隐居毗陵，以节操闻，兄常字中行，大历十四年登进士第，居广陵之柳杨。结庐种树，不求苟进，以讲学著书为事。"《新唐书》卷182《李珏传》："李珏，其先出赵郡，客居淮阴。幼孤，事母以孝闻。甫冠，举明经，更举进士高第。"

⑤ 韩昇认为，唐朝中叶以降，北方士族自愿南迁的情况已经屡见不鲜。最重要的原因，首先是南方开发日渐成熟，经济发达，特别是南方城市蓬勃兴起。"安史之乱"以后，江南成为唐朝财政重心所。见韩昇《南北朝隋唐士族向城市的迁徙与社会变迁》，《历史研究》2003年第4期。

⑥ 欧阳修、宋祁：《新唐书》卷165《权德舆传》，中华书局1975年版，第5076页。

⑦ 顾况：《送宣歙李衙推八郎使东都序》，载董浩等编《全唐文》卷529，中华书局1983年版，第6册，第5370页。

⑧ 穆员：《鲍防碑》，载董浩等编《全唐文》卷783，中华书局1983年版，第8190页。

避地东吴，永嘉南迁，未盛于此"①。巴蜀地区自汉代就被称为天府之国，唐代"安史之乱"时"税敛则殷，部领不绝，琼林诸库，仰给最多，是蜀之土地膏腴，物产繁富，足以供王命也"②，唐玄宗带着文武官员便避难于此。此外，不少士族，乃至平民都迁至巴蜀，史称"比日关中米贵，而衣冠士庶，颇亦出城，山南剑南，道路相望，村坊市肆，与蜀人杂居，其升合斗储，皆求于蜀人矣"③。

城市的繁荣，社会的安定，使得南迁的北民有一个比较安静的环境继续维持他们在文化上的地位。如"王质，少负志操，以家世官卑，思立名于世，以大其门。寓居寿春，躬耕以养母。专以讲学为事，门人受业者大集其门"④。这种影响持续到宋代，宋人王禹偁说："有唐以武勘乱，以文化人，自宰辅公卿至方伯连帅，皆用儒者为之……。于时宦游之士，率以东南为善地，每刺一郡，殿一邦，必留其宗属子孙，占籍于治所，盖以江山泉石之秀异也。至今吴越士人多唐之旧族耳。"⑤ 为了躲避战乱，唐代很多士族在南方任满之后就留下来，成为寄庄户或衣冠户。⑥ 乾符二年（875），僖宗即位不久，爆发了濮州（今河南濮阳东）人王仙芝、冤句（今山东曹县北）人黄巢领导的大起义。唐僖宗带着大批朝廷文武官员避难成都⑦，紧接着的藩镇割据混战掀起了唐五代时期规模最大的移民

---

① 李白著，王琦注：《李太白全集》卷 26《为宋中丞请都金陵表》，中华书局 1977 年版，第 1213 页。

② 仇兆鳌：《杜诗详注》卷 25《为阆州王使君进论巴蜀安危表》，中华书局 1979 年版，第 2193 页。

③ 刘昫等撰：《旧唐书》卷 111《高适传》，中华书局 1975 年版，第 3330 页。

④ 刘昫等撰：《旧唐书》卷 163《王质传》，中华书局 1975 年版，第 4267 页。

⑤ 曾枣庄、刘琳主编：《全宋文》卷 157，《建溪处士赠大理评事柳府君墓碣铭》，巴蜀书社 1989 年版，第 575—576 页。

⑥ 张泽咸：《唐代的衣冠户与形势户》，《中华文史论丛》1980 年第 3 辑。

⑦ 许多士族都是随着唐僖宗南迁的，如王氏家族："自言唐相石泉公方庆之后，世京京兆渭南。祖贲，广明中从僖宗入蜀，遂为成都人。"（脱脱等：《宋史》卷 296《王著传》，中华书局 1975 年版，第 9872 页）郭氏家族："自叙系出子仪，子仪六世孙甫为御史中丞，从僖宗幸蜀。"（《成都氏族谱》郭氏条）宋氏："唐季有任崇文馆校书郎讳玘者，随僖宗西幸，因家成都。"（《成都氏族谱》宋氏条）刘氏，"从僖宗入蜀，自蜀还长安，留其子孟温居成都。"（《成都氏族谱》刘氏条）。

入蜀潮。① 可以说，黄巢起义和藩镇动乱使得士人进一步南迁，一方面是在南迁的数量上不断增多，另一方面是在南迁的地域上不断地往南。② 时至五代，北方社会更为动乱，各个政权之间武力割据，战争频仍……加之武人当政，文人不受重视。此时，南方各割据政权的统治者则表现出崇文尚士的气魄，对四方之士表示极大的尊重和优待，同时还极为重视发展文化教育。因此，南方成为士人们栖息的乐土。③

（二）唐中后期士人崛起

受战乱影响，北方士人大量南迁，对南方的政治经济社会文化诸方面均产生了深远影响。④ 有着良好文化基础的北方士人到南方后，无疑给南方的文化发展注入了强劲的力量。⑤ 宋人晁说之称："本朝文物之盛，自国初至昭陵（仁宗）时，并从江南来。二徐兄弟锴、铉以儒学，二杨叔侄纮、亿以词章，刁衍、杜镐以明习典故，而晏丞相（殊）、欧阳少师（修）巍乎为一世龙门。纪纲法度，号令文章，灿然具备，有三代之风度。庆历间人材彬彬，号称众多，不减武、宣者，盖诸公实有力焉，然皆出于大江

---

① 据谢元鲁统计，唐五代时期迁居入蜀的士族共四十三家，其中唐末五代时入蜀的就共有二十九家，占总数的三分之二。这次移民浪潮大约持续了半个世纪左右，直到后蜀建立后，方逐渐平息。见谢元鲁《唐五代移民入蜀考》，《中国社会经济史研究》1987 年第 4 期。

② 唐末战争阶段的北方人口南迁，其规模之大，迁入人口之多，分布范围之广泛，影响之深远，无疑要超过其他任何阶段。见吴松弟《中国移民史》（第 3 卷），福建人民出版社 1997 年版，第 265 页。

③ 吴松弟认为，在五代十国的半个多世纪中，先后经历了后梁、后晋、后唐、后汉和后周五次改朝换代的过程，每一次改朝换代无不通过军事武力。除了战争刺激北方人民向南迁移外，统治集团内部的矛盾也促使人口南迁。同时，为了增加国家的力量，南方各国对北方人民多采取招抚政策，诱使各色人员迁入本国。见吴松弟《中国移民史》（第三卷），福建人民出版社 1997 年版，第 264—265 页。

④ 戴显群、祁开龙认为，唐末五代以来，由于大量北方士人的南迁，为南方社会注入新鲜血液，也改变了南方士人队伍的结构。与此同时，汉唐以来，北方士人勤奋治学的学风，积极进取的精神，政治参与的意识，以及在南方社会优越的物质条件下所形成的生活新风尚，无不深刻地影响着整整一代的南方士风。见戴显群、祁开龙《唐末五代北方士人南迁及其对南方士风的影响》，《福建论坛》（人文社会科学版）2009 年第 11 期。

⑤ 据史料记载，南迁士人许多都博学多识，文化素养很高。如李涛"弱岁好学，笃志经术，专戴氏《礼》，晚节耽太史公书，酌百代之典故，以辅儒行。"（梁肃《大唐故府君墓志铭》，载周绍良主编：《唐代墓志汇编》，上海古籍出版社 1992 年版，第 1808 页）崔翰"通儒书，作五字句诗，敦行孝悌，诙谐不羁，又善饮酒，江南士人多从之游。"（《全唐文》卷 566《崔评事墓志铭》）

之南。"① 可见，唐五代士人的大量南迁对南方文化的发展起到了推动作用。

士人南迁，对南方的影响无疑是巨大的。首先是政治上的影响。大量的移民迁入南方，促进南方的经济文化发展，能够大大提升南方政治地位，加重南方人在朝廷政治角逐中的砝码，从而对唐后期的全国政治产生一定的影响。② 北方士人南迁后，影响南方士人对仕途的进取心和政治参与意识③，这对南方士人的崛起起到了极为重要的作用。

其次是经济上的影响。④ 北方移民大规模的南迁，使滨海卤地、沼泽湖渚和丘陵山地得到大面积开发，他们不仅为南方农业经济发展提供了一定数量的劳动人手，而且也带来了相对先进的生产工具和技术，例如从江浙到福建沿海一带，普遍修筑塘陂，改造滩涂，良田千顷与种植水稻的景象十分盛行，并带动了各种经济作物的种植，茶、桔、桑、麻等经营开发有了大的发展，有些土地紧缺的地区连城郊边际的土地也被垦殖利用。⑤ 史料记载邹和尚迁入巴蜀后把北方的制糖技术带到当地，带动了当地种蔗业和糖霜业的发展，"唐大历中，有邹和尚者，始来小溪之缴山，教民黄

---

① 朱弁：《曲洧旧闻》卷1，中华书局2002年版，第97页。
② 吴松弟：《中国移民史》（第3卷），福建人民出版社1997年版，第377页。
③ 据清人徐松《登科记考》可知，中唐后有贯进士470人，北方五道（河南、河北、关内、河东、陇右）245人，南方五道225人。可见，南北方进士数量已基本相当。戴显群、祁开龙认为："南迁士人在推动南方科举事业发展的同时也潜移默化地影响了南方士风，改变了汉唐以来多数南方士人闭塞保守、安土重迁的传统观念，从而增强了南方士人对仕途积极进取的精神。北方南迁士人强烈的政治参与感和建功立业意识，不仅对南方政权建设起到重要的作用，而且深刻地影响了南方的士风，改变了汉唐以来南方士人'未肯出仕'消极保守的传统旧习。"见戴显群、祁开龙《唐末五代北方士人南迁及其对南方士风的影响》，《福建论坛》2009年第11期。
④ 应该说，北民南迁的确促进了南方经济的发展，如果把南方人口的增长和经济的发展都归功于北人南迁，则是不妥的。对此，汪篯指出："有人以为，唐后期江南经济发展的原因是由于有大量北方人口南移。这是不合事实的。安史乱后，士大夫南迁的很多，在接近战事中心的地区，也吸进了大量人口，这都是事实。但是，第一，和永嘉南渡不同，唐代士大夫没有携带大量的农民南迁，因为唐代的社会经济已与晋代不同，当时的普通地主并不拥有人身依附关系很强的部曲、佃客。第二，接近战事中心的，只限于河南南部和湖北的荆襄一带，而不是江南。唐代江南经济的发展是由自身发展规律所决定的；与接受北方先进生产方式有关，但不是什么北人南迁的结果。"（汪篯：《汉唐史论稿》，北京大学出版社1992年版，第18页）
⑤ 葛承雍：《唐代移民与社会变迁特征》，《中国经济史研究》2000年第4期。

氏以造霜之法。缴山在县北二十里，山前后为蔗田者十之四，糖霜户十之三"①。有学者推测，唐代元和以后湖南丝织业的开始发展，是在长江下游及两浙地区蚕桑业迅速发展的影响下，以及北方人口南迁，带来了有关蚕桑养殖、缫丝织帛的技术，湖南的丝织业才开始发展起来的。② 经济的发展，为南方士人在此后的国家政治文化舞台上有更多的展现提供了坚实的物质基础。

再次是文化上的影响。南迁的中原士人有许多文化造诣很高，他们中有文学、思想、科技以及艺术方面的杰出人士。"蜀自唐二帝西幸，当时随驾以画待诏者皆奇工，故成都诸郡寺所存诸佛、菩萨、罗汉等像之处，虽天下能仁号为古迹多者，无如此地所有矣。"③ "蜀因二帝驻跸，昭宗迁幸，自京入蜀者，将到图书名画，散落人间，固亦多矣。杜天师在蜀集道经三千卷，儒书八千卷。（赵）德玄将到梁、隋及唐百本画，或自模揭，或是粉本，或是墨迹，无非秘府散逸者，本相传在蜀，信后学之幸也"④。在此基础上，士民大量南迁亦对南方士人的崛起起到了至为关键的作用。一方面是改善和提升了南方士人的群体结构，另一方面则促使南方开始人才辈出，这成为唐宋之际南方新的社会特征。

（三）科举制下的士人

为改变魏晋时期官吏任用受门第影响的局面，隋朝废除九品中正制，同时剥夺州郡长官辟举佐官的权力，各级官吏甚至地方佐官都由中央统一任免。隋文帝开皇七年（587）正月下诏："乙未，制诸州岁贡三人"⑤，正式开启了开科取士之制。仁寿三年（603），隋文帝又下诏："其令州县

---

① 洪迈著，孔凡礼点校：《容斋随笔》，《容斋五笔》卷6《糖霜谱》，中华书局2005年版，第499页。
② 唐启淮：《唐五代时期湖南地区社会经济的发展》，《中国社会经济史研究》1985年第4期。
③ 山右历史文化研究院编：《山右丛书》初编第11册，上海古籍出版社2014年版，第676页。
④ 黄休复撰，何韫若、林孔翼注：《益州名画录》，四川人民出版社1982年版，第37—38页。
⑤ 魏征等：《隋书》卷1《高祖纪上》，中华书局1973年版，第25页。

搜扬贤哲，皆取明知今古，通识治乱，究政教之本，达礼乐之源。不限多少，不得不举。限以三旬，咸令进路。徵召将送，必须以礼。"① 隋文帝著名的《搜扬贤哲诏》中希望地方官员能把"闾阎秀异之士，乡曲博雅之儒"都举荐到中央来，为其所用。隋文帝的诏令指出，官吏选拔和任用的来源也可以是闾阎乡曲，这对魏晋时期的门阀士族是一个极大的打击。隋炀帝即位后对分科取士做了进一步的改革，他下诏曰："自三方未一，四海交争，不遑文教，唯尚武功。设官分职，罕以才授，班朝治人，乃由勋叙，莫非拔足行阵，出自勇夫，教学之道，既所不习，政事之方，故亦无取。是非暗于在己，威福专于下吏，贪冒货贿，不知纪极，蠹政害民，实由于此。自今已后，诸授勋官者，并不得回授文武职事，庶遵彼更张，取类于调瑟，求诸名制，不伤于美锦。若吏部辄拟用者，御史即宜纠弹。"② 面对"威福专于下吏，贪冒货贿，不知纪极，蠹政害民"的局面，隋炀帝新设立了进士科③。有学者认为，"开科考试在隋炀帝时形成了一个层次不同，要求各异，由法令所规定的完整的体系，成为国家纯粹按才学标准选拔文士担任官吏的考试制度"④。

唐承隋制，在选拔和任用官员主体上仍然依靠门荫制度。随着社会政治经济的发展以及边疆形势的变化，政府机构面临着越来越复杂的局面。解决这些问题，需要有丰富的政治经验和一定的才学。对于高官子弟来说，并不一定具备这样的条件。景龙元年（707），中书侍郎萧至忠上疏中指出："臣伏见贞观、永徽故事，宰相子弟，多居外职。近来势要亲识，罕有才艺，递相嘱托，虚践官阶。"⑤ 唐文宗（826—840）后发生了较大变化，公卿高官子弟以荫授官或从辟举入仕的情况继续存在，但进士科已成为高级官吏的主要来源，以门荫入仕而做到高官特别是做到宰相的比重大

---

① 魏征：《隋书》卷2《高祖纪下》，第51页。
② 魏征：《隋书》卷4《炀帝纪下》，第83页。
③ "炀帝始建进士科。"见杜佑撰，王文锦等点校《通典》卷14《选举二·历代制中》，中华书局1988年版，第343页。"近炀帝始置进士之科，当时就试策而已。"见刘昫等撰《旧唐书》卷119《杨绾传》，中华书局1975年版，第3430页。
④ 吴宗国：《唐代科举制度研究》，辽宁大学出版社1992年版，第9页。
⑤ 周绍良主编：《全唐文新编》卷280《萧至忠》，吉林文史出版社2000年版，第3167页。

大下降。德宗时宰相35人中，门荫入仕的10人，进士出身的13人；宪宗时宰相29人中，进士出身的17人，门荫入仕的下降到4人。文宗、武宗时由门荫而致位宰相的更少，两朝合起来也只有李德裕、郑覃和杜悰等3人。公卿大臣子弟继续以门荫入仕，已变得没有多少前途。高官子弟凭借门荫而致高位的状况已经成为过去。① 唐代后期，参加科举者中有许多贫寒子弟，原来不能予于士伍的工商子弟和胥吏也有应举及第的②。我们大家熟知的文学家韩愈和白居易都是属于贫寒子弟参加科举成功的例子。韩愈有"家贫不足以自活""在京八九年，无所取资，日求于人，以度时日""当时行之不觉也。今而思之，如痛定之人思当痛之时不知何能自处也"等记载。③ 白居易也说自己是"家贫多故"。④ 应该说，唐朝中后期，随着经济的发展，下层士人读书中第入仕的比例逐渐增多，士人已经成为一个社会不可忽视的重要力量。

五代十国承袭了唐代的科举取士制，但因军阀混战，武将当权，"粗人以战斗取富贵"⑤，所以进士取士的数量非常有限。在武人当道，"兵强马壮者为之"的时代，由科举入仕的官员在当时的政治格局中地位较低，通过行伍、投机、投幕等方式获得政治地位的人数量非常多。因此，士人们在乱世中想到的是避难，应举入仕的意愿不高。

北宋建立后，武将出身的宋太祖为改变唐末五代军人当道的治国局面，实行"崇文抑武"⑥的方略，并立下著名的誓碑，"勒石，锁置禁中，使嗣君即位，入而跪读。其戒有三：一、保全柴氏子孙；二、不杀士大夫；三、不加农田之赋。呜呼！若此三者，不谓之盛德也不能"。由于有"不杀士大夫"的誓言，使得"终宋之世，文臣无殴刀之辟"⑦。同时，宋

---

① 吴宗国：《唐代科举制度研究》，辽宁大学出版社1992年版，第256页。
② 傅璇琮《唐代科举与文学》（陕西人民出版社2003年版，第191—217页）中对唐代士子出身加以分析，有出身县吏的，有出身工商市井之家的，有出身僧道的，有出身节镇衙前将校之子的，有方镇幕府再应进士举的，有出身贫寒之人。
③ 韩愈撰，马其昶校注：《韩昌黎文集校注》，古典文学出版社1957年版，第83—104页。
④ 白居易著，朱金城笺注：《白居易集笺注》，上海古籍出版社1988年版，第2792页。
⑤ 脱脱等：《宋史》卷251《王景传》，中华书局1977年版，第6384页。
⑥ 陈峰：《尚武精神的沦落——北宋崇文抑武现象透析》，陕西人民教育出版社2000年版。
⑦ 王夫之撰，舒士彦点校：《宋论》，中华书局1964年版，第4—6页。

太祖采用"杯酒释兵权"的策略将武将的权力削弱，并且通过委任由科举出身的文官担任各级机构的要职，包括国家和地方的行政机构官职，枢密院以下的各级军事机构长官等均由文人担任，以此解除武将对国家政权的掌控和干预，并确立文官对国家行政的全面掌握。应该说，通过宋太祖的一系列措施，北宋朝廷在很短的时间内彻底改变了原来的官僚构成，大量来自下层的、由科举出身的士人充实到官僚队伍中来，形成"文官治国"的政治格局。[1]

宋代自太祖开始就着手对科举制度进行改革，主要是针对唐代科举考试中"恩出私门，不复知有人主"[2] 以及"公荐"制度所导致的"或父兄子弟相继居相位，或累数世屡显，或终唐之世不绝"[3] 的弊端。首先是废除"公荐"之制，解除门阀大族对科举考试的政治干预。乾德元年（963），宋太祖"诏礼部贡举人，自今朝臣不得更发公荐，违者重宾其罪。故事，每岁知举官将赴贡院，台阁近臣，得保荐抱文艺者，号曰公荐。然去取不能无所私，至是禁止"[4]。经过几代人的努力，到仁宗庆历元年（1041），北宋最终实现了"罢天下举人纳公卷"[5] 之制，从而有效遏制了魏晋以来门阀士族对官员选拔任用的绝对控制。其次是确立殿试制度。开宝六年（973），宋太祖在"讲武殿亲阅之"，并赐127人及第，把之前名列前茅的李昉等10人黜落。[6] 太宗雍熙二年（985），规定考试合格者，到殿前由皇帝亲自召见并唱名赐及第，由此，殿试制度成为科举考试之定制。再次是推行"别头试"制度以抑制权贵子弟。开宝元年（968），礼部擢进士合格者十人，陶谷儿子陶邴名在第六，对此，宋太祖表示怀疑，"上谓侍臣曰：'闻谷不能训子，邴安得登第？'乃命中书覆试，邴复登第。因下诏，自今举人凡关食禄之家，礼部具闻覆试。至太宗以往，科额日

① 陈秀宏：《科举制度与唐宋士阶层》，博士学位论文，东北师范大学，2004年。
② 王栐撰，诚刚点校：《燕翼诒谋录》，中华书局1981年版，第2页。
③ 欧阳修等：《新唐书》卷71《宰相世系表》，中华书局1975年版，第2179页。
④ 李焘：《续资治通鉴长编》卷4，乾德元年九月丙子条，中华书局2004年版，第105页。
⑤ 李焘：《续资治通鉴长编》卷133，庆历元年八月丁亥条，第3162页。
⑥ 李焘：《续资治通鉴长编》卷14，开宝六年三月辛酉条，第297页。

广，登用亦骤，而上下斤斤犹守此格"①。

宋初科举考试的改革还有"锁院""糊名""誊录"等措施的推行，有效地排除了权贵对科举考试过程的干预和控制，为士人阶层公平参与考试，平等进入仕途提供了保证。欧阳修曾经对仁宗说："窃以国家取士之制，比于前世，最号至公。盖累圣留心，讲求曲尽。以为王者无外，天下一家，故不问东西南北之人，尽聚诸路贡士，混合为一，而惟才是择。又糊名、誊录而考之，使主司莫知为何方之人，谁氏之子，不得有所憎爱厚薄于其间。"② 欧阳修对北宋科举考试改革的评价是比较到位的。

由上可知，宋代的科举考试不断改革，从而将门第、财富及人情对考试的干扰降到最低，极大地激发士人们学习和考试的积极性。于是，一大批出身清寒又具有真才实学的下层士人通过一级一级的考试，源源不断地充实到官僚队伍中。有学者统计，北宋出身卑微而跻身高位者是历代最多的，北宋入《宋史》的官员有 46.1% 来自寒族，而晚唐入两《唐书》的官员中寒族比重仅占 13.8%。③ 由此可见，经过一系列改革之后的宋代科举考试较之唐代更为公平，士人们尤其是中下层士子能够通过科举这条路获得晋升，从而为他们获取更多的政治、文化权力奠定基础。可以说，"有宋一代为了调整官僚队伍结构，选取大批饱学之士补充各级官吏队伍，从而完成了中国古代贵族政治向文官统治的转变"④。

（四）兴文教下的士人兴起

宋代实行"兴文教，抑武事"⑤ 的治国方略，有力地推动了文化教育事业的发展。宋代官学教育非常兴盛，如中央的太学、国子监以及书学、算学等专门教育等，各地州县也普遍建立起官学，史载："国家恢儒右文，

---

① 李焘：《续资治通鉴长编》卷9，开宝元年三月癸巳条，第200页。
② 欧阳修：《欧阳修全集》卷113《论逐路取人札子》，中华书局2001年版，第1716页。
③ 何怀宏：《选举社会及其终结——秦汉至晚清历史的一种社会学阐释》，生活·读书·新知三联书店1998年版，第135页。
④ 苗春德、赵国权：《南宋教育史》，上海古籍出版社2008年版，第13页。
⑤ 李焘：《续资治通鉴长编》卷18，太平兴国二年春正月丙寅条，中华书局2004年版，第394页。

京师、郡县皆有学。"①

北宋朝廷还通过三次大规模的兴学活动推动教育的大发展。② 一是仁宗庆历四年（1044）到五年（1045），由范仲淹主持的庆历兴学。庆历四年（1044），仁宗为让士人"进德修业，无失其时"，下诏"州若县皆立学，本道使者选部属官为教授，员不足，取于乡里宿学有道业者"③。同时，宋廷颁布了以路、州、府、军立学兴教来完善地方教育，通过增加太学和国子学学生在校学习的时间来提升国子学、太学的学习质量等兴学内容。二是神宗熙宁四年（1071）到元丰八年（1085），由王安石主持的熙丰兴学。此次兴学主要措施有：进一步完善科举制度，尤其是废除明经科考试，提高进士科考试难度，取消了诗赋、贴经、墨义等低难度的考试内容，增加经义和策论内容。进一步完善学校教育。如设置地方学官，拨付学田，创"三舍法"④，统一教材《三经新义》等。三是徽宗崇宁元年（1102）到宣和三年（1121），由蔡京主持的崇宁兴学。大力推行三舍法，"县学生选考升诸州学；州学生每三年贡太学，考分三等，入上等补上舍，入中等补上舍下等，入下等补内舍，余居外舍"⑤。

毋庸置疑，北宋时期三次大规模的兴学活动取得了良好成效，出现"自仁宗命郡县建学，而熙宁以来，其法浸备，学校之设遍天下，而海内文治彬彬矣"⑥ 的良好局面，甚至达到"虽荒服郡县必有学"⑦ 的盛况。宋人魏了翁曾记载："盖自嵩阳、庐阜、岳麓、睢阳，各有师徒，锡之经传。至乾兴元年，而兖州立学，景祐四年，则藩镇皆立学；宝元元年，则

---

① 脱脱等：《宋史》卷157《选举志》，中华书局1977年版，第3671页。
② 学界有关宋代教育的专门研究主要有：袁征《宋代教育》，广东人民出版社1991年版；李弘祺《宋代官学教育与科举》，联经出版事业有限公司1992年版；寺田纲《宋代教育史概説》，东京博文社1965年版；贾志扬《宋代科举》，东大图书公司1996年版等。
③ 脱脱等：《宋史》卷157《选举志》，中华书局1977年版，第3658、3659页。
④ 吴铮强认为，所谓"三舍法"，就是将各地选送的太学生分为外舍生、内舍生和上舍生三等，层层培训选拔官员，其核心是改革单纯通过考试选拔官僚的体制，要求国家通过学校教育强化对官僚的职业培训。见吴铮强《唐宋时期科举制度的变革与社会结构之演变》，《社会学研究》2008年第2期。
⑤ 脱脱等：《宋史》卷157《选举志》，中华书局1977年版，第3662页。
⑥ 脱脱等：《宋史》卷157《选举志》，中华书局1977年版，第3604页。
⑦ 苏轼著，孔凡礼点校：《苏轼文集》，中华书局1986年版，第374页。

大郡亦立学；至庆历三年以后，则郡县无大小咸得立学焉。此既为前代所未有，而职之以教授，领之以部刺史，守相令丞，则又昔之所无。"①

另外，较之于唐代受门阀士族政治的影响，入学身份有着极为严格的规定，宋代士人的入学限制大为降低，如中央的"国子生，以京朝七品以上子孙为之，初无定员，后以二百人为额。太学生，以八品以下子弟若庶人之俊异者为之""初立四门学，自八品至庶人子弟充学生，岁一试补"②。地方州县学校的教育更是面向社会开放。朱瑞熙指出，宋代州、县官办学校的招生范围虽然仍含有封建性极强的规定，但基本上不带有身份性或等级性了，在现实生活中，"工商杂类"的子孙照样可以进入州、县学校读书，州、县学的招生范围已扩大到不分士庶。③

除了网络发达、体系完善的官学教育，宋代还有蓬勃发展的私学教育。有学者指出，"从宋代教育的格局来看，宋代虽然处于需要并亟待强化中央集权、以维系社会稳定的客观历史环境之中，但宋代的教育却并不是一种由官方一统天下的局面，而是官方办学、民间办学、官绅个人集资办学，甚至寺院也参与办学的一种形式与内容各异的多元化的格局。宋朝统治者在相当一个时期内（如北宋初期），甚至放弃了参与地方办学的权力……宋代作为一个以文治见长的国度，是以较宽松的态度来对待文化教育事业的"④。从文献记载可以印证这一观点，宋代地方上的私学教育形式种类较多，所谓"都城内外，自有文武两学，宗学、京学、县学之外，其余乡校、家塾、舍馆、书会，每一里巷须一二所……弦诵之声，往往相闻。遇大比之岁，间有登第补中舍选者"⑤。所以，宋代各类私学出现"前规后随，皆务兴起。后来所至，书院尤多，而其田土之锡，教养之规，往往过于州县学"的盛况。⑥

与此同时，在宋代崇文治国导向以及印刷术推广等因素影响下，作为

① 魏了翁：《重校鹤山先生大全文集》卷39，宋集珍本丛刊，第133—134页。
② 脱脱等：《宋史》卷157《选举志》，中华书局1977年版，第3657、3659页。
③ 朱瑞熙：《宋代社会研究》，中州书画社1983年版，第90页。
④ 乔卫平：《中国宋辽金夏教育史》，人民出版社1994年版，第10页。
⑤ 孟元老等：《东京梦华录》（外四种），古典文学出版社1956年版，第101页。
⑥ 马端临：《文献通考》卷63《职官考十七》，中华书局1986年版，第571页。

人才培养及文化传承重要场所的书院发展迅速。书院的发展对宋代人才的培养，士人的兴起均起到了重要的推动作用，这方面学界关注甚多。① 可以说，"在我国封建社会历史长河中，宋代教育曾发展到鼎盛时期，在世界上处于领先地位，历经三次兴学改革而不断完善的官学教育，日臻发达的书院教育，自成体系的宗室教育，特殊领域的经筵教育等，可谓群星璀璨，教育之花遍地盛开"②。也正是因为宋代不同层次的各种教育形式的全面发展，使宋代教育出现了普及化和平民化的特点，教育下移，受教育群体已从公卿贵族扩大到社会各个阶层，普通平民也能接受教育③，宋代出现了"自农转而为士者"的现象。④

　　由于教育的普及，尤其是教育的下移，使得宋代读书人越来越多，加之科举制度的改革完善，能让更多的士子在科举考试的道路上感受到公平，下层士人读书向学的愿望就更为强烈了。我们在文献中经常看到宋代地方兴学的情景，如洪州胡仲尧"筑室百区，聚书五千卷，子弟及远方之士从学者数千人。岁时讨论讲习无绝，又以为学者常存神闲旷之地，游目清虚之境。然后粹和内充，道德来应，于是列植松竹，间以葩华，涌泉，清池环流于其间"⑤。贵溪"高氏子孙读书于书院，当以古圣贤心学自勉，毋以词章之学自足。他日有自此而达于郡邑，上于国学，赫然名闻于四

---

　　① 自上世纪初胡适发表《书院的历史与精神》一文以来，书院研究不断向纵深推进，既有梳理书院的历史，如陈东原《书院史略》，李国钧《中国书院史》，王炳照《中国古代书院》，邓洪波《中国书院史》等；也有关注书院制度，如盛朗西《中国书院制度》，陈谷嘉、邓洪波《中国书院制度研究》等。这些书院专著都将论述重点放在了两宋时期。此外，还有学者将书院置于社会文化大背景下，研究书院与学术，书院与文化，书院与社会的关系，如美国学者 Linda Walton 将书院还原至具体历史环境下，将之与地方社会紧密联系加以研究。此外，有关两宋书院的硕士、博士论文有 100 篇之多，单篇的学术论文更是有数百篇之多。由此可见学界对宋代书院的关注程度，当然也反映出宋代书院的办学水平、办学规模及办学影响之大。

　　② 姜锡东、魏彦红：《近十年来宋代官学研究述评》，《河北师范大学学报》2014 年第 2 期。

　　③ 郭学信：《宋代士大夫群体意识研究》，中国社会科学出版社 2017 年版，第 59 页。

　　④ 曾丰：《缘督集》卷 17《送缪帐干解任诣铨改秩》，文渊阁四库全书本。美籍学者刘子健认为"宋代兴学，奠定了中国文化近千年来广大和深厚的基础……（宋代教育）在世界社会教育史上放一异彩，而对于近千年来中国文化的渗透平民阶层，贡献最大。"见刘子健《略论宋代地方官学和私学的消长》，载《宋史研究集》第 4 辑，中华丛书编审委员会 1969 年版，第 189—201 页。

　　⑤ 徐铉：《骑省集》卷 28《洪州华山胡氏书堂记》，四部丛刊本。

方，则书院不为徒设矣"①。这些足以说明宋代士人，尤其是中下层士人已经开始在读书、入仕的道路上开始发力并不断努力前行。

三　宋代士人的流动与转型

（一）宋代士人的社会流动

宋代科举规模的扩大，给了承平时期士人一个灿烂的梦想，为社会流动创造了机会，又带动了全社会的向学之风，给文化带来繁荣。而朝廷全速开动科举这架官僚再生产机器给政治场域的直接影响则是，从上到下形成以科举出身为主的文人官僚的实际支配，终于形成了士大夫政治的一统天下。②

前已述及，唐代包括唐以前，由于门阀政治的存在，官员选拔的大权为声名显赫的门阀士族所控制，有知识文化的广大士人阶层始终没能成为官家队伍的主体力量。对此，著名史家马端临指出："自魏晋以来，始以九品中正为取人之法，而九品所取，大概多以世家为主，所谓'上品无寒门，下品无世族'，故自魏晋以来，仕者多世家。逮南北分裂，凡三百年，而用人之法，多取之世族，如南之王、谢，北之崔、卢，虽朝代推移，鼎迁物改，犹印然以门地自负，上之人亦缘其门地而用之，故当时南人有'三公之子傲九棘之家，黄散之孙蔑令长之室'之说，北人亦有'以贵袭贵，以贱袭贱'之说。往往其时仕者，或从辟召，或举孝廉，虽与两汉无异，而所谓从辟召、举孝廉之人，则皆贵胄也。其起自单族匹士而显贵者，盖所罕见。当时既皆尊世胄而贱孤寒，故不至如后世之夸特起而鄙门

---

① 汪应辰：《文定集》卷9《桐源书院记》，文渊阁四库全书本，第 675 页。
② 王瑞来认为，北宋的太祖、太宗朝还处于开国阶段，统一事业有待完成。到了正常继统的第三代真宗朝，才基本完成了系统的制度建设，而此时，太宗朝科举规模扩大的效果已经显现，成为政治主宰的士大夫按照自己的理想与利益设计政治结构，从事国家管理。不再具有开国皇帝强势与武力支撑的后世皇帝，更需要由地位的象征性来显示其权威。在实际政治生活中，则必须以协作的姿态与执政的士大夫共事，而士大夫同样也需要依托皇权来强化自身的权威。从北宋到南宋，专权的宰相屡屡登场，尽管其中有权相的个人因素在内，但从大环境来看，权相的出现也是士大夫政治发展的极端与变形。见王瑞来《近世中国：从唐宋变革到宋元变革》，山西教育出版社 2015 年版，第 3 页。

荫，而史传中所以不言以荫叙入官者，盖所以见当时虽以他途登仕版，居清要者，亦皆世家也。"①

随着门阀士族势力逐渐丧失，宋代士人的门槛大为降低，尤其是自宋太祖开始的科举考试改革②，以及文化教育的大兴，加上印刷术等技术的进步，士子读书的机会普遍增多，读书入仕的基础大为提升③，士阶层的界限也随之扩大。对此，古今学者均持较为一致的看法，宋人云："凡今农工商贾之家，未有不舍其旧而为士者。"④ 陶晋生认为宋代门第观念已基本打破，世家大族也逐渐淡出历史舞台，取而代之的是通过读书应举而产生的新兴士人阶层。这一阶层与其他阶层的人们的身份并没有严格区分，并在社会上有相当程度的流动性，他们若有能力通过科考试获得一官半职，就会向上流动，成为士大夫（官僚）的一分子；如果其后代折戟科举考试，或无法通过恩荫获得做官资格，就会向下流动，成为一个普通士人。"在宋人的笔下，士人就是读书人。一般来说，做了官和没有入仕的读书人都通称为士、士人、甚至士大夫。"⑤ 黄宽重也认为，"（宋代）自从科举考试制度化并成为入仕的主要途径以后，魏晋以来的门第贵胄渐被新兴士人取代，……人才晋升的通道较为开放，平民可能拜科举之赐，崛起政坛，成为社会名门，后世子孙也可能由于几代无功名又沦为平民"⑥。

当然，宋代士人读书的第一选择无疑是入仕做官。但宋代科举竞争仍然十分惨烈，约计也只能有千分之一的幸运者可获得金榜题名的殊荣，而

① 马端临：《文献通考》卷34《选举考七》，中华书局1986年版，第324页。
② 宋代科举考试中规定"工商、杂类人内有奇才异行、卓然不群者，亦许解送。"见徐松撰，刘琳等校点《宋会要辑稿》选举14之15至16《发解》，上海古籍出版社2014年版，第5538页。
③ 据王瑞来统计，两宋三百余年间，每科取士几乎都达数百人乃至上千人，两宋登科者，北宋约为61000人，南宋约为51000人，这些数字的总和数倍于宋朝以前和以后的历朝科举登科人数，折射出科举制度和由此造就的士大夫政治的时代辉煌。见王瑞来《从近世走向近代——宋元变革论述要》，《史学集刊》2015年第4期。
④ 苏辙：《栾城集》卷21《上皇帝书》，中华书局1990年版，第370页。
⑤ 陶晋生：《北宋士族：家族·婚姻·生活》，"中央研究院"历史语言研究所2001年版，第5页。
⑥ 黄宽重：《宋代的家族与社会》，国家图书馆出版社2009年版，第1页。

多数士人则与之无缘。① 于是不少读书人在无法入仕行道的情况下，社会的流向就变得非常之广泛，宋人袁采说："士大夫之子弟苟无世禄可守，无常产可依，而欲为仰事俯育之计，莫如为儒。其才质之美能习进士业者，上可以取科第、致富贵，次可以开门教授，以受束修之俸。其不能习进士业者，上可以事笔札、代笺简之役，次可以习点读，为童蒙之师。如不能为儒，则巫医、僧道、农圃、商贾、技术，凡可以养生而不至于辱先者，皆可为也。"② 从袁采教育子弟的家训来看，宋代士人业儒入仕是第一选择，如果在无法实现的情况下，做其他职业都可以，只要"可以养生而不至于辱先"。

因此，在宋代由读书未能获得功名，从而转向其他行业者比较常见③，如务农，"予观乡里士大夫之家，盖有儒其躬而农其子者矣，盖有儒其子而农其孙者矣"④。如出家者，"南城陈氏子谦，字德光，始为士人，后出家削发，法名体谦"⑤。如经商，"公讳宗谊，……尚书工部郎中、直史馆、赠吏部尚书讳子典之孙，太常少卿致仕赠正义大夫讳粹，南阳郡太夫人尹氏之子。……公阔达好义，有气略，少时浮沉闾里，泛爱下，士人乐从之游。既孤，葬昏仰食，贫甚，至篃其产，货用遂缺。公曰：'差易耳'，勤力治生，调度纤音，居数年，复其产如初。"⑥ 业儒不进之后，转向授徒的就更多，如魏衍"以学行见重于乡里。自以不能为王氏学，因不事举业，家贫甚，未尝以为戚，唯以经籍自娱。为文章操笔立成，……招置书馆，

---

① 王瑞来：《从近世走向近代——宋元变革论述要》，《史学集刊》2015 年第 4 期。

② 袁采著，刘云军校注：《袁氏世范》，商务印书馆 2017 年版，第 103 页。

③ 张建东认为，宋代士人中失意的读书人，一生被排斥在官宦集团之外，社会地位较低，政治出路狭窄，他们的出路有：以所学教后生，作商贾于世，躬耕以为养，悬壶济世等。见张建东《民间的力量——宋代民间士人的教育活动研究》，华中科技大学出版社 2015 年版，第 27—37 页。

④ 杨万里撰，辛更儒笺校：《杨万里集笺校》卷 81《罗氏一经堂集序》，中华书局 2007 年版，第 3277 页。

⑤ 洪迈撰，李昌宪整理：《夷坚志》甲集卷十 "陈体谦"，大象出版社 2018 年版，第 101 页。

⑥ 见刘跂：《学易集》6 卷《朝奉大夫知淄州任公墓志铭》。关于宋代士人经商的研究，见王朝阳《宋代士人经商研究》（博士学位论文，陕西师范大学，2011 年），对宋代士人经常的范围、内容、模式、特点、影响等做了非常详细的论述。

俾余兄弟从其学。平生所为文，今世无复存者，良可叹也"①。

(二) 宋代士人的主体意识

宋太祖所确立的"不杀士大夫"②之策，以及仁宗时"皇帝与士大夫治天下"③格局的形成，在哲宗时实施"不欲以言罪人"④政治措施后，宋代的政治格局发生了较大变化，士人入仕参政，并逐渐成为政治构架中的主要力量，儒士在政治中的价值也逐渐被君主所重视。⑤当然，书生们的参政主体意识也就不断增强了，赵普讲"吾本书生，偶逢昌运，受宠分，固当以身许国，私家之事，吾无预焉"⑥。宋太宗和苏易简的一段对话亦可看出当时士大夫的参政主体意识，"太宗皇帝既辅艺祖皇帝创业垂统，暨登宝位，尤留意斯文。每进士及第，赐闻喜宴，必制诗赐之，其后累朝遵为故事。……苏易简在翰林，一日，上召对赐酒，谓之曰：'君臣千载遇。'易简应声曰：'忠孝一生心'"⑦。苏易简在君主面前"忠孝一生心"的表述，一方面是忠君思想的体现，另一方面则说出了士人参政行道的作用，这应该是宋代广大士大夫阶层的普遍心声。宋代的士人获得与皇帝共治天下的权力，于是他们便运用各种手段和战略来主导中央政治的运作⑧，

---

① 徐度撰，尚成校点：《却扫集》，载上海古籍出版社编《宋元笔记小说大观》，上海古籍出版社 2007 年版，第 4498 页。

② 王夫之撰，舒士彦点校：《宋论》，中华书局 1964 年版，第 4 页。

③ 张其凡：《"皇帝与士大夫共治天下"试析——北宋政治架构探微》，《暨南学报》2001 年第 6 期。

④ 李焘：《续资治通鉴长编》卷 397，元祐二年三月辛巳条，中华书局 2004 年版，第 9674 页。

⑤ 如宋太祖某次"卜郊"时，发现儒士卢多逊之才，所以开始重用儒者，"太祖以神式定天下，儒学之士未甚进用。及卜郊乘大辂，翰林学士卢多逊执绥备顾问，占对详瞻，他日，上曰：'作宰相当用儒者。'卢果大用。"见孔平仲撰，王根林校点《孔氏谈苑》，载上海古籍出版社编《宋元笔记小说大观》，上海古籍出版社 2007 年版，第 2266 页。

⑥ 李焘：《续资治通鉴长编》卷 29，端拱元年闰五月己丑条，中华书局 2004 年版，第 653 页。

⑦ 陈岩肖：《庚溪诗话》卷上，载丁福保辑《历代诗话续编》，中华书局 1983 年版，第 162 页。

⑧ 程民生认为，"宋代士人与皇帝共治天下，共天下的具体表现，不是士大夫集团承担着朝廷各部门、地方各级政府的职权，而是大政方针的制定，不能由皇帝一人独断。士大夫通过对皇帝的激烈抨击与劝谏，对皇帝命令的抵制，利用神权与史官之权制约皇帝，强化对皇帝的教育等手段，使得由君主独裁变为君主与士大夫共同专政，从而适应时代，保持江山社稷的长治久安，共享富贵。"结合宋代士人的表现，这个论断是非常有道理的。见程民生《论宋代士大夫政治对皇权的限制》，《河南大学学报》1999 年第 3 期。

故元人称宋朝是"主柔臣强"①。

宋代文献中士大夫积极参政行道的记载十分常见，如田锡"居公廷，必危坐终日，未尝懈容。……及居谏署，连上八疏，皆直言时政得失。……临终，自作遗表，犹劝上以慈俭守位，以清静化人，居安思危，居理思乱"②。又如"其未仕也，必如文正刻苦自厉，以六经为师，文章论说，一本仁义而后可。其既仕也，必如文正有是非无利害，与上官往复论辩，不以官职轻人性命而后可。其仕而通显也，必如文正至诚许国，终始不渝，天下闻风夷狄委命而后可"③。苏轼曾说："吾侪虽老且穷，而道理贯心肝，忠义填骨髓。……虽怀坎壈于时，遇事有可尊主泽民者，便忘躯为之，祸福得丧，付与造物。"④ 苏东坡以敢于直言，敢于勇义，敢于担当的士大夫形象为人所乐道，南宋孝宗曾评价苏轼"忠言谠论，立朝大节，一时廷臣无出其右"⑤。宋人费衮曾记载了苏东坡在惠州任职时的几件事，足以说明当时的士大夫参政行道的主动性，史载："陆宣公谪忠州，杜门谢客，惟集药方。盖出而与人交，动作言语之际，皆足以招谤，故公谨之。后人得罪迁徙者，多以此为法。至东坡，则不然。其在惠州也，程正辅为广东提刑，东坡与之中外，凡惠州官事，悉以告之。诸军阙营房，散居市井，窘急作过，坡欲令作营屋三百间。又荐都监王约、指使监生同干惠州纳秋米六万三千余石，漕符乃令五万以上折纳见钱，坡以为岭南钱荒，乞令人户纳钱与米并从其便。博罗大火，坡以为林令在式假，不当坐罪，又有心力可委，欲专牒令修复公宇仓库，仍约束本州科配。惠州造桥，坡以为吏屡而胥横，必四六分分了钱，造成一座河楼桥，乞选一健干吏来了此事，又与广帅王敏

---

① 《续宋宰辅年表》卷25。

② 李焘：《续资治通鉴长编》卷55，咸平六年十二月辛未条，中华书局2004年版，第1220页。

③ 郑虎臣：《吴都文粹》卷1，文渊阁四库全书本。

④ 苏轼著，孔凡礼点校：《苏轼文集》卷51《与李公择十七首》，中华书局1986年版，第1500页。

⑤ 苏轼著，孔凡礼点校：《苏诗文集》附录，赵昚《苏诗文集序》，中华书局1986年版，第2385页。

仲书，荐道士邓守安，令引蒲涧水城，免一城人饮成苦水、春夏疾疫之患。"[1]

可以说，到北宋真宗时期，士大夫已经成为政治的中坚力量，他们已经走在了政治的前台，士大夫政治主体的自信心不断增强，积极承担着他们所应该有的政治责任与担当。[2] 范仲淹的"先天下之忧而忧，后天下之乐而乐"，程颐的"天下安危系宰相"，张载"为天地立心，为生民立命，为往圣继绝学，为万世开太平"[3]，王安石"用于君则忧君之忧，食于民则患民之患"[4] 等，都是士大夫主体意识觉醒的重要体现。

（三）南宋士人的转型发展

两宋之际的靖康之乱，使得北方人口大量南迁，这次动乱所造成的人口迁徙，规模超过了西晋永嘉之乱和唐朝后期五代时期的两次移民浪潮。[5] 靖康元年（1126）至建炎（1130）四年，北方人口南迁就出现了三个浪潮，分别是：金军攻入河北、河东以后，移民进入河南和淮南；金人攻入淮南以后，移民进入江南；金人攻入江南以后，一些移民进入岭南、福建以及其他山区。所以，靖康之乱时期的北方人口南迁，规模之大，迁入人口之多，影响之深远，无疑要超过以后的任何一个时期和任何一个阶段。[6]

当然，短期内大规模的人口迁入必然会给南方带来一定的消极影响，比如一些流民武装活动给建立不久的南宋政权带来严重问题，直接影响社会的稳定，经济的恢复，以及政权的稳定。高宗当时就下诏曰："朕以国难日深，政治未洽，寇虏充斥，污渎于齐、鲁、宋、卫之郊；而盗贼跳

---

① 苏轼著，李之亮笺注：《苏轼文集编年笺注》，巴蜀书社2011年版，第162页。

② 张家驹认为，通过科举制度以及变法运动等关系，自北宋中叶以后，南方地主阶级知识分子，大量被吸收参加了政权。见张家驹《两宋经济重心的南移》，湖北人民出版社1957年版，第42页。

③ 张载著，章锡琛点校：《近思录拾遗》，《张载集》，中华书局1978年版，第376页。

④ 王安石著，唐武标点校：《王文公文集》，上海人民出版社1974年版，第304页。

⑤ 见吴松弟《中国移民史》（第4卷），福建人民出版社1997年版，第246页。同时，张家驹对靖康之乱的移民问题做过细致的研究，见氏作《靖康之乱与北方人口的南迁》（《文史知识》第2卷第3期，1942年），以及《两宋经济重心的南移》（湖北人民出版社1957年版）。黄宽重亦发表了几篇相关的论文，《略论南宋时代的归正人》（《食货月刊》复刊第7卷第3期至第4期），《南宋时代抗金的义军》（联经出版事业公司1988年版）。

⑥ 吴松弟：《中国移民史》（第4卷），福建人民出版社1997年版，第258、273页。

梁，株连于江、鄂、洪、抚之地，闽中屡扰，淮上多虞，是用大惕于朕心，惧堕祖宗之业。"① 不过，移民带来的积极意义显然更大，北方移民一方面带来了劳动力，另一方面将先进的技术和文化带到南方，促进了南方经济的发展，如南宋江南、江西、福建和四川地区的经济发展非常之高。②

两宋之际的这次社会变动，表面上看，使得正统的统一性全国政权的都城南移到长江以南，同时版图也较之前缩小了很多，这当然是君主、大臣以及百姓心头的剧痛。但是，北方移民的到来确实促进了南方的发展，为南宋文化的进一步繁荣，为士人在南宋的转型起到了至关重要的作用。

关于两宋文化的转型，以及两宋士人的转型，欧美学者在 20 世纪 70 年代开始就投入关注，并通过某个区域的社会历史变迁反映文化及士人的转型问题。不过，欧美学者的研究比较集中且比较一致的看法是："南宋士绅阶层具有更多的主动性。正是通过这一系列主动的选择，士绅阶层逐步走上了地方化之路；而士绅阶层（精英）的地方化，使地方社会具备了更切实而丰富的内涵，逐渐形成了地方性的经济、社会、文化网络乃至权力网络；这种错综复杂的地方关系网络形成之后，必然相对稳定，也必然表现出相对于国家权威的独立性与自主性—这正是所谓'大地方'的实质。"③ 如 20 世纪 70 年代，美籍华裔学者刘子健率先指出："11 世纪是文化在精英中传播的时代。它开辟新的方向，开启新的、充满希望的道路，乐观而生机勃发。与之相比，在 12 世纪，精英文化将注意力转向巩固自身地位和在整个社会中扩展其影响。它变得前所未有地容易怀旧和内省，态度温和，语气审慎，有时甚至是悲观。一句话，北宋的特征是外向的，而南宋却在本质上

---

① 徐松撰，刘琳等校点：《宋会要辑稿》帝系 9 之 27，上海古籍出版社 2014 年版，第226 页。

② 吴松弟对南宋南方地区的经济发展情况作了非常全面的论述，此不赘述。见吴松弟《中国移民史》（第 4 卷），福建人民出版社 1997 年版，第 451—483 页。

③ 鲁西奇：《"小国家""大地方"：士的地方化与地方社会——读韩明士〈官僚与士绅〉》，《中国图书评论》2006 年第 5 期。

趋向于内敛。"①

此后，刘子健进一步申论了南宋士人与北宋士人之间的区别："南宋乡绅，既不是唐、五代、北宋残余的旧族，也不是北宋新兴高官的名门。而与明清两代，更不相同。"② 他直接将南宋士人称之为"乡绅"，显然这是将南宋儒士放置在地方社会进行讨论的结果。20世纪80年代，美国学者郝若贝（Robert M. Hartwell）则从科举家族的视角入手，认为北宋的精英分为以全国为中心、实行全国性通婚、致力于仕宦高第的官僚和以地方为中心、不甚注重仕宦高第、追求地方成功的地方绅士；在南宋，这两种精英合流为地方绅士。科举只是地方绅士延续他们政治地位的主要手段而已。③

郝若贝学生韩明士（Robert Hymes）则以宋代江西抚州为分析案例，进一步阐发其师的观点，认为"两宋时期，士的志向与心态发生了一个很大的变化，如果说北宋的士大多怀有报效朝廷、忠君报国的志向，因而力图出仕中央、甚至不惜为此脱离故乡的话，那么，到了南宋，虽然并不排除仍有不少士子胸怀跻身庙堂之志，但更多的士子则把扎根地方作为自己的首要取向"④。"首要取向"这个观点对西方学界产生了重要影响，同时，国内学者对这个观点则有颇多商榷之处。包弼德（Peter K. Bol）也认为："在7世纪，士是家世显赫的高门大族所左右的精英群体；在10和11世纪，士是官僚；最后，在南宋，士是为数更多而家世却不太显赫的地方精

① 刘子健著，赵冬梅译：《中国转向内在：两宋之际的文化内向》，江苏人民出版社2002年版，第7页。

② 刘子健：《刘宰和贩饥——申论南宋儒家的阶级性限制社团发展》，《北京大学学报》（哲学社会科学版）1979年第3期。

③ Robert M. Hartwell, Demographic, Political, and Social Transformations of China, 750–1550, *Harvard Journal of Asiatic Studies*, Vol. 42, No. 2. (Dec., 1982), pp. 365–442.

④ Robert Hymes, *Statesmen and Gentlemen：The Elite of Fu–Chou, Chiang–Hsi, in Northern and Southern Sung*, London：Cambridge University press, 1986. 同时，韩明士将南宋抚州精英阶层定为七个标准：1. 官员；2. 通过州试的举人，或其他有资格到京城参加省试者；3. 寺观资金或土地的主要捐助者；4. 修建学校、书院、藏书楼、桥梁、水利工程和园林的组织者或主要捐助者；5. 地方军事组织以及正式与非正式的地方慈善活动的组织者或领导者；6. 通过朋友、师生、学术同仁、诗友等关系组织在一起，或由前述一至五项聚成团体的人；7. 一至五项人的亲戚和姻亲。

英家族，这些家族输送了官僚和科举考试的应试者。"①

随着南宋科举制度的变化发展②，以及南宋地方教育的进一步完善③，宋入仕的渠道较之北宋更为开放更为多元，从而使士人的群体数量亦较之北宋更为庞大。④ 当然，南宋士人在科举数量大增，国家地域则相对缩小的情况下，入仕的难度无疑要比北宋要大一些。⑤ 更难的是，即便顺利入仕，普通士子要想获得较好的上升渠道也非常困难，于是士人们的走向开始变得多元化。⑥ 但是南宋士人是否真的成为欧美学者所认为的已经成为"地方精英"，是明清士绅阶层的缘起⑦，尤其是韩明士所强调的"南宋地方精英存在着一种从北宋的面向全国政治，向南宋的以经营地方基地为中心的家族策略转变的现象；南宋地方精英们与国家'分道扬镳'，开始

---

① 包弼德著，刘宁译：《斯文：唐宋思想的转型》，江苏人民出版社 2001 年版，第 4 页。

② 刘海峰认为，南宋不仅对北宋时期的特奏名进士和其他下第举人实行特殊优待，而且放宽参加会试的标准，使很多士人能直接参加殿试。见刘海峰《中国科举史》，东方出版中心 2004 年版，第 196—197 页。又如南宋在四川设立类省试，对南宋的政治和社会稳定以及人才的涌现取到了非常重要的作用。见祝尚书《论南宋四川的"类省试"》，《四川师范大学学报》（社会科学版）2003 年第 5 期。

③ 陈雯怡：《由官学到书院——从制度与理念的互动看宋代教育的演变》，硕士学位论文，台湾大学历史学研究所，1996 年。

④ 据贾志扬研究，参加各州检定考试的人数在 11 世纪初的时候约为 20000 到 30000 人，到 13 世纪中叶，光中国南部的考生大概就有 400000 人以上。见贾志扬《宋代科举》，东大图书股份有限公司 1995 年版，第 36 页。

⑤ 毛礼锐认为，南宋科举之风较之北宋要差很多，在这种风气影响下，读书士子很少关心国家大事和民族前途命运。同时，一批忠义之士，避世隐居，独善其身，潜心学问，私相授徒，不问世事。见毛礼锐《中国教育通史》（第三卷），山东教育出版社 1987 年版，第 92—95 页。

⑥ 王瑞来对此关注甚多，他指出："大量通过千分之一高倍率的激烈竞争科举及第者，在此后的仕途上遭遇到更为激烈的新一轮升迁竞争，多数需要在七阶选人所构成的庞大'选海'中经历漫长的翻滚，只有少数幸运者由于各种因缘际会，得以顺利改官，升迁到中级以上的官僚地位，大多数选人摧眉折腰，被呵责役使，忍受地位低下，俸禄微薄，小心翼翼地熬过十几年，甚至耗尽毕生的心血，到死也难以脱出'选海'。"见王瑞来《从近世走向近代——宋元变革论述要》，《史学集刊》，2015 年第 4 期。沈松勤则从中央专制加强的视角给我们提供了观察南宋士人另一个面向的途径，他认为，"高压政治与专制文化政策既孕育了谄谀之风与谄谀之作，又决定了士人的政治命运，使之产生了强烈的畏祸与外事无可施于我的心理；在畏祸与哀叹无可为之际，便'重抑其情而祈于自保'。"见沈松勤《南宋文人与党争》，人民出版社 2005 年版，第 471 页。

⑦ 孙立平：《中国传统社会中贵族与士绅力量的消长及其对社会结构的影响》，《天津社会科学》1992 年第 4 期。

'地方化'了"，这仍然是一个值得关注和商榷的问题①。所以，即便南宋的科举和文教事业较之前有了显著提升，士子的数量也大幅增加，士人的出路也变得多元，但入仕行道仍然是第一选择。② 在这条路走不通的情况下，南宋士人的选择显得比北宋要更为多样化可能是我们可以看到并理解的现象。③

---

① 关于这个问题的讨论，黄宽重和包伟民都做过比较深入的探讨。黄宽重《科举社会下家族的发展与转变：以宋代为中心的观察》（载《唐研究》，北京大学出版社 2005 年版，第 351页），认为："儒士及其家族扎根地方、拓展人脉，目标都是朝廷。一旦儒士罢官闲退，则还乡致力地方建设。这一模式在南宋和北宋同时适用，两宋的差距仅在程度强弱罢了。……这些致力地方事务的士人或家族，彼此合作，其动机实有回馈乡里，热爱乡土之情，并非只存在营造社会声誉的功利目的而已。"包伟民认为："南宋的精英们到底有没有'地方化'呢？或者说南宋的精英们究竟呈现了哪些与前代不同的新特征，我以为这仍是一个有待于深入探讨、而绝非已可以形成'一致的看法'的问题。不过坦率地讲，不管今后探讨的结论为何，本人以为有一点还是可以肯定的：尽管到宋代儒学开始呈现'为己之学'的新特征，但其'修身、齐家、治国、平天下'人生目标并未变化，所以要'处庙堂之高，则忧其民；处江湖之远，则忧其君'。参预国家政治，参加科举，投身仕途，正是精英们主要人身价值之所体现。若认为以这样的儒生集团为主体的中国传统社会精英阶层可能与国家'分道扬镳'，这一假设之大胆，为本人之所不及。"见包伟民《精英们"地方化"了吗》，《唐研究》，北京大学出版社 2005 年版，第 670 页。周鑫对此也持相同观点，"在南宋抚州士人的身上的确能够看到士人地方性格的生长，诚然这种生长还没有达到韩明士所期望的那般成熟。更为重要的是，他们的地方性格并非游走于其国家性格之外，而是包容于其中，恰如他们的平民性格孕育在他们的非平民性格之内。"见周鑫《官宦与绅士：两宋江西抚州的精英》，《中国社会历史评论》第 7 卷，天津古籍出版社 2006 年版，第 419 页。

② 中国传统社会，从春秋时期孔子开始就提倡"仕而优则学，学而优则仕"（《论语》，收录于朱熹《四书集注》，岳麓书社 1987 年版，第 279 页），到战国时期孟子提出"士之仕也，犹农夫之耕也"（《孟子》，见朱熹《四书集注》，岳麓书社 1987 年版，第 382 页）。缪钺也讲，"两千多年的中国士人都希望有志用世，想得时行道，求得君主知赏。"见缪钺《二千年多年来中国士人的两个情结》，《中国文化》1991 年第 1 期。

③ 黄宽重指出："地方财政不足的情势，为地方势力提供了发展的空间。从北宋晚期起，朝廷不断加强财政中央化的种种措施，不免会影响地方政务与建设的推动。不过，检视相关史籍，特别是南宋的文集、地方志等资料，却会发现从北宋到南宋，江南地区各州县诸多有形的硬件建设，如城墙、官衙、学校、书院、贡院、寺庙乃至桥梁、渠堰水利等不断兴修或重建，规模越来越大。同时诗社、乡饮酒礼、法会等社会文化宗教活动及乡曲义庄、社仓、义庄、赈灾、施药、施粥、育婴等慈善公益活动也不断出现，而且愈来愈多。这些事实充分显示宋代江南地区的经济实力与文化建设，并不因财政中央化而萎缩、衰退，反而呈现相当蓬勃、极具活力的景象。"见黄宽重《从中央与地方关系互动看宋代基层社会演变》，《历史研究》2015 年第 4 期。

第二章 南宋江西士人社群的历史考察

第一节 宋室南渡后的政治生态

一 从"尴尬"到"中兴":南宋前中期历史

北宋建立后,长期面临着来自北方少数民族政权——契丹和西夏的威胁。契丹早于北宋建立,是一个"东至于海,西至金山,暨于流沙,北至胪朐河,南至白沟,幅员万里"① 的政权。赵宋立国即确立了"先南后北"的统一方略,对辽则采取守势。赵匡胤认为:"中国自五代以来,兵连祸结,帑藏空虚。必先取巴蜀,次及广南、江南,则国用富饶矣。今之勍敌,正在契丹。自开运以后,益轻中国。河东正扼两蕃,若遽取河东,便与两蕃接境,莫若且存继元,为我屏翰。俟我完实,取之未晚。"② 太宗两度北伐契丹,均告失败。真宗时,以缔结"澶渊之盟"维持了双方的和平。

仁宗时,契丹又屯兵北境,要求遣使谈判。富弼奉命出使,他认为契丹是北宋的"劲敌""契丹侵取燕蓟以北,……其间所生豪英,皆为其用。得中国土地,役中国人力,称中国位号,仿中国官属,任中国贤才,读中国书籍,用中国车服,行中国法令",其"所为皆与中国等,而又劲兵骁将,长于中国。中国所有,彼尽得之;彼之所长,中国不及,当以中国劲

---

① 脱脱等:《辽史》卷37《地理志一》,中华书局1974年版,第438页。
② 魏泰撰,李裕民点校:《东轩笔录》卷1,中华书局1983年版,第1页。

敌待之，庶几可御，岂可以上古之旧策待（之）？"富弼的上奏未引起君主
重视，以至出现"论和之后，武备皆废"的现象，契丹常观衅而动，北宋
也只能"仓皇莫知为计，不免益以金帛，苟且一时之安。"这是"国家向
来轻敌忘战，不为预备之所致也"①。

　　除了契丹，"方二万余里"的西夏是北宋的另一劲敌，对于这个以党
项族为主体的少数民族政权，宋初采取削夺方镇的策略来对付，却引发了
党项族的奋力反抗，从太平兴国七年（982）到庆历四年（1044）的60余
年间，党项族侵占了夏、银、绥、宥、静、灵、盐、会、胜、甘、凉、
瓜、沙、肃等州。宝元元年（1038），党项族以兴州（今宁夏银川）为都
城建立西夏，虎视北宋。此后，宋、辽、西夏三个政权，呈南北对峙局
势。长期存在的民族矛盾，制约和影响着北宋的统治。

　　北宋不仅面临外患，而且还有内忧。首先，北宋稳定后即显现出"积
贫积弱"之势。②"三冗"问题不断加剧，极大地增加国家负担，许多困扰
宋廷统治的社会问题均根源于此。③ 其次，阶级矛盾愈来愈尖锐。太宗朝
即已出现许多民变，其中影响最大的为四川茶农王小波、李顺起义。仁宗
号称"忠厚之政"，统治期间仍出现大量农民起义，有开封府饥民起义、
王伦领导的沂州（今山东临沂）士兵起义、京西张海和郭邈山领导的起
义、湖南桂阳监瑶族农民起义、王则领导的贝州（今河北清河）士兵起义
等，其他在江淮、两浙、荆湖、陕西、京东西、河北、四川等地，都有小
股民变发生。④北宋末期，徽宗依赖以蔡京为首的"六贼"治政，阶级矛
盾更为激化，民变此起彼伏，几乎在南方和北方同时爆发了方腊起义和宋
江起义，北宋统治危机四伏。

_____

　　① 李焘：《续资治通鉴长编》卷150，庆历四年六月戊午条，中华书局1995年版，第3640—
3641页。
　　② 何忠礼认为："所谓积贫，主要是指国家财政而言，原先并不贫，积久而成贫，造成入不
敷出的局面；所谓积弱，主要是指抵御边境少数民族侵略的军事实力而言，原先尚有进攻之力，
久而连防御也产生了困难，在民族战争中不但遭遇败绩。这种'积贫积弱'的局面，从太宗后期
开始露出了苗头。"见何忠礼《宋代政治史》，浙江大学出版社2007年版，第57页。
　　③ 王恩厚：《北宋"三冗"弊政述评》，《历史教学》1981年第1期。
　　④ 何忠礼：《宋代政治史》，浙江大学出版社2007年版，第145页。

北宋在"积贫积弱"中不断走向灭亡,起颠覆性作用的并非各地风起云涌的民变,而是北方少数民族中的新兴势力——女真族建立的金。政和五年(1115),完颜阿骨打和北宋订立"海上之盟",以联宋灭辽。灭辽之后,金看清了北宋的软弱,宣和七年(1125)二月,筹划南侵。十月,兵分两路攻宋,西路军自云中(今山西大同)进军,东路军从平州(今河北卢龙)进军。金军迅速南下,震惊朝野,徽宗惊慌失措,传位给儿子赵桓,是为钦宗,改元"靖康"。平庸的钦宗面对险恶的局势,束手无策,只是来回摇摆于投降和冒险之间,更兼胆怯而毫无抗敌的决心,导致了开封的陷落和完全丧失抵抗能力。① 孱弱散乱的宋军根本无法抵挡金兵铁蹄的南下,靖康元年(1126)十一月,金兵已将北宋都城开封包围。建炎元年(1127)四月,金兵才开始撤兵,但将徽宗、钦宗、皇后、嫔妃、王侯、公主、宗室以及一些大臣都掳掠而去,"凡法驾、卤簿、皇后以下车辂、卤簿、冠服、礼器、法物、大乐、教坊乐器、祭器、八宝、九鼎、圭璧、浑天仪、铜人、刻漏、古器、景灵宫供器、太清楼秘阁三馆书、天下州府图及官吏、内人、内侍、技艺、工匠、娼优,府库蓄积为之一空。"②

时人描绘当时开封城的惨状为:"是日敌营始空……华人男女,驱而北者,无虑十余万。营中遗物甚众,秘阁图书狼藉,泥土中金帛尤多,践之如粪壤,二百年积蓄,一旦扫地。凡人间所需之物,无不毕取以去……又有遗弃老弱病废及妇女等,至是皆迁入城。敌之围城也,京城外坟垄发掘略遍,出尸取椁为马槽,城内疫死者几半。物价踊贵,米升至三百,猪肉斤六千,羊八千,驴二千,一鼠亦直数百。道上横尸率取以食,间有气未绝者,亦剜剔以去,杂猪马肉货之。蔬菜竭尽,取水藻芼之以卖,椿槐方芽,采取唯留枯枝。城中猫犬残尽,游手冻馁死者十五六,遗胔所在枕藉。"③ 史称"靖康之难",北宋宣告灭亡。

在金人掳掠的王侯宗室中,康王赵构侥幸逃脱,正是他延续了宋朝统

① 王曾瑜:《丝毫编》,河北大学出版社2009年版,第144、178页。

② 脱脱等:《宋史》卷23《钦宗纪》,中华书局1977年版,第463页。

③ 李心传:《建炎以来系年要录》卷4"建炎元年四月辛酉条",上海古籍出版社1999年影印本,第1册80页。

治。钦宗被金军围困在开封城时，诏命其弟赵构为河北兵马大元帅，并要他赶赴开封救援。赵构此时在相州（今河南安阳）召集部队，并未前往开封。钦宗不得已再命其为天下兵马大元帅①，要他"速领兵入卫"，赵构依然没有行动。待金兵将徽宗、钦宗、后宫及财货掳掠而退后，他在应天府（今河南商丘）称帝即位，改元为"建炎"。赵构认为北宋惨遭金人侵略而灭亡，"以火德中微故也"，故以"炎"（两火）为年号。② 是年冬，金人又南侵，目标直指赵构。金军由左副元帅粘罕和右副元帅讹里朵统领两路大军南下，此时赵构正在扬州巡幸。建炎三年（1129）正月，粘罕打败了驻守在淮甸的韩世忠军队，并迅速攻占了泗州（今江苏盱眙）、楚州（今江苏淮安）、天长军（今安徽天长）。

在金兵追击下，赵构连续南逃至镇江、常州、无锡、平江、秀州（今浙江嘉兴）、杭州。他一边南逃，一边向粘罕发出屈膝求和的请求，并派洪皓为大金通问使向粘罕递交国书，称"愿去尊号，用正朔比于藩臣"③。此后派崔纵赴山东向挞懒乞和。可是金军灭亡宋室决心已定，根本不顾赵构乞和要求。是年十一月，金兵渡江围攻建康，赵构接连逃往越州（今浙江绍兴），明州（今浙江宁波），定海（今浙江镇海），昌国（今浙江舟山）。建炎四年（1130）正月，赵构又逃往温州沿海，金军为活捉赵构，紧追不舍，"自明州乘小铁船泛海，随潮从风，至昌国，纵火劫掠"④。由于当时遇上大风暴，金军不得已从临安撤军，未能抓捕赵构。四月，赵构回驻越州。绍兴二年（1132）正月，赵构在张俊等人的扈卫下，驻跸临安。到绍兴八年（1138），杭州正式成为了南宋都城。⑤ 这年，宋、金双方有了第一次短暂的和议，南宋稍稍稳定下来。南宋虽继承了北宋的统治世

---

① 钦宗给赵构的亲笔蜡书说："京城围闭日久，康王真朕心腹手足之托，已除兵马大元帅，更无疑惑，可星夜前来入援。"见宗泽《宗忠简集》卷七《遗事》，文渊阁四库全书本。

② 李心传撰，徐规点校：《建炎以来朝野杂记》，中华书局 2000 年版，第 92 页。

③ 《要录》卷 23，建炎三年五月乙酉条，第 1 册 373 页。

④ 徐梦莘撰：《三朝北盟会编》卷 136，建炎四年正月五日条，上海古籍出版社 1987 年版，第 986 页。

⑤ 赵构选择杭州作为都城的直接动因在于杭州地理上的绝佳优势，他说："朕以为金人所恃者骑众耳。浙西水乡，骑虽众不得聘也。"（《要录》卷 27，建炎三年闰八月丁亥条）杭州江河湖泊比较多，不利于骑兵活动，所以能够大大增强畏金如虎的赵构的安全感。

脉，但从汴州迁至杭州后，却只拥有了北宋的"半壁江山"。

（一）高宗朝：尴尬的"中兴"

历史上的"中兴"是指王朝由衰微而复兴的过程。[①] 赵构建立南宋后，即号称"中兴之主"。[②] 事实上，赵构实在难膺"中兴"之称，不仅南宋前期一直处于外患内忧并存的尴尬境地，而且以赵构为首的统治集团对真正的中兴并无"欲求"。[③]

1. 外患：金人南侵

北宋遭遇"靖康之耻"而亡，金人穷追赵构，还差点活捉赵构。因此，赵构与他的父亲徽宗，哥哥钦宗一样，对金心生恐惧，而金人则不时乘机南下侵扰。终南宋一朝，外患一直是统治阶层最棘手的问题。[④]

南宋建立后，金军就开始迅猛地南侵，但不断遭遇南宋军民的奋力抵抗，如吴玠在青溪岭打败金军，张岩又偷袭了娄室部队，同时，韩世忠又率军西进。在这种情形下，金帅宗翰不得已"尽焚西京庐舍"北撤[⑤]，草草结束了对南宋第一次大规模的进攻。建炎三年（1129）秋，南宋君臣考虑偏安江南之际，金军兵分三路再次发动大规模南侵。宗弼的中路军承担擒获赵构的任务，但因为在海上遭遇强大暴风追击赵构未果而北撤。东路军也遭遇到驻守镇江的浙西制置使韩世忠的阻击，同时其他抗金义军也加入到偷袭攻击金军的行列，金军士气大挫。由于东路和中路军都受挫北

---

① 刘太祥：《中国古代王朝"中兴"局面的形成原因》，《南都学坛》2006年第4期。

② 建炎元年（1127）七月，南宋建立才数月，中书舍人刘珏就进言道："自金北归，已再逾时，陛下中兴，已既数月矣。"见熊克著，顾吉辰，郭群一点校《中兴小纪》卷2，福建人民出版社1984年版，第17页。

③ 吴业国、张其凡认为："南宋中兴政权延续了北宋政权，从对金关系，国内政治经济和军事形势上，高宗实现了所谓赵宋王朝的自立和中兴。"见吴业国、张其凡《南宋中兴的历史分析》，《浙江学刊》2010年第2期。笔者在此基础上撰有一文《南宋中兴问题再分析》（《江西社会科学》2012年第11期）对此问题予以探讨。

④ 邓广铭和漆侠认为："贯穿在南宋一代的一个最主要问题，是属于如何对待民族矛盾的问题。南宋政权是在民族矛盾极为严峻的情况下建立的，在建立之后，一直未能作出最正确的战略决策，因而也就未能给予金国以有力的打击。绵亘于南宋建后100年的长时期内，南宋政权一直未能摆脱掉金人的军事威胁。"见邓广铭、漆侠《两宋政治经济问题》，知识出版社1988年版，第35页。王曾瑜也认为："宋高宗在位期间的头等大事当然是对金关系。"见王曾瑜《丝毫编》，河北大学出版社2009年版，第85页。

⑤ 《会编》卷116，建炎二年三月二十六日条，第848页。

撤，金军便将主攻方向转向陕西。为此，宋廷调集军队进入川陕，一开始在张浚的错误指挥下，遭受了富平之败和陕西的陷落。绍兴元年（1131）三月，金军进攻和尚原，被吴玠击败，极大地鼓舞了南宋军队士气，也挫败了金军的西路进攻计划。

绍兴二年（1132）末，吴玠又配合刘子羽在饶凤关打败金军。为挽回败势，绍兴四年（1134）二月，宗弼率领十万金军进攻仙人关，而吴玠又率军在此大败宗弼。南宋取得和尚原、饶凤关、仙人关三次大捷，既提升自身气势，又极大地挫败金军士气。此后，岳飞、韩世忠、刘光世等率军乘势收复了一些失地。可是，赵构一心只想与金议和，金军见南侵不利，也欲"以和议佐攻战，以僭逆诱叛党"来获取更多的利益。[1] 于是，在大好形势下，绍兴八年（1138）十一月，宋开始与金议和，十二月，宋金双方达成和议。高宗向金称臣纳贡，换得河南、陕西之地以及归还徽宗梓宫和韦太后。

这次议和完全是出自赵构和秦桧等人的意愿，因而遭致群臣反对。左相赵鼎上奏称"士大夫多谓中原有可复之势，宜便进兵。恐他时不免议论，谓朝廷失此机会，乞召诸大将问计"，颇具代表性。[2] 枢密院编修官胡铨更是上书求斩议和的秦桧、王伦、孙近之辈，"义不与桧等共戴天……不然臣有赴东海而死尔，宁能处小朝廷求活邪？"[3] 金人觉得这次和议是他们赏赐给"南朝"的，所以，他们随时可以毁约。果不其然，和议仅维持一年，绍兴九年（1139）七月，金廷内部发生政变，完颜宗弼执掌军权，对以前的和议不予认可。绍兴十年（1140）五月，金军兵分两路再次大规模攻宋。左副元帅撒离喝率军攻川陕，宗弼率军攻河南。面对金国突然毁约，宋廷猝不及防，很快河南又陷金军之手。颇值欣慰的是，金军继续南下时，兀术遭到了东京副留守刘锜在顺昌的奋力阻击，"锜兵力击之，兀术平日恃以为强者，什损七八""是役也，锜兵不盈二万，出战仅五千人。金兵数十万，营西北亘十五里……锜以逸待劳，以故辄胜""捷闻，帝喜

---

① 宇文懋昭撰，崔文印校证：《大金国志校证》，中华书局1986年版，第113页。
② 《要录》卷118，绍兴八年正月乙巳条，第2册，第595页。
③ 脱脱等：《宋史》卷374《胡铨传》，第11583页。

甚，授锜武泰军节度使、侍卫马军都虞候、知顺昌府沿淮制置使"，当时洪皓在燕，密奏高宗"顺昌之捷，金人震恐丧魄"①。兀术不得不"自拥其众还汴京"②。正当宋军取得阶段性胜利时，一心乞和的赵构却命令刘锜班师退守至镇江。同时，还命令正在长江中游准备北伐中原的岳飞班师回朝。更令人费解的是，赵构将三大名将韩世忠、张俊、岳飞"皆除枢府，而罢其兵权"③。在赵构看来，天下万事，以维持对金和议为至重。④ 好在绍兴十一年（1141）二月，刘锜、杨沂中率军在柘皋（今安徽巢湖）大败兀术。兀术此次南侵连吃败仗，使其明白要想用军事手段完全消灭南宋不太可能，遂从主战立场转变为"以和为主、以战佐和"⑤。绍兴十一年十一月，宋、金双方再次议和，是为"绍兴和议"⑥。

　　"绍兴和议"是一个丧权辱国的和约，为世人所不耻，被抨击为"忍耻事仇，饰太平于一隅以为欺"⑦。但客观上却促使双方维持了较长时间的和平局面。绍兴三十一年（1161）六月，完颜亮迁都汴京，似有所图。九月，他亲帅六十万大军兵分四路进攻南宋。⑧ 南宋主将刘锜在两淮地区对完颜亮的东路军进行有针对性的部署。金军尽遣主力攻击，宋军无力抵挡而溃败。完颜亮率军继续南攻，此时金国内部发动政变，完颜雍即位，使得完颜亮腹背受敌。十一月四日，他率军到达采石（今安徽马鞍山）准备渡江。当时正在采石犒军的中书舍人虞允文主动整顿军队，鼓舞士气，打败金兵。完颜亮被士兵杀死，金军的这次大规模南侵宣告结束。

　　2. 内忧：民变与兵变迭起

　　南宋建立后，面临"外有大敌，内有巨寇"的尴尬局面⑨，民变和兵

---

① 脱脱等：《宋史》卷366《刘锜传》，第11402—11404页。

② 《要录》卷136，绍兴十年六月乙卯条，第2册第823页。

③ 《要录》卷140，绍兴十一年四月辛卯条，第2册第871页。

④ 王曾瑜：《荒淫无道宋高宗》，河北人民出版社2007年版，第321页。

⑤ 粟品孝：《南宋军事史》，上海古籍出版社2008年版，第177页。

⑥ 《要录》卷142，绍兴十一年十一月丁巳条，第2册第906页。

⑦ 陈亮撰，邓广铭点校：《陈亮集》卷2《上孝宗皇帝第一书》，中华书局1974年版，第6页。

⑧ 粟品孝：《南宋军事史》，上海古籍出版社2008年版，第180页。

⑨ 脱脱等：《宋史》卷384《叶义问传》，第11817页。

变达到了高潮，尤以建炎和绍兴初为盛①。李纲上奏称："今来蒙恩宣抚荆湖，正是盗贼区宇，马友、曹成、李宏、杨华、刘忠、雷进、韩京、吴锡等拥众多者十数万，少者亦数万人，跨据州县，递相屠掠，其余盗贼千百为群，不可胜计。"② 有学者统计：高宗一朝三十六年共有民变和兵变一百次，孝宗、光宗两朝三十二年共有五十二次，宁宗朝三十年共有三十五次，理宗朝四十年共有三十一次，度宗恭宗两朝十二年共九次。③ 甚至许多农民起义军"大者至数万人，据有州郡，朝廷力不能制"④。台湾学者王世宗分析："高宗一朝各种变乱有三百三四十起，几乎无年不乱。""建炎、绍兴三十六年中，以建炎时期的四年里，变乱最繁，平均每年达四十起左右。其次是绍兴元年至四年，变乱数平均每年有二十三起左右。绍兴五年至七年呈递减趋势，平均每年六起左右。绍兴八年以后，国内形势稍微缓和，但变乱仍持续不断。"⑤

此外，从其他一些变乱集中发生，亦可见高宗朝所出现的民变与兵变之多。如虔州是当时全国"寇乱"发生最多的一个州，时任江西制置大使的李纲曾上奏道："本路盗贼，虔为最，吉、抚、筠、袁次之。"⑥ 另据统计，整个南宋"虔寇"共发生 23 起，而高宗朝有 17 起之多。有学者认为，宋代赣南动乱较多，尤以南宋初年最为频繁。⑦ 此外，利用宗教变乱的"妖寇"，南宋共有 14 起，高宗朝就有 7 起。⑧ 与此同时，南宋初年的

---

① 阎邦本：《宋代农民起义的高涨》，《西华师范大学学报》1982 年第 3 期。

② 李纲撰，王瑞明点校：《李纲全集》卷 65《奏议·辩谤奏状》，岳麓书社 2004 年版，第690 页。

③ 见何竹淇《两宋农民战争史料汇编》，中华书局 1976 年版，第三册、第四册。另韩国学者金容完认为，"自高宗建炎元年至绍兴十一年的 15 年时间里，所发生的变乱多达 372 次之多。"见氏作《关于南宋初期变乱多发的背景之研究》，载《宋史研究论丛》（第 9 辑），河北大学出版社 2007 年版，第 1—21 页。

④ 佚名撰，李之亮校点：《宋史全文》卷 17《宋高宗四》，建炎四年五月甲辰条，黑龙江人民出版社 2005 年版，第 997 页。

⑤ 王世宗：《南宋高宗朝变乱之研究》，台湾大学出版委员会 1989 年版，第 61—63 页。

⑥ 《李纲全集》卷 104《与李尚书措置画一札子》，第 993 页。

⑦ 黄志繁：《贼民之间：12—18 世纪赣南地域社会》，生活·读书·新知三联书店 2006 年版，第 46 页。

⑧ 粟品孝：《南宋军事史》，上海古籍出版社 2008 年版，第 272—303 页。

兵变也是宋代乃至中国古代历史上最为频发的。①

南宋前期之所以出现数量如此多的民变和兵变，原因很多。② 首先，与赵构统治集团的腐朽密切相关。③ 赵构对外畏金如虎，对内却视广大人民"如粪壤草芥，略不顾惜"，由此逐渐引发百姓不满乃至愤慨。宗泽批评其"于金人情欸何如是之厚，而于国家呼谟何如是之薄"④。地方民变则多是由于"监司、郡守不得其人所致"，如王十朋上疏所言："臣闻二寇（广寇、海贼）之作，皆缘监司、郡守不得其人所致。既未能弭之于未萌之前，又未能诛之于已觉之后，养成其乱，以致猖獗，隐匿不闻，遂致滋蔓。为监司郡守者其可不惩之乎？"⑤ 不仅如此，统治集团还加紧盘剥百姓，以应付对金作战和岁贡之需，因此出现"兵兴累年，馈饷悉出于民，无屋而责屋税，无丁而责丁税，不时之须，无名之敛，殆无虚日，所以去而为盗"的现象。⑥ "官逼民反"是出现这种现象的最好解释，史称"官司窘迫则多取于民，民被多取，不得不贫，贫民为盗，非得已也"⑦。赵构不恤百姓自然导致阶级矛盾迅速激化。一些官员也对他们的腐朽统治极为不满。尤其赵构以内侍为心腹，导致"奸臣误国，内侍弄权，致数路生灵无罪而就死地，数百万之金帛悉皆遗弃，社稷存亡悬于金人之手"⑧。建炎三年（1129）三月，御营司统制官苗傅、刘正彦发动一场兵变，逼迫赵构退位，即源于此。

其次，与战争带来破坏有关。南宋初年，金军所过之处，烧杀抢掠，

① 罗炳良：《宋代兵变性质之我见》，《北方工业大学学报》1989 年第 2 期。
② 韩国学者金容完认为，南宋初期之所以出现如此众多的变乱，"一是南宋初期民生极为凋敝；二是租税负担的加大；三是军纪的极度紊乱；四是南宋政府对民间宗教徒的镇压；五是宋朝不力的少数民族支配政策。"见金容完《关于南宋初期变乱多发的背景之研究》，载《宋史研究论丛》（第 9 辑），河北大学出版社 2007 年版，第 1—21 页。
③ 在《宋史·奸臣传》中，南宋奸臣共有黄潜善、汪彦伯、秦桧、万俟卨、韩侂胄、丁大全、贾似道七人，前四人都是宋高宗赵构所信赖的丞相，可见当时统治集团腐朽之程度。
④ 《要录》卷 7，建炎元年七月丁未条，第 1 册第 150 页。
⑤ 黄淮、杨士奇：《历代名臣奏议》（上海古籍出版社 1989 年影印本）卷 319，王十朋奏议。
⑥ 《要录》卷 42，绍兴元年二月癸巳条，第 1 册第 592 页。
⑦ 曾枣庄、刘琳主编：《全宋文》卷 4600《论省冗食以弭盗奏》，安徽教育出版社 2006 年版，第 283 页。
⑧ 《会编》卷 127，引《建炎复辟记》，第 923 页。

屠害生灵，给百姓生活带来极大破坏。绍兴元年（1131）正月，监察御史韩璜称："臣误蒙使令将命湖外民间疾苦，法当奏闻，自江西至湖南，无问郡县与村落，极目灰烬，所至破残，十室九空。询其所以，皆缘金人未到，而溃散之兵先之，金人既去，而袭逐之师继至，官兵盗贼，劫掠一同，城市乡村，搜索殆遍。盗贼既退，疮痍未苏，官吏不务安集，而更加刻剥。兵将所过纵暴，而唯事诛求，嗷嗷之声，比比皆是，民心散畔，不绝如丝。"① 面对战争，南宋既要筹集大量军费，每年还须向金国输送大量岁币，加之中原大批领土丧失，国土面积锐减，税收减少，国库亏空，不得不加紧盘剥百姓。所谓"南渡后，因军需繁急，取民益无纪极"。"统观南宋之取民，盖不减于唐之旬输月送，民之生于是时者，不知何以为生也。"② 建炎年间至"绍兴和议"前，金军发动了数次大规模的南下攻宋行动。百姓在金兵，官军以及寇乱的联合破坏下，"食日益阙，民日益困"，无以为生的农民于是不得已"聚为盗贼"③。

令人不解的是，面对着严重的外患内忧，"中兴之主"却被高调地使用在赵构身上。赵构自也欣然接受此番美誉。建炎二年（1128）四月，黄潜善阿谀道："陛下洞察人情，庶政各归攸司，深鉴前日因事置局紊乱纲纪之弊，盖中兴之渐也。"同年七月又道："臣一刻之间，三闻陛下大哉王言，此中兴之兆也。"④ 绍兴七年（1137）五月，秦桧奉承道："陛下英武如此，中兴不难致也。"⑤ 绍兴九年（1139）四月，兵部侍郎张焘等以一个普通的自然现象附会道："诸陵下石涧水，自兵兴以来久涸。二使到日，水即大至，父老惊叹，以为中兴之祥。"⑥ 绍兴十六年（1146）二月，秦桧还撰铭曰："皇宋绍兴十六年，中兴天子以好生大德，既定寰宇，乃作乐畅天地之化，以和神人。"⑦

---

① 《要录》卷41，绍兴元年正月癸亥条，第1册第582页。
② 赵翼撰，王树民校证：《廿二史札记校证》，中华书局1984年版，第360—361页。
③ 廖刚：《高峰文集》卷1《投富枢密札子》，文渊阁四库全书本1983年版
④ 《中兴小纪》卷3，第35、39页。
⑤ 《中兴小纪》卷21，第261页。
⑥ 《中兴小纪》卷26，第313页。
⑦ 脱脱等：《宋史》卷130《乐志五》，中华书局1977年版，第3034页。

不过，这只是他们一厢情愿，后人对此并不认可。如元人称："昔夏后氏传五世而后羿篡，少康复立而祀夏；周传九世而厉王死于彘，宣王复立而继周；汉传十有一世而新莽窃位，光武复立而兴汉；晋传四世有怀、愍之祸，元帝正位于建邺；唐传六世有安史之难，肃宗即位于灵武；宋传九世而徽、钦陷于金，高宗缵图于南京。六君者，史皆称为中兴而有异同焉。夏经羿、浞，周历共和，汉间新室、更始，晋、唐、宋则岁月相续者也。萧王、琅琊皆出疏属，少康、宣王、肃宗、高宗则父子相承者也。至于克复旧物，则晋元与宋高宗视，四君者有余责焉。……然当其初立，因四方勤王之师，内相李纲，外任宗泽，天下之事宜无不可为者。顾乃播迁穷僻，重以苗刘群盗之乱，权宜立国，确乎难哉。其始惑于汪、黄，其终制于奸桧，恬堕猥懦，坐失事机。甚而赵鼎、张浚相继窜斥，岳飞父子竟死于大功垂成之秋，一时有志之士为之扼腕切齿。帝方偷安忍耻，匿怨忘亲，卒不免于来世之诮。"[1] 明人钱士异在《南宋书·高宗本纪》中评价赵构云："宋高宗南渡，仅可与周平王东迁比。既不能如夏少康一旅克复旧物，又不能如唐肃宗借兵收复两京。而退守偏隅，称臣敌国，前史拟之光武、晋元，非其伦矣。当汴京初破，二帝虽北，中原之人心戴宋甚坚。使其借宗泽之谋，用李纲之策，收召两河豪杰，修维二京版图，天下事尚可为。而愈避愈南，至航海而止。"[2] 今人王曾瑜认为："后世人们称羡的汉朝文景之治，唐朝贞观之治，当时人却未曾自夸为盛世。与之相反，宋高宗和秦桧杀害岳飞，偷安于半壁残山剩水，穷奢极欲，贪贿成风，迭兴冤狱，倒是自诩为中兴和盛世。"[3]

（二）孝宗朝：走向"中兴"

绍兴三十二年（1162）春，赵构与金世宗互派使臣商议和解后，便以"倦勤"名义禅位给赵昚，是为孝宗。赵昚即位后，改元"隆兴"，"锐意进取"，以期"务隆中兴"。于是孝宗积极筹划北伐，任用老将张浚为枢密

----

[1] 脱脱等：《宋史》卷32《高宗纪九》，中华书局1977年版，第611页。
[2] 钱士异著，林开甲、唐子恒点校：《南宋书》，齐鲁书社1998年版，第44页。
[3] 王曾瑜：《丝毫编》，河北大学出版社2007年版，第26—27页。

使，都督江淮东西路军马，任命汪澈督视荆襄军马，准备对金用兵。此时，金世宗在稳定内政后，移牒南宋，要求归还海（今江苏连云港）、泗（今江苏盱眙）、唐（今河南唐河）、邓（今河南邓县）、商州（今陕西商县），并岁币如昔，遭到孝宗回绝。于是金人欲以南下用兵来恫吓宋廷以达成己愿。隆兴元年（1163），张浚主张挥师北伐，并要求孝宗"降诏幸建康，以成北伐之功"。当时许多大臣都进谏孝宗不可急进，如左相陈康伯、右相史浩、武锋军都统制陈敏等都纷纷上言孝宗"以守为自强之计，以战为日后之图"①。但孝宗一意想收复中原失地，成就汉武唐宗大业，在张浚强烈建议下，他"不由三省、密院，径檄诸将出师"②，史称"隆兴北伐"。

宋军虽然取得了较好开局，"显忠躬率将士鏖战，琦败走，遂复灵壁。入城，宣布德意，不戮一人，中原归附者踵接"，但李显忠进入宿州（今安徽宿县）后，产生轻敌思想，且对士兵分赏不公，导致军心不稳，加之李显忠和邵宏渊两人在作战时又不和，很快在符离遭遇溃败，"于是显忠、宏渊大军并丁夫等十三万众，一夕大溃，器甲资粮，委弃殆尽，士卒皆奋空拳，掉臂南奔，蹂践饥困而死者，不可胜计。二将逃窜，莫知所在"③。"符离溃败"使得孝宗北伐收复中原愿望落空。好在金人鉴于此前数次南侵均遭败绩的教训，也无意继续南下强攻。宋、金均有意讲和，但双方就议和条件产生了分歧，金要求维持"绍兴和议"的内容，而孝宗显然不愿意接受如此屈辱的和约，为此，双方进行了长达一年的外交谈判。同时，金国采取了"以战促和"策略，又兵分两路南下侵宋。在此压力下，孝宗同意与金议和。隆兴二年（1164）十一月，双方签订和议，孝宗"遣国信所大通事王抃持周葵书如金帅府，请正皇帝号，为叔侄之国；易岁贡为岁币，减十万；割商、秦地；归被俘人，惟叛亡者不与；誓目大略与绍兴同"④。两国关系较之前趋于对等，因此，"隆兴和议"后，宋、金双方大

---

①　周密撰，朱菊如校注：《齐东野语校注》卷2，华东师范大学出版社1987年版，第35页。
②　《齐东野语校注》卷2《符离之师》，第37页。
③　《齐东野语校注》卷2《符离之师》，第38页。
④　脱脱等：《宋史》卷33《孝宗纪一》，中华书局1977年版，第629页。

抵维持了一个均势和平的局面。

此后，孝宗虽不忘北伐之事，但"符离邂逅失利，重违高宗之命，不轻出师，又值金世宗之立，金国平治，无衅可乘"①。在此情况下，他将精力转向了内政，确立了"内修外攘"的治国策略，着手对政治、经济、军事进行改革，并取得一定成效，出现了一些前所未有的"新气象"，造就了南宋历史上的黄金时代——"乾、淳盛世"。孝宗并没有像高宗那样苟且偷安，将北伐恢复束之高阁，而是希望经过一番努力，扭转危局，最终得以报仇雪恨。② 此后，他倚重老臣虞允文，试图北伐收复中原。但淳熙元年（1174），虞允文不幸去世，"当时谋臣猛将雕丧略尽，财屈未可展布"③，孝宗不得不放弃北伐之宿志，并逐渐丧失了往日锐志。元人刘一清对此惋惜道："高宗之朝，有恢复之臣而无恢复之君；孝宗之朝，有恢复之君而无恢复之臣。故其出师才遇少衄，满朝争论其非，屈己请和而不能遂。孝宗之志惜哉！"④

由此可见，孝宗即位后，虽积极应对金军，但在排兵布阵上却捉襟见肘。符离之败，打消了这位"锐意恢复"之君的志气，不得不与金议和。由此可知，高、孝时期即便有短暂的主战气候出现，但主和一直是两位统治者适时的选择。⑤ 客观而言，议和之后，宋、金之间"南北讲好"，双方社会经济均得到了恢复、发展，是一个"双赢"的结果。所谓"天厌南北之兵，欲休生民。故帝（孝宗）用兵之意弗遂而终焉"⑥。南宋由此迈向"中兴"。

二 从"承平"到"亡国"：南宋中后期历史

在对金战争没有取得较大成功，收复中原故土的豪情壮志又难以实现

---

① 脱脱等：《宋史》卷三五《孝宗纪三》，中华书局1977年版，第692页。
② 陈国灿、方如金：《宋孝宗传》，吉林文史出版社2004年版，第185页；宋孝宗曾赋诗曰："平生雄武心，览镜朱颜在。岂惜常忧勤，规恢须广大。"见张端义著，许沛藻等整理《贵耳集》，大象出版社2013年版，第283页。
③ 《鹤林玉露》丙编卷4《中兴讲和》，第302页。
④ 刘一清撰：《钱塘遗事》卷2《孝宗恢复》，上海古籍出版社1985年影印本，第40页。
⑤ 陈峰：《宋代主流意识支配下的战争观》，《历史研究》2009年第2期。
⑥ 脱脱等：《宋史》卷35《孝宗纪三》，中华书局1977年版，第692页。

的情况下"孝宗欲有为而不克，嗣是日羸日荼，以抵于亡"①。孝宗晚年深知自己精力不如以往，北伐无望，于是转变思想，集中加强对东宫太子的教导，期望子孙能承其志，"他日亲驭戎辂，以抚六师"②。但孝宗未曾料到，南宋走向灭亡之路正是从淳熙内禅开始的。

（一）光、宁二朝：无作为的"守成"

淳熙十六年（1189 年），孝宗将皇位传给第三子赵惇，即光宗，历史上称为"淳熙内禅"。孝宗被尊奉为寿皇圣帝，移居重华宫。实际上，自太子赵愭病逝后，孝宗曾对于立储之事一再拖延，担忧若是"储位既正，人心易骄，便自纵逸，不劝于学，浸有失德，不可不虑""更欲令练历世务，通知古今"③。后来孝宗越过第二子赵恺，立"英武类己"的小儿子赵惇为太子④。但是赵惇成为太子后，并未如想象中如意，他在这个位置上呆了十八年之久，直到四十三岁，年过不惑才登上皇位。

光宗即位后，依循前朝治国之策，未做大改，次年择"绍兴、淳熙"之义，改元绍熙，以效父志。光宗是否能像孝宗所期待的那样有"系天下"的雄心壮志呢？绍熙年间，光宗主要实行了三大政策：一是多次开言纳谏；二是由于水灾雹灾频发，多次蠲免各地税款赋役；三是整饬吏治，命监司、帅守勤荐士。可惜这些政策并未达到预期效果。对于谏言，光宗一向是积极听取，怠于汇总解决，正如卫泾上书所言："陛下每于臣僚奏对，言虽讦直，务必优容，可谓有容受之量。然受言之名甚美，用言之效蔑闻。"⑤对于官员，光宗亲近春坊旧人和内侍，未能有公平公正之判断。至于税赋徭役，更是由于下层官员与权势人家的勾结，未能较好缓解平民百姓的受灾情况，史载"庙堂虽条画于上，而惠泽将壅遏于下，朝廷号令，不过为墙壁之虚文耳，果何益哉"⑥。

① 王夫之：《宋论》卷 13《宁宗六》，中华书局 2008 年版，第 235 页。
② 佚名编，汝企和点校：《续编两朝纲目备要》卷之 1《光宗皇帝》，中华书局 1995 年版，第 6 页。
③ 李心传：《建炎以来朝野杂记》乙集卷 2《乙酉传位录》，中华书局 2000 年版，第 518 页。
④ 脱脱等：《宋史》卷 36《光宗纪》，中华书局 1977 年版，第 693 页。
⑤ 卫泾：《后乐集》卷 10《辛亥岁春雷雪应诏上封事》，文渊阁四库全书本。
⑥ 汪圣铎点校：《宋史全文》卷 28《宋光宗》，中华书局 2016 年版，第 2409 页。

除此之外，虽是亲生父子，但孝宗、光宗的关系远不如所想之亲密。光宗皇后李氏本为孝宗听信道士"此女将母天下"之言，为光宗所聘娶。但此女"性悍妒""常诉帝左右"于高宗及孝宗①，为孝宗所不喜。孝宗曾告诫皇后李氏"宜以皇太后为法，不然，行当废汝"②，这让李氏如鲠在喉。本来，孝宗培养光宗的时间较长，即使孝宗最后退位时，也安排了周必大、留正等人协助光宗理政，这种安排虽是一片好意，但是使得光宗亲政时仍感觉自己受到孝宗的干涉与控制，产生了对孝宗的疑惧。所以，光宗即位不过三月，就罢免了左相周必大。同时，因为皇后李氏及宦者内侍长期的挑拨离间，光宗与父亲孝宗隔阂渐深。同样是内禅，不同于孝宗对高宗的尊亲奉养之情，光宗前往重华宫探望孝宗的次数屈指可数，丞相官员多次请托，都未能成行。绍熙五年（1194年）孝宗逝世，光宗拒不主持葬礼，朝廷上下相当不满，百姓将士更是怨愤万分，惶恐不安。此时，宗室赵汝愚联合外戚韩侂胄、殿帅郭杲等人趁机求得太皇太后的应允，在光宗不知情的情况下，将皇位"内禅"给其子赵扩，是为宁宗。次年改元庆元，史称"绍熙内禅"。

宁宗性愚且体弱，没有为君的精力，加上"宫闱妒悍，内不能制，惊忧致疾。自是政治日昏，孝养日怠，而乾、淳之业衰焉"③。所以，在宁宗统治期间，内部统治阶级矛盾激烈，争权夺利，相继出现韩侂胄、史弥远两位重臣把持朝政。宁宗即位之初，宗室赵汝愚因"定策功"升至右相，他推崇理学，敬重朱熹，大肆任用理学人士，打压同样具有从龙之功的外戚韩侂胄。韩侂胄则与台官联合反击，"以同姓居相位，非祖宗典故。方太上圣体不康之时，欲行周公故事。倚虚声，植私党，以定策自居，专功自恣"④的理由将赵汝愚排挤出了中央。开禧元年（1205），外戚韩侂胄拜平章军国事，位高丞相，掌控三省，权倾朝野，前期因政治立场原因严厉打击理学人士，斥理学为"伪学"，实施了"庆元党禁"，韩侂胄打击政敌

① 陈邦瞻：《宋史纪事本末》卷81《两朝内禅》，中华书局2015年版，第899页。
② 脱脱等：《宋史》卷243《后妃下》，中华书局1977年版，第8654页。
③ 脱脱等：《宋史》卷36《光宗纪》，中华书局1977年版，第710页。
④ 周密：《齐东野语》卷3《绍熙内禅》，中华书局1983年版，第44页。

的这一措施给当时的统治集团内部带来了较大冲击。"自道德性命之说一兴，而寻常烂熟无所能解之人自托于其间，以端悫静深为体，以徐行缓语为用，务为不可穷测以盖其所无。一艺一能皆以为不足自通于圣人之道也。于是天下之士始丧其所有，而不知适从矣。为士者耻言文章、行义，而曰'尽心知性'；居官者耻言政事、书判，而曰'学道爱人'。相蒙相欺以尽废天下之实，则亦终于百事不理而已"①。从这一角度出发，庆元党禁促进了社会风气的转变，遏制了虚谈伦理的官场风气。此后，韩侂胄在政治上采取了一些唯才是举、省刑薄敛等措施，使得从整体上来看当时政局较为稳定。嘉定元年（1208）十二月至绍定六年（1233），史弥远独相并兼枢密使，历经宁宗、理宗两朝，独揽朝纲长达25年。史弥远政治上继续因循守旧，使得南宋在此阶段保持了一种相对平稳的政治局面。

对外方面，南宋与金朝大体上保持长期相持的状态，"时金为北鄙鞑靼等部所扰，无岁不兴师讨伐，兵连祸结，士卒涂炭，府库空匮，国势日弱，群盗蜂起，民不堪命"②。金朝统治集团内部矛盾激烈，又接连爆发农民起义，外部面临新崛起的蒙古势力的武力威胁，内外受挫。金朝的内忧外患，给南宋朝廷发展提供了一个良好的时机。为了试探金人的反应，南宋军队不时在边界进行挑衅。而金人对于南宋军队的北伐意向，也有所察觉。南宋嘉泰三年（1203），完颜阿鲁带曾向金章宗上报："宋权臣韩侂胄市马厉兵，将谋北侵"，当时金章宗并未听信此言。③ 过两年，金朝又接到情报："韩侂胄屯兵鄂、岳，将谋北侵"④，这时金朝才开始进行军事部署，同时向金朝提出抗议。宋、金关系开始陷入紧张局面。开禧二年（1206），宁宗支持有意"立盖世功名以自固"⑤ 的韩侂胄进行北伐战争，史称"开禧北伐"。

实际上，南宋与金的军事实力所差不大，但由于北伐前期对金朝实力

① 陈亮著，邓广铭点校：《陈亮集》卷之24《送吴允成运干序》，中华书局1974年版，第271页。
② 陈邦瞻：《宋史纪事本末》卷83《北伐更盟》，中华书局2015年版，第925页。
③ 脱脱等：《金史》卷11《章宗三》，中华书局1977年版，第261页。
④ 脱脱等：《金史》卷12《章宗四》，中华书局1977年版，第271页。
⑤ 脱脱等：《宋史》卷474《奸臣四·韩侂胄传》，中华书局1977年版，第13774页。

估计不清，以及北伐后期蜀地吴曦叛乱、军人士气衰弱，开禧北伐未能取得佳绩。朝廷形势对韩侂胄不利，韩侂胄被其政敌史弥远设计谋害，北伐彻底失败。朝廷主降派立刻与金求和，签订"嘉定和议"，此条约的屈辱程度比之"绍兴和议"有过之而无不及。嘉定十年（1217），在金朝四面楚歌的境况下，宁宗拒绝缴纳岁币，金朝再次南侵河南、京湖、四川等地，却不如往昔，屡屡失败。鉴于南宋前期金朝在宋金关系中一直处于主导地位，长期的胜者心理使得金朝不肯与南宋议和，仍在断断续续的南侵。直至嘉定十六年（1223），金哀宗即位，才"榜谕宋界军民更不南伐"[①]。至此，金朝的主要战争对象转向蒙古，金对南宋的威胁日益减少。

（二）理宗朝："大转变"中的"小稳定"

1. 内政的"平稳化"

宁宗育有四子，"皆早亡"[②]，后妃又一无所出。因此，宁宗决定在宗室里挑选养子，继承皇嗣。此时，宁宗弟弟沂靖惠王的养子赵贵和颇得宁宗青睐，被接入宫中，立为皇子，改名为竑。因为沂王无子，史弥远将平民赵希瓐之子送入宫中，宁宗赐名贵诚，打算让其继承沂王之位。

嘉定十七年（1224），宁宗病重逝世。权臣史弥远因平日里与皇储赵竑有隙，便勾结杨皇后伪造圣旨，立赵贵诚为皇子，改名昀，即帝位，后人称之为宋理宗。赵竑被贬为济王，迁居至湖州。从嘉定十七年（1224）至景定五年（1264），宋理宗在位时间长达四十年，是整个南宋在位时间最长的皇帝，也是对南宋中后期发展起到重要作用的皇帝。对于宋理宗，后人评价不一。有人认为"理宗虽暗，早岁之设施，犹有可观者"[③]；有人觉得"南宋虽然没有暴君，而从孝宗以下，多半昏庸，最大的例证是理宗"[④]。

理宗继位后，因感激史弥远的扶植，加上无力改变现状，将朝政实权

---

① 脱脱等：《金史》卷17《哀宗上》，中华书局1975年版，第375页。
② 脱脱等：《宋史》卷233《宗室世系十九》，中华书局1977年版，第7738页。
③ 王夫之：《宋论》卷15《度宗》，中华书局1964年版，第257页。
④ ［美］刘子健：《两宋史研究汇编》，联经出版事业有限公司1987年版，第12页。

交给史弥远把持。在这期间，史弥远"决事于房闼，操权于床第""其上无人主，旁无同列，下无百官士民"①，对金妥协，拒不抗金；任用心腹"三凶""四木"（四木三凶是南宋史弥远为相期间的七名奸臣，"四木"是薛极、胡榘、聂子述、赵汝述四个人，这四人每一个名字中都有一个"木"字。"三凶"则是指李知孝、梁成大、莫泽三人。他们三人依附史弥远，排斥异己，不遗余力，残害魏了翁、洪咨夔等忠良），他们操纵台谏，横行朝廷；滥发纸币、掠夺百姓，民不聊生，农民群起反抗，"凡今日之内忧外患，皆权相三十年酝成之，如养护痈疽，待时而决耳"②。即使史弥远势力如此强盛，朝中官员与士大夫的反对浪潮依旧此起彼伏。因为在专制主义中央集权的长期熏陶下，皇权凌驾于相权之上是官民心中的固有观念。宰相势力过于强大，会对皇权造成威胁，自然会引起朝廷和百姓的不满。绍定三年（1230），通判镇江府蒋重珍表达了自己对史弥远的批判，"今临御八年，未闻有所作为。进退人才，兴废政事，天下皆曰此丞相意……为人之主，而自朝廷达于天下，皆言相而不言君哉？"③

绍定六年（1233），专权长达二十六年的史弥远病逝，理宗得以亲政，次年改元端平。这时，南宋面临"国本未建，疆宇日蹙，权幸用事，将帅非才，旱蝗相仍，盗贼并起，经用无艺，帑藏空虚。民困于横敛，军怨于掊克，群臣养交而天子孤立，国势阽危而陛下不悟"的局面。④ 在此境况下，理宗开始了革除积弊的内部改革，"日与大臣论道经邦""中书之务不问巨细，……尽归庙堂，无一事之区处不关于念虑，无一纸之申明不经于裁决"⑤。因为是在端平年间进行的改革，史称"端平更化"。

这次改革的最大特色是推崇理学。史弥远掌权时，为笼络人心，拔擢了一些德高望重的理学之士。此后史弥远以"湖州之变"为由"矫诏"逼迫济王自杀，遭到真德秀、魏了翁、洪咨夔等理学人士的强烈批判与反

① 魏了翁：《鹤山先生大全文集》卷18《应诏封事》，四部丛刊初编本。
② 脱脱等：《宋史》卷407《杜范传》，中华书局1977年版，第12284页。
③ 脱脱等：《宋史》卷411《蒋重珍传》，中华书局1977年版，第12352页。
④ 脱脱等：《宋史》卷422《徐侨传》，中华书局1977年版，第12614页。
⑤ 袁甫：《蒙斋集》卷5《右史直前奏事第二札》，丛书集成初编本版，第60页。

对，结果这些人皆被史弥远赶出中央。理宗亲政后，延续了史弥远推崇理学的策略，依靠著名理学家及相关理学人士维护自己的统治，相继恢复了真德秀、魏了翁、洪咨夔等人的官职。与此同时，鉴于史弥远擅权的弊端，理宗选择设置左、右两位丞相共辅国事，称"朕观比年以来，朝纲浸弛，时事日乖，所以并命二相，夹辅王室"①，改变了以往"独相权重"的局面。经济上，理宗严整贪腐、稳定币值，俭省开支，使得国家危机有所缓解。然而南宋积重难返，加之理宗年事已高，即使理宗宵旰图治，日夜不歇，也撼动不了艰难的时局，南宋仍然是"威令玩而不肃，纪纲弛而不张，财计匮而生财之道蔑闻，民力穷而剥民之吏自若。敌非果僵，特自未有以振国势，兵非不多，特莫知所以计军实。舍法用例已非矣，有元无例而旁引，以遂其干请之私，其何以窒侥门、塞幸穴！"② 这种治国的无力感使得理宗在晚年也走上了历史上多数统治者的老路，"中年嗜欲既多，怠于政事，权移奸臣，经筵性命之讲，徒资虚谈"③。尤其是任用权相贾似道，给南宋的发展埋下了祸根。

贾似道因"其姊入宫，有宠于理宗，为贵妃，遂诏赴廷对"④。随后，凭借自身能力，从地方到中央，步步高升。开庆元年（1259），贾似道为相，自此经理宗、度宗、恭帝三朝，擅权长达十六年之久，他是南宋最后一位权臣，所谓"宋之权相，始于蔡京，而终于贾似道"⑤。景定元年（1260），贾似道在鄂州之战后凯旋，以少师、卫国公、右相兼枢密使的超高地位独揽朝政。

政治上，贾似道打压除他以外的所有外戚、宗室、宦官势力，使得宦官"余党慑伏，惴惴无敢为矣"⑥，外戚"子弟、门客敛迹，不敢干朝

① 汪圣铎点校：《宋史全文》卷34《宋理宗四》，中华书局2016年版，第2810页。
② 汪圣铎点校：《宋史全文》卷35《宋理宗五》，中华书局2016年版，第2846页。
③ 脱脱等：《宋史》卷45《理宗五》，中华书局1977年版，第889页。
④ 脱脱等：《宋史》卷474《奸臣四·贾似道传》，中华书局1977年版，第13780页。
⑤ 林天蔚：《宋代权相形成之分析》，载《宋史研究集》第8辑，中华丛书编审委员会1976年版。
⑥ 周密：《癸辛杂识》后集《贾相制外戚抑北司罢学校》，中华书局1988年版，第68页。

政。"① 同时，对太学生，贾似道"度其不可以力胜，遂以术笼络""每重
其恩数，丰其馈给，增拨学田，种种加厚，于是诸生啖其利而畏其威，虽
目击似道之罪，而噤不敢发一语"②。这些措施虽然是贾似道为争权夺利而
采取的，但在一定程度上打击了外戚、宦官等势力的嚣张气焰。史载"似
道误国之罪，上通于天，不可悉数。然其制外戚、抑北司、戢学校等事，
亦是所不可及者，固不可以人而废也"③。

经济上，"似道旧历财赋官，中外孔眼，洞知纤悉"④。面对南宋战乱
频繁、灾害频发、军费和军粮紧缺、"和籴"愈发困难的情况，贾似道在
景定三年（1262）实施公田法。即"买官户逾限之田，严归并飞走之弊，
回买官田，可得一千万亩，则每岁六七百万之入，其于军饷沛然有余，可
免和籴，可以饷军，可以住造楮币，可平物价，可安富室。一事行而五利
兴，实为无穷之利"⑤。贾似道还实行推排法，重新丈量田地所有情况，与
公田法相互配合。

军事上，贾似道在鄂州之战后，"既罔上要功，恶阃外之臣与己分功，
乃行打算法于诸路，欲以军兴时支散官物为罪"⑥。打算法即"核军旅之
实"⑦。同时，因为"国家版图日蹙，财力日耗……闻主计之臣，岁入之数
不过一万两千余万，而其所出，乃至两万五千余万，……国家用度日不
给，盖有如贾谊所谓'大命将倾，莫之所救'者……财之空竭犹之气血调
耗，亦足以毙人之国"⑧。贾似道以此为由，于景定二年（1261）实行打算
法，在表面查腐败、实际报私仇的打算法实施下，与贾似道有隙的曹世
雄、向士壁等人被贬谪，含冤而死，刘整"益危不自保"⑨，叛宋降蒙，很

① 脱脱等：《宋史》卷474《奸臣四·贾似道传》，中华书局1977年版，第13782页。
② 周密：《癸辛杂识》后集《三学之横》，中华书局1988年版，第66页。
③ 周密：《癸辛杂识》后集《贾相制外戚抑北司戢学校》，第67—68页。
④ 黄震撰，王瑞来编：《古今纪要逸编》，中华书局1985年版，第12页。
⑤ 周密：《齐东野语》卷17《景定行公田》，中华书局1983年版，第313页。
⑥ 脱脱等：《宋史》卷416《汪立信传》，中华书局1977年版，第12473页。
⑦ 《历代名臣奏议》卷63，高斯得奏议。
⑧ 高斯得：《耻堂存稿》卷1《轮对奏札》，中华书局1985年版，第31页。
⑨ 宋濂等：《元史》卷161《刘整传》，中华书局1976年版，第3786页。

大程度上削弱了南宋的军事实力。

2. 外部威胁的转变:"宋、金、蒙"三足鼎立到"宋、蒙"对峙

在蒙古军队的威胁下,金与西夏由之前的敌对关系转为"兄弟之国",目的是联合抗击蒙古的入侵。南宋宝庆二年(1226),成吉思汗率大军攻打西夏,金朝无力支援,导致西夏亡国。西夏的灭亡,使得金朝直面蒙古的威胁,于是金朝将主要兵力迁至河南,重兵把守潼关,守卫黄河,以抵挡蒙古的入侵。而成吉思汗也在与西夏的战斗中了解到,若要灭亡金朝,必须取道南宋四川,即所谓的"借道伐金"。成吉思汗死后,由其第三子窝阔台继承汗位,即元太宗。宝庆三年(1227)到绍定四年(1231),窝阔台继承其父遗志,派遣蒙军强行发动对四川的进攻。绍定五年(1232),南宋约定与蒙古结盟,夹击金朝。端平元年(1234),在史嵩之、孟珙领导的南宋军队和蒙古军队激烈的围攻下,金哀宗自杀,金朝末代皇帝完颜承麟则死于乱军之中,立国一百二十年的金朝自此灭亡。

金亡以后,南宋、蒙古两国结盟立刻瓦解,并且围绕河南、三京等地的归属问题产生了一系列战端。端平元年,理宗派全子才、赵葵率军六万余人兵分两路北上收复中原失地,两军到达开封时因缺粮停滞不前,这时赵葵派金降将范用吉、杨义先后赶赴洛阳,二者又因粮草不济和不明敌情的原因在洛阳被蒙军大败,史称"端平入洛"。蒙古经此一役彻底了解了南宋的国力,拒绝了南宋使者乞求通好的想法。端平二年春,正值蒙古兵强马壮之际,窝阔台汗西征南侵并行,派其子侄兵分三路进攻四川、襄阳、江淮三地。先是,阔端侵入川峡,在青原野遭到四川制置使赵彦呐、御前诸军统制曹有文、曹万兵等人奋力反抗,被迫将军队主力撤出川蜀。翌年秋,阔端再次进攻四川,相继攻占利州(四川广元)、潼川府(四川三台)、成都府、金州(陕西安康)、夔州(重庆市奉节)等地,但因南宋军队的顽强抵抗和蒙古军队不习水性这一弱点,未能跨过长江深入南宋腹地。

端平二年(1235)至嘉熙三年(1236),蒙古军队虽不断侵入襄阳、江淮两地,但在孟珙、余阶等抗蒙将领和当地百姓的积极反抗之下,"自

是边境多以捷闻"①。蒙古并未因此停止南下，反而汲取经验，进一步完善了侵略南宋的策略。淳祐十一年（1251），蒙哥继位为蒙古大汗，一改"才掠即去，一去不归"的侵宋策略，决定长期驻扎，以为后盾。宝祐六年（1258），蒙哥计划自己带主力军攻打四川，命塔察儿、兀良合台分别进攻襄汉、潭州，分三路侵宋直进南宋都城。蒙哥率军南下，不到一年，侵占了四川大部分地区，并于十二月末督战台州钓鱼城下，钓鱼城军民凭借王坚的领导和易守难攻的险要地势大胜蒙军。蒙哥汗在此期间因病逝世，各地蒙军撤兵返北。翌年，忽必烈为援助蒙哥军队，进犯大胜关（河南罗山县南）、浒黄州（湖北鄂城西北）等地，长驱直入围攻鄂州（湖北武昌）。理宗立刻派贾似道进入鄂州督战，领导鄂州保卫战。在贾似道军事指挥和南宋将领军队的奋力抵抗下，战事遂占上风。这时忽必烈听闻蒙哥阵亡、蒙古内部大乱的消息，随即接受贾似道的议和请求，北返争夺汗位，史称"鄂州合议"。蒙古忙着镇压内部叛乱、稳定政局，十几年无暇南侵，给了南宋短暂的喘息之机。

（三）南宋后四朝：政权的衰亡

1. 内部：南宋统治集团愈加腐朽

宝祐元年（1253），理宗择其胞弟嗣荣王赵与芮之子为皇子，改名赵禥。景定五年（1264）十月，理宗去世，赵禥继位，史称度宗。度宗本人无能昏庸、荒淫无道。据称，度宗时，"嫔妾进御，晨诣阁门谢恩，主者书其月日。及帝之初，一日谢恩者三十余人"②。

政治上，度宗一边大肆封赏外戚宗室，一边不辨优劣地提拔理学人士，使得吏治更加腐败，连度宗本人都说"吏以廉称，自古有之，今绝不闻"③。经济上，因战争原因，军费需求更加急迫，朝廷滥发楮币，导致物价飞涨，百姓生活愈加窘困，社会矛盾尖锐。度宗在位十年，无力也无心

---

① 脱脱等：《宋史》卷414《史嵩之传》，中华书局1977年版，第12425页。

② 厉鹗撰，虞万里校点：《南宋杂事诗》卷6注引《通鉴辑略》，浙江古籍出版社1987年版，第251页。

③ 脱脱等：《宋史》卷46《度宗纪》，中华书局1977年版，第904页。

控制朝政，将家国大事拱手交给贾似道定夺。面对统治阶级内部官员的不满，贾似道以退为进，借口援引惯例，曾数次上奏请辞相位，皆被度宗拒绝。贾似道的擅权程度更甚从前，"入朝不拜。朝退，帝必起避席，目送之出殿廷始坐""凡台谏弹劾，诸司荐批及京尹、畿漕一切事，不关白不敢行"①。朝堂内外，不论官职大小，皆畏惧贾似道的淫威，伏于其脚下。

到了后期，贾似道的生活非常腐朽，面对紧张的军事形势无动于衷。每天"纵博"和"踞地斗蟋蟀""日坐葛岭，起楼阁亭榭，取宫人娼尼有美色者为妾，日淫乐其中"，若是"人有物，求不予，辄得罪"②。贾似道虽独居高位，但是他飞扬跋扈的性格和早年实行的公田法、推排法等措施，使他在朝中愈发孤立无援，他的政敌只在等待他的失败，以便给贾似道以致命打击。后来，贾似道因丁家洲战役的溃败遭贬，被其仇敌郑虎臣在漳州木棉庵杀害。

2. 外部：元朝统一全国乃大势所趋

开庆元年（1259），忽必烈从鄂州返回燕京争夺汗位，次年于开平（今内蒙古正蓝旗东闪电河北岸）公开宣称继承汗位，改年号为中统。忽必烈为了稳定蒙古统治集团内部局势，同年派遣降元翰林学士郝经使宋商讨合议之事。贾似道在鄂州一战后班师回朝，为了邀功，只字不提自己主动求和的行为，仅称"诸将大捷于鄂城，鄂围解。凡百余日"③。他害怕郝经会将此事泄露出去，就扣押郝经等人，既不议和，也不将其放回，并且将忽必烈多次的催促交涉视若无睹。

南宋景定五年（1264），忽必烈在镇压了李璮叛乱和阿里不哥争夺汗位的内部争斗后，开始筹划进攻南宋。这一次，多位南宋谋士为忽必烈攻宋进言，如郭侃称"宋据东南，以吴越为家，其要地，则荆襄而已。今日之计，当先取襄阳，既克襄阳，彼扬、庐诸城，弹丸之地，置之勿顾，而

---

① 脱脱等：《宋史》卷474《贾似道传》，中华书局1977年版，第13784页。
② 脱脱等：《宋史》卷474《贾似道传》，中华书局1977年版，第13784页。
③ 汪圣铎点校：《宋史全文》卷36《宋理宗六》，中华书局2016年版，第2888页。

直趋临安，急雷不及掩耳，江淮、巴蜀不攻自平"①；刘整道"先攻襄阳、撤其扞蔽"②，"攻蜀不如攻襄，无襄则无淮，无淮则江南唾手下。"③ 忽必烈接受了他们的建议，改变战略，由"重点进攻川蜀"转为"重点进攻襄樊"。襄樊两城位于汉江中游平原腹地，汉水穿城而过，地势险要、易守难攻，交通便利，物质储备丰富，号称"天下之脊，国之西门"④，为历代兵家必争之地。

南宋咸淳三年（1267），忽必烈任命南都元帅阿术和刘整为统帅挥师南下。翌年九月，阿术与刘整带领的蒙古大军包围了襄樊两城，并在附近安营扎寨，截断了南宋军队的后路及支援。初期，驻守襄阳的吕文焕带领襄阳官民奋力突围，却未能成功。加上京湖地区德高望重的将领吕文德因病逝世，南宋军队的士气遭受重创。南宋朝廷为了补充京湖战场的骁将劲卒，打破蒙古的包围圈，于咸淳六年（1270）陆续派遣李庭芝、高达、范文虎、张世杰、夏贵等人前往襄樊，但因蒙古军队封锁严密，南宋派兵支援失败。次年，忽必烈改蒙古国号为"大元"，忽必烈即元世祖。咸淳八年（1272），由于襄樊被围困的时间过长，两城物资紧缺。在张顺、张贵等民兵拼死运送了一批物资进入襄樊之后，元军防卫更为严密，粮食运送愈发困难。咸淳九年（1273），樊城沦陷，紧接着襄阳守将吕文焕献城投降，沉重打击了南宋军民的抗元士气，为元军南下临安大开方便之门。

咸淳十年（1274），度宗病死后仅存的三子，分别是淑妃所生的赵昰、皇后所生的赵㬎、修容所生的赵昺，年龄是六岁、四岁和三岁。度宗生前未确立太子，他死后，朝廷内部关于继承人的人选有不同意见，有人倾向于"立长"，贾似道等人倾向于"立嫡"。贾似道联合谢太后拥立度宗嫡子赵㬎继帝位，史称恭帝。赵昰、赵昺被封为吉王、信王。由于恭帝年纪尚幼，则由谢太后"垂帝听政"，贾似道"独班起居"，继续掌控朝局。咸淳

① 宋濂等：《元史》卷 149《郭侃传》，中华书局 1976 年版，第 3525 页。
② 宋濂等：《元史》卷 161《刘整传》，中华书局 1976 年版，第 3786 页。
③ 周密：《癸辛杂识》别集下《襄阳始末》，中华书局 1988 年版，第 305 页。
④ 《历代名臣奏议》卷 338，李曾伯奏议。

十年（1274）六月，元世祖忽必烈以贾似道拘押元朝使者郝经为借口下诏南伐，后又声讨贾似道"贪湖山之乐。聚宝玉之珍。弗顾母死。夺制以贪荣。乃乘君宠。立幼而固位。以己峻功硕德而自比于周公，欺人寡妇孤儿反不如石勒"①。七月，元朝大军挥师南下，兵分两路，其中有熟知南宋地理和军事部署的降将吕文焕、刘整等人随行。元军一路以伯颜、史天泽、阿术为统帅，先后侵占了郢州（湖北钟祥）、鄂州、蕲州、黄州等地。面对元军势如破竹的进攻，南宋贾似道下诏"天下勤王"，同时命步军指挥使孙虎臣统制诸军，高达为湖北安抚制置使、知江陵府。这一安排没能阻挡元军的前进，元军所到之处，南宋将领纷纷倒戈投降。其间不乏一些地方守将百姓与元军殊死搏斗，如李芾、李庭芝、江才、马墍等人领导了潭州、扬州、静江府保卫战，虽然他们失败了，但展现了南宋军民不屈不挠的抗争精神。

德祐元年（1275），元军驻兵于安庆府，贾似道即派遣孙虎臣、夏贵分陆路、水路进至丁家洲（安徽铜陵北）。战争一触即发。此时贾似道还抱有当初"鄂州和议"的幻想，派人向伯颜求和，结果遭到拒绝。在此期间，由博罗欢、董文炳领导的一路元军也来到了丁家洲。二月二十二日，南宋军队与元军在丁家洲展开激战，南宋将领夏贵、孙虎臣、贾似道等人无力抵抗元军回回炮的攻击，相继逃窜，南宋大败，"小大文武将吏，降走恐后"②。元军乘胜向临安进军。这年，元朝丞相伯颜率领大军兵分三路直逼临安府，长驱直入，相继攻占了四安镇（浙江长兴西南四安山下）、常州、独松关（浙江安吉南独松岭）、平江、湖州、嘉兴等地，南宋政权危在旦夕，朝廷派遣柳岳、陆秀夫入元营求和，但伯颜断然拒绝南宋的请求。德祐二年（1276）正月，谢太后分别将赵显、赵昺改封益王、广王，留存赵室血脉，为日后抗元斗争做了准备。正月十八日，元军包围临安府，谢太后派人送上传国玉玺和降表降元。三月初十，伯颜安排完临安府

---

① 陶宗仪：《南村辍耕录》卷1《檄》，中华书局1959年版，第16页。
② 周圣楷编，邓显鹤增辑，廖承良等点校：《楚宝》下卷26，岳麓书社2016年版，第778页。

的相关事宜后，离开临安府返回大都。四月，恭帝及三宫宗室北赴大都。

这时，陆秀夫、张世杰、陈宜中等人携益、广两王来到温州，拥立益王为帝，建立政权，改元景炎，其弟广王改封卫王。因陈宜中反叛降元，陆秀夫等人接连转移，益王中途病死，随行官员另立卫王赵昺为帝，改元祥兴，并将流亡政权迁移到了崖山（广东新会崖门附近），"为死守计"①。同时，文天祥带领军队前往前线与元军多次交战。祥兴元年（1278），文天祥被元军俘虏，宁死不屈。祥兴二年（1279），元军攻打崖山，宋军不敌，陆秀夫负赵昺投海而死，南宋覆灭。

三 南宋时期的政治生态

提起南宋的政治生态，我们最为熟知的便是"权相政治"。众所周知，南宋时期先后出现了秦桧、韩侂胄、史弥远以及贾似道四个擅权弄国的权相，他们专权的时间长达七十二年，占南宋政权时长将近一半。权相政治是否是南宋政治生态的最主要形态，并非本书所要讨论的问题②，本书希望通过分析南宋时期君主与宰执之间的权力变化，说明南宋的政治对当时士人，尤其是在朝官员的仕途影响。

"靖康之难"后，南宋王朝始终受到金、西夏等国的外部压力。而王朝内部，出现了秦桧、韩侂胄、史弥远、贾似道等权相。一方面是相权的极度膨胀，如南宋权相秦桧，执政十九年。在此期间，任用亲信，肆意专权，迫害忠良，"一时忠臣良将，诛除略尽"③。除控制台谏外，还插手干

---

① 脱脱等：《宋史》卷451《忠义六·张世杰传》，中华书局1985年版，第13274页。
② 何忠礼认为："（南宋）国家最高权力仍然牢牢掌握在帝王手中。实际上，南宋每次'权相政治'的出现，都有不同原因。如高宗重用秦桧，是因为两人在对金朝政策上的一致性，需要利用秦桧来抑制反对和议的声浪。宁宗前期重用韩侂胄，后期重用史弥远，是因自己不够聪慧，政事多受后宫影响之故。理宗前期重用史弥远，乃是感恩其所拥戴，后期重用贾似道，则是需要依赖其能力，借以巩固自己的统治。度宗体弱多病，登上帝位之时，正值蒙古军大举南侵，故对贾似道也不得多所倚重。但是，无论这些权相气焰有多嚣张，专权时间有多长，对皇权始终构不成威胁。"见何忠礼《试论南宋的社会政治生态及其成因》，《国际社会科学杂志（中文版）》2016年第3期。
③ 脱脱等：《宋史》卷473《秦桧传》，中华书局1977年版，第13764页。

预科举，将其子、孙点为进士。① 另一方面是皇权的衰弱，如宋度宗赵禥，智商不及正常人，加上荒淫无道，完全不理国政。这一时期的贾似道，把持朝政，"一时正人端士，为似道破坏殆尽"②。20 世纪 40 年代，钱穆《论宋代相权》③ 发表后，史学界对此问题陆续有所探讨，宋代"君盛相弱"这一观点几乎成为定论。20 世纪 80 年代以来，有学者对此提出质疑④，20 世纪 90 年代以后，学界开始突破皇权与相权相对立的传统思考框架，开始有机的、动态的观察宋代的政治生态⑤。

"靖康之难"后，在金人南下的种种压力下，高宗任用李纲、种师道等人，积极抗金。南宋初期政局稳定后，秦桧入相，开始了长达十九年的执政期，皇权受到极大挤压。靖康元年（1126），金人兵压汴京，朝廷一片惶恐。金人遣使索要河北三镇，秦桧上"兵机四事"⑥ 并极力反对求和割地。后朝中议立张邦昌为帝，秦桧进状列举张邦昌之罪。在"朝议"至关重要的宋代，秦桧由此获取了巨大的政治名声。建炎元年（1127）二月，"金人取秦桧及太学生三十人、博士正录十员"⑦，五月，高宗登位，

---

① 刘时举撰，王瑞来校：《续宋中兴编年资治通鉴》卷 5《壬戌绍兴十二年》、卷 6《甲戌绍兴二十四年》，中华书局 2014 年版，第 113、131 页。

② 脱脱等：《宋史》卷 474《贾似道传》，中华书局 1977 年版，第 13783 页。

③ 钱穆：《论宋代相权》，《中华文化研究会刊》，第 2 卷，1942 年。见《宋史研究集》，中华丛书编审委员会 1980 年版，第 455 页。

④ 较有代表性研究，如王瑞来认为宋代的相权强化，皇权走向象征化。见王瑞来《论宋代相权》，《历史研究》1985 年第 2 期；《论宋代皇权》，《历史研究》1989 年第 1 期。

⑤ 如张邦炜突破皇权相权的相互对立的研究范式，认为宋代皇权相权同时加强；张其凡考察了宋初中书事权问题后，认为宋代皇权与相权问题用皇帝与宰相"共治天下"来描述更为恰当；诸葛忆兵在动态的研究宋代宰辅制度后，以唐代为宋代相权强弱辩护的参照系，认为宋代相权得到了强化；焕力认为，宋代相权的削弱是局部的，对相权没有实质性的影响，而"相权的兴盛则是宋代政治生活的基本面"；田志光和苗书梅将研究中心放在南宋，分别从军权、财权、审判权、监察权四个方面考察了南宋相权扩张的途径。见张邦炜《论宋代的皇权与相权》，《四川师范大学学报》，1994 年第 2 期；张其凡《宋代政治探研》，暨南大学出版社 1995 年版，第 1 页；诸葛忆兵《宋代宰辅制度研究》，中国社会科学出版社 2000 年版，第 48 页；焕力《论宋代相权的兴盛与衰弱（上）》、《论宋代相权的兴盛与衰弱（下）》，《广西社会科学》2006 年第 3、4 期；田志光、苗书梅《南宋相权扩张若干路径论略》，《北方论丛》2012 年第 3 期。

⑥ 脱脱等：《宋史》卷 473《奸臣三·秦桧传》，中华书局 1977 年版，第 13747 页。

⑦ 李心传：《建炎以来系年要录》卷 2《建炎元年二月乙亥》，中华书局 1988 年版，第 53 页。

闻"御史中丞秦桧之忠"即任命秦桧为"资政殿学士、提举醴泉宫"①。建炎四年（1130），秦桧自海路归宋，被任命为礼部尚书，群臣疑之。高宗对其充分信任，称"桧朴忠过人，朕得之喜而不寐"②。

绍兴元年（1131），秦桧被任命为参知政事，是其第一次入相。成为副相的秦桧不断排挤曾经帮他破除群臣对其北归疑虑的宰相范宗伊，并开始培植亲信，与左相吕颐浩争权。高宗知道两相不合，为达到分权的目的，他令"颐浩专治军旅，桧专理庶务，如种、蠡之分职"③。台谏对监察宰相权力有重要作用，有学者认为：在中枢权力结构中，唯有台谏，对君主、宰执、侍从以至百官都具有直接的监察功能。④ 为确保自己手中的权力和打击异党，秦桧以安插亲信的方式侵蚀中央监察权，如此时的监察御史刘一止，为秦桧之党，因上《君子小人用否之辩》而擢升为监察御史。入台谏后，秦桧欲置修政局，刘一止马上附和，后即迁为左史。⑤ 吕颐浩北伐回朝后，开始打击秦党，第一件事就是清理台谏。"龙图阁待制新知信州程瑀、中书舍人胡世将、起居郎刘一止、起居舍人张焘、尚书左司员外郎林待聘、右司员外郎楼炤并落职与宫观，皆坐秦桧党，为吕颐浩所斥也。自是台省一空矣。"⑥ 其后，吕颐浩攻击胡安国，秦桧"上章乞留安国，不报"⑦。黄龟年上书弹劾秦桧，将秦桧比作王莽、董卓。绍兴二年（1132）八月，秦桧罢相，提举江州太平观。至此，秦桧的第一次入相结束。此时，高宗权力较为集中，加上贤相吕颐浩等人的牵制，秦桧并没有对朝政完全把持，皇权亦没有被完全侵蚀，但这为秦桧擅权积累了经验。

绍兴七年（1137），秦桧再次入相，出任枢密使。次年三月，升右相，六月，迁左相。秦桧将张浚、赵鼎陆续排挤出朝廷，并深得高宗信任，之后开始了长达十七年的专权。秦桧先顺高宗意，积极负责与金人的议和，

---

① 汪圣铎点校：《宋史全文》卷16上《宋高宗一》，中华书局2017年版，第1042页。
② 脱脱等：《宋史》卷473《奸臣三·秦桧传》，中华书局1977年版，第13749页。
③ 《宋宰辅编年校补》卷15《高宗绍兴元年》，第970页。
④ 虞云国：《宋代台谏制度研究》，上海书店出版社2009年版，第110页。
⑤ 《建炎以来系年要录》卷56《绍兴二年七月癸酉》，第981、982页。
⑥ 《建炎以来系年要录》卷57《绍兴二年八月壬子》，第999页。
⑦ 脱脱等：《宋史》卷362《吕颐浩传》，中华书局1977年版，第11323页。

将反对派贬黜出朝廷，"中朝贤士，以议论不合，相继而去"①。绍兴九年（1139），金宋达成合约。十年（1140），金人再攻宋，岳飞、韩世忠等人奋死抵御。绍兴十一年（1141），拓皋会战后，朝廷迅速解散各地"家军"，任命韩世忠、张俊为枢密使，岳飞为枢密副使。三大"家军"首领张俊、岳飞、韩世忠往行在"论功行赏"②的同时，张俊率先提出归还兵权。此后，高宗"罢三宣抚司，以其兵隶御前，遇出兵，临时取旨"③。统一军权的秦桧并不满足，八月，岳飞、韩世忠相继去职。十一月，以"莫须有"之罪杀害岳飞，绍兴十二年（1142）十二月，张俊被罢，南宋军权统一。秦桧在这一过程中起到了巨大作用，也是最大的受益者。同时，确立的"国事"逐渐成为秦桧擅权的主要工具。

金人南侵威胁的解除和军权的集中，使得南宋暂时没有大的外部压力和内部分裂倾向，高宗紧绷的神经放松下来，开始走向安逸。秦桧一面迎合高宗，另一方面不断打击异党，专权弄国，形成了"秦桧集团"④。秦桧安排"鹰犬"进入台谏并控制台谏系统，使之成为其讨伐异党的工具，台谏的监察功能被扭曲。"时宰执皆由秦桧进"，如果稍微有违秦桧之处，台谏便"探桧意而弹击之"，或者秦桧直接"谕意与台谏，使言其罪。"反对者被罢官后，很快再次受到章疏的弹劾，最后的结果是"择偏州安置或居住"⑤。有学者在考察南宋相权扩张路径时，认为秦桧执政时期，"学士院长官居正者居少，常常出现缺员的情况，往往由他官代行其职"。因此，翰林学士在南宋中央政治权利运作中作用下降。⑥ 这是比较客观的看法，翰林学士的为官之路均把持在秦桧手中，不可能发挥其真正的"朝议"制约功能。加上这一时期高宗贪图享受，大兴宫殿，对秦桧无比信任，甚至

---

① 脱脱等：《宋史》卷473《奸臣三·秦桧传》，中华书局1977年版，第13753页。
② 《建炎以来系年要录》卷140《绍兴十一年年八月辛卯》，第2347页。
③ 《续宋中兴编年资治通鉴》卷5《辛酉绍兴十一年》，第110页。
④ 秦桧集团主要由四类人构成，即秦桧子弟和嫡亲、秦桧乡人和朋友等、无耻士大夫、外戚和宠臣。详见何忠礼《宋代政治史》，浙江大学出版社2007年版，第377—380页。
⑤ 《宋宰辅编年录校补》卷16《绍兴二十一年》，第1094页。
⑥ 田志光、苗书梅：《试论南宋相权扩张的诸路径》，见田志光《宋代政治制度史研究》，人民出版社2017年版，第157页。

命人给秦桧画像。秦桧当国时，谏官和御史一般兼任经筵讲官，秦桧儿子秦熺也常常在场，"意欲搏击者，辄令熺于经筵侍对时谕之，经筵退，弹文即上"①。绍兴二十五年（1155），秦桧病死，标志着秦桧统治集团的瓦解，独相十七年的局面结束。

绍兴三十二年（1162），宋高宗退为太上皇，赵昚继位，是为孝宗。孝宗登基后，开始清理秦党，重用史浩、张浚等人。隆兴元年（1163），右相史浩与张浚就是否北伐产生严重分歧，张浚得孝宗同意，"不由三省、密院，径檄诸将出师矣"②，史浩乞罢相而去。北伐失败后，孝宗将主要精力放在内政上，在推行改革的同时，为了防止专权，不断削弱宰相权利，最主要的措施就是频繁更换宰相，通过频繁更换宰执的措施来实现君权的强化，从孝宗集权的角度看，起到了应有的效果，但也给当时的官员任职带来了动荡，稍不如意，就会被孝宗罢免。据统计，孝宗在位27年中，共用宰相17位，历21任次，任期不超过一年的宰相，将近总人数的一半，并且有三年的时间，朝中没有宰相。具体情况参见下表③：

表2-1　　　　　　　　　　孝宗朝宰辅一览

姓名	拜相年月	罢相年月	任相时长
陈康伯	绍兴二十九年九月	隆兴元年十二月	四年零四月（孝宗朝一年零六月）
史浩	隆兴元年正月	隆兴元年五月	四个月
汤思退	隆兴元年七月	隆兴二年二月	一年零四个月
张浚	隆兴元年十二月	隆兴二年四月	四个月余
陈康伯	隆兴二年十一月	乾道元年二月	三个月
洪适	乾道元年十二月	乾道二年二月	三个月
叶颙	乾道二年十二月	乾道三年十一月	十一个月
魏杞	乾道二年十二月	乾道三年十一月	十一个月
蒋芾	乾道四年二月	乾道四年七月	五个月

① 陆游：《老学庵笔记》卷6，中华书局1997年版，第75页。
② 周密：《齐东野语》卷2《符离之师》，中华书局1983年版，第30页。
③ 崔英超：《南宋孝宗朝宰相群体研究》，博士学位论文，暨南大学，2004年，第43页。表格依据该论文《表一：孝宗朝历任宰辅表》制作。

续表

姓名	拜相年月	罢相年月	任相时长
陈俊卿	乾道四年十月	乾道六年五月	一年零八个月
虞允文	乾道五年八月	乾道八年九月	三年余
梁克家	乾道八年二月	乾道九年十月	一年零八个月
曾怀	乾道九年十月	淳熙元年十一月	十一个月
叶衡	淳熙元年十一月	淳熙二年九月	十个月
史浩	淳熙五年三月	淳熙五年十一月	八个月
赵雄	淳熙五年十一月	淳熙八年八月	两年九个月
王淮	淳熙八年八月	淳熙十五年五月	六年九个月
梁克家	淳熙九年九月	淳熙十三年十一月	四年余
周必大	淳熙十四年二月	淳熙十六年五月	两年三个月
留正	淳熙十六年正月	淳熙十六年二月	一个月

宋光宗即位后，因为体弱多病，性格孱弱，国事常常受到李太后的干预。加上与寿皇赵昚关系的恶化，光宗实际上权力不大，这一时期皇权并不强盛。绍熙五年（1194），宋孝宗病逝，光宗拒绝探视和主持葬礼，朝廷内外人心惶惶。赵汝愚、韩侂胄等人策划宫廷政变，七月五日，光宗被迫传位于赵扩，史称"绍熙内禅"。赵扩登位，是为宋宁宗。韩侂胄是北宋名臣韩琦曾孙，以父恩荫入仕，其母为太皇太后吴氏之妹，其妻为太皇太后侄女，宁宗的皇后韩氏是其侄孙女。绍熙内禅后，赵汝愚以"定策"之功升任右相，他对韩侂胄说："吾宗室也，汝外戚也，何可以言功，为爪牙之臣，则当推赏。"[1] 仅授韩侂胄宜州观察使兼枢密都承旨，侂胄不满，与赵汝愚开始争权。韩侂胄问计于刘弢，弢曰："唯有用台谏尔"，侂胄又问："若何而可？"弢曰："御笔批出是也。"[2] 于是韩侂胄利用其特殊的外戚身份，逐渐开始了专权。他先任命刘德秀、刘三杰为监察御史，又批准杨大法为殿中侍御使，后又引李沐为右正言，于是"言路皆侂胄之党"[3]。

---

① 脱脱等：《宋史》卷 474《奸臣四·韩侂胄传》，中华书局 1977 年版，第 13772 页。
② 脱脱等：《宋史》卷 474《奸臣四·韩侂胄传》，中华书局 1977 年版，第 13772 页。
③ 脱脱等：《宋史》卷 474《奸臣四·韩侂胄传》，中华书局 1977 年版，第 13772 页。

庆元元年（1195），李沐"乞罢汝愚政柄"①，刘德秀、刘三杰等人又上札子，赵汝愚罢相。

至开禧年间，韩侂胄没有担任实际职务，但是深得宁宗信任，最明显的表现就是他的官阶不断提高。庆元四年（1198），韩侂胄升少傅，六年（1200），又进太傅，嘉泰二年（1202），授太师。帮助宁宗处理政务，任"知阁门事"是韩侂胄专权的主要方式。彭龟年等人对韩侂胄专权表达过不满，并上疏皇帝，认为国政人事"进退之由、更易之故，大臣或不能知，而侂胄能知，大臣不能言，而侂胄能言之"②。此时的韩侂胄已经掌握了朝廷的人事任免权，超越了一般臣子的权利。此疏一上，彭龟年即被下旨留家待罪。

开禧元年（1205）七月，韩侂胄正式拜平章军国事，位极人臣之巅的韩侂胄"三日一朝，因至都堂，序班丞相之上，三省印并纳其第"③。韩侂胄不仅设立速机房④于私邸，而且还伪造"御笔"，一时之间，将帅的任免升降权力全部掌握在韩侂胄手里，一些机要的军务等，不上奏皇帝，自行决断，朝堂内外，无人敢言。开禧二年（1206），韩侂胄主持北伐，任命一批主战派官员，军务上由三日一朝变为一日一朝。开禧三年（1207）十一月三日，投降派史弥远与杨皇后等人联手，诛杀韩侂胄，史称"玉津园之变"。韩侂胄暴卒，北伐也继之失败，韩侂胄专权时代结束。韩侂胄被诛后，新的权相史弥远开始登上南宋政治舞台。

史弥远是南宋名相史浩第三子。玉津园之变后，谋划玉津园之变的"功臣"们，开始清理和打击韩党，史弥远也以知枢密院事入相。入相后的史弥远立刻着手打击王居安、张镃、李壁、卫泾、钱象祖等人。王居安、张镃、李壁三人被罢去后，史弥远暗自授意章良能，打击卫泾和钱象

① 佚名编，汝企和点校：《续编两朝纲目备要》卷4《庆元元年二月》，中华书局1995年版，第60页。
② 彭龟年：《止堂集》卷5《论韩侂胄干预政事疏》，文渊阁四库全书本。
③ 脱脱等：《宋史》卷474《奸臣四·韩侂胄传》，第13775页。
④ 速机房隶属枢密院，但是一般有宰相掌控，高宗时曾设立并定下三省与枢密长官共同掌管的规矩，后被撤销。韩侂胄设速机房于私邸，可见其专权之程度。

祖。嘉定元年（1208）六月，卫泾罢相，乃"行御史中丞章疏也"①。十月，史弥远拜右相，十二月，因"行监察御史章疏"②，钱象祖罢相。此后，史弥远一人独相十七年，为犒劳章良能，嘉定二年（1209），章良能任同知枢密院事。

宁宗多病，平日喝酒都不敢超过三爵，此时"大臣进拟，不过画可，谓之'请批依'"③，官员升迁的权力基本掌握在史弥远手中。宋制，四品以下官员任免权归吏部，史弥远把持朝政时，"吏部之缺"尽"归堂除"④。史弥远将朝政状态恢复到秦桧时期，军政枢密均史弥远决断，他还效仿秦桧，控制台谏。史称"自丞相史弥远当国，台谏皆其私人，每有所劾荐，必先呈副，封以越薄纸书，用简版缴达"⑤。

嘉定十三年（1220），皇太子赵询死。宋宁宗有意立赵贵和为继承人，嘉定十四年（1221），将其进为皇子，赐名赵竑。赵竑喜好琴瑟音乐，史弥远于是买一个擅鼓琴瑟的美人，安插于济王赵竑身边，宫中有舆地图，竑"指琼崖曰：'吾他日得志，置史弥远于此'，又常呼弥远为'新恩'，以他日非新洲则恩州也。"⑥ 史弥远闻之，连续送了七天的珍玩宝物，赵竑趁醉酒将其统统砸烂，丢于地上，史弥远更加惶恐，于是史弥远开始谋划另扶沂王赵昀。

宁宗死后，史弥远联合杨皇后、郑清之等人拥护赵昀继位，是为宋理宗。理宗即位后，史弥远仍不放心，加之"霅川之变"给史弥远带来的心理压力，于是他派遣门客秦天锡将济王赵竑赐死。由此，理宗与史弥远成为一个利益共同体，史弥远擅权更加肆无忌惮，官阶不断提高，绍定六年（1233），拜为太师。十月，史弥远病逝，标志着史弥远长达二十六年的独相专权结束。

① 《续编两朝纲目备要》卷11《嘉定元年六月》，第198页。
② 《续编两朝纲目备要》卷11《嘉定元年六月》，第202页。
③ 叶绍翁撰，沈锡麟、冯惠民点校：《四朝见闻录》丙集《宁皇二屏》，中华书局1997年版，第64页。
④ 脱脱等：《宋史》卷407《杜范传》，中华书局1977年版，第12287页。
⑤ 周密撰，吴企明点校：《癸辛杂识》前集《简椠》，中华书局1988年版，第36页。
⑥ 脱脱等：《宋史》卷246《镇王竑传》，中华书局1977年版，第8735页。

　　史弥远所在的四明史氏家族与道学有着非同寻常的渊源，史弥远拜相后不久，便恢复和倡导道学，与清流派保持着密切关系。理宗继位时，清流派基本上没有什么异议。"霅川之变"后，围绕对待济王的态度，清流派攻击史弥远。史弥远由此将清流派真德秀、张忠恕等人罢黜朝廷，更将胡梦昱贬死在象州（今广西来宾），清流派与史弥远决裂。史弥远专权期间，培养自己的爪牙，号称"四木三凶""四木"，都曾任"中书门下省检正诸房公事"，或"尚书省左、右郎官"。有学者认为，史弥远合并了检证官和都司官，是对六部权限的侵夺，能够干预国家的重要决策，在政治地位上已经超越了台谏和执政。① "四木"作为史弥远集团的核心人物，通过这一方式几乎控制整个国政系统的最高决策。"三凶"中的梁成大，担任监察御史后，立刻上奏攻击魏了翁、真德秀等人，《宋史》称梁成大"天资暴狠，心术险巇，凡可贼忠害良者，率多攘臂为之"②。李知孝任监察御史，上奏"阴诋真德秀等"，又喜好贪污，贬死后，"天下快之"③。

　　与韩侂胄专权不同的是，史弥远没有韩侂胄那样的后宫背景，但是宁宗向来孱弱无能，杨皇后多次专权。史弥远的专权离不开杨皇后、太子等人的支持。杨皇后在史弥远上台和立理宗上位的过程中，发挥着决定性作用。④ 钱象祖任左相时，史弥远丁忧，太子留史弥远于京城，赐其宅邸，使得史弥远没有远离权利中枢。⑤ 同时，史弥远将政治模式由韩侂胄时代的武将专权模式回归到宰相政治的轨道上来。⑥ 出身四明史家的史弥远又有着道学的身份背景，加上其执政初期对道学派友好的态度，史弥远专权

---

　　① 如虞云国、李涵等人的研究。见虞云国《宋光宗 宋宁宗》，吉林文史出版社1997年版，第300页；李涵《试论宋朝的检证与都司——从宰相属官的变化看相权的扩大》，载衣川强编《刘子健博士颂寿纪念宋史研究论文集》，同朋社1989年版，第35页。

　　② 脱脱等：《宋史》卷422《梁成大传》，中华书局1977年版，第12621页。

　　③ 脱脱等：《宋史》卷422《李知孝传》，中华书局1977年版，第12622、12623页。

　　④ 参见《齐东野语》卷3《诛韩本末》和《癸辛杂识》后集《济王致祸》，限于篇幅，不展开叙述。周密撰，张茂鹏点校《齐东野语》卷3《诛韩本末》，第45—52页。《癸辛杂识》后集《济王致祸》，第86—87页。

　　⑤ 《宋史》（卷414《史弥远传》，第12417页）载："嘉定元年……丁母忧，归治丧，太子请赐第行在，令就地持服，以便咨访。"

　　⑥ 参见徐美超《史弥远的政治世界：南宋晚期的政治生态与权力形态的嬗变（1208—1259）》，硕士学位论文，复旦大学，2014年。

前期没有受到太多"清议"的攻击，最后也没有被列入《宋史》的《奸臣传》中。史弥远死后，理宗开始亲政，重用老臣，召回被罢免的真德秀等人，清理台谏，整顿吏治，施行一系列的财政改革，出兵灭金，史称"端平更化"，这一时期皇权的影响力较大。但理宗晚期，开始纵情声色，不理朝政，权力落入贾似道等人手里。

贾似道是制置使贾涉之子。"少落魄，为游博，不事操行"①，以父恩荫补嘉兴司仓。后其姐入宫，受理宗宠幸，升为贵妃，贾似道摇身一变为"国舅"。此后一路官运亨通，宝祐二年（1254），以同知枢密院事入相。当时孙子秀被任命为淮东总领，"外人忽传似道已秘奏不可矣"，丞相董槐留身独对，奏问此事，"帝以为无有"，但丞相董槐仍不敢用孙子秀，于是"以似道所善陆壑代之"②。可见贾似道具有相当大的权威和影响力。宝祐四年（1256），贾似道升参知政事，五年（1257），贾似道升知枢密院事，六年（1258），又任枢密使，开庆元年（1259）十月，丁大全去相，以吴潜为左相，贾似道为右相。

宝祐六年，蒙古军大举侵宋，强渡长江，直逼鄂州。贾似道节制大批军马，负责抵抗，在其指挥下，忽必烈久攻鄂州不下，加上蒙古军内部汗位之争的压力，贾似道派人与忽必烈"和议"，忽必烈撤军。理宗早已积怒于吴潜，贾似道即上建储之策，同时令行谏议大夫沈炎"劾潜措置无方，致全、衡、永、贵皆破"③。理宗于是借此罢吴潜相，诏曰："多事之时，揆席不可暂虚，可趣似道赴阙，全令朱熠、戴庆炯分日当笔，有大政事共议以闻。"后又御笔赞贾似道："贾似道为吾股肱之臣……吾民赖之而更生，王室有同于再造。予嘉伟绩，宜示褒纶。"④ 有"再造之功"的贾似道班师回朝，开始了长达十四年的擅权弄国。

理宗居深宫中，常用内侍董宋臣、庐允昇等，以外戚子弟监司、郡守。为控制这些重要职位，"似道入，逐庐、董所荐林光世等，悉罢之，

---

① 脱脱等：《宋史》卷474《奸臣四·贾似道传》，中华书局1977年版，第13779页。
② 脱脱等：《宋史》卷474《奸臣四·贾似道传》，中华书局1977年版，第13780页。
③ 脱脱等：《宋史》卷474《奸臣四·贾似道传》，中华书局1977年版，第13781页。
④ 《宋史全文》卷36《宋理宗六》，第2891页。

勒外戚不得为监司、郡守，子弟门客敛迹，不敢干朝政"。和秦桧等权相一样，贾似道非常"忌台谏言事"，于是"悉用庸懦易制者为言官，弹劾不敢自由，惟取远小州太守及州县小官毛举细过，应故事而已"①。在经济上，贾似道大力推行公田法，后又推行推排法。在制定公田法期间，"贾师宪丞相欲行富国强兵之策……然上意终出勉强……贾相愤然以去就争之，于是再降圣旨……可令三省照此施行"②。可见，国家财政权的决定已不在理宗手上，理宗关于国家政务的意见，取决于贾似道。

理宗死后，一直由贾似道扶持的赵禥继位，是为宋度宗。度宗智商有问题，加上荒淫无度，不理朝政，甚至将朝事委托其宠妃春夏秋冬四夫人管理，称贾似道为"师臣"，朝臣称呼贾似道为"周公"，国事全由贾似道掌控。咸淳元年（1265）四月，贾似道以经筵拜太师，咸淳三年（1267），度宗特授贾似道"平章军国事"，于是贾似道"一月赴经筵，三日一朝，赴中书堂治事"，度宗赐贾似道西湖宅邸"葛岭"，政务文书均由吏员送至葛岭，国家政务均取决于似道馆客廖莹中、堂客翁应龙，此时的宰执，不过"充位署纸尾而已"③。比其他权臣更为过分的是，此时"台谏弹劾、诸司荐辟及京尹、几漕一切事"，不禀报贾似道不敢施行。

度宗因过度荒淫而身体日益憔悴，加之先天生理缺陷，咸淳十年（1274）七月驾崩，贾似道联合后宫谢太后立度宗嫡子赵㬎为帝，是为宋恭帝。一切大政，仍归贾似道，丁家洲战役后，南宋军队主力大部分被歼灭，群臣请诛贾似道。德祐元年（1275），权臣贾似道于漳州木棉庵被诛杀。贾似道死后第二年，元军攻入临安，谢太后率群臣及三宫出降，南宋灭亡。

应该说，南宋150年中，权相频繁出现，其中秦桧独裁近17年，韩侂胄约12年，史弥远近26年，贾似道约17年，仅这四权相专权就72年，几乎占了南宋历史的一半。相权是否完全掌控皇权，学者们仍有不同看法，但不可否认的是，权相的出现严重破坏了南宋的政治生态，使得士大

① 刘一清：《钱塘遗事》卷5《台谏应故事》，上海古籍出版社1985年版，第114页。
② 周密：《齐东野语》卷17《景定行公田》，第313页。
③ 脱脱等：《宋史》卷474《奸臣四·贾似道传》，中华书局1977年版，第13783页。

夫在政治中受到了一定影响，政治的争斗让士大夫屡屡感受到仕途的"风波之恶"。南宋的时局对士人的活动必然产生深刻的影响，如学者们统计，南宋太学生伏阙上书，是历代之最，各个君主在位时均有发生。① 不过，"得君行道"仍是南宋士大夫们最重要的追求，他们在仕进中所遇到的风波只是他们以退为进的一个过程而已。②

第二节　江西地域文化与南宋士人社群

一　"形胜之区"与"人杰地灵"：江西地域与文化

（一）"形胜之区"

江西位于秦岭与南岭之间，北以长江为界，南逾五岭，西起武陵、雪峰山，东至武夷、天目等山脉，地处北纬 24.1°—31.7°，东经 109.6°—119.6°。处在长江中下游地带，三面环山，一面是江，使得江西成为一个相对完整的地理区域。在这个大区的中部，以幕阜、九岭以及罗霄等山脉为界，又明显分为两个相对完整的地理亚区：东部亚区主要以汇入彭蠡湖的诸条水系，如赣、饶、信、抚及修等为脉络，西部亚区则以汇入洞庭湖的诸条水系，以湘、资、沅、澧四大水系为主干。③

1. 三面环山

江西地理最大的特点是东、南、西三面环山，最北面为长江，北部平原略呈盆地形式，中部地区多为丘陵，亦有一些小盆地，如吉泰盆地，赣州盆地等，山地和丘陵约占江西总面积的七成。具体而言，江西东部自北向南，分别为黄山余脉、怀玉山、武夷山。北部山地海拔在 500—1000 米

---

① 苗春德、赵国权：《南宋教育史》，上海古籍出版社 2008 年版，第 46—50 页。
② 何忠礼认为："南宋既无历代统治集团内部经常发生的尖锐矛盾，也没有出现过席卷全国的民变。帝王表现了一定的'民主化'倾向，士大夫参政议政热情十分高涨，真正形成了'君主与士大夫共治天下'的局面。"见何忠礼《试论南宋的社会政治生态及其成因》，《国际社会科学杂志（中文版）》2016 年第 3 期。
③ 刘新光：《唐宋时期"江南西道"研究》，中国社会科学出版社 2016 年版，第 17 页。

左右，向西南渐没于鄱阳湖平原。武夷山脉绵延于闽赣省界，长 500 千米，主峰黄岗山海拔 2158 米，是江西省的最高峰。南部为南岭，包括九连山、大庾岭等山地。西部地区分为两部分，西北方向是九岭山和幕阜山，西南方向为罗霄山脉。

在江西与周边地区相连的山脉之间，分布一些天然的隘口（通道），这些隘口（通道）地势十分险要，却使江西能够和周边的区域保持联系。如在东部有二度关，位于今上饶广丰区；有分水关和桐木关，位于今上饶铅山县；有铁牛关，位于今抚州资溪县；有杉关和德胜关，位于今抚州黎川县。南部有大岭隘，位于今赣州瑞金市，还有著名的梅关，位于赣粤通道上的大庾岭上。这些关隘使得三面环山，自成一个地理单元的江西能够与外界进行有效的沟通与联系，尤其是东边的铁牛关，是唐宋时期赣闽往来的重要通道，南边的梅关不仅是赣粤交通的要道，而且是江西能够融入唐宋全国交通大格局的重要通道①。可以说，梅关和赣江共同构成了江西在唐宋时期黄金发展的交通基础。同时，江西三面环山，北向开口的地形，使得江西人历来对中央政权保持较强的向心力，尤其是大运河开通以后，加之隋炀帝推行科举取士，江西人便心向往之，很快在宋代就成为科举大省②，随之而起的官学、书院等教育在江西也变得十分兴盛。

2. 一湖五水体系

江西水资源丰富，境内河流密布，大小河流共计 2400 多条，总长约 18.4 万千米，构成"一湖五水"的水系，其中较大的河流有 160 多条。由于江西群山环抱的地势，除了赣南的寻乌水、定南水流入东江，属珠江水系，赣西萍乡的渌水注入湘江，属洞庭湖水系外，境内绝大多数河流都向中心汇入鄱阳湖，流域面积 16.22 万平方千米，占全省流域面积的 94%。

---

① 大庾岭位于江西和广东的交界处，从秦朝开始就是江西与广东两地水陆运输的中转要道，但唐代以前一直未加修葺，道狭路险，货运人行极不方便。直到唐朝开元四年（716）宰相张九成征调大量民工进行大规模地开凿，使原来"岭东路废，人苦峻极"的险道窄径变成一条"坦坦而方五轨，阗阗而走四通，转输以之化劳，高深为之失险"（张九龄著，刘斯瀚校注：《曲江集》《开凿大庾岭路序》，广东人民出版社 1986 年版，第 608 页）的要道，长二十多丈，宽三丈多，高十多丈。

② 后一节对此有专门介绍，此不赘述。

鄱阳湖水系由一湖五水组成，其中包括鄱阳湖和赣江、抚河、信江、饶河、修水及其支流。五河纵贯江西全境，五河来水汇入鄱阳湖后经湖口注入长江。全省河流总数达 527 条，总长 1.84 万千米。赣江是江西的母亲河，位于长江中下游南岸，源出赣闽边界武夷山西麓，自南向北纵贯全省，有 13 条主要支流汇入，全长 766 千米，流域面积 83500 平方千米，占鄱阳湖流域面积的 51.5%。江西境内湖泊众多，大大小小的湖泊有上万个。鄱阳湖是中国第一大淡水湖，在历史时期有彭蠡泽、彭蠡湖、彭泽、彭湖等称谓①。《大清一统志》之"饶州府山川"条载："鄱阳湖即《禹贡》彭蠡，隋时始曰鄱阳，以接鄱阳山而名也。"

彭蠡湖自唐末五代迅速向东南方扩展成"弥茫浩渺与天无际"的鄱阳湖②，为江西在唐宋时期的繁荣奠定了坚实的交通基础。据《汉书》等有关史料记载，早在上古商周时代，干越人就是由古鄱阳湖水道进入中原。秦汉以来，中原连通岭南最便捷的线路就是由长江入鄱阳湖，溯赣江南行至赣南，然后由陆路翻越大庾岭进入粤北；此外，从鄱阳湖入信江至饶州，翻越武夷山则可进入闽北。特别是隋大业年间（605—618）开凿的大运河，以运河沟通江淮水系。这条由运河——长江——鄱阳湖水系构成的东部水上交通线，与西部由汉水——长江——鄱阳湖水系构成的水上交通线相呼应，形成了又一条纵贯中国南北的水上大通道③，所谓"港中如十

---

① 曾担任过南康知军的朱熹对鄱阳湖地形有过生动的描述："自今江州湖口县南，跨南康军、饶州之境，以接于隆兴府之北，弥漫数十百里。其源则东自饶、徽、信州、建昌军，南自赣州、南安军，西自袁、筠以至隆兴、分宁诸邑，方数千里之水，皆会而归焉。北过南康扬澜、左蠡，则两岸渐迫山麓，而湖面稍狭，遂东北流以趋湖口而入于江矣。然以地势北高而南下，故其入于江也，反为江水所遏而不得遂，因却自潴，以为是弥漫数十百里之大泽，是则彭蠡之所以为彭蠡者，初非有所仰于江汉之汇而后成也。不唯无所仰于江汉，而众流之积，日遏日高，势亦不复容江汉之来入矣。"见吴宗慈著，胡迎建校注《庐山志》，江西人民出版社 1996 年版，第45 页。

② 谭其骧、张修桂认为："过去人们总认为，今天的鄱阳湖就是古代的彭蠡泽。根据分析，这一传统概念显然是很不确切的。今天的鄱阳湖在历史时期有一个从无到有、从小到大的演变过程。早期的彭蠡古泽，无论其地理位置和形成原因，都和今天的鄱阳湖没有任何关系，后期的彭蠡新泽，虽然与今天的鄱阳湖有关联，但也是逐步由小到大发展演变而成的。"见谭其骧、张修桂《鄱阳湖演变的历史过程》，《复旦学报》1982 年第 2 期。

③ 李华栋主编：《鄱阳湖文化志》，江西人民出版社 2014 年版，第 9 页。

字，蜀广亦通连"①。

宋代江西的发展从这条黄金通道中获益匪浅，一方面是江西所产的粮食、茶叶、瓷器、纸张、布匹、钱币纷纷运往南北各地，另一方面是外地甚至外国所产物品进入江西。据史料记载，宋太宗曾命供奉官刘蒙正前往岭南，规划运输香药入汴京。刘蒙正实地考察之后，奏报"请自广、韶江溯流至南雄，由大庾岭步运至南安军，凡三铺，铺给卒三十人，复由水路输送"②。海外诸国进口的香药，从广州上岸，沿北江溯流至韶州，折入浈水至南雄县，经三铺陆运，翻越大庾岭而达大庾县，复由水路，自章水进入赣江，经鄱阳湖，东下长江，至扬州转入运河而达汴京。这条运输线路，或称之为广南货物运输入京的方案，得到批准实行，并长期坚持至于近代，成为中原与岭南的交通大动脉，对沿线众多州县城镇经济的兴旺，影响极为深广。③ 可以说，以鄱阳湖为中心，辐射全省叶脉状的水路网络，不仅为赣鄱大地提供了灌溉之便，绽放出绚丽的农耕文明之花，也为北人迁赣，北风南渐的文化重心南移的气象，提供了得天独厚的舟楫之利。交通的便利，源源不断地向江西涌来巨大的物质流与人流。④ 江西发达的水系为南来北往的移民创造了极好的条件，中国历史上的数次人口大迁移，江西都是北方移民的重要接收地。

总体看来，江西东南西部是环山地形，北部有鄱阳湖及湖滨平原向中原敞开，又有长江横亘其北。因此，江西的地理地形基本上形成了一个四周有自然屏障、内有完整体系结构的地理单元。这种地理上的相对独立性，正是历史上江西最终成为一个行省的天然条件和基础。在相对独立的同时，江西始终与外界保持着水陆交通的畅通，如清人顾祖禹所说："江南西地当吴、楚、闽、越之交，险阻既分，形势自弱，安危轻重，常视四方，然规其大略，本非无事之国也。……夫庐阜为之山，彭蠡为之泽，襟

---

① 叶维恭：《咏赣诗三百首注》，江西人民出版社1987年版，第186页。
② 脱脱等：《宋史》卷263《刘熙古附蒙正传》，中华书局1977年版，第9101页。
③ 许怀林：《江西通史·北宋卷》，江西人民出版社2008年版，第10—11页。
④ 虞文霞、王河：《宋代江西文化史》，江西人民出版社2012年版，第5页。

江带湖，控荆引越，形胜有由来矣。"①

（二）"人杰地灵"

1962年，江西省文物管理委员会的考古工作者根据万年县文化馆提供的线索到万年进行勘察，在该县某洞口发现了文化堆积。1993年和1995年由中美联合考古队对遗址进行了两次发掘②。在万年县取得了震惊全球农业考古界的发现：万年县大源盆地的"仙人洞"和"吊桶环"，万年之前曾是旧石器时代晚期到新石器时代早期古人类的居住地和活动区。特别是这些古人类竟然在二万年前开始了陶器的制作，在一万多年前开始了谷物的栽培，这是目前中国也是亚洲地区发现的最早的栽培稻信息。这个发现，不仅把中国人工栽培稻的历史向前推进了几千年，而且把江西的人类活动历史向前延伸了近万年。考古学家彭适凡说："（万年）仙人洞与吊桶环的一项惊世发现，就是在吊桶环中石器时代地层中发现有大量野生稻，这是我国长江流域首次发现的早于栽培稻的考古遗存。在吊桶环和仙人洞的新石器时代早期即距今一万二千年前的地层中开始发现人工栽培稻，经植物学家研究，这种水稻兼具野、籼、粳稻特征，是一种由野生稻向人工驯化稻演化的古栽培稻类型，它是现今所知世界上年代最早的栽培稻遗存之一，它有力地昭示，赣鄱地区是亚洲和世界稻作农业一个重要的发祥地。"③ 许怀林说，史前至商周时代，江西文化表现出强烈的土著性和蓬勃的发展势头。约一万年前的万年县吊桶环遗址中，提供了栽培稻起源的资源信息。新石器时代的文化遗址已经很多，有了原始陶器、印纹硬陶和原始瓷器出土。商代时期的铜矿开采、冶炼业技术先进，还有独特的原始文字和计数符号。这些发达的物质文明表现了诱人的文化魅力，证明文化品位甚高。④

春秋战国时期，伴随着铁器的发明和普及以及楚文化和吴越文化的输

---

① 顾祖禹：《读史方舆纪要》，中华书局2005年版，第3889—3890页。
② 严文明、彭适凡：《仙人洞与吊桶环华南史前考古的重大突破》，《中国文物报》2000年7月5日；刘诗中：《江西仙人洞和吊桶环发掘获重要进展》，《中国文物报》1996年1月28日。
③ 彭适凡：《江西通史·先秦卷》，江西人民出版社2008年版，第22页。
④ 许怀林：《江西文化》，安徽教育出版社2006年版，第7页。

入，江西经济进一步发展，铁农具在赣北、赣中已较普遍。尤其是到战国中、晚期，如同全国其他地区一样，江西地区发现的铁器不仅数量增多，而且分布地域更广，表明这时的铁器使用日趋普遍。① 农业有显著发展，新干战国大型粮库遗址的发现就是最好的证明。② 纺织、采矿、铜冶、陶瓷、竹木制造业和商业贸易也都有所增长，江西经济与楚国和吴越中心地区开始出现接近的趋势。③

秦汉时期的江西无疑是处于全国的边缘地带，属于欠发达地区，清人王谟说："盖秦汉之世，豫章尚为边郡，而汉制羁縻蛮越，多在此处。"④ 有关秦汉时期江西的经济情况，司马迁曾描述到："衡山、九江、江南、豫章、长沙，是南楚也……楚越之地，地广人稀，饭稻羹鱼，或火耕而水耨，果隋嬴蛤，不待贾而足，地势饶食，无饥馑之患，以故呰窳偷生，无积聚而多贫。是故江淮以南，无冻饿之人，亦无千金之家。"⑤ 东汉时期江西还被称为"江南卑薄之域"。⑥

魏晋南北朝时期，江西逐渐显示出文化上的优势。首先是官学教育发达。东晋时，范宣、范宁相继在豫章郡兴学崇教，各地来学的生徒有千余人；虞溥在鄱阳郡广开学业，学徒七百余人。于是，"江州人士并好经学"。宋文帝留心学术，在金陵立玄学、史学、文学、儒学，礼聘南昌雷次宗主教儒学，从雷次宗学者百余人，内有皇太子及诸王，后来的齐高帝萧道成也在其中。其次，庐山成为儒佛道文化交流的中心，地位不亚于金

---

① 彭适凡：《江西通史·先秦卷》，江西人民出版社 2008 年版，第 254 页。

② 见陈文华、胡义慈《新干县发现战国粮仓遗址》，《文物工作资料》1976 年第 2 期。另外，彭适凡说："像新干这样早期粮库储藏遗址的发现，不仅在赣省是首次，就是在全国来说，也是不多见的。它足以说明，战国中、晚期以后，随着铁农具的广泛使用，赣江流域，特别是中、下游地区的以水稻种植业为主体的农业生产得以迅速发展，粮食的增多有必要建置较大规模的粮库，同时，大量粳米如此集中存储于仓库之内，且库址又紧临赣江之滨，这就使人有理由推测，这一粮库遗址，似不太可能是个体小农经济或单个封建地主的私人粮库，而应该是封建政权在这里设置的属国家性质的粮库，它将从附近农民手中搜括来的粮食集储于此，然后通过赣江顺流而下，转运到政治中心去。这些粮食当是属于商品粮的范畴。"见陈文华、胡义慈《江西通史·先秦卷》，江西人民出版社 2008 年版，第 258 页。

③ 彭适凡：《江西通史·先秦卷》，江西人民出版社 2008 年版，第 11 页。

④ 王谟撰，习罡华点校：《江西考古录》，江西人民出版社 2015 年版，第 11 页。

⑤ 司马迁：《史记》卷 129《货殖列传》，中华书局 1982 年版，第 3268 页。

⑥ 范晔：《后汉书》卷 53《徐稚传》，中华书局 1999 年版，第 1747 页。

陵。高僧慧远，道教学者陆修静，儒家学者陶渊明、雷次宗、周续之等，会聚于庐山上下，切磋交流，形成浓厚的文化氛围，开启了后来三教合流的先河。①

唐高宗永徽四年（653），重阳佳节，洪州都督阎伯屿刚刚重修滕王阁，举行盛大宴会，邀请各方名士登楼览胜，以示庆贺。绛州人王勃往交趾（今越南北部一带）探望父亲，路过洪州，即席而作《秋日登洪府滕王阁饯别序》，序中有云："物华天宝，龙光射牛斗之墟；人杰地灵，徐孺下陈蕃之榻。"王勃对江西的这句夸赞在历史的变迁中不断成为现实，唐朝开始，江西逐渐成为国家的财富重地，为此后文化的繁荣提供了坚实的物质基础。

彼时江西经济能够搭上发展的快车，一方面得益于运河的开通，运河的开通使赣江水道成为南北物资交流的主要通道，江西进入全国交通格局的中心位置。大运河开凿之前，中国南北水路交通的最长航道有两条：一为"汉水—长江—湘江、沅江"，一为"汉水—长江—赣江"。灵渠的开凿以及秦岭和大庾岭山路的大规模拓展，使这两条航道在陆路的连接下向北延伸到了黄河水系的渭水和珠江水系的西江、北江，并进而沟通了黄河、长江、珠江三大水系。自秦汉到隋唐，由于政治中心一直在关中，所以从西北政治中心地区到东南经济重心地区的水路沟通主要是由汉水和长江完成的。而与以广州为起点的海上丝绸之路对接的内河交通，则是"汉水—长江—湘江—西江—珠江"。大运河开通之后，"运河—长江—赣江—北江—珠江"则成为国内主要的南北通道。这条通道全长三千千米，在江西境内占近四分之一。另一方面得益于江西长期远离战争的破坏。战争使得大量北方人口的迁入，给江西注入了经济文化发展的活力。北方移民洪水般地涌入，既为江西的开发带来了大批劳动人手，又将相对发达的中原文化及宗族制度带到了江西，他们和江西本土民众一道，形成了近世以来江西的家族发达和"耕读治家"生产生活方式。这种生产生活方式与江西的自然生态环境相结合，使得江西人进可入仕取得功名，退可家居温饱无忧。

---

① 许怀林：《江西文化》，安徽教育出版社 2006 年版，第 8 页。

可以说，经济、交通等方面的准备为两宋时期江西迎来文化的大发展大繁荣以及人才的"俊采星驰"盛况奠定了坚实基础。

二 "惟江西最盛"：宋代江西的全面发展

（一）"江南西道"

如前所述，江西的地理格局是自成单元，所以历史上江西的区域经济与社会的发展呈现出自有的特点。同时，新石器时代以来，江西地区就一直与外部有着交往联系并不断发展着这种交往和联系。在秦统一以后，江西比较早地融入了中原文化。秦始皇统一全国后，江西属九江郡。西汉初年，汉高祖设豫章郡，下辖十八县，大体上与现在的江西省境一致，从此，江西地区开始有了独立的政区建制。王莽改制时把豫章郡改为九江郡，仍领十八县，但县名多有改易。东汉复名豫章郡，并先后增设八个县，加之原属长沙郡的安成县划入，下辖二十七县。[①] 隋唐五代时期，江西政区在魏晋南北朝的基础上，建置趋于稳定与规范。隋文帝裁并郡县，将州郡县三级制改为州县二级制，炀帝又改为郡县二级，江西境内郡县数目减为 7 郡 24 县。唐朝建立后，太宗贞观初年分全国为十道，江西属第八道江南道。玄宗开元二十一年（733），江南道划分为东西二道，江西属江南西道，江南西道简称江西道。[②]

宋代改唐代的道为路，今江西辖区在两宋时主要分属江南西路管辖，部分地区分属江南东路管辖。这是沿袭了唐代的政区管辖，"是岁（开元二十一年，733），分天下为京畿、都畿、关内、河南、河东、河北、陇右、山南东道、山南西道、剑南、淮南、江南东道、江南西道、黔中、岭南，凡十五道"[③]。

---

① 袁礼华主编：《赣文化通典·地理及行政区划沿革卷》，江西人民出版社 2013 年版，第 254 页。

② 袁礼华主编：《赣文化通典·地理及行政区划沿革卷》，江西人民出版社 2013 年版，第 286 页。

③ 司马光：《资治通鉴》卷 213《唐纪 29》，第 6803—6804 页。

《元丰九域志》中记载今江西辖区内的州军县情况为，在宋神宗元丰年间（1078—1085）江西有九州四军六十四县：江州、饶州、信州、洪州、虔州、吉州、袁州、抚州、筠州和南安军、临江军、建昌军、南康军，六十四县：德化、德安、瑞昌、湖口、彭泽、鄱阳、余干、浮梁、乐平、德兴、安仁、上饶、玉山、弋阳、贵溪、铅山、永丰、星子、建昌、都昌、南昌、新建、奉新、丰城、分宁、武宁、靖安、赣、虔化、兴国、信丰、于都、会昌、瑞金、石城、安远、龙南、庐陵、吉水、龙泉、永新、安福、太和、永丰、万安、宜春、分宜、萍乡、万载、临川、崇仁、宜黄、金溪、高安、上高、新昌、大庾、南康、上犹、清江、新淦、新喻、南城、南丰等。

江西境内的辖区在宋代不断发生变化，到南宋绍兴年间（1131—1162），江西境内共有13个州军，分别管辖69个县。具体为：洪州，辖县八：南昌、新建、奉新、丰城、分宁、武宁、靖安、进贤；筠州，辖县三：高安、上高、新昌；袁州，辖县四：宜春、分宜、萍乡、万载；吉州，辖县八：庐陵、吉水、龙泉、永新、安福、太和、永丰、万安；抚州，辖县五：临川、崇仁、宜黄、金溪、乐安；信州，辖县六：上饶、玉山、弋阳、贵溪、铅山、永丰（今广丰区）；饶州，辖县六：鄱阳、余干、浮梁、乐平、德兴、安仁；江州，辖县五：德化、德安、瑞昌、湖口、彭泽；虔州，辖县十：赣、虔化、兴国、信丰、雩都、会昌、瑞金、石城、安远、龙南。① 南宋时期由于首都的南迁和北方士民的大量南移，加之江西地区良好的发展基础和优越的黄金要道，使得江西在南宋处于连接四方的枢纽。当时江西安抚使李纲说："臣所管江西一路，实为上流，辅翼建康驻跸之所，蔽障闽广，接连荆湖，自江以北控引淮西，去伪境不远。豫章、九江、兴国三郡，绵地千余里，皆系要害去处。"② 在此需要说明的是，本文所讨论的"南宋江西"是以今天江西辖区，按照绍兴年间的行政区划为基准，故后文所涉及的南宋江西文化，教育，尤其是士人的情况，

---

① 李昌宪：《中国行政区划通史·宋西夏卷》，复旦大学出版社2007年版，第248页。

② 李纲：《李纲全集》卷101《条具防冬利害事件奏状》，岳麓书社2004年版，第964页。

均照此标准。①

(二)"半天下之入"

如前所述，江西位于长江中游东南岸，气候温暖，雨量充足，地势比较低平，是良好的水稻生产区。由鄱阳湖水系和赣江、抚河、信江、鄱江、修水等河冲积而成的鄱阳湖平原，面积约二万平方公里，这里河渠纵横，湖泊众多，灌溉便利，历来是富庶的鱼米之乡。② 江西的物产素称丰富，稻米、油茶、茶叶、纸张、陶瓷、铜铅、苎麻、柑桔、木竹等，都有大量的出口，在全国各路中占有重要地位。③

唐开元十一年（733），唐玄宗将贞观年间设立的江南道分设为东、西两道，江南西道位于江南地区的西部，中国有"东为左，西为右"的传统文化观念。于是"江右"之名便承袭下来。④ 入宋，改"道"为"路"，设江南西路。江南西路以其优越的地理位置⑤，成为两宋最为富庶的地区之一，史载："江南东西路，盖《禹贡》扬州之域，当牵牛须女之分，东

---

① 许怀林在《江西通史·北宋卷》的序言中写道："江西是一个很完整的省级行政区，但是在历史上有两头完整、中间分开的发展过程，即是两汉的豫章郡、明清的江西布政使司都是管辖着整个江西省境，六朝时期的江州、唐代的江南西道、宋代的江南西路、元代的江西行中书省，其辖区或大或小，都与江西省境不一样。我们现在写江西历史，涵盖的地域自然是以今天的省境为限，对历史上的分辖状况，首先是说明清楚，其次则是尽可能地统一起来叙述。宋代的江南西路、江南东路，分别管辖着江西省的13州军（北宋时期西路管9州军，东路管4州军；南宋时期西路管10州军，东路管3州军）。因此，在叙述过程中将13州军都包含在内，采用'江西地区'或'江西全境'的说法。若是遇到历史素材的限制，不可能在西东两路中进行加减，得出13州军的总体状况之时，则照录'江南西路'的原始资料。但是，绝不能说这个江南西路'约当今江西'，只能说它反映了大半个江西地方的状况，因为没有包含江、饶、信、南康4州军（超过鄱阳湖以东全部地区）。"笔者非常赞同这个观点。

② 许怀林：《江西史稿》，江西高校出版社1998年版，第318页。

③ 许怀林：《试论宋代江西经济文化的大发展》，《江西师院学报》1980年第4期。

④ 所谓的江东和江西，是因长江在安徽境内向东北方向斜流，而以此段江为标准确定东西和左右。清代魏禧《日录·杂说》中提到："江东称江左，江西称江右，何也？曰：自江北视之，江东在左，江西在右耳。"见魏禧《魏叔子日录》卷2《杂说》，续四库全书影印本，第1409册，上海古籍出版社2002年版，第311页。

⑤ 《江西通志》载："大江迤西，川谷环萦，惟十三郡，罗罗图经，吴头楚尾，粤户闽庭，形胜之区，险兼阻并，彭蠡汪濊，庐岳峥嵘，左江右湖，风气澄清，勿谓壤遐，近于藩屏，绵溪延岭，控带荆衡。"许怀林说："宋代江西，农业、手工业生产全盛，岭界开拓，航道畅通，同时又位于四通八达的冲要区域。"见谢旻等修《（雍正）江西通志》卷4《形胜》，文渊阁四库全书本；许怀林《江西史稿》，第319页。

限七闽，西略下口，南抵大庾，北际大江。川泽沃衍，有水物之饶。永嘉东迁，衣冠多所萃止。其后文物颇盛，而茗荈、冶铸、金帛、秔稻之利，岁给县官用度，盖半天下之入焉。"① 宋代江西的土地开发利用率极高，加之水利设施的完善②，农业的种植水平较高。对此，江西人陆九渊在任湖北路荆门军知军期间就曾和朋友讨论江西和湖北的农业差异，他说："江东西田土，较之此间，相去甚远。江东西无旷土，此间旷土甚多。江东西田分早晚，早田者种占早禾，晚田种晚大禾。此间陆田，若在江东西，十八九为早田矣。水田者，大率仰泉，在两山之间，谓之浴田。江东西谓之源田，潴水处曰堰，仰溪流者亦谓之浴，盖为多在低下，其港陂亦谓之堰。江东西陂水多及高平处，此间则不能，盖其为波，不能如江东西之多且善也。"③ 由此可见，南宋时期江西地区的农业发展水平较高，已经有了较为成熟的开发经验。有学者认为，南宋时期江西地区普遍开垦梯田，更多的低山盆地被加速开发，耕地面积因而扩大，小麦播种趋于普遍，水稻耕作技术有所进步，粮食总产量增多，进一步增强了其作为国家粮食基地的实力。④

　　农业水平的提升增加了宋代江西生产的粮米产量，不仅满足了本地民众的需求，而且大批运销外地。熙宁八年（1075），两浙路发生饥荒，苏轼上奏："朝旨截拨江西及本路上供斛斗一百二十五万石，赐本路赈济。"元祐七年（1092）十一月苏轼又上奏："去年浙西水灾，陛下使江西、湖北雇船运米以救苏、湖之民，盖百余万石。"⑤ 正因为有着良好的经济基础，两宋时期，江西向政府上缴的漕粮和赋税均处于全国前列，史载："发运司岁供京师米以六百万石为额：淮南一百三十万石，江南东路九

---

① 脱脱等：《宋史》卷88《地理志四》，中华书局1977年版，第2192页。

② 许怀林在《江西通史·北宋卷》介绍了宋代江西江湖防洪堤岸的兴建以及陂坝池塘的修筑以及开垦梯田的情况。详见许怀林《江西通史·北宋卷》，江西人民出版社2008年版，第62—75页。

③ 陆九渊撰，钟哲点校：《陆九渊集》卷16《与章德茂·三》，中华书局1980年版，第205页。

④ 许怀林：《江西通史·南宋卷》，江西人民出版社2008年版，第165页。

⑤ 曾枣庄、舒大刚主编：《三苏全书》，语文出版社2001年版，第67页。

十九万一千一百石，江南西路一百二十万八千九百石，荆湖南路六十五万石，荆湖北路三十五万石，两浙路一百五十万石。通余羡岁入六百二十万石。"① 南宋对江南财富依赖更强，史称："惟本朝东南岁漕米六百万石，以此知本朝取米于东南者为多。然以今日计，诸路共计六百万石，而江西居三之一，则江西所出为尤多。"②

除了农业，宋代江西的矿冶业也非常的发达，学者们作过相关统计，宋代江西产金的地方有鄱阳、德兴、浮梁、贵溪、南康、抚州；产银的地方有：南丰、德兴、饶州、铅山、弋阳、贵溪、赣县、于都、瑞金、大余；产铜的地方有：铅山、德兴、弋阳、大余、南康、瑞金、吉州、饶州兴利场；产铁的地方有：抚州东山场、虔州六冶务、余干、鄱阳、德兴、乐平、铅山、弋阳、玉山、贵溪、分宜、安福、万安、吉水、庐陵、太和、永新、新建、进贤、上犹、德安、德化；产锡的地方有：宁都、会昌、南康、大余、上犹、南康军；产铅的地方有：铅山、大余、宁都③。可以说，宋代江西的矿冶资源十分丰富，矿产的开采成为宋代江西的一大特色产业，为江西经济发展打下了坚实的基础。

（三）"文士特盛"

宋代江西经济富庶，带动了文教的发展。在仁宗"州若县皆立学"④的诏令下，全国"臣民喜幸而奔走，就事者以后为羞……然后海隅徼塞四方万里之外，莫不皆有学"⑤。江西的州县学迅速发展，就连最偏远的虔州（今江西赣州）都积极创办州县学。赣州州县官和地方士人齐心协力，学校办好后，特邀江西籍名士王安石为之作记，记曰："（虔州）于江南地最旷，大山长谷，荒黔险阻，交广、闽、越铜盐之贩，道所出入，椎埋、盗夺、鼓铸之奸，视天下为多。庆历中，尝诏立学州县，虔亦应诏。……州人欲合私财迁而大之久矣。然吏常力屈于听狱，而不暇顾此，凡二十一

---

① 沈括撰，胡道静校证：《梦溪笔谈校证》，上海古籍出版社1987年版，第109—110页。
② 吴曾：《能改斋漫录》卷13"唐宋运漕米数"条，上海古籍出版社1979年版，第396页。
③ 许怀林：《江西史稿》，江西高校出版社1998年版，第315页。
④ 脱脱等：《宋史》卷157《选举志三》，中华书局1977年版，第3658、3659页。
⑤ 欧阳勇、刘德清编著：《欧阳修文评注》，江西人民出版社2012年版，第139页。

年。而后改筑于州所治之东南，以从州人之愿。盖经始于治平元年二月，提点刑狱宋城蔡侯行州事之时；而考之以十月者，知州事钱塘元侯也。二侯皆天下所谓才吏，故其就此不劳，而斋祠、讲说、候望、宿息，以至庖湢，莫不有所。又斥余财市田及书，以待学者，内外完善矣。"① 由此可见，宋代赣州地方官和士人对创办学校非常积极，前后努力了几十年，没有放弃，最终取得了良好的成效。

从史料中可知，当时诸多名家应邀为江西新办或重修的州县学撰写记文。据统计，他们中既有江西本地的，又有外地的，如余靖《洪州庙学记》（景祐二年，1035 年）；欧阳修《吉州学记》（庆历四年，1044 年）；曾易占《（南丰）兴学记》；吴孝宗《余干县学记》；李觏《袁州学记》（至和元年，1054 年）；王安石《虔州学记》（治平二年，1065 年）；伍浩《（安福）新建学宫记》；曾巩《筠州学记》（治平三年，1066 年）；《宜黄县学记》（皇祐元年，1049 年）；苏辙《上高县学记》（元丰五年，1082 年）；孔武仲《信州学记》（元丰六年，1083 年）；黄庭坚《洪州分宁县藏书阁铭并序》（元祐八年，1093 年）；苏轼《南安军学记》（建中靖国元年，1101 年）等。② 另外，据光绪《江西通志》及相关县志记载，北宋江西 13 州军创办书院达 50 余所。从书院的数量来看，北宋江西在全国高居前列。③ 有学者认为：北宋全国书院总计为 73 所，其中江西省 23 所，占31.5%，远远多于第二名湖南（9 所）、第三名河南（6 所）；安徽、江苏、浙江、山东合计 16 所，福建、湖北、广东、四川合计 14 所，直隶、陕西、山西合计 5 所。④ 到南宋时，江西士人创办书院的热情更为高涨，仅光绪《江西通志》及相关县志有记载的南宋江西创办书院达 130 余所。尤其值得注意的是，南宋江西民办书院众多，众多乡先生开门授徒，受聘教馆，使大批平民子弟得到教育，乃至有科举出仕的机会。⑤

---

① 王安石：《王文公文集》，上海人民出版社 1974 年版，第 401 页。
② 许怀林：《江西通史·北宋卷》，江西人民出版社 2008 年版，第 270 页。
③ 李劲松：《北宋书院研究》，黑龙江教育出版社 2011 年版。
④ 白新良：《中国书院发展史》，天津大学出版社 1995 年版。
⑤ 许怀林：《试析南宋民办书院与乡先生》，《国际社会科学杂志（中文版）》2011 年第4 期。

　　文教发展又促进人才涌现，在这样一个良性循环中，江西迎来了文化发展的黄金时期。北宋江西人孙觌，曾任京东郓州（今山东东平）州学教授，每读到诸生的文章不佳时，便说："吾江西人属文不尔！"① 南宋时期鄱阳县洪迈曾记载家乡向学之风的盛况："嘉祐（1056—1063）中，吴孝宗子经者，作《余干县学记》云：'古者江南不能与中土等。宋受天命，然后七闽二浙与江之西东，冠带诗、书，翕然大肆，人才之盛，遂甲于天下。江南既为天下甲，而饶人喜事，又甲于江南。盖饶之为州，壤土肥而养生之物多，其民家富而户羡，蓄百金者不在富人之列。又当宽平无事之际，而天性好善，为父兄者，以其子与弟不文为咎；为母妻者，以其子与夫不学为辱。其美如此。'"② 同时，江西士人还具有较强的开创精神，朱熹说："江西士风好为奇论，耻与人同，每立异以求胜。如陆子静说告子论性强孟子，又说荀子'性恶'之论甚好，使人警发，有缜密之功。昔荆公参政日，作《兵论》稿，压之砚下，刘贡父谒见，值客，径坐于书院，窃取视之。既而以未相见而坐书院为非，遂出就客次，及相见，荆公问近作，贡父遂以作《兵论》对，乃窃荆公之意，而易其文以诵之。荆公退，碎其砚下之稿，以为所论同于人也。皆是江西士风如此。"③ 虽说朱熹在这段话中是带着嘲弄的口吻批评陆九渊，但从侧面说明宋代江西士人富于进取心和求知欲望，勇于标新立异。④

　　宋代江西向学之风兴盛，故而宋代江西人才"特盛"。所谓"特盛"，体现在以下三方面：一是表现在人才数量多。考史籍可知，《宋史》列传中江西籍人物数量多达 240 人，宰相、副宰相级的显宦有 25 人，他们参与决策朝政，左右时局，影响巨大。尤为著名的如临川晏殊、王安石、王安礼，庐陵欧阳修、周必大、文天祥，新余王钦若，南丰曾布，鄱阳洪遵、

---

　　① 陆游撰，钱仲联主编，涂小马点校：《陆游全集校注（10）·渭南文集校注二》卷33《曾文清公墓志铭》，浙江教育出版社2011年版，第313页。

　　② 洪迈撰，孔凡礼点校：《容斋随笔·四笔》卷5《饶州风俗》，中华书局2005年版，第682—683页。

　　③ 黎靖德编，杨绳其、周娴君校点：《朱子语类》（第4卷），岳麓书社1997年版，第2681页。

　　④ 程民生：《宋代人口问题考察》，河南人民出版社2013年版，第222页。

洪适，都昌江万里等，从北宋初年到南宋末年，朝廷政局中都有江西人的身影。宋代江西共有进士 5442 人，其中南宋 3697 人，北宋 1745 人，进士数量位居全国前列。① 二是人才影响面广。宋代江西士人中既有著名的政治家（如前所述），又有杰出的文学家，从两宋文学发展历程看，从首开风气到蔚然大观，从中兴再起到悲壮殿后，皆有江西作家之卓著勋绩。② 江西文坛可以说是宋诗的发祥地，清代学者朱彝尊说："宋自汴京南渡，学诗者多以黄鲁直（黄庭坚）为师……终宋之世，诗集流传于今，惟江西最盛。"③ 清代厉鹗编撰《宋诗记事》披览宋代学者 3812 家的作品，其中江西学者 340 余人，约有三分之二是南宋学者。世人熟知的南丰曾巩，南城李觏、吕南公，庐陵周必大、安福王庭珪、刘舜，江州王豫，弋阳谢枋得，新昌惠洪，分宁惠万顷，新喻孔武仲、孔文仲、孔平仲等人的诗歌创作对宋诗的形成做出了贡献，北宋后期分宁黄庭坚的出现，则标志着宋诗艺术特征的完全确立。江西词人对宋词的开拓发展也有突出贡献，临川晏殊、晏几道，庐陵欧阳修，都是享誉后世的著名词人。另外，临川王安石、分宁黄庭坚、太和刘过、南昌赵善括、临川王益、吉州杨炎正、临江向子諲等都是有名的词人，姜夔是南宋格律派词的代表。④ 三是人才影贡献大。李道传在朝廷讨论杨万里谥号时说道："窃观国朝文章之士，特盛于江西，如欧阳文忠公、王文公、集贤学士刘公兄弟、中书舍人曾公兄弟、李公泰伯、刘公恕、黄公庭坚。其大者，古文经术，足以名世。其余则博学多识，见于议论，溢于词章者，亦皆各自名家。求之他方，未有若是其众者。"⑤ 宋人罗大经对家乡人文之盛誉美道："江西自欧阳子（修）以古文起于庐陵，遂为一代冠冕，后来者，莫能与之抗。其次莫如曾子固（巩）、王介甫（安石），皆出欧门，亦皆江西人，……朱文公（熹）谓江西文章如欧永叔、王介甫、曾子固，做得如此

---

① 许怀林：《江西史稿》，江西高校出版社 1993 年版，第 367 页。
② 周文英等：《江西文化》，辽宁教育出版社 1993 年版，第 68 页。
③ 朱彝尊：《曝书亭集》，国学整理社 1937 年版，第 463 页。
④ 刘锡涛：《宋代江西文化地理研究》，博士学位论文，陕西师范大学，2001 年。
⑤ 杨万里撰，辛更儒点校：《杨万里集笺校》卷 133《谥告》，中华书局 2007 年版，第 5149、5150 页。

好，亦知其皓皓不可尚已。至于诗，则山谷（黄庭坚）倡之，自成一家，并不蹈古人町畦。"①

三 南宋江西士人的群体性

宋代士人在新的时代背景下，展现出新的形态和新的时代风貌。邓小南认为，"宋代士人，作为具有学养的文职官僚，作为社会和政治的精英，其身份属性、价值观念与能力素质都已经明显地不同于前代"②。这应该是对宋代士人在政治领域所表现出来的群体特征的准确概括。可见，随着宋代经济关系发生变化，门阀贵族政治开始崩溃以及科举制度的改革、完善，宋代士人已经开始以群体的方式涌现，在各个领域发挥着积极的作用，他们或在政治中以主体身份积极参政，或在文学艺术等领域大显身手。总之，宋代士人不仅在数量上猛增，其主体性意识也更为凸显，"儒家知识分子由此进入了中国历史上一个光辉灿烂的隆盛时代"③。

宋代江西文化的发展处于全国前列，南宋时江西靠近首都临安，加之交通区位优势的凸显，以及经济的进一步发展，文化发展更为迅速。文化的发展又必定推动人才的兴盛。前已述及，宋代江西文化兴盛的重要体现即是人才的涌现，在宋代特定的时代环境下，不断涌现的人才随即形成了一个较为特殊的群体，或者说，群体性是宋代江西士人非常重要的一个特点。可以说，宋代江西各方面的人才呈爆发式的态势活跃在历史舞台。"爆发式"是从时间上的纵向比较，较之于前面的秦汉魏晋隋唐；"密集式"是从地域上的横向比较，宋代江西涌现出来的各种人才和其他地域相比往往名列前茅。④宋代江西文人丝毫没有门户之见，以一种共同吸引、相互提携的团结健康心态推动了江西文坛上各种文学群体的形成。

① 罗大经撰，王瑞来点校：《鹤林玉露》丙编卷3《江西诗文》，中华书局1983年版，第284页。
② 邓小南：《祖宗之法：北宋前期政治述略》，生活·读书·新知三联书店2006年版，第104页。
③ 郭学信：《宋代士大夫群体意识研究》，中国社会科学出版社2017年版，第52页。
④ 刘锡涛：《宋代江西文化地理研究》，博士学位论文，陕西师范大学，2001年。

首开江西一代文风的是临川人晏殊，他提携庐陵欧阳修为宋代文学盟主，欧阳修将这种重视人才的风气发扬光大。"欧阳公喜士，为天下第一"①，欧阳修又提携了王安石、曾巩、刘敞、刘攽等江西文人，逐渐形成了一个以欧阳修为领袖的江西文学群体。在学术思想领域，宋代江西出现了众多的学术流派。如王安石为代表的临川学派，以刘清之、刘靖之兄弟为代表的清江学派，以欧阳守道、文天祥为代表的巽斋学派，以欧阳修为代表的庐陵学派，以南城人傅梦泉等为代表的槐堂学派，以余干饶鲁为代表的双峰学派，以陆九渊为代表的象山学派等。如此众多的学术流派、文化群体和文化精英大规模地聚集于宋代江西大地，这是亘古未有的盛大文化现象。众多的倜傥才华之士，高层次的文采风流，在给宋代学术输入精神浓度的同时，也带来理性思维大解放，各种学术思想在这里撞击交融，各种流派群体在这里争锋整合，各类学术群英在这里点燃智慧火花，于是宋代江西迎来了一个云蒸霞蔚、文风鼎盛、学派林立的时代。② 本节将通过南宋江西士人在不同领域和不同地域的表现来分析士人的群体性，有关这些士人群体如何在文学领域中构建地域组织并进行互动往来的情况，将在后面论述。

（一）士人的文化群体

1. 江西士人文学群体

宋代江西士人在文学上的表现异常精彩，宋人罗大经说："江西自欧阳子（修）以古文起于庐陵，遂为一代冠冕，后来者莫能与之抗。其次莫如曾子固（巩）、王介甫（安石），皆出欧门，亦皆江西人，……朱文公（熹）谓江西文章如欧永叔、王介甫、曾子固，做得如此好，亦知其皓皓不可尚已。至于诗，则山谷（黄庭坚）倡之，自成一家，并不蹈古人町畦。"③

值得注意的是，宋代江西文学的群体性以及传承性，从欧阳修在全国

---

① 释惠洪撰，陈新点校：《冷斋夜话》，中华书局1988年版，第19页。
② 虞文霞、王河：《宋代江西文化史》，江西人民出版社2012年版，第66—68页。
③ 罗大经撰，王瑞来点校：《鹤林玉露》丙编卷3《江西诗文》，中华书局1997年版，第284页。

的文学领域展现江西士人的"一代冠冕"风采开始，后出自欧阳修门下的曾巩、王安石都是在全国的文学领域赫赫有名的翘楚。曾巩是宋代新古文运动的重要骨干，文风集司马迁、韩愈两家之长，平实质朴，温厚典雅，受老师欧阳修的影响很深，并在此基础上形成了自身的文学特色，所谓"立言于欧阳修、王安石间，纡徐而不烦，简奥而不晦，卓然自成一家，可谓难矣"①。王安石说："曾子文章众无有，水之江汉星之斗。"② 曾巩弟弟曾肇说："是时宋兴八十余年，海内无事，异材间出。欧阳文忠公赫然特起，为学者宗师。公稍后出，遂与文忠公齐名。"③ 与曾巩一样，同师于欧阳修的王安石亦位列"唐宋八大家"，他的散文简洁峻切，短小精悍，逻辑严密，有很强的说服力，充分发挥了古文的实际功用，他的诗歌"学杜得其瘦硬"，擅长于说理与修辞，以丰神远韵的风格在北宋诗坛自成一家，世称"王荆公体"。南宋时朱熹评价宋代江西的文学发展，认为江西自欧阳修之后，王安石，曾巩能够传承发扬，并且做得非常好，这真是很难得，"皓皓不可尚已"。不仅如此，欧阳修的学生苏轼又将其师的诗学才能传承给下一代，江西人黄庭坚就是其中的代表。黄庭坚是江西诗派的开派宗师和领袖，他以杜甫为学习对象，构建并提出了"点铁成金"和"夺胎换骨"等诗学理论④，成为江西诗派作诗的理论纲领和创作原则，对后世的文学创作产生了深远的影响。江西诗派是以地域为名的一个文学群体，它不仅是宋代最大的一个诗歌流派，而且沾溉元明清诸代学人，直至近代还荡漾它的余波。江西诗派并不是一朝突兀而起的，也不仅仅是黄庭坚个人艺术成就和文学成望使然。在他之前，江西诗文大家晏殊、晏几道、欧阳修、王安石、曾巩等都以诗文领袖和干将的身份活跃在宋

---

① 脱脱等：《宋史》卷 319《曾巩传》，中华书局 1977 年版，第 10396 页。

② 王安石著，李壁笺注，高克勤点校：《王荆公诗笺注（中）》卷 19《赠曾子固》，上海古籍出版社 2010 年版，第 675 页。

③ 曾巩撰，陈杏珍等点校：《曾巩集》附录，中华书局 1998 年版，第 791 页。

④ 黄庭坚给其外甥洪刍的信中谈到："老杜作诗，退之作文，无一字无来处，盖后人读书少，故谓韩、杜自作此语耳。古之能为文章者，真能陶冶万物，虽取古人之陈言入于翰墨，如灵丹一粒，点铁成金也。"见黄庭坚撰，刘琳等点校《黄庭坚全集·正集》卷 18《答洪驹父书》，四川大学出版社 2001 年版，第 475 页。

代文坛上，经过多年打拼，已将江西地域文学这块金字招牌打造得分外晶亮，也为江西诗派的兴起打造了一个广阔坚实的平台，在他同时与之后，也有江西籍的江西诗派诗人，以群体优势为江西诗派的兴起推波助澜。①

可以说，北宋自晏殊、欧阳修到王安石，曾巩，再到黄庭坚，江西士人在文学领域的表现凸显了群体性和传承性。江西士人在文学领域首开风气的是临川人晏殊，他引荐庐陵欧阳修，并将其培养成宋代文学的盟主。欧阳修又把这种提携后辈的风气发扬光大，极力培养王安石、曾巩、刘敞、刘攽等家乡士子，并利用自己的影响力，很快在北宋营造出一个以他为领袖的江西士人文学群体。据唐圭璋统计，宋代有词流传、有明确籍贯可考的词人共计 871 人，其中江西 158 人，仅次于浙江 216 人，居全国第 2 位，而多于福建 111 人、江苏 82 人等。② 北宋江西不断涌现出在全国具有重要影响力的词人，宋代士人在文学领域的群体性和传承性可见一斑。

北宋初年以晏殊、欧阳修为主体，形成了"江西词派"，他在《宋六十一家词选例言》说道："宋初大臣之为词者，寇莱公（寇准）、晏元献（晏殊）、宋景文（宋祁）、范蜀公（范镇），与欧阳文忠并有声艺林，然数公或一时兴到之作，未为专诣。独文忠与元献，学之既至，为之亦勒。翔双鹤于交衢，取二龙于天路。且文忠公家庐陵，而元献家临川，词家遂有西江一派。"③ 有学者指出，宋代江西词坛的群体队伍，一点也不揖让江西诗文群体，宋代江西涌现 190 多位词人，仅次于浙江 216 名，名列全国第二。在位列全国前 30 位第一流大词人中，江西占有 8 位，又名列全国第一。更可贵的是，这 190 多位词人，多以团队群体面貌出现在宋代词坛上，几乎与每个杰出的江西大词人相对应，是一个词人群体，这个群体有时代表着一种词风，有时甚至代表着一个时代。于是与"江西诗派"相对应，

---

① 虞文霞、王河：《宋代江西文化史》，江西人民出版社 2012 年版，第 218 页。

② 唐圭璋：《宋词四考·两宋词人占籍考》，载氏著《词学论丛》，上海古籍出版社 1986 年版，第 576—594 页。

③ 晏殊、晏几道：《晏殊词集晏几道词集》，上海古籍出版社 2016 年版，第 82 页。

宋代也出现了一个"江西词派"。①

晚清朱祖谋也称："西江诗派，卓绝千古，唯词亦然。有宋初造，文忠、元献，实为冠冕。平园（周必大）近体，踵庐陵之美；叔原（晏几道）补亡，嬗临淄之风。若乃《桂枝》高调，振奇半山（王安石）；《琴趣外篇》，导源山谷（黄庭坚）。南渡而后……尧章（姜夔）以鄱阳布衣，建言古乐，襟韵孤复，声情遒上，瑰姿命世，翕无异辞。"② 北宋的江西士人在诗词方面的粲然风采，一直影响到南宋，如上文中提到的平园周必大，鄱阳布衣姜夔等都是南宋江西文学领域的杰出代表。除此之外，南宋江西的文学家不仅数量多，而且名家多，更为重要的是群体性强。吕本中《江西诗社宗派图》中的南宋江西名家，有南昌的洪朋、洪刍、洪炎、洪羽、徐俯（他们是黄庭坚的外甥）；临川谢逸、谢薖、饶节、汪革，靖安善权，建昌李彭等。此外，还有清江的向子諲，安福的王庭珪，庐陵的刘辰翁，玉山的赵蕃，庐陵的文天祥，弋阳的谢枋得等大批人，都在文学领域卓然有名。清初朱彝尊认为："宋自汴京南渡，学诗者多以黄鲁直（黄庭坚）为师……终宋之世，诗集流传于今，惟江西最盛云。"③ 清代学者厉鹗所编撰的《宋诗记事》，搜览了宋代学者共3812家的作品，其中江西学者达340余人，约有三分之二是南宋士人。

南宋江西士人的文学群体中，著名的有"辛派江西词人群""淳雅词人群"和"风林书院词人群"。"辛派江西词人群"是以著名词人辛弃疾为核心的士人文学群。豪放派词人领袖辛弃疾是北方人，绍兴三十二年（1162）率起义兵士从济南归投南宋朝廷，此后三任江西，闲居饶州二十一年，最后终老于饶州。④ 辛弃疾在政治失意，报国无门之际，书写出600多篇壮志的词篇，其中一大半是在江西完成的，其词篇的创作

① 见虞文霞、王河《宋代江西文化史》，江西人民出版社2012年版，第231页。关于"江西词派"，最早由清人厉鹗提出，"送春苦语刘须溪（刘辰翁），吟到壶秋句绝奇。不读凤林书院体，岂知词派有江西？"此后，冯煦、刘毓盘等先生均提出"词家遂有西江一派""词家之西江派"的观点。另外，杨海明、殷光熹等人也探讨了"江西词派"内容。

② 夏敬观：《映庵词》，清光绪三十三年（1907）刊本。

③ 朱彝尊：《曝书亭集》卷37《裘司直诗集序》，四部丛刊本。

④ 墓地位于江西上饶铅山县瓢泉之西七都（今陈家寨）虎头阳原山中。

既是国家情势的反映，也深受江西文化的影响。① 南宋淳熙十五年（1188），辛弃疾与好友陈亮相聚在江西铅山的鹅湖寺，两人促膝谈心，纵论国事，陈亮离开，辛弃疾冒雪追赶，填《贺新郎》以寄好友，陈亮亦以《贺新郎》词为酬答，这便是中国词坛史上的"鹅湖之会"。可以说，"鹅湖之会"是江西"辛派词人群体"形成的一个标志性事件，自此之后，以辛弃疾为核心，在饶州聚集了陈亮、陆游、刘过、杨炎正、刘仙伦、赵善括以及京镗等士人。② 陈亮、陆游非江西籍，其他几位都是江西士人。

"龙洲道人"刘过，字改之，江西泰和人，终生未仕，他非常钦佩辛弃疾，"书生不愿黄金印，十万提兵去战场。只欲稼轩一题品，春风侠骨死犹香"③。可以说，刘过的词受辛弃疾影响很大。黄升《花庵词选》云："改之，稼轩之客，词多壮词，盖学稼轩者也。"郑振铎评价刘过词"学稼轩"，真是一个"肖徒"④。杨炎正、刘仙伦和刘过一样也是庐陵人，刘仙伦，字叔拟，号招山，布衣一生，并未与辛弃疾见过面，但是他的词也深受辛弃疾影响，以抗金救国豪迈之情为主，如《念奴娇·送张明之赴京西幕》："艅艎东下，望西江千里，苍茫烟水。试问襄州何处是，雉堞连云天际。叔子残碑，卧龙陈迹，遗恨斜阳里。后来人物，如君瑰伟能几。其肯为我来耶，河阳下士，正自强人意。勿谓时平无事也，便以言兵为讳。眼底山河，楼头鼓角，都是英雄泪。功名机会，要须问闲先

---

① 有学者认为："在南宋的词坛上，辛派词人的歌唱无疑是当时的主旋律，在民族矛盾日益尖锐的情况下，在大宋王朝痛失半壁江山的惨痛记忆里，辛派词人的爱国词、志士词、豪放词，无疑具有一种黄钟大吕震撼人心的巨大力量，辛派词在江西最具影响，这不仅仅是山东汉子辛弃疾长期在江西活动住寓的结果，更主要的是该词所反映的爱国精神与江西素称'文章节义之邦'的人文地域风格分外相契相融。"见虞文霞、王河《宋代江西文化史》，江西人民出版社2012年版，第251页。

② 王毅认为，与稼轩交往酬唱以及相互间有交往的江西词人有洪适、洪迈、洪莘之、赵彦端、韩元吉、赵善括、赵善扛、杨炎正、徐安国、京镗、石孝友、赵蕃、韩淲、徐文卿、赵晋臣、吴绍古、刘过、姜夔等。见王毅《南宋江西词人群体研究》，博士学位论文，华东师范大学，2006年。

③ 辛弃疾著，徐汉明校注：《辛弃疾全集校注》，华中科技大学出版社2012年版，第853页。

④ 郑振铎：《唐五代两宋词简史》，中国友谊出版公司2019年版，第149页。

备。"① 杨炎正，字济翁，杨万里的族弟，重气节，性豪爽，52 岁登进士第。但因为性格直爽仕途不如意，所以只好把雄心壮志寄托在词作中，如 "寿酒如渑，拼一醉，劝君休惜。君不记，济河津畔，当年今夕。万丈文章光焰里，一星飞堕从南极。便御风，乘兴入京华，班卿棘。君不是，长庚白。又不是，严陵客。只应是，明主梦中良弼。好把袖间经济手，如今去补天西北。等瑶池，侍宴夜归时，骑箕翼"②。他和辛弃疾之间往来甚多，两人相互酬唱。辛弃疾对杨炎正也赞赏备至，在《水调歌头·舟次扬州和人韵》写道："落日塞尘起，胡骑猎清秋。汉家组练十万，列监耸高楼。谁道投鞭飞渡，忆昔鸣髇血污，风雨佛狸愁。季子正年少，匹马黑貂裘。今老矣，搔白首，过扬州。倦游欲去江上，手种橘千头。二客东南名胜，万卷诗书事业，尝试与君谋。莫射南山虎，直觅富民侯。"③

"淳雅词人群" 是以南宋江西词人姜夔为核心的士人文学群体。淳雅派的首倡者是姜夔，承继其词风的江西词人有张辑、杨泽民、赵崇嶓、利登等 10 多人。④ "淳雅词人群" 被认为是南宋中期能够与 "辛派江西词人群" 相比肩的词派，"淳雅词" 所提倡的是 "淳雅"，追求清空骚雅、音节谐婉、精深淳正，给人的感觉就像是 "洞箫劲吹，古筝轻弹，如怨如诉"。因此，他们这种 "雅正清亮" 的特色与辛派词人的 "词境豪放" 颇为不同。"白石道人" 姜夔是江西鄱阳人，终生未仕，以 "布衣游士" 身份展现在南宋中期的文学舞台上。姜夔作为宋代中下阶层士人，在词学中开创了独具特色的 "清空骚雅" 风格。张炎说："词要清空，不要质实。清空则古雅峭拔，质实则凝涩晦昧。姜白石词如野云孤飞，去留无迹。……不惟清空，又且骚雅，读之使人神观飞越。"⑤ "淳雅词人群" 这个群体中以姜夔和张辑影响最大。其中，张辑是姜夔的鄱阳老乡，较早就学诗于姜

---

① 朱彝尊、汪森编：《词综》，上海古籍出版社 2014 年版，第 223 页。
② 辛弃疾著，徐汉明校注：《辛弃疾全集校注》，华中科技大学出版社 2012 年版，第 353 页。
③ 辛弃疾撰，邓广铭笺注：《稼轩词编年笺注》卷 1，上海古籍出版社 1998 年版，第 58 页。
④ 邱昌员：《简论南宋淳雅派中的江西词人》，《四川教育学院学报》2001 年第 3 期。
⑤ 张炎：《词源》，载唐圭璋编《词话丛编》，中华书局 1986 年版，第 259 页。

夔，被认为是"具姜夔之一体"①，其《疏帘淡月·秋思》词："梧桐雨细，渐滴作秋声，被风惊碎。润逼衣篝，线袅蕙炉沉水。悠悠岁月天涯醉。一分秋，一分憔悴。紫箫吹断，素笺恨切，夜寒鸿起。又何苦，凄凉客里。负草堂春绿，竹溪空翠。落叶西风，吹老几番尘世。从前谙尽江湖味。听商歌，归兴千里。露侵宿酒，疏帘淡月，照人无寐。"② 故朱彝尊说："词莫善于姜夔，宗之者张辑、卢祖皋、史达祖、吴文英、蒋捷、王沂孙、张炎、周密、张允平、张翥、杨基，皆具夔之体。"③

"风林书院词人群"是指南宋末年江西词坛活跃着的一批重量级词人，他们的成员有60多位，其中江西籍的有40位左右。④ 元初，这批江西词人群体名气更甚，当时庐陵地区风林书院有一位学人编选了一部《名儒草堂诗余》⑤，文中收录了62位词人共203首词，江西籍的占了一大半，而庐陵籍的又占江西籍的三分之二，如刘辰翁、文天祥、王炎午、李天骥、邓剡、赵文均、罗志仁等，都是其中的代表人物。清人厉鹗对"风林书院词人群"称赞有加，谓："送春苦语刘须溪，吟到壶秋句绝奇。不读风林

---

① 上海辞书出版社文学鉴赏辞典编纂中心编：《唐宋词鉴赏辞典》，上海辞书出版社2016年版，第2007页。

② 上海辞书出版社文学鉴赏辞典编纂中心编：《唐宋词鉴赏辞典》，上海辞书出版社2016年版，第2007页。

③ 朱彝尊：《曝书亭集》，国学整理社1937年版，第488页。

④ 王毅博士梳理了"风林书院词人群"的词人，共录得词人62人，其中10人籍贯无考，剩下的52人中有36人是江西人。见王毅《南宋江西词人群体研究》，博士学位论文，华东师范大学，2006年。

⑤ 清代厉鹗最早发现并整理元初的这部《名儒草堂诗余》，并给予高度评价，"元风林书院《草堂诗余》三卷，无名氏选，至元、大德间诸人所作，皆南宋遗民也。词多凄恻伤感，不忘故国，而于卷首冠以刘藏春、许鲁斋二家，厥有深意。至其采撷精妙，无一语凡近，牟阳老人《绝妙好词》而外，渺焉寡匹。余于此二种，心所爱玩，无时离手，每当会意，辄欲作碧落空歌、清湘瑶瑟之想。"见程端麒校点《精选名儒草堂诗余》，辽宁教育出版社2003年版，第79页。马群比较早关注并研究《名儒草堂诗余》，她认为："此书所选大多为宋遗民与爱国志士，以元朝显宦的作品为掩护，有着强烈的爱国思想。"见氏作《〈名儒草堂诗余〉探索》，《文史》1981年第12辑。邱昌员、黄敏、谢精兵《"风林书院"词人群体略论》（《赣南师范学院学报》2002年第2期）亦持此观点。王毅梳理了"风林书院词人群"所创作的203首词内容，其中感怀故国的词只有16首，在全书中所占比例甚小，不足以说明此书所选词"多凄恻伤感，不忘故国"之作。见王毅《南宋江西词人群体研究》，博士学位论文，华东师范大学，2006年。另，余靖静《〈名儒草堂诗余〉新论》（《浙江大学学报》2004年第6期）一文亦认为203首词中，"寄托遥深，而音节激楚"的遗民之词约有六十多首，比重并不大。故《名儒草堂诗余》属南宋遗民词集之说至少不甚妥当。

书院体，岂知词派有江西?"① 因为这批词人多生活在宋元之际，在那个国家存亡、江山易主的时代，他们的词作多表现出强烈的爱国热情和抗争精神，故学界又将"风林书院词人群"称为"江西遗民词人群体"②。他们中的核心人物庐陵文天祥，在进行抗元斗争的过程中，舍身取义，义无反顾，被捕后坚贞不屈，他的精神深深影响着一大批士人，所以在他身边凝聚了一大批勇于抗战，敢于牺牲的士人，所以他们以爱国的名义组成了这样一个词人群体，刘辰翁、王炎午、邓剡、赵文等士子纷纷加入文天祥幕府，共同参与文天祥的抗元斗争。刘辰翁与文天祥是庐陵老乡，且在白鹭洲书院从师于名儒欧阳守道，又同在白鹭洲书院考中进士，两人交情非常深厚，刘辰翁儿子刘将孙说："将孙先人（刘辰翁）交丞相兄弟（文天祥）为厚，盖尝与江西幕议。"③

　　参与抗元事业应该是"风林书院词人群"的核心追求，当他们目睹权奸误国、宋室倾亡的时候，便将满腔悲愤倾注于笔端，写下感怀时事、伤悼故国的词作，表现出"故国之思"。如文天祥《沁园春·题潮阳张许二公庙》："为子死孝，为臣死忠，死又何妨？自光岳气分，士无全节，群臣义缺，谁负刚肠？骂贼睢阳，爱君许远，留得声名万古香。后来者，无二公之操，百炼之钢。人生翁云亡，好烈烈轰轰做一场。使当时卖国，甘心降虏，受人唾骂，安得流芳？古庙当沉，遗容俨雅，枯木塞鸦几夕阳。邮亭下，有奸雄过此，仔细商量。"④ 如刘辰翁《兰陵王·丙子送春》："送春去，春去人间无路。秋千外，芳草连天，谁遣风沙暗南浦。依依甚（点校本作其）意绪。漫忆海门飞絮。乱鸦过，斗转城荒，不见来时试灯处。春去，谁最苦。但箭雁沉边，梁雁无主，杜鹃声里长门暮。想玉树土，泪盘如露。咸阳送客屡回顾，斜日未能度。春去，尚来否？正江令恨别，庾

① 程端麒校点：《精选名儒草堂诗余》，辽宁教育出版社2003年版。
② 虞文霞、王河：《宋代江西文化史》，江西人民出版社2012年版，第255页。王兆鹏：《宋南渡词人群体研究》，凤凰出版社2009年版，第4—5页。
③ 刘将孙：《养吾斋集》卷16，载栾贵明辑《四库辑本别集拾遗》，中华书局1983年版，第500页。
④ 文天祥著，刘文源校笺：《文天祥诗集校笺》卷16《沁园春》，中华书局2017年版，第1569页。

信愁赋。二人皆北去，苏堤尽日风和雨，叹神游故国，花记前度，人生流落，顾孺子，共夜语。"① 又如邓剡《念奴娇·驿中言别》："水天空阔，恨东风不惜世间英物。蜀鸟吴花残照里，忍见荒城颓壁，铜崔春情，金人秋泪，此恨凭谁雪？堂堂剑气，斗牛空认奇杰。那信江海余生，南行万里，不放扁舟发。正为鸥盟留醉眼，细看涛生云灭。睨柱吞赢，回旗走懿，千古冲冠发。伴人无寐，秦淮应是孤月。"②

与此同时，"风林书院词人群"因地理空间相近，彼此间常相互作诗酬唱，互动往来，甚至共结诗社，以此形成一个在南宋末年地方社会上颇有影响力的士人网络群体。有学者认为："这批江西遗民词人，与聚集于浙江一带的白石派、梦窗派词人虽然吟唱的都是亡国哀音，但两边的基本情感与风格却大大不同；江西这边是激昂地呼喊，江东那边多咏物寄情，曲折言怀；江西这边以悲壮慷慨为主调，江东那边以婉转缠绵为极致；江西这边以咏怀言志为目的，不暇计文字之工拙，音律之抗坠；江东那边却起劲地讲论词法，推敲乐律……江西词派之所以会趋从这种审美倾向，追求这种群体风格，除了因为他们多是一些英雄豪侠节士，其禀赋气性有一致之外，显然还与稼轩词派艺术传统的滋养有莫大关系。"③

2. 江西士人学术群体

宋代江西是儒学发展的重镇，湖南人周敦颐不仅长期在江西为官，而且在江西钻研和推广道学，为理学之鼻祖。江西南城人李觏不拘泥于汉、唐诸儒的旧说，敢于抒发己见，推理经义，被誉为"一时儒宗"。王安石的新学既不拘于儒学旧传统，又敢于突破儒家思想旧框，力求义理，通经致用，开一代新学风。到南宋，江西学术发展更进一步，朱熹与陆九渊的"鹅湖之会"成为儒学学术圈的一件大事。书院的广泛兴办，培养了大批学者，江西逐渐成为当时学术的中心地带，这被朱熹称之为"江西学问气象"。

---

① 刘辰翁撰，刘宗彬等笺注：《须溪词》卷2《兰陵王·丙子送春》，江西高校出版社1998年版，第144页。

② 唐圭璋编纂：《全宋词》（第5册），中华书局1999年版，第4184页。

③ 刘扬忠：《唐宋词流派史》，福建人民出版社1999年版，第546—548页。

　　出生于湖南道县的周敦颐一生与江西有着不解之缘，在他三十多年的从政生涯中，有二十三年在江西，最后在江西终老并安葬于此。他也在此办书院，培养了诸多学子。当时河南人程珦任南安军（今江西大余）通判，周敦颐任南安军司理参军，程珦将两个儿子程颢、程颐交给周敦颐教育，"大理寺丞知虔州兴国县程公珦假倅南安，视先生气貌非常人，与语，果知道者，因与为友，令二子师事之。……二子即明道（程颢）、伊川（程颐）也。时明道年十五，伊川年十四"①。于是南安被称为道学发源之地。除了培养二程兄弟，周敦颐在江西还培养了大量理学士人，比如曾淮父子均受周敦颐影响很深。曾淮及其四个儿子曾弼、曾懋、曾开、曾几，都在理学思想上卓然有成。史载："周元公（周敦颐）判虔州，（曾）淮拜晤，耽相契合，坐谈移日。曰：'淮不遇公，几于诵读误矣。'由是潜心理道，往复辨析，恍然有得。乃语同邑胡介、陈衮臣等，敦请元公月朔讲学于明伦堂，自此郡人士悉重理学。"② 周敦颐在江西传播理学，不仅对宋代江西学术产生了重要影响，而且对整个两宋的学术发展都起到了重要的开导起源之效，"宋儒用理学相倡导，各有师承，而书院乃立。顾书院之盛，惟西江最；而亲临其地，以率先斯道者，要以濂溪周子为首。自周子出，始有程朱之徒，递相授受，而教行天下后世。追溯程朱之学，原本周子……周子尝官分宁簿，继理南安，既又任虔州，改令南昌，迁南康守，是江西实周子过化存神地，而虔州又兴国令程公命二子从游，以开伊洛之先者也"③。

　　江西南城人李觏自幼家境贫寒，但很好学，"六七岁时，调声韵，习字书，勉勉不忘"④。范仲淹称赞他："善讲论六经，辩博明达，释然见圣人之旨，著书立言，有孟轲、扬雄之风义，实无愧于天下之士。"⑤ 但是屡试不举让他对举业失去了信心，于是创办旴江书院，"市里无人识古音，

① 王晚霞校注：《濂溪志八种汇编》，湖南大学出版社2013年版，第13页。
② 黄德溥：《赣县志》，清同治十一年（1872）刻本。
③ 魏瀛修、鲁琪光、钟音鸿纂：《赣州府志》卷26《书院》，清同治十二年刻本。
④ 李觏：《直讲李先生年谱》，《李觏集》，中华书局1981年版，第493页。
⑤ 李觏：《直讲李先生年谱》，《李觏集》，中华书局1981年版，第469页。

抱琴归去隐山林"，并开始授徒讲学，追随他的"学者千余人"。① 他的思想讲求经世致用，被认为是王安石新学思想的先导。比如李觏认为世界万物都是由气产生和形成的，"夫以阴阳二气之会而后有象，象而后有形。……天降阳，地出阴，阴阳合而生五行。此理甚明白。"② 王安石也提出相应的看法，"万物同一气……一阴一刚之谓道，而阴阳之中有冲气，冲气生于道。道者天也，万物之所自生，故为天下母。"③ 李觏、王安石相似的进步哲学思想，引导他们得出了一个共同的结论，即"变"，为改变现状，必须变革变法。既然二人都承认世界万物，社会万事都处永恒变化运动的状态，当旧有事物成为弊病，阻碍发展的时候，就必须改变现状，消除弊病。李觏认为，只有通变，才能救弊，救弊的目的是为了富国强民。所以当范仲淹主持庆历改革的时候，他不顾自己江南草民的低贱身份，写出一系列针砭时弊的政论文章，为庆历新政夯实理论基础，提供精神食粮。虽然庆历新政在强大保守势力夹击下失败了，但却是王安石变法的预演和先声，李觏也就成了"王安石的先驱"。④

北宋江西儒学良好的发展基础，加之江西经济繁荣，交通便利，以及书院等教育发达，在南宋均继承下来了。南宋时期江西学术发展更为兴盛，江西学术的整体性和群体性更加凸显。朱熹将此称之为"江西学问气象"。应该说，在宋代理学史上，江西之学是与闽学并峙的一大学派。以陆九渊为代表的江西之学，虽然不能像闽学那样取得官方哲学的崇隆地位，但他们提出了自己一套独特的思想体系，也在中国思想文化史上显赫

① 李觏：《建昌府重修李泰伯先生墓记》，《李觏集》，中华书局 1981 年版，第 491 页。
② 李觏：《李觏集》，中华书局 1981 年版，第 496 页。
③ 蒙文通：《道书辑校十种》，巴蜀书社 2001 年版，第 700 页。
④ 见虞文霞、王河《宋代江西文化史》，江西人民出版社 2012 年版，第 89 页。胡适称："李觏是北宋的一个大思想家。他的大胆，他的见识，他的条理，在北宋的学者之中，几乎没有一个对手。然而《宋元学案》里竟不给他立学案，只附在范仲淹的学案内，全祖望本，想为他立'盱江学案'，后来不知怎样，终于把他附在'高平学案'内。这几百年来，大家竟不知道有李觏这一位大学者了。……近来读他的全集，才知道他是江西学派的一个极重要的代表，是王安石的先导，是两宋哲学的一个开山大师。因此，我现在热心的介绍他给国中研究思想史的人们。"见胡适《记李觏的学说》，《胡适文集》第 2 册，北京大学出版社 1998 年版，第 25 页。

一时，具有很高的历史地位和学术价值。① 有学者认为，南宋"江西之学"具有自身的显著特点：一是陆学居于显要地位。陆九渊以平民士人身份，和出身于世家大族的朱熹、吕祖谦、张栻等大儒并立，本身就很了不起，同时他高扬"主观能动性"，把学者自身努力置于第一位，号召树立"人皆可以为尧舜"的人生目标，使其学术思想受到社会的推重。二是笃行仁义，实践诚信。熟读圣贤书，"学以为己"，涵养品德；出仕则"经世致用"，兴利除弊。博学慎思，明辨是非，以国事民隐为重，不论为官、为民，都诚实地履行仁义道德，唾弃言行相悖的小人。三是有"文章节义之邦"的整体优势。在文章、气节两者之间，坚定而高尚的气节，更受到世人注意。从南宋开头的胡铨、王庭珪，到结尾的文天祥、谢枋得，不断涌现文节俱高的刚介志士，彰显出学术修养与品德素质相互为用，共同提高的效果。四是学术成果丰硕。经学、史学、文学等传统学术园地中的诸种门类，都有江西学者的优秀成果。②

南宋江西士人群体性的突出表现在学术成就上，上述这些学术的发展，恰是以士人的相互联结和学问的代代传续所呈现的。南宋在江西境内的三次学术盛会，更彰显了江西士人在学术中的重要作用。淳熙二年（1175）六月，在吕祖谦的组织下，陆九渊和哥哥陆九龄从槐堂出发，朱熹则带着弟子詹仪之、刘静之、蔡元定、徐文蔚等从福建出发，赶往位于江西铅山的鹅湖寺，三学祖师相会于此③，实属难得，是南宋理学史上的大事件。"鹅湖之会"期间，朱熹与陆九渊兄弟围绕学术问题展开了讨论，但因为各自的学术观点业已成型，在学术辩论上难分上下，陆九渊弟子朱亨道参加了此次盛会，他记录道："鹅湖之会，论及教人，元晦之意，令人泛观博览，而后归之约；二陆之意，欲先发明本心，而后使之博览。朱以陆之教人为太简，陆以朱之教人为支离，此颇不合。"④ 这当然是陆九渊

① 朱汉民：《湖湘学派与湖湘文化》，湖南大学出版社 2010 年版，第 409 页。
② 许怀林：《江西通史·南宋卷》，江西人民出版社 2009 年版，第 392 页。
③ 全祖望说："朱学以格物致知，陆学以明心，吕学则兼取其长，而又以中原文献之统润色之。"见全祖望撰，朱铸禹汇校集注《全祖望集汇校集注》外集卷 16《同谷三先生书院记》，上海古籍出版社 2000 年版，第 1046 页。
④ 陆九渊撰，钟哲点校：《陆九渊集》卷 36《年谱》，中华书局 1980 年版，第 491 页。

和门人对朱熹的学术进行贬低的说法，而朱熹学派则认为陆九渊之学"子寿兄弟气象甚好，其病却尽废讲学而专务践履，却于践履之中要人提撕省察，悟得本心，此为病之大者"①。这次学术交锋虽然没有达到二说会归为一的目标，但两人碰撞出来的思想火花却点亮了南宋理学发展之光，也照耀了南宋江西学术发展之光。

"鹅湖之会"后的第三年，淳熙五年（1178）二月，朱熹与陆九龄又在江西铅山观音寺相会。②当时，朱熹知南康军，出闽入赣，他向朝廷提出辞呈，遂在观音寺等候朝旨，陆九龄则从家乡赶往观音寺，两人在观音寺对谈三日，就相关的学术问题进行深入地探讨。史载："陆子寿（陆九龄）自抚来信（信州），访先生于铅山观音寺。子寿每谈事，必以《论语》为证。如曰：'圣人教人，居处恭，执事敬。'又曰：'子所雅言，《诗》《书》执礼，皆雅言也。''弟子入则孝，出则弟，谨而信，泛爱众，而亲仁。'此等教人就实处行，何尝高也？先生曰：'某旧间持论亦好高，近来渐渐移近下，渐渐觉实也。如孟子却是将他到底已教人，如言存心养性，知性知天，有说矣，是他自知得。余人未到他田地，如何知得他滋味？卒欲行之，亦未有人头处。若《论语》，却是圣人教人存心养性，知性知天实涵养处，便见得，便行得也'。"③应该说，经过鹅湖之会后，朱熹对陆九渊兄弟的看法也有了改变，就在此次和陆九龄相会后，朱熹和诗道："德业流风夙所钦，别离三载更关心。偶扶藜杖出寒谷，又枉篮舆度远岑。旧学商量加邃密，新知培养转深沉。只愁说到无言处，不信人间有古今。"④淳熙八年（1181），朱熹在南康军任上刚把白鹿洞书院修缮好，就邀请陆九渊到书院进行会讲，会讲的主题是《论语》中"君子喻于义，小人喻于利"一章。此次会讲效果非常好，陆九渊说："《讲义》述于当时发明精神不尽，当时说得来痛快，至有流涕者，元晦（朱熹）深感动，天

---

① 朱熹撰，朱杰人等编：《朱子全书·晦庵先生朱文公文集》卷31《答张敬夫（十二月）》，安徽教育出版社、上海古籍出版社2002年版，第1350页。
② 观音寺在今江西省铅山县的紫溪乡内。
③ 黎靖德编，王星贤校注：《朱子语类》，中华书局1999年版，第2968页。
④ 朱熹著，郭齐点校：《朱熹集》，四川教育出版社1996年版，第185页。

气微冷而汗出挥扇。"朱熹听后确实对陆九渊大为赞赏,称:"熹当与诸生共守,而无忘陆先生之训。"①

在宋代江西的"学问气象"中,除了有与朱子相并峙的陆九渊之学,南宋江西应该说是各种学术流派竞芳争艳。② 如临江军刘靖之、刘清之兄弟,曾向朱熹求学,"及见朱熹,尽取所习焚之,慨然志于义理之学。吕伯恭、张栻皆神交心契,汪应辰、李焘亦敬慕之"③。可见,刘氏兄弟兼学诸师,对学术唯道义是求,不立门派,以笃行仁义见长。刘清之尝言经师易得,人师难求,特重为师者的品德操守。其道学主张,由其门徒带往信州,向江东、浙东扩散。刘靖之执教于资州州学,教书育人,社会效益突出,为时传颂。④ 因此,《宋元学案》把刘靖之、刘清之兄弟单列为《清江学案》,全祖望指出:"朱、张、吕三先生讲学时最同调者,清江刘氏兄弟也。教笃和平,其生徒亦遍东南。近有妄以子澄为朱门弟子者,谬矣。"⑤此后,江西士子彭龟年、谢谔、张治等人不断传播着清江二刘兄弟的学术观点。

此外,南宋庐陵还有胡铨、王庭珪、周必大、杨万里、欧阳守道、文天祥等士人学术群体,他们在国家乞和偷安、贪腐成风的环境中,秉持着庐陵特有的"刚毅气节",因此,在他们身边聚集了大批的士人学子。同时,在信州玉山还有一个以汪应辰为核心的玉山学派。汪应辰,绍兴五年(1135)状元,历仕秘书省正字、端明殿学士,官至吏部尚书。早年为二程再传弟子喻樗所赏识,承袭了二程的学术。后曾拜理学大师胡安国、吕

---

① 陆九渊撰,钟哲点校:《陆九渊集》卷36《年谱》,中华书局1980年版,第492页。

② 据许怀林统计,在《宋史》道学传中,属于南宋的只有8人,其中江西占4名。另外,《宋元学案》中有江西学者参与的共计35个,人数共约249名。其中名望显著、起核心作用的学者有,抚州中心区:陆九韶、陆九龄、陆九渊、傅梦泉、傅子云、彭兴宗、罗点、陆持之、包扬、包恢。饶州、信州中心区:汪应辰、朱熹、李璠、赵汝愚、赵蕃、陈景思、柴中行、饶鲁、曹彦约、汤干、汤巾、汤中、谢枋得。吉州、临江军中心区:刘靖之、刘清之、胡铨、谢谔、周必大、杨万里、彭龟年、张治、章颖、欧阳守道、文天祥。见许怀林《江西通史·南宋卷》,江西人民出版社2009年版,第395—396页。

③ 脱脱等:《宋史》卷437《儒林传七》,中华书局1977年版,第12956页。

④ 许怀林:《江西通史》(南宋卷),江西人民出版社2009年版,第394页。

⑤ 吴国武:《两宋经学学术编年》,凤凰出版社2015年版,第788页。

本中等人为师，和理学名家赵汝愚、陆九龄、朱熹等人交往密切。汪应辰为学博综诸家，但他主张"正心诚意""至诚为本"，故《宋元学案》称其为"醇儒"。在汪应辰身边聚集了一大批士人，如尤袤、吕祖谦、汪伯时、汪逵等人。在江西安仁（今江西余江）还有一个"三汤学派"，是由汤干、汤巾和汤中兄弟三人组成的学术团体。三人拜柴中行为师，柴中行又是朱子的私淑弟子，深受二程学说影响。汤氏兄弟三人后又从朱熹门人真德秀为师，兄弟三人均崇习程朱理学，周围也聚集了一批士人，如徐霖、危复之、徐炎午、蔡正孙、曾子良、谢枋得、王应麟等人。《宋元学案》将汤氏三兄弟列为"存斋静息庵学案"。

3. 江西士人史学群体

宋代江西文化的大繁荣，士人的大量涌现，直接推动史学编撰的大发展。可以说，宋代江西由于文风甚好，人才辈出，士人积极投身于史学的撰写和研究中，不仅史学著作数量多，而且史学大家频出。台湾学者王德毅说："史学家有集中于某些地区之事实，却可以说明该一地区的学风，有的父子兄弟都嗜史学，又呈现家庭的熏陶对一位史学家的养成是很重要的。就宋代而言，四川、江西两地区的史学家最多，浙东、福建两路则次之，前两地区由北宋到南宋始终不衰，后两路则集中于南渡以后。"[1] 许怀林说："在历史学这个领域内，宋代江西史家之多，著作之富，成就之高，也不亚于文学方面。"[2] 宋代江西的史学家主要有主编《新唐书》和《新五代史》的庐陵欧阳修；参与编修《资治通鉴》的刘恕与刘攽，刘恕是江西筠州（今江西高安）人，他还有编撰《通鉴外纪》，刘攽是江西临江（今江西樟树）人，与其兄刘敞，其侄刘奉世并称"三刘"，他又编撰有《东汉刊误》；临江人徐梦莘编有《三北盟会编》，徐梦莘侄子徐天麟编撰有《西汉会要》和《东汉会要》；饶州（今江西德兴）人汪藻编撰《靖康要录》。此外，还有刘辰翁《班马异同评》，洪迈《订正史记真本凡例》，熊方《补后汉书年表》，罗泌《路史》，洪皓《淞漠纪闻》，赵汝愚《诸臣

---

① 王德毅：《宋代江西的史学》，《台大历史学报》第 21 期，1986 年 12 月。
② 许怀林：《试论宋代江西经济文化的大发展》，《江西师范大学学报》1980 年第 4 期。

奏议》，乐史《太平寰宇记》，周必大《玉堂杂记》等史书。由此可见，宋代江西史学人才之盛，著述之富。

　　宋代江西不仅涌现了诸多的史学家，产出了诸多的史学作品，而且史学士人群体的特性非常明显。诸如筠州人刘恕不仅自己是著名史学家，而且与其父刘涣，其子刘羲仲并称"筠州三刘"。《四库全书》载有南宋刘元高所整理的筠州《三刘家集》一卷，刘涣登仁宗天圣八年（1030）进士，与欧阳修、张先、石介等为同年，被朱熹赞为"清名高洁，著于当时而闻于后世"①。刘恕之子刘羲仲，"幼敏慧博洽。尝摘欧阳修《五代史》误，作《纠缪》。司马光以其父有修《通鉴》功，乞荫其子补郊社齐郎。清介有父风，历钜野、德安簿。政和间，以蔡京荐，召为宣教郎编修官，至京师绝不造谒一人。尝言曰：'吾但知天子有命，不知有荐我者'。竟弃官归庐山，自号'漫浪翁'，或通刺，但书江南刘羲仲。又数年，卒。"② 刘羲仲撰有《通鉴问疑》。可以说，刘恕一家三代，以他们严谨的态度，踏实的学风，在史学领域均取得建树，为宋代江西史学的繁盛做出了贡献。

　　另外，新喻（今江西宜丰）人刘敞与其子刘奉世、其弟刘攽都是著名的历史学家，他们著有《三刘汉书标注》六卷，"为墨庄一传而学士公敞，舍人公攽暨学士公奉世，即能宝墨庄而大发其光，世称'三刘'"③。钱锺书说："刘攽跟他哥哥刘敞都是博学者，也许在史学考古方面算得北宋最精博的人。"④ 刘敞知识广博，不仅以第二名的成绩高中廷试，而且"学问渊博，自佛老、卜筮、天文、方药、山经、地志，皆究知大略……朝廷每有礼乐之事，必就其家以取决焉，为文尤敏赡，掌外制时将下直，会追封王主九人，立马却坐，顷之九制成。欧阳修每于书有疑，折简来问，对其使挥笔答之不停手，修服其博。长于《春秋》，为书四十卷，行于时"⑤。刘敞在史学上的成就突出，编撰有《春秋权衡》《七经小传》《春秋意林》

---

　　① 朱熹撰，朱杰人、严佐之、刘永翔主编：《朱子全书》（第 27 册），上海古籍出版社、安徽教育出版社 2002 年版，第 251 页。

　　② 谢旻等纂：《雍正江西通志》卷 71《人物》，文渊阁四库全书本。

　　③《新喻墨庄刘氏续编世谱·序》，现藏于江西省新余市。

　　④ 钱锺书：《宋诗选注》，生活·读书·新知三联书店 2002 年版，第 53 页。

　　⑤ 脱脱等：《宋史》卷 319《刘敞传》，中华书局 1977 年版，第 10386、10387 页。

《春秋文权》等。刘攽与哥哥刘敞同中进士，天资聪颖、博闻强记，加上刻苦自励，一生著述颇丰，尤其在史学上成就很大，除协助司马光编修《资治通鉴》外，他还编撰有《汉书刊误》，以及《经史新议》《汉官仪新选》《五代春秋》《芍药谱》《后汉书精要》等。刘攽为人正直，并将清白正直的品格融入他的史学著作上，他说："古者为史，皆据所闻见实录事迹，不少损益有所避就也，谓之传信。惟仲尼作《春秋》，乃讳国恶耳。……然其讳国恶，犹但使显者隐之，大者微之，皆有文以起焉，不昧昧都为藏匿，使不可知也。后之史官，不达此意，猥自讬于圣人，以是为史，未尝直书。上则顾时君忌讳，退又恶斥言当世权势大人罪过，改之易之，以就美好，悦生者而背死人，不顾是非，故贤士大夫之事业，有不记者焉。"① 从刘攽对孔子的史学撰述评价可见其正直的史学观。

刘奉世是刘敞次子，从小便聪颖好学，无所不通。欧阳修对其称赞有加，称："生子如刘奉世者，真千里驹也！"② 受家学影响，加之长期在国史院担任编修官，刘奉世的史学成就也非常高，史载："奉世优于吏治，尚安静，文词雅赡，最精《汉书》学。"③ 到南宋时，刘奉世的第三代族人中又出了两位著名的学者，即刘靖之和刘清之，他们两位以经学文行知名，尊崇"濂溪（周敦颐）之学"，因在学术上的突出成就被称为"清江学派"的代表。尤其是刘清之"甘贫力学，博极书传"，被列入《宋史》"儒林传"，学术成就斐然，"著有《曾子内外杂篇》《训蒙新书外书》《戒子通录》《墨庄总录》《祭仪》《时令书》《续说苑》《文集》《农书》"④。

此外，鄱阳的洪氏也是著名的史学家族，最为有名的是洪皓及其子洪适、洪遵和洪迈四人，被誉为"鄱阳四洪"。洪皓为人正直，在地方任职时，就"愿以一身易十万人命。……人感之切骨，号'洪佛子'。"后奉命出使金国，被扣留十五载，"虽久在北廷，不堪其苦，然为金人所敬，所著诗文，争钞诵求锓梓。……有文集五十卷及《帝王勇要》《姓氏指南》

---

① 刘攽：《彭城集》卷27《与王深甫论史书》，中华书局1985年版。

② 《新喻墨庄刘氏续编世谱·传》。

③ 脱脱等：《宋史》卷319《刘敞传》，中华书局1977年版，第10390页。

④ 脱脱等：《宋史》卷437《儒林七》，中华书局1977年版，第12957页。

《松漠纪闻》《金国文具录》等书"①。洪适、洪遵、洪迈三兄弟在父亲北使的情况下，苦学自立，均考中进士，并"以文章取盛名"②，洪适和洪遵后位至宰执。洪适著有《盘洲文集》《隶释》《隶续》，弟弟洪遵著有《泉志》《洪氏集验方》《翰苑群书》，他的《泉志》一书"有图有文，有正有伪，有皇王，有偏霸，并及于外国，援证该贯，颇为详博，是我国研究历代钱币的第一部著作"③。弟弟洪迈虽然在仕途上较之两位哥哥有所差距，但史学成就最大，他担任史官时间很长，曾奉诏修撰本朝史，如《钦宗实录》以及神宗、哲宗、徽宗、钦宗的《四朝国史》，绍兴年间又奉命编修《靖康日历》，乾道年间又奉命撰修《钦宗实录》，他还撰有笔记《夷坚志》和《容斋随笔》，尤其《容斋随笔》是自经史诸子百家、诗词文章及历代典章制度、医卜、星历等，无所不包，而且考证辨析十分确切，议论评价非常精当。

南宋江西史学士人群体中还有一个"清江三徐"，即徐梦莘，徐得之（徐梦莘弟弟），徐天麟（徐得之儿子）。徐梦莘出生于靖康之难时，所以他"恬于荣进。每念生靖康之乱，思究见颠末，乃网罗旧闻，荟萃同异，为《三朝北盟会编》，自政和七年海上之盟，迄绍兴三十一年，上下四十五年，凡敕制、诰诏、国书、书疏、奏议、记序、碑志，登载无遗。帝闻而嘉之，擢直秘阁"④。他在《三朝北盟会编》自序中说："呜呼！靖康之祸古未有也。……揆厥造端，误国首恶，罪有在矣！……尚忍言之哉！缙绅草茅伤时感事，忠愤所激，据所闻见，笔而为纪录者，无虑数百家。然各说有同异，事有疑信，深惧日月浸久，是非混淆，臣子大节，邪正莫辨，一介忠款，湮没不传。于是取诸家所说，及诏敕、制诰、书疏、奏议、记传、行实、碑志、文集、杂著，事涉北盟者，悉取诠次。……其辞则因元本之旧，其事则集诸家之说，不敢私为去取，不敢妄立褒贬，参考

---

① 脱脱等：《宋史》卷373《洪皓传》，中华书局1977年版，第11557—11562页。
② 脱脱等：《宋史》卷373《洪皓传》，中华书局1977年版，第11574页。
③ 王德毅：《宋代江西的史学》，《台大历史学报》第21期，1986年12月。
④ 脱脱等：《宋史》卷438《黄鉴传》，中华书局1977年版，第12983页。

折衷，其实自见。"① 因此，《三朝北盟会编》的史学价值非常高，清人纪
昀称："其征引皆全录原文，无所去取，亦无所论断，盖是非并见，同异
互存，以备史家之采择，故以会编为名，然汴都丧败，及南渡立国之始，
其治乱得失循文考证，比事推求，已皆可具见其所以然，非徒饾饤琐碎已
也！"② 徐得之史学成就虽不如兄长徐梦莘，但他编撰的《左氏国纪》（三
十卷），"却是一部有功于左氏的著作，他将编年史改编为分叙事，每国各
系以其年，后再叙其事迹，断以义理傅"③。徐得之长子徐筠，受父亲影
响，喜好历史研究，撰有《汉官考》一书，"以《百官表》官制为主，而
纪传及注家所载，皆辑而录之"④。

　　徐天麟是徐得之的次子，开禧元年（1205）廷试第六名。一生主要在
地方任职，他在公务之余潜心著述，受父辈影响，对汉代历史十分感兴
趣，并用力于此。他常常翻阅汉代史籍，著有《西汉会要》（70卷），《东
汉会要》（40卷）、《西汉地理疏》（6卷）以及《汉兵本末》（1卷）等汉
史相关著作。尤其他的《西汉会要》，仿照《唐会要》的体例，主要依据
班固《汉书》，旁取荀悦等人著作，将散于纪、传、表、志之间的典章文
物，通过自己拟定的规制编撰而成。楼钥对此称赞道："临江徐氏以儒名
家，始余读思叔（徐得之）《左氏国纪》，故中书舍人陈公君举为之序，固
已甚重其书。……已而思叔长子孟坚（徐筠）著《汉官考》；次子仲祥又
仿《唐会要》之体，为《西汉会要》一书，疏为七十卷，目录二卷，总为
十五门，分三百六十有七事。……仲祥究心于此二十余年，无一事不录，

① 徐梦莘：《三朝北盟会编》，上海古籍出版社1987年版，第1页。
② 纪昀等：《四库全书总提要》卷40，台北商务印书馆影印武英殿本。
③ 见王德毅《宋代江西的史学》，《台大历史学报》第21期1986年12月。南宋史家陈傅良
为徐得之《左氏国纪》作序云："自荀悦、袁宏以两汉事编年为书，谓之左氏体，盖不知《左氏》
于是始矣。昔夫子作《春秋》，博极天下之史矣，诸不在拨乱世反之正之科，则不录也。左氏独有
见于经，故采"史记"次第之，某国事若干，某事书，某事不书，以发明圣人笔削之旨云尔，非
直编年为一书也。……余读《国纪》，周平、桓之际，王室尝有事于四方，其大若置曲沃伯为侯，
诗人美焉，而经不著；师行非一役，亦与《王风》刺诗合，而特书伐郑一事；王子颓之祸，视带
为甚，襄书而惠不书也。学者诚得《国纪》伏而读之，因其类居而稽之经，某国事若干，某事书，
某事不书，较然明矣。于是致疑，疑而思，思则有得矣。徐子殆有功于《左氏》者也。"见陈傅
良：《止斋文集》卷40《徐得之左氏国纪序》，四部丛刊本。
④ 马端临：《文献通考》，浙江古籍出版社2000年版，第1691页。

无一语无据，条列胪分，秩然有叙。开卷一阅，而二百余年之事历历在目。"① 南宋名相周必大对临江徐氏的史学贡献亦给予高度评价："临江自三刘有功汉史，其学盛行。今徐筠孟坚既为《汉官考》四卷，季天麟仲祥又惜司马迁、班固不为兵志，于是究极本末，类成一书，注以史氏本文，具有条理，凡中外诸军，若将帅之名，与夫赏功伐罪，龂成，简稽，兵器，马政，参互讨论，略无遗者。"②

（二）士人的地域群体

宋代江西士人群体特征的另一个重要表现便是地域内的聚群现象突出。可以说，宋代江西依江傍湖，交通较为便利，加之经济较为发达，士人容易集聚，如以鄱阳湖信江流域为主轴的饶州士人文化群，以抚河、盱江为一线的临川士人文化群，以吉泰盆地为范围的庐陵士人文化群，以赣江、鄱阳湖相夹的洪州士人文化群等。在这些士人聚集的地域内形成了一些较有影响力的士人地域群体。限于篇幅及论述需要，本小节主要论述南宋庐陵士人群体和临川士人群体。当然，除了这两个地域之外，南宋江西洪州，饶州等地域也是经济文化发达，士人云集，此不赘述。为论述方便，庐陵地区主要选取南宋名相周必大为中心，临川地区主要选取思想家陆九渊为中心。

1. 庐陵士人群体：以周必大为中心

宋代庐陵是吉州的下辖县，吉州地位显要，经济文化发达，被誉为江右最显著的名片之一。经济上，宋人称："（吉州）赋输所入，乃甲于江西。"③ 庐陵粮食产量在北宋中期居江右之最，庐陵籍农学家曾安止《禾谱》中记载："江南俗厚，以农为生。吉居其右，尤殷且勤。漕台岁贡百万斛，调之吉者十常六七。"④ 宋代庐陵的造船业，无论造船数量还是造船

① 楼钥：《攻媿集》，中华书局1985年版，第735页。
② 周必大著，王瑞来校证：《周必大集校证》卷54《汉兵本末序》，上海古籍出版社2020年版，第796—797页。
③ 胡寅撰，容肇祖点校：《斐然集》卷14《李弥逊直宝文阁知吉州》，中华书局1993年版，第301页。
④ 曹树基：《〈禾谱〉校释》，《中国农史》1985年第3期。

技术都居于全国领先。绍兴三十年（1160），江右的洪、吉、赣三州造船场，"每场差监官二员，工役兵卒二百人"，并且"立定格例，日成一舟"，年额 300 艘以上。① 文化上，宋人称"吉为大邦，文风盛于江右。"② "吉之士风为江西冠。"③ 宋人还称："夫大江之西，山高水深，吉为之最，义山直南，迭嶂千层，连绵百里，川流秀澈，万折皆东，异材继出，史不绝书。刘冲之（刘沆，字冲之，吉州永新人。自进士设科，擢高第至宰相者，吉郡以沆为首）有诗云'义山山下有流泉，泉号聪明自古传。四百年中出三相，不才何幸继前贤。'"④ 明人唐文凤称："西江之庐陵，大郡也，为唐庐陵王所封之地，故以名郡。当赵宋时，称四忠一节之乡，文章行义为世儒宗，非他郡比。"⑤ 清人称庐陵为"衣冠所萃，艺文儒术为盛，虽闾阎力役，吟咏不辍"⑥。

在良好文风氛围影响下，庐陵许多享誉全国的名贤辈出不绝。如大文学家、史学家欧阳修；南宋中兴四大诗人杨万里；舍己为国的杨邦乂，胡铨，文天祥；政治家、文学家周必大；文学巨匠王庭珪、刘弇、刘过、刘辰翁等等。在这些名贤的背后，庐陵还有大批名气不如上述名贤的文人学者，为国家贡献着才智。据统计，宋代江西地区进士人才的数量，以县论，临川、庐陵、德兴、南城县最多，为第一集团，庐陵仅次于临川；以州、军而论，饶州、吉州最多，为第一集团。另外，从宋代江西人著作分布状况分布来看，庐陵（145 部）、婺源（146 部）为特大区，达百部以上，遥遥领先于江西其他各地。⑦

---

① 徐松辑：《宋会要辑稿》食货 50 之 12，中华书局 1957 年影印本。

② 周必大撰、王瑞来校证：《周必大集校证》卷 28《咏归亭记》，上海古籍出版社 2020 年版，第 425 页。

③ 真德秀撰：《西山先生真文忠公集》卷 46《朝散大夫知常德府鲍公墓志铭》，四部丛刊初编。

④ 尹躬：《重修永新县儒学记》，载谢旻等纂《雍正江西通志》卷 125《艺文》，文渊阁四库全书本。

⑤ 马积高等主编：《历代词赋总汇》明代卷第 6 册，湖南文艺出版社 2014 年版，第 5059—5060 页。

⑥ 赵之谦等撰：《光绪江西通志》卷 48《舆地略·风俗》，华文书局 1967 年版，第 1053 页。

⑦ 刘锡涛：《宋代江西文化地理研究》，博士学位论文，陕西师范大学，2001 年。

　　宋代庐陵士人文化上最大的特色就是"文章节义"。宋人祝穆在《方舆胜览》中介绍吉州时称："醉翁之文而澹庵之忠；益国之勋而诚斋之节"和"议论文章则有六一翁之学；勋名事业则有平园叟之贤。胡澹庵慷慨排和，不为势屈，带牛佩犊漫游魑魅之乡；杨诚斋刚方立操，岂但文鸣，锋猬斧螳仵筑鲸鲵之观。"① 文天祥在《吉州州学贡士庄记》中称："是邦学者，世修欧周之业，人负胡杨之气。"② "欧、周"即是指庐陵历史上的著名先贤欧阳修和周必大，"胡、杨"即是指庐陵历史上的著名先贤胡铨和杨万里。所以，在文天祥心里，庐陵先贤的"文章节义"品质永远是庐陵士人学习的榜样，他在白鹭洲书院求学时就已经树立了这样的宏愿，"文天祥……自为童子时，见学宫所祠乡先生欧阳修、杨邦乂、胡铨像，皆谥'忠'，即欣然慕之"③。此后，他在诗文中还说："孤臣腔血满，死不愧庐陵"④，文天祥至死不能愧的既是庐陵那些先贤，更是庐陵先贤所留下的品质。元人刘将孙对家乡称羡道："吾庐陵人物名节高于富贵，文章多于爵位，科目显融，前后相望，东西州尤不及，而磊磊轩天地者，则多有其人矣。"⑤ "东南百五十年来，庐陵文字为盛。胡澹庵奇博如彝歊鼎识，周益公典裁如金科玉度，杨诚斋清峭如冰松雪柏，二三大老，风流相望，大启迪于后人。"⑥ 明人张昱则有"庐陵，江西古名郡，四忠一节之故乡"的称誉。⑦ 龚敩亦对宋代庐陵称羡道："江右古称多美士，而庐陵又四忠一节之邦。"⑧

　　南宋名相周必大在庐陵接受先贤熏陶，庐陵先贤对其一生产生了积极

---

　　① 祝穆撰，祝洙增订：《方舆胜览》卷20《吉州》，中华书局2003年版，第365页。

　　② 文天祥：《文天祥全集》卷9《吉州州学贡士庄记》，中国书店1985年版，第210页。

　　③ 《宋史》卷418《文天祥传》，第12533页。

　　④ 文天祥著，刘文源校笺：《文天祥诗集校笺》卷10《元夕》，中华书局2017年版，第831页。

　　⑤ 刘将孙著，李鸣、沈静校点：《刘将孙集》卷25《题文山撰外祖义阳逸叟曾公墓志后》，吉林文史出版社2009年版，第203页。

　　⑥ 刘将孙著，李鸣、沈静校点：《刘将孙集》卷10《曾御史文集序》，吉林文史出版社2009年版，第91页。

　　⑦ 张昱：《可闲老人集》卷1《义株行》，文渊阁四库全书本。

　　⑧ 龚敩：《鹅湖集》卷5《刘彦彬之官钱塘丞序》，文渊阁四库全书本。

且深远影响，他对家乡一直满怀深情。绍熙三年（1192），他给吉州新修贡院作记称："庐陵为江西大州，文武盛于诸路。"① 庆元元年（1195），他在撰写庐陵胡昌龄的墓志铭时称"江西多名士，吉为冠"②。嘉泰元年（1201），他为庐陵文学家刘才卲的文集作序时说："始予少时，闻公咏一出，辄手抄而口诵之。"③ 清代庐陵学者王赠芳与欧阳棨一起重新刊刻周必大著《文忠集》，对庐陵和周必大的关系作了如下介绍："庐陵人文之盛，于宋自欧阳子始，更二百年周益国文忠公继之，益公立朝忠鲠，进退必以义，一如欧阳。为文雄浑博雅，制草尤典则，为南宋冠。同时若胡忠简，后此若文信国，均以气节文章高千古。故论庐陵于宋代，必称'四大家'。"④

周必大入仕后多次因仕途不顺而回到家乡庐陵生活，如隆兴二年（1164）奉祠回到庐陵，待了 7 年，乾道八年（1172），他又奉祠回到庐陵待了 3 年，淳熙十六年（1189），他又辞免回到庐陵待了 3 年，绍熙五年（1194），他引年致仕，回到庐陵待了 11 年，直到去世。同时，周必大在南宋政治、文学、思想和学术等领域具有全面的表现，使其成为庐陵地域中继欧阳修之后的又一位"百科全书式"的人物。⑤ 因此，在南宋庐陵地域中，周必大影响力大，交友甚广，在地方生活时间又长，在他周围形成了较具影响力的士人群体。周莲弟博士根据《文忠集》之《书稿》部分材

---

① 周必大著，王瑞来校证：《周必大集校证》卷 28《吉州新贡院记》，上海古籍出版社 2020 年版，第 433 页。

② 周必大著，王瑞来校证：《周必大集校证》卷 71《宣义郎致仕赐紫金鱼袋胡公昌龄墓志铭》，上海古籍出版社 2020 年版，第 1034 页。

③ 周必大著，王瑞来校证：《周必大集校证》卷 54《杉溪居士文集序》，上海古籍出版社 2020 年版，第 796 页。

④ 周必大著，王瑞来校证：《周必大集校证》卷首，王赠芳《周益国文忠公集后序》，上海古籍出版社 2020 年版，第 3290 页。

⑤ 倪思称："公（周必大）生庐陵继六一。"见周必大著，王瑞来校证《周必大集校证》附录卷 1《祭文》，上海古籍出版社 2020 年版，第 3117 页；徐谊称"公（周必大）发挥文忠（欧阳修）之学。"见周必大著，王瑞来校证《周必大集校证》卷 41《平园续稿序》，上海古籍出版社 2020 年版，第 603 页。王赠芳称："庐陵人文之盛，于宋自欧阳子始，更二百年周益国文忠公继之，益公立朝忠鲠，进退必以义，一如欧阳。"见周必大著，王瑞来校证《周必大集校证》卷首，王赠芳《周益国文忠公集后序》，上海古籍出版社 2020 年版，第 3290 页。

料统计得出，与之有书信往来的好友达 150 多人。① 事实上，笔者根据周必大所撰写的诗词、墓志铭、序文以及日记可知，与其往来的友人有近 400 人之众。在庐陵地域，周必大与同时代的著名学者和文化菁英均有交往，形成了南宋庐陵文化影响。

南宋乾道（1165—1173）年间，周必大在庐陵奉祠时与时年八十多岁且家居安福县的王庭珪交往深厚。乾道三年（1167）正月，他为前贤王庭珪的诗写题跋称："人年八九十语必谆谆，虽卫武公未免，蹈此懿戒最详于二雅是也。芦溪丈人至矣，而诗益清壮、简古，如挥鲁阳之戈，日可再中。其寿岂易量耶？安复随高坐，出示此篇，知予非续貂手苦求跋语。为题其后，使携归为丈人贺。"②"丈人"是晚辈对前辈的一种尊称。周必大能为前辈王庭珪的诗撰写跋语感到无比荣幸，这是前辈对自己的厚爱。乾道四年（1168），他又为王庭珪写真赞。所谓真赞，"真"即人物肖像，"赞"即称赞、颂扬。唐宋时期士人多在晚年或病危时请当地有名文士为其画像作赞，为的是留下生前容貌德业，以供家属、子孙、门人弟子祭奠睹仰，并用以训诫、劝勉后人。③ 此时王庭珪年近九十，按惯例需邀聘当地才学之士为其写真赞，奉祠在家的周必大能有幸受邀，足见王庭珪对他的青睐。周必大为王庭珪的"真"撰"赞"道："嘲弄万象，雕琢天和，不见诗人未老鬓皤。先生九十乃尔颜酡，穷则追泽畔之吟，达则和沛中之歌。人徒见其善者机，吾独喻之井无波。盖风被而文成，非月锻而日哦。虽以此千二百岁可也，彼造物者其如予何。"④ 当孝宗向周必大询问王庭珪情况时，周必大说："公年德文章在今未易多得，且登第五十三年矣。"孝宗又问："官卑何故？"他借机向孝宗推荐说："斯人早忤上官，晚复流窜，官簿所以不进。陛下若哀穷悼屈，厚加品秩，锡之章服，足以劝善。"不仅如此，周必大还向当朝宰相极力推荐王庭珪独子王顷，希望"丞相能为

---

① 周莲弟：《周必大研究》附录二，博士学位论文，香港大学，2001 年。

② 周必大著，王瑞来校证：《周必大集校证》卷 16《跋王民瞻诗》，上海古籍出版社 2020 年版，第 206—207 页。

③ 李并成：《一批珍贵的历史人物档案——敦煌遗书中的邈真赞》《档案》1991 年第 5 期。

④ 周必大著，王瑞来校证：《周必大集校证》卷 9《卢溪先生王民瞻真赞》，上海古籍出版社 2020 年版，第 126 页。

上言, 俯听所请而官其一子"①。

乾道年间, 周必大和庐陵名士胡铨均奉祠居住在庐陵, 周必大与胡铨交往甚密。周必大参加胡铨组织的集会, 周必大为集会准备了山果, 并作诗助兴。② 这次聚会, 周必大与许多好友重逢相叙。十月, 周必大亲自登门拜访胡铨, 见胡家园中菊花茂盛, 便以菊花为题作诗一首: "大杓亲分两玉瓶, 东篱手植万金英。荒园有酒愁无菊, 拟乞繁华助眼明。挥毫曾对沈郎花, 好事今同元亮家。看即槐庭满桃李, 霜枝留与野人夸。"③ 沈郎即南朝时博通群籍、擅长诗文的史学家沈约, 沈约曾隐居作诗编史, 元亮即东晋时辞官归隐的诗人陶渊明。周必大引此二人作喻前辈, 描绘出胡铨赋闲在家赏花作诗的悠然之情。轻松的诗句加深了两人的友情。随后, 他们跨越年龄界限④, 成为忘年交。十二月, 胡铨作为长辈亲自送酒给周必大, 并以酒婢的口吻作诗一首相娱。面对前贤的青睐, 周必大随即唱和道: "侍郎情所寄, 九酝屈杨枝。酿熟仍亲酌, 方成一段奇。"⑤ 乾道二年 (1166) 二月, 胡铨亲送羊羔酒给周必大, 周必大则作诗两首回赠。⑥

两人在诗文唱和中不断交流情感, 增进友谊。乾道三年 (1167) 十二月, 周必大从昆山回到庐陵, 胡铨不仅亲自迎接周必大, 并作诗相赠, 而且 "饭讫, 招季怀以小舟置酒, 同至值夏"⑦。胡铨将侄子招来一同陪周必大畅饮闲聊, 随后, 并邀周必大至家中。周必大十分感激前辈厚爱, 次韵道: "路逢驿使岭头回, 喜得新诗胜得梅。情似春风缲绿柳, 句如腊雪屑

---

① 周必大著, 王瑞来校证:《周必大集校证》卷 29《左承奉郎直敷文阁主管台州崇道观王公廷珪行状》, 上海古籍出版社 2020 年版, 第 443 页。

② 周必大著, 王瑞来校证:《周必大集校证》卷 3《胡季怀有诗约群从为秋泉之集辄以山果助筵戏作二迭》, 上海古籍出版社 2020 年版, 第 41 页。

③ 周必大著, 王瑞来校证:《周必大集校证》卷 3《访胡邦衡庭前四菊茂甚因赋二绝》, 上海古籍出版社 2020 年版, 第 41 页。

④ 胡铨 1102 年出生, 周必大 1126 年出生, 两人相差 24 岁。

⑤ 周必大著, 王瑞来校证:《周必大集校证》卷 3《胡邦衡送酒有酒婢之语次韵》, 上海古籍出版社 2020 年版, 第 43 页。

⑥ 周必大著, 王瑞来校证:《周必大集校证》卷 4《再赋羊羔酒》《二月十七日葛守钱倅出所和胡邦衡羊羔酒诗再次韵简二公》, 上海古籍出版社 2020 年版, 第 48 页。

⑦ 周必大著, 王瑞来校证:《周必大集校证》卷 169《泛舟游山录》, 上海古籍出版社 2020 年版, 第 2570 页。

韩瑰。秪今皇侧求贤席，底事公衔乐圣杯。台路六符行复焕，丹心一寸未应灰。"① 乾道四年（1168）八月，胡铨亲登周家，并将手植的金凤花送给周必大，周必大本答应作诗答谢前辈，但未及作完，又接到胡铨送来花香四溢的桂花，于是他便以此二花为题作诗回赠前辈，以答谢厚爱。② 十一月，他又受胡铨之邀到其家喝酒，两人不仅喝酒，还以胡家的丫鬟为题作诗唱和。③ 周必大和胡铨在庐陵闲居时成为亲密的忘年交，几乎无年不交往，甚至一年中多次往来，胡铨每年生日周必大都会及时送上祝福，一直到胡铨去世前一年。胡铨去世后，周必大又受胡铨儿子之请为前贤撰写神道碑，碑文中回忆了与前辈交往的点滴："某自少知慕公名德，隆兴初先后入两省，中间郊居从游几十年，已复递宿玉堂。凡公文行皆亲薰而炙之。铭其敢辞？"④

庆元年间，周必大和庐陵名士杨万里都致仕回到庐陵，关系非常亲密，被誉为庐陵"二大老"。后辈罗大经撰文记录了"二大老"晚年交往的片段："庆元间，周益公以宰相退休，杨诚斋以秘书监退休，实为吾邦二大老。益公尝访诚斋于南溪之上，留诗云'杨监全胜贺监家，赐湖岂比赐书华。回环自辟三三径，顷刻能开七七花。门外有田供伏腊，望中无处不烟霞。却惭下客非摩诘，无画无诗只漫夸。'诚斋和云'相国来临处士家，山间草木也光华。高轩行李能过李，小队寻花到浣花。留赠新诗光夺月，端令老子气成霞。味论藏去传贴厥，拈向田夫野老夸。'好事者绘以为图，诚斋题云'平叔曾过魏秀才，何如老子致元台。苍松白石青苔径，也不传呼宰相来。'"⑤ 从杨万里《诚斋集》和周必大《文忠集》中的相关诗文可以发现，绍熙（1190—1194）以后，两人可谓是亲密无间，不仅相

---

① 周必大著，王瑞来校证：《周必大集校证》卷 4《次韵胡邦衡相迎》，上海古籍出版社 2020 年版，第 54 页。

② 周必大著，王瑞来校证：《周必大集校证》卷 4《胡邦衡相过赏金凤许诗未送邦衡复作木犀会二花殆是的对偶成韵》，上海古籍出版社 2020 年版，第 56 页。

③ 周必大著，王瑞来校证：《周必大集校证》卷 4《邦衡置酒出小鬟予以官柳名之闻邦衡近买婢名野梅故以为对》，上海古籍出版社 2020 年版，第 57 页。

④ 周必大著，王瑞来校证：《周必大集校证》卷 30《资政殿学士赠通奉大夫胡忠简公神道碑》，上海古籍出版社 2020 年版，第 468 页。

⑤ 《鹤林玉露》乙编卷 5《二老相访》，第 210 页。

互走访频繁，而且唱和更密。有时杨万里到周必大平园走访，有时周必大到涩塘杨家拜访；① 两人对花木都很感兴趣，一起欣赏各自园中的牡丹、芍药、梅花、瑞香花；② 两人还不时相互送礼问候；③ 当然，两人还写诗唱和交流④，互写题跋等⑤，逢年过节还相互去信问候⑥。

南宋乾道、淳熙年间，许多庐陵青年才俊都与周必大交往密切。如他关心庐陵才俊王子俊，王子俊十七岁就写作了《历代史论》十篇，他呈给周必大看，周必大看后高度赞誉，称"淳熙中，余备数政府，故人刘子澄守衡，言布衣刘德老之才，孝庙亟命以官，食衡祠禄。因思予友王才臣，才学不啻德老，甚欲以名闻，顾念才臣春秋未甚高，犹当以科第进，遂不果。后归老里中，才臣犹在场屋，偶见孙从之跋其史论，为之怅然。才臣

① 周必大著，王瑞来校证：《周必大集校证》卷41《上已访杨廷秀赏牡丹于御书匾榜之斋其东园仅一亩为术者九名曰三三径意象绝新》《乙卯冬杨廷秀访平园即事》，上海古籍出版社2020年版，第605、612页；杨万里撰，辛更儒点校：《杨万里集笺校》卷41《后一日再宿城外野店夙兴入城谒益公》，中华书局2007年版，第2186页。

② 杨万里撰，辛更儒点校：《杨万里集笺校》卷38《赋益公平园牡丹白花青绿》《和益公见谢红都胜芍药之句》《益公和白花青绿牡丹王字韵诗再和以往》，中华书局2007年版，第1998—2000页；周必大著，王瑞来校证：《周必大集校证》卷41《杨廷秀秘监开万花川谷中洛花甚富乃用野人韵为鱼儿牡丹赋诗光荣多矣恶语叙谢》《中秋招王才臣赏梅花廷秀待制有诗次韵》，上海古籍出版社2020年版，第609、611页。周必大著，王瑞来校证：《周必大集校证》卷43《次韵杨廷秀待制瑞香花》，上海古籍出版社2020年版，第648—649页。

③ 杨万里撰，辛更儒点校：《杨万里集笺校》卷37《偶生得牛尾狸献诸丞相益公侑以长句》，中华书局2007年版，第1949页；杨万里撰，辛更儒点校：《杨万里集笺校》卷57《谢周丞相年节送一麝十兔》，中华书局2007年版，第2568页；杨万里撰，辛更儒点校：《杨万里集笺校》卷57《谢周丞相冬节送羊面》，中华书局2007年版，第2566页；杨万里撰，辛更儒点校：《杨万里集笺校》卷58《谢周丞相馈岁三物鸠獐驴肉》，中华书局2007年版，第2581页；周必大著，王瑞来校证：《周必大集校证》卷41《杨廷秀送牛尾狸侑以长句次韵》，上海古籍出版社2020年版，第617页。

④ 周必大著，王瑞来校证：《周必大集校证》卷41《茅山刘先生觉高士绘云琴图求诗次杨廷秀韵》《廷秀跋云琴图记高士被遇阜陵再赋小诗》《次韵杨廷秀待郎寄题朱氏渔然书院》《次韵廷秀待制寄题李纪风月无边楼》，上海古籍出版社2020年版，第614—615页。

⑤ 杨万里撰，辛更儒点校：《杨万里集笺校》卷37《题益公丞相天香堂》，中华书局2007年版，第1950页。周必大著，王瑞来校证：《周必大集校证》卷19《题杨廷秀浩斋记》卷49《跋杨廷秀石人峰长篇》、卷51《跋杨廷秀对月饮酒辞》，上海古籍出版社2020年版，第266、740、766页。

⑥ 杨万里撰，辛更儒点校：《杨万里集笺校》卷57《己未贺周益公年启》，中华书局2007年版，第2557页。杨万里撰，辛更儒点校：《杨万里集笺校》卷104《贺周丞相年》，第3900页；《文忠集》卷57载有周必大写给杨万里的书启二十封，其中贺冬、贺年启为多。

身虽益困而所养益厚，异时会当有知之者。予老矣，尚庶几及见之。"① 乾道九年（1173），家居庐陵的周必大写信鼓励和指导王子俊，他说："向从萧伯和得足下诗文一编，意谓他乡异世老于翰墨者之所作，不知近出州里而年方踰冠也。道中蒙携赘见过，议论殊高，笔势益翩翩，内顾不肖何以得此，徒愧感且自幸耳。还家日应俗事，未果奉书。罗永年来复勤问讯，喜承文履清佳，来岁且留兰溪否？科举不远，当俯为禄养计，其于著述初不相妨。山谷云'孝、友、忠、信，是此物之根本。'本既立则末皆应。岂以古文时文为间哉？"②

南宋庆元年间，周必大还在庐陵和两位齐年欧阳鈇、葛澡组织了5次"同甲会"，他们的目标是"岁讲同甲之会，月为贞（真）率之集"③。同时，庆元年间周必大还在庐陵组织一批青年才俊进行文献校勘工作，如绍熙二年（1191），他组织友人学生孙谦益、丁朝佐、曾三异等人一起校勘153卷的《欧阳文忠公集》，从绍熙二年（1191）春开始编校，直到庆元二年（1196）夏天才完成，历时五年多。嘉泰元年（1201）春，七十六岁高龄的周必大又组织士友校勘千卷本的《文苑英华》。周必大所组织的周氏家刻，不仅保存了卷帙巨大的图书，而且由于刻印精良，世称"庐陵三绝"④。胡适对周必大的图书校刻理论与实践给予了高度评价，称："后世校书的人，多不能有周必大那样一个退休宰相的势力来'遍求别本'，也没有他那种'实事是正，多闻阙疑'的精神，所以十三世纪以后，校勘学又衰歇了。"⑤

2. 临川士人群体：以陆九渊为中心

临川地区位处赣东盆地，为江南腹地，史载"临川古为奥壤，号曰名

① 周必大著，王瑞来校证：《周必大集校证》卷48《跋王才臣十史论》，上海古籍出版社2020年版，第728页。
② 周必大著，王瑞来校证：《周必大集校证》卷186《书稿一·王才臣子俊》，上海古籍出版社2020年版，第2832页。
③ 周必大著，王瑞来校证：《周必大集校证》卷72《葛先生澡墓志铭》，上海古籍出版社2020年版，第1054页。
④ 杨晏平：《宋代的江西刻书》，《文献》1996年第3期。
⑤ 胡适：《校勘学方法论——序陈垣先生〈元典章校补释例〉》，《胡适全集（四）》，第155页。

区，翳野农桑，俯津阛闬，北接江湖之脉，贾货骈肩，南冲岭峤之支，豪华接袂"①。从地势上看，临川三面环山故而能够自守，一面临水故而易于外联，同时，临川土地宽阔，雨量充足，山林富而舟辑便，尤其是在历史上，临川远离战争，无兵资之掠夺。史载临川"周巡六百里，林奇谷秀，则鹤岭牛山无以加，水绕山环，则洞庭阪泽不足比，人繁土沃，桑耕有秋"②。因此，良好的自然地理条件和经济发展基础，非常利于农业生产的开发和学子的读书仕进。③

临川自古被誉为"物华天宝，人杰地灵"。唐代王勃《滕王阁序》中有"邺水朱华，光照临川之笔"的赞叹。南宋临川文人谢逸《临川集咏序》云："临川在江西虽小邦，然濒汝水为城，而灵谷、铜陵诸峰环列如屏障，四顾可挹。昔有王右军、谢康乐、颜鲁公之为太守，故其俗风流儒雅，喜事而尚气。有晏元献、王文公之为乡人，故其党乐读书而好文辞，皆知尊礼搢绅士大夫。自古及今，游是邦者不知其几人矣，皆湮灭无闻，独形于篇首者，可考而知也。郡人郑彦国得其诗数百首，编为五卷，名之曰临川集咏。后之君子欲知此邦山川之胜，风物之美，不必登临周览，展卷可知也。"④ 宋代祝穆编撰的《方舆胜览》对临川的介绍是："其民乐于耕桑。其俗风流儒雅。溪堂云：'昔有右军（王羲之）、康乐（谢灵运）、鲁公（颜真卿）为之守，故云云，喜士而乐气节。'乐读书而好文词。溪堂云：'有晏元献（晏殊）、王文公（王安石）为之乡人，故其人云云。'人物盛多。'周洪道（周必大）进士题辞曰，此邦非特地大人庶而云云，若元献（晏殊）之进贤好善，荆公（王安石）之文学行谊，南丰（曾巩）之主盟斯文，汪公革（汪革）以奇才冠南省，陈公孺（陈孺）以版授逊大

---

① 张保和：《唐抚州罗城记》，载董诰等编《全唐文》卷819，山西教育出版社2002年版，第5078页。

② 刁尚能：《唐南康太守汝南公新栅抚州南城县罗城记》，载董诰等编《全唐文》卷819，山西教育出版社2002年版，第5077页。

③ 史载临川"地无分乡城，家无贫富，其子弟无不学，诗书之声，尽室皆然"。见同治《临川县志》卷12"地理志"。

④ 上官涛校勘：《〈溪堂集〉〈珠友集〉校勘》，《溪堂集》卷7《临川集咏序》，中山大学出版社2011年版，第126—127页。

魁，皆后来所当思齐者.'"① 历史上很多名贤在临川任职，如王羲之曾经担任过临川内史，谢灵运担任过临川内史，颜真卿担任过临川刺史，还有杜佑、戴叔伦等都担任过临川的主官。

这些历代名士到临川任职主政，极大地提升了临川的文风，带动了临川文化的发展，最直接的体现便是，此后临川人才辈出，如晏殊，王安石，曾巩，汪革，陈孺等，都是各个领域的杰出代表。明代《江西舆地图说》称抚州府"风俗淳庞，士操节气，耕桑四野，冠冕一路，盛矣……惟是弦歌机杼声，犹达乎四境属耳，文昌堰合，人以为祥。盖自王介甫（王安石）文章风概，陆子静（陆九渊）道学英明，迄于今士君子之厉节持论者，翩翩流韵弗泯哉。……山川环筈，水洁而浅。故气高好胜多情慷，质美好文而少才蓄"②。清代《临川县志》云："临川灵谷铜陵诸峰，环列于屏障，其俗风流儒雅，喜事而尚气，有晏元献（晏殊）、王文公（王安石）为之乡人，故其人乐读书而好文辞。"③

临川人才辈出，他们多以群体形式展现在历史舞台上。士人家族群体现象非常明显，如临川的晏殊、晏几道、晏敦复祖孙三代，南丰曾致尧、曾易占、曾巩、曾布、曾肇祖孙三代，临川王益、王安石、王安礼、王安国、王雱的王氏家族，金溪陆九韶，陆九龄，陆九渊家族，宜黄乐璋，乐史，乐黄裳、乐黄中、乐黄目、乐黄庭等祖孙四代12个进士……这些足以说明宋代临川士人形成了较为突出的地域文化群体，当然这也是宋代临川文化教育发达的重要体现。

在南宋临川士人群体中，以陆九渊为中心的士人学术群④最有代表性。金溪陆氏家族在陆九渊之前的一百多年间，未出现较有名气出仕为官者。到陆九渊父亲陆贺时，家中只有十几亩田地，多依靠其长子陆九叙开中药铺维持生活。虽贫穷破落，但陆氏家族以严密的族规宗法，维系着六代聚

①　祝穆撰，施和金点校：《方舆胜览》，中华书局2016年版，第372—373页。
②　赵秉忠撰：《江西舆地图说》，景印元明善本丛书本。
③　同治《临川县志》卷12《地理志》。
④　关于南宋江西士人学术群体内容，上一节已有一定介绍，本节主要论述以陆九渊为中心的士人地域性群体问题，主要基于临川地区的论述。

族而居的习惯，被人称为"青田义居"。陆贺生有六个儿子，即九思、九叙、九皋、九韶、九龄、九渊，其中以九韶、九龄、九渊三兄弟尤为著名，人称"金溪三陆"，陆九韶虽博学多才，但不愿入仕，隐居家乡梭山钻研学问，人称"梭山先生"。陆九渊仕宦也不显赫，乾道间进士，官至知荆门军，但却是一个大哲学家、大教育家，其所创心学流派，影响元明清诸代。陆九龄，乾道五年（1169）进士，一生仅任军、州学教授。但人品高洁，学问精深，朱熹称其"德义风流夙所称"，时人誉其为"海内儒宗"，学者称"复斋先生"。清代学者全祖望指出："三陆子之学，梭山启之，复斋昌之，象山成之。梭山是一朴实头地人，其言皆切近，有补于日用。复斋却尝从襄陵许氏入手，喜为讨论之学。《宋史》但言复斋与象山'和而不同'，考之包恢之言，则梭山亦然。今不尽传，其可惜也。"①

南宋乾道、淳熙年间，陆九渊在家乡金溪的槐堂及江西信州贵溪的象山聚徒讲学，宣传自己的理学思想。同时，他也追求在自由论辩中去形成和阐发学术主张。可以说，他的学术思想是立足于南宋社会现实的产物。陆九渊在南宋临川的学术影响，一方面体现在他与当时的著名理学大家，如朱熹，吕祖谦等人的学术交往上，这些高层次的学术交往极大地带动了地域学术的发展。另一方面体现在他的授徒传教上，创办书院培养学生直接推动了临川地域中颇具影响力的士人学术群体的形成。

众所周知，陆九渊所创立的心学和朱熹的闽学在当时处于鼎立之势。当时他的声望与闽北的朱熹、浙东的吕祖谦是并立鼎峙的，他们三位理学家在当时士人中的影响十分深远。就朱熹和陆九渊的学术思想而言，陆朱思想是齐头并进的，既有相同之处，又有差异之点，在当时起到了共扶纲常仁义，共襄时政世俗的作用。在中国思想史上，朱熹与陆九渊的交往最

---

① 黄宗羲撰，沈善洪主编：《黄宗羲全集（五）·宋元学案》卷57《梭山复斋学案》，浙江古籍出版社1992年版，第249页。

为世人所熟知，尤其是淳熙二年五月十六日，在吕祖谦的协助下，朱熹、蔡元定、何镐、詹体仁、范念德、徐宋臣一行师友弟子从福建建阳的寒泉出发，前往江西铅山鹅湖寺会见陆九渊、陆九龄兄弟，史称"鹅湖之会"。朱熹、吕祖谦等人经过大约十二天的路程，五月二十八抵达铅山鹅湖寺。陆九渊、陆九龄则从江西的贵溪带领朱桴、朱泰卿、傅一飞、邹斌等弟子赴铅山与会。同时，两人的这次相会得到了地方官员的认可，附近的饶州知州詹仪之，临川知州赵景明也都与会，他们还邀约当时江西的文化名流刘清之、赵景昭一起参加此次盛会。①

这次盛会朱熹陆九渊各持己见，据参加鹅湖之会的陆氏弟子朱泰卿后来说："鹅湖之会，论及教人。元晦之意，欲令人泛观博览，而后归之约。二陆之意，欲先发明人之本也，而后使之博览。朱以陆之教人为太简，陆以朱之教人为支离，此颇不合。先生更欲与元晦辩，为尧舜之前何书可读？复斋（陆九龄）止之。赵（赵景明）、刘（刘清之）诸公拱听而已。先发明之说，未可厚诬，元晦见二诗不平，似不能无我。"② 陆九渊和朱熹的性格都是比较刚硬，尤其朱熹更善于辩，于是两位大学者在鹅湖之会上激辩不已，难分高下。不过，从相关史料来看，朱熹和陆九渊两人的争辩主要是针对理学问题，在鹅湖之会上，朱熹和陆九渊思想从理学的歧异中渐趋缓和。第四天开始，这次会谈的气氛变得缓和了许多，朱熹、陆九渊所带过去的一帮弟子们开始自由地相互讨论。所以，朱熹和陆九渊在鹅湖之会中既有论辩，也有相互取长补短，或者可以说，他们两人是在比较和缓的环境下进行友好的学术交锋，各抒己见，不涉及人身攻讦。

陆九渊和朱熹在这次相会之后，两人的关系慢慢发生了改变，淳熙四

---

① 关于这次盛会的情况，前一节谈南宋江西士人学术群体时已有提及，此不赘述。有关鹅湖之会的研究，目力所见，从 1961 年潘富恩《论"鹅湖之会"》（《学术月刊》1961 年第 7 期）开始，到目前专文研究已达 40 余篇。另 2005 年，在江西省上饶市铅山县召开了纪念朱陆鹅湖之会 830 周年学术研讨会，2015 年，在江西省上饶市召开了"尊德性与道问学：纪念朱陆鹅湖之会 840 周年学术研讨会"，数十位专家就"鹅湖之会"情况及意义等做了详尽阐述。

② 陆九渊著，钟哲点校：《陆九渊集》卷 36《陆九渊年谱》，中华书局 1980 年版，第491 页。

年（1177），陆九渊之兄陆九龄专门写信给朱熹，向他请教儒家礼制的问题。淳熙五年（1178），陆九渊、陆九龄兄弟又两次写信给朱熹，"自讼前日偏见之说"①。淳熙五年秋，陆氏高徒刘淳叟中进士第回乡之际，经吕祖谦的引荐，到福建崇安拜访朱熹，并与朱熹讲论数天。应该说，这是陆门子弟第一次拜访朱熹并向朱熹进行请教。淳熙六年（1179），朱熹赴任南康军，途中寓居在信州铅山的观音寺，陆九龄听闻后，便带领弟子刘淳叟前去拜访，他们与朱熹在铅山的观音寺相谈三天。由此可见，经过鹅湖之会后，朱熹和陆氏兄弟的个人关系得到了改善。

淳熙八年（1181），受南康军知军朱熹的邀请，陆九渊带领朱克家、陆麟之、熊鉴、周清叟、胥训实、路谦亨等弟子从金溪前往南康军的白鹿洞书院拜访朱熹。有了前面良好的交往基础和前期铺垫，加之又是朱熹作为地方主官、白鹿洞山长亲自邀请陆九渊前往，所以朱熹与陆九渊白鹿洞相会实现了前所未有的和谐融洽氛围。陆九渊兄长陆九龄在淳熙七年（1180）去世，此次陆九渊特意请朱熹为其兄长陆九龄撰写墓志铭。同时，在南康，朱熹还邀请陆九渊及其弟子一起同游落星湖和庐山。对于此次相会同游，朱熹非常看重，他曾说："自有宇宙来，已有此溪山，还有此佳客否？"②当然，此次陆九渊白鹿洞书院之行的最重要任务是受朱熹邀请为书院的学生讲学，陆九渊主讲的主题是"义利之辨"，从后来的记载看，陆九渊此次的讲课，不仅让白鹿洞书院学生感受深刻，而且朱熹也给予了高度评价，"熹当与诸生共守，以无忘陆先生之训"③。为了将这次演讲稿传之后世，以广流传，以垂永远，朱子命人将这篇《白鹿洞书堂讲义》刻之于石，并亲自为之作了跋言。

陆九渊的象山学派经历了一个逐渐成长的过程。乾道八年（1171），

---

① 朱熹撰、朱杰人、严佐之、刘永翔主编：《朱子全书》，《晦庵先生朱文公文集》卷34《答吕伯巧》，上海古籍出版社2002年版，第1476页。

② 陆九渊著，钟哲点校：《陆九渊集》卷36《陆九渊年谱》，中华书局1980年版，第492页。

③ 陆九渊著，钟哲点校：《陆九渊集》卷36《陆九渊年谱》，中华书局1980年版，第492页。

陆九渊从江西赶往临安参加省试，由于其出色的表现，受到了主考官吕祖谦的赏识，由此声名远播。但是此次陆九渊并未能如愿中进士第，于是他从临安回到家乡江西金溪，将故居东偏房的槐堂辟为讲堂，开始广招四方学子，授徒讲学。他在临安得到大学者吕祖谦的首肯后，声名远播，陈刚、傅梦泉、邓文范、朱济道、朱亨道、周伯熊、颜子坚、舒西美等青年学子纷纷前来求教，这批学子就是此后"槐堂诸儒"中的最早一批中坚力量。陆九渊的博学吸引了大批士子，其授徒教学的影响也逐渐扩大，由金溪扩展到周边的临川，再由临川扩展到信州、饶州，并很快扩展到两浙，如两浙路永嘉地区的徐谊、蔡幼学也赶往槐堂学习，甚至浙东地区的杨简、石崇昭、诸葛诚之、胡拱、高宗商、孙应时等青年学子也纷纷前往金溪求教。淳熙十四年（1187）春，陆九渊结束在朝为官（敕令所删定官）的生涯后又回到了家乡，金溪学者得知他回来后，四面辐臻而至，请他在县城讲学，乡里长老也相随旁听，每次开讲，听众不下二三百人。不久，陆九渊受弟子彭兴宗（字世昌，金溪人）的邀请到贵溪应天山讲学，诸生从各地"裹粮"而来，结庐而居，大家"聚粮相迎"。于是他在贵溪应天山创设精舍，招收学子。这个由象山先生开设的精舍，无论在规模上，还是在影响上，都要远远大于乾道年间在金溪所开设的槐堂书堂，因此象山精舍也被称为"象山书院"。象山先生在书院的教学影响非常之大，史载"先生既归，学者霜栖愈盛，虽乡曲长老亦俯首听诲""每诣城邑，环坐率一二百人，至不能容，徙寺观。县大夫为设讲坐于学宫，听者贵贱老少，溢塞途巷，从游之盛，未见有此。""居山五年，阅其簿，来见者逾数千人。"①

当时，陆九渊不仅在地方为官获得了出色治绩，尤其是在荆州时的善政获得了诸多的好评②，而且陆九渊良好的治家风范，使其在临川地域，

---

① 陆九渊著，钟哲点校：《陆九渊集》卷36《陆九渊年谱》，中华书局1980年版，第493页。

② 当时的宰相周必大称赞陆九渊"荆门之政，为躬行之效"。见脱脱等：《宋史》卷434《陆九渊传》，中华书局1977年版，第10055页。

甚至在临川以外的区域受到了良好的反响。总之，陆九渊在南宋乾道、淳熙年间，在家乡金溪和贵溪，通过创设槐堂精舍和象山书院，授徒讲学，宣传了自己的学术主张，培养了一大批陆门学子，从而逐渐形成临川地域的士人群体。甚至可以说，这个以陆九渊为中心的临川士人学术群体所产生的社会影响不断超出临川，超出江西，甚至扩及赣闽浙毗邻的广大区域。①

---

① 游姝琪：《南宋闽浙赣毗邻区域理学核心区研究》，博士学位论文，福建师范大学，2014 年。

第三章　南宋江西士人社群的构建

　　人类社会中的任何个人不仅是以群体成员身份出现的，而且是处在一定的人际关系之中。正是在社会交往、群体互动中，个体才形成其一定的思想观念①。宋人称："古之言天下达道者，曰君臣也，父子也，夫妇也，兄弟也，朋友之交也。五者各以其义行而人伦立，五者义废，则人伦亦从而亡矣。然而父子、兄弟之亲，天性之自然者也。夫妇之合，以人情而然者也。君臣之从，以众心而然者也。是虽欲自废，而理势持之，何能斩也？惟朋友者，举天下之人莫不可同，亦举天下之人莫不可异。同异在我，则义安所卒归乎？是其渐废之所繇也。"② 对于宋代士人来说，他们不管是在官场为政，还是在江湖为民，不管是奔走于外，还是委身地方，他们的身份认同和文化展现，都是在群体交往互动中实现的。本节即主要关注南宋江西士人在地域社会中如何通过家族姻亲，地缘身份和业缘纽带等方式来构建起群体的？从而形成稳定的、颇具影响的地方士人社群。

---

　　① 见王兆鹏《宋南渡词人群体研究》，凤凰出版社 2009 年版，第 9 页。梅新林在《中国文学地理学导论》中对文人群体的研究这样定位："文人群体的整体地域流向，总是围绕不同级次的城市轴心，从外邑流向都城，从边缘流向中心。其中最重要的是由求学、应举、仕进、授业构成的向心型的地域流向，主要表现为以向心力为动力的正向运动；二是由隐逸、贬流构成的离心型的地域流向，主要表现为以离心力为动力的逆向运动；三是由游历、迁居构成的交互型的地域流向，主要表现为以向心—离心力为合成动力的交互运动。以上三者，以前者为主导，以后二者为辅助，在极化—扩散的对流与互动中，不断打破旧的平衡，建立新的平衡，文人群体也因此而历经不同的排列组合，然后逐步成长为不同的文学社团与文学流派。"见梅新林著《中国文学地理形态与演变》，上海人民出版社 2014 年版，第 13 页。
　　② 脱脱等：《宋史》卷 432《儒林二》，中华书局 1977 年版，第 12843 页。

第一节　士人社群构建之因缘

一　家族姻亲

我们知道，中国传统时代维持社会稳定的一个重要基础就是氏族血缘在家族和基层社会中得以长期延续并成为强烈的力量……虽然后来进入到阶级社会，经济政治制度经历了各种形式的变迁，但以血缘宗法为纽带，农业家庭小生产为基础的社会生活和社会结构，却很少变动。古老的氏族传统的遗风余俗、观念习惯长期地保存、积累下来，成为一种极为强固的文化结构和心理力量。[①] 因此，以血缘为纽带的群体结合方式是中华文化生生不息的重要基础，士人的群体构成也承袭着这一重要的方式。从文献记载看，南宋江西士人群体的聚集突出地体现在家族的血缘集聚和联姻集聚两种方式。

（一）家族集群

宋代江西文化的突出特色是涌现了一批又一批的士人，他们有的在中央产生着重要影响，有的对地方做出重要贡献。更为突出的是，他们能够结成群体，产生更大的作用。士人集群的重要特征在于士人通过最基本的血缘与姻亲组成士人家族群体。有学者指出，在宋代江西聚集了诸多士人文化家族群体，如以鄱阳湖信江流域为主轴的饶州士人家族，以抚河、盱江为一线的临川士人家族，以吉泰盆地为范围的庐陵士人家族，以赣江鄱阳湖相夹的洪州士人家族。[②] 这个分析还是比较准确的。

北宋时期江西家族中的"三曾"现象就受学界关注颇多。清人钱大昕说："宋时江西有三曾，皆衣冠之族，楼大防《送无玷寺承知池州》诗云：'我朝衣冠盛，名家数三曾。南丰暨赣川，后起参温陵。迩来螺川族，駪駪著簪缨'。南丰之曾，显于东都，至子固（曾巩）兄弟名益盛，子宣

---

① 李泽厚：《中国古代思想史论》，安徽文艺出版社 1994 年版，第 297 页。
② 虞文霞、王河：《宋代江西文化史》，江西人民出版社 2012 年版，第 69 页。

（曾布）遂至宰相，赣川之曾，则茶山（曾几）与其兄开，皆南渡侍从。庐陵之曾，则三复、三聘，宋史皆有传。所谓螺川族也。"① 这里的"三曾"，有北宋临川的曾巩、曾布、曾肇等②；有南宋赣州（今江西赣县）的曾几、曾弼、曾懋，曾几还是陆游的老师③；还有南宋庐陵的曾三复，曾三聘以及曾三异，都是知名于当时的学者。

"三曾"这样的士人家族，在宋代江西还有很多，如大家所熟知的临川晏氏家族的晏殊、晏几道、晏敦复祖孙三代，临川王氏家族的王益、王安石、王安礼、王安国、王雱祖孙三代，鄱阳洪氏家族的"四洪"洪皓、洪遵、洪适、洪迈父子，金溪陆氏家族的"三陆"陆九渊、陆九韶、陆九龄兄弟，临江孔氏家族的"三孔"孔武仲、孔文仲、孔平仲兄弟，洪州洪氏家族的"四洪"洪朋、洪刍、洪炎、洪羽兄弟，鄱阳汤氏家族的"三汤"汤巾、汤千、汤中兄弟……等。可以说，类似上述这样的家族现象在宋代各州军均有出现，是十分普遍的现象，足以说明宋代江西士人的家族集聚特色。

1. 临川晏氏家族的士人集聚

众所周知，传统时代家族的传续主要靠士人不断培养子弟，使家族内部的子弟能够在不同的行业领域产生影响。宋代江西士人家族许多都是从北宋开始兴盛，然后延续到南宋。如临川的晏氏家族，自晏殊高祖晏墉开始从北方迁入江西后，晏氏家族逐渐根深叶茂。晏墉，唐代咸通年间（860—874）中进士，后任职江西，并在此终老，晏氏家族自此占籍高安。晏殊的高祖延昌，又从高安迁至临川。到晏殊这一代时，晏氏家族开始有人在朝廷崭露头角，晏殊"七岁能属文，景德初，张知白安抚江南，以神

---

① 钱大昕：《石刻铺叙》，载《十驾斋养新录》卷14，上海书店1983年版。

② 事实上，南丰的曾氏，人们习惯称曾巩、曾肇、曾布、曾纡、曾纮、曾协、曾敦七人为"南丰七曾"。

③ 陆游为曾几撰写墓志铭，称其"治经学道之余，发于文章，雅正纯粹，而诗尤工。以杜甫、黄庭坚为宗，推而上之，由黄初、建安，以极于《离骚》《雅》《颂》、虞夏之际。初与端明殿学士徐俯、中书舍人韩驹、吕本中游，诸公继没，公岿然独存，道学既为儒者宗，而诗益高，遂擅天下。"见孔凡礼、齐治平编《古典文学研究资料汇编》（陆游卷），中华书局1962年版，第407页。

童荐之。帝召殊与进士千余人并试廷中，殊神气不慑，援笔立成。帝嘉赏，赐同进士出身。后二日，复试诗、赋、论，殊奏：'臣尝私习此赋，请试他题。'帝爱其不欺，既成，数称善。"晏殊经宋真宗面试中童子举，被赐同进士出身，后任官至宰相，"拜集贤殿学士、同平章事，兼枢密使。"晏殊为人谦和，在朝结交了很多知名人士，"平居好贤，当世知名之士，如范仲淹、孔道辅皆出其门。及为相，益务进贤材，而仲淹与韩琦、富弼皆进用，至于台阁，多一时之贤"①。晏殊的弟弟晏颖，"幼能文，东封岁（大中祥符四年，1011），尝献文业。至是殊病，帝（真宗）遣中使张怀德挟医视之，因索颖文稿，颖献十卷，帝甚嘉奖，以示辅臣，尤赏其《宫沼瑞龟赋》。俄召至便殿，试三题而命焉"②。真宗赐晏颖进士出身，官奉礼郎。

晏殊长子晏居厚，字德茂，官大理评事，秘书省正字，早卒。据《东南晏氏重修宗谱·临川沙河世系》记载，其于景祐元年（1034）曾随父侍亳州，并作《瑞麦赋》，今已不存。由此可知，晏居厚不仅入仕从政，而且也能为文。晏殊次子晏承裕，字仲容，为宰相富弼的妻弟。康定二年（1041）赐进士出身，曾任同知太常礼院。晏殊第四子晏崇让，登皇祐元年（1049）进士。熙宁四年（1071）为江南东路提点刑狱并兼提举本路盐事，后知苏州、泽州、晋州、颍州等地。王安石称其："尔名臣之子，行义修伤，能以艺文自奋，而于职事有劳。"③晏殊第七子晏几道最为世人熟知，字叔原，号小山。晏几道善于作词，黄庭坚称："乃独弄于乐府之余，而寓以诗人句法，清壮顿挫，能动摇人心，士大夫传之，以为有临淄之风尔，罕能味其言也。""至其乐府，可谓狭邪之大雅，豪士之鼓吹，其合者，《高唐》《洛神》之流；其下者，岂减《桃叶》《团扇》哉？"④宋人陈振孙云："其（晏几道）词在诸名胜中，独可

① 脱脱等：《宋史》卷311《晏殊传》，中华书局1977年版，第10195—10197页。
② 唐红卫、李光翠、阳海燕：《二晏年谱长编》，南开大学出版社2016年版，第60页。
③ 王安石：《临川先生文集》，中华书局1959年版，第538页。
④ 黄庭坚著，刘琳点校：《黄庭坚全集·正集》《小山集序》，四川大学出版社2001年版，第413页。

追通《花间》，高处或过之。其为人虽纵弛不羁，而不苟求进，尚气磊落，未可贬也。"①

晏殊的孙辈中著名的有晏防，字宗武，他是晏殊哥哥晏磁的孙子。他母亲是王安石夫人的妹妹，所以晏防从小就跟随王安石学习，他的名字"防"也是王安石给他取的，"幼从荆国王文公学，文公名之曰'防'，防既长，又以'宗武'字之，言若《泣澳》所美卫武公，能以礼自防者乃可宗也。文公之期宗武，可谓远也已矣。宗武虽生于大丞相元献公之家，而世其皇考中散之禄，然朴茂温恭，如山林布衣之士，庶几能践文公之言矣"②。到晏殊曾孙辈中著名的有晏敦复，字景初，"少学于程颐，颐奇之，第进士（登大观三年进士）"③。"（晏敦复）为御史台检法官。绍兴初，大臣荐，召试馆职，不就。特命祠部郎官，迁吏部，以守法忤吕颐浩，出知贵溪县。会有为敦复直其事者，改通判临江军，召为吏部郎官、左司谏、权给事中，为中书门下省检正诸房公事。……敦复静默如不能言，立朝论事无所避。帝尝谓之曰：'卿鲠峭敢言，可谓无忝尔祖矣。'"④ 晏殊的六世孙中著名的有晏垚，登开庆元年（1259）进士。黄震于《兼江西提举举官告天文》中称其"系先朝丞相元献公晏殊六世孙，今为孤寒，自擢科第，蔚有文墨，且明吏事，使之从事，必能尽赞画之职者也"⑤。

由此可见，临川的晏殊家族，自唐代入迁江西后，不断发展壮大。入宋后，家族开始发达，尤其是从晏殊开始，不断有人通过科举、任荫等方式进入仕途，形成了家族在政治上、在地方上的人才集聚和延续。我们看到，他们还辅之以联姻的方式，借以壮大和延续家族的势力。

2. 庐陵杨氏家族的士人集聚

宋代庐陵的杨万里家族亦是从北宋就开始兴盛，到南宋时家族更加兴旺，所以杨万里在给家族成员的文集作序时说："吾族杨氏，自国初

① 晏殊、晏几道：《晏殊词集 晏几道词集》，上海古籍出版社2016年版，第234页。
② 唐红卫、李光翠、阳海燕：《二晏年谱长编》，南开大学出版社2016年版，第363页。
③ 唐红卫、李光翠、阳海燕：《二晏年谱长编》，南开大学出版社2016年版，第364页。
④ 脱脱等：《宋史》卷381《晏敦复传》，中华书局1977年版，第11737—11739页。
⑤ 黄震：《黄氏日抄》卷94，文渊阁四库全书本。

至于今，以文学登甲乙者，凡十有一人，前辈之闻者曰屯田公、中奉公。仁宗皇帝尝题殿柱云'杨丕之廉谨'者，即屯田公也。中奉公宰杭之仁和县，是时天下惟知有蔡太师，从之者富贵可曲肱取也。忤者不死则黜则屈则窒。蔡氏之门，有老尼居仁和，攘细民土田，讼久不决。公杖尼，以田畀民流落者。以此自屯田公、中奉公之后至忠襄公，以死节倡一世。于是杨氏之人物，不为天下第二。"① 杨万里在另一篇题为《诚斋题品诸杨诗》中云："吾族前辈讳存，字正叟，讳朴，字元素，讳杞，字符卿，讳辅世，字昌英，皆能诗。元卿年十八第进士，其叔正叟贺之云'月中丹桂输先手，镜里朱颜正后生'。吾乡民俗稻未熟，摘而蒸之，舂以为米，其饭绝香。元素有诗云'和露摘残云浅碧，带香炊出玉轻黄'。余先太中贫，常作小茅屋三间，而未有门扉，于元卿求一扉，元卿以绝句送至，云'三间茅屋独家村，风雨萧萧可断魂。旧日相如犹有壁，如今无壁更无门。'"② 由此可见，庐陵杨氏从北宋开始，已经诞生出了不少有名望的士人，而且很多都是在当时产生了重大影响的，如仁宗亲自表彰的杨丕，敢于得罪蔡京的杨存，尤其是以死守节的建康通判杨邦乂。③

庐陵杨氏源出于陕西弘农杨氏，五代时迁居江南，南唐时迁居庐陵。据杨万里《中奉大夫通判洪州杨公墓表》记载，庐陵杨氏"出晋武公子伯侨，伯侨四世孙叔向，族号羊舌氏。食采于杨，生食我，以邑为氏，其后居华阴。在战国者曰章，章生镵，为秦卿。后四世曰喜，仕汉祖，封赤泉侯。十一世曰震。至唐曰绾，曰嗣复，曰汝士，曰虞卿。虞卿之孙承休，天祐元年以刑部外郎使吴越。杨行密乱，不得归，遂家江南。六世曰辂，

---

① 杨万里撰，辛更儒笺校：《杨万里集笺校》卷78《鳟堂先生杨公文集序》，中华书局2007年版，第3187页。

② 魏庆之撰：《诗人玉屑》卷2《诚斋题品诸杨诗》，文渊阁四库全书本。

③ 杨万里曾记载："惟我大江之西，有一族而叔侄同年者，一时艳之，以为盛事。若予与故叔父麻阳令讳辅世是也。有一家从兄弟同年者，若予族叔祖忠襄公之二孙曰炎正，曰梦信是也。"见杨万里撰，辛更儒笺校《杨万里集笺校》卷76《静庵记》，中华书局2007年版，第3141页。

仕南唐，徙家庐陵"①。从杨万里的记载可见，杨氏历史上人才辈出，庐陵杨氏肇起于南唐杨辂。杨辂的儿子杨铤，担任过海昏县令②，这是北宋士人杨存的六世祖，杨存的曾祖杨戬，祖父杨伦，父亲杨郊"皆潜德不仕"③。由此可知，杨存的祖先自从南唐时期的杨铤担任过县令，此后，其曾祖、祖父和父亲都没有担任过官职，直到北宋时期，庐陵杨氏才又重新走进仕途。杨万里对杨存这样记载道："公幼，日诵数千言，未十岁能属文，既冠，第元丰八年进士。"④ 杨存中进士后开始了他的仕宦生涯，他先后担任过郴县县尉，袁州司理参军，广州南海县尉，循州长乐县令，知河中府猗氏县，知杭州仁和县等职。靖康元年（1126）七月，钦宗皇帝恩加杨存朝议大夫，八月，杨存致仕，回到老家吉水县涩塘里的故居。高宗皇帝登极，恩加中奉大夫，赐金紫。当时"长乐，二广穷处也，士不知学"，杨存担任县令后"首延士子，修学校，与诸生行乡饮酒礼，民风一变，声最诸邑。"在杭州任职时，"公治整以暇，与文士登临赋诗，为一时绝唱，号诗将军"⑤。他致仕后退居老家，"口不道朝廷事，手不染州县牍"⑥，受到大家的交口称赞。

杨存之后，庐陵杨氏又出了一个彪炳史册的杰出人物，即杨邦乂，他比杨存小 28 岁，是杨存的侄辈。据杨万里《宋故赠中大夫徽猷阁待制谥忠襄杨公行状》记载，杨邦乂的曾祖，祖父都是未仕进之人，杨邦乂父亲杨同中进士第后，担任潭州司户参军，但"未终更而早世"，杨邦乂从小刻苦自立，后在太学求学七年，"苦心嗜学，言行忠敬，必以古人自励。

---

① 杨万里撰，辛更儒笺校：《杨万里集笺校》卷 122《中奉大夫通判洪州杨公墓表》，中华书局 2007 年版，第 4717 页。

② 海昏县在今江西省北部，范围大致包括今天南昌市新建区北部、永修县、安义县、武宁县、靖安县、奉新县。详见王子今"'海昏'名义考"，《中国史研究动态》2016 年第 2 期。

③ 杨万里撰，辛更儒笺校：《杨万里集笺校》卷 122《中奉大夫通判洪州杨公墓表》，中华书局 2007 年版，第 4717 页。

④ 杨万里撰，辛更儒笺校：《杨万里集笺校》卷 122《中奉大夫通判洪州杨公墓表》，中华书局 2007 年版，第 4718 页。

⑤ 杨万里撰，辛更儒笺校：《杨万里集笺校》卷 122《中奉大夫通判洪州杨公墓表》，中华书局 2007 年版，第 4718 页。

⑥ 杨万里撰，辛更儒笺校：《杨万里集笺校》卷 122《中奉大夫通判洪州杨公墓表》，中华书局 2007 年版，第 4719 页。

政和乙未，以上舍生解褐赐第"①。此后，杨邦乂担任过婺源县尉、蕲州州学教授、庐州州学教授、南京宗子博士、建康府府学教授和溧阳知县等官，最后担任通判建康府兼提领沿江措置使司公事。

杨邦乂在担任建康府通判期间，当时的建康府留守杜充见金兵南侵，"悉师出下水门，乘舟以遁。金陵空无守备，知军府事陈邦光柔怯不足赖。是日，父老惊惧，拥邦光出城，迎拜虏前，亦强公以行。公至街桥，大呼曰'我岂为降虏者?'欲赴水，父老救免。既至虏营，邦光以下皆拜愿降，公独僵卧不起。"金兵通过多种途径劝说杨邦乂投降，"遣所降官属劝降""复遣所亲厚者说之"，甚至还用家庭亲情来劝说杨邦乂，"公故贫者，有兄垂老，仰分禄，寡嫂孤侄远来就养，五子尚幼，一女未嫁。今去乡数千里，妻孥皆无所于寄，宁不念此?"②杨邦乂的回答是"兹人之常情，吾独无情乎? 家国事不两立，吾计决矣，愿无费辞。"并且对陈邦光的投降行为破口大骂："尔以从臣守藩，临难不能死，甘心屈膝犬豕，苟生，复几何时? 使人人效尔，则朝廷何赖?"最后，金国的四太子第三次来劝降杨邦乂时，杨邦乂又对其破口大骂："我既食赵氏禄，终不负国。汝夷狄，岂是真天子? 乃使我从汝? 国家何负汝? 而敢肆凶残，吾恨未剑汝颈! 吾岂为死怖耶!"③金人使尽各种办法，见杨邦乂誓死不降，于是在建炎三年（1129）十一月二十七日"剖腹取其心"。

杨邦乂忠直的品格对庐陵杨氏后代产生深远影响。杨邦乂的族弟杨杞听闻哥哥为国捐躯，"实经理忠襄之家而收恤其孤以归"，当时的士大夫看到杨邦乂兄弟行为后，都钦佩道："兄忠于国，弟忠于兄。"杨杞和族兄杨邦乂从小就一同在家乡的云际寺读书，每相互勉励曰："爵禄不必力取，当力取名节耳。"杨杞后来中政和二年（1112）进士，曾担任池州贵池县知县，终官于宣州佥判。杨万里曾应杨杞儿子之邀为族叔杨杞的文集做

---

① 杨万里撰，辛更儒笺校：《杨万里集笺校》卷118《宋故赠中大夫徽猷阁待制谥忠襄杨公行状》，中华书局2007年版，第4521页。

② 杨万里撰，辛更儒笺校：《杨万里集笺校》卷118《宋故赠中大夫徽猷阁待制谥忠襄杨公行状》，中华书局2007年版，第4522页。

③ 杨万里撰，辛更儒笺校：《杨万里集笺校》卷118《宋故赠中大夫徽猷阁待制谥忠襄杨公行状》，中华书局2007年版，第4523页。

序，他说："先生竟以毅毅顽顽，仕率不合，弱冠登第，得年六十，而官止于宣州金判……先生之文俊于气，强于力，以诣于古。其歌诗沛然，有李太白之风。"[1]

杨万里的父亲杨芾也深受杨氏前辈的影响，为人以"至孝"闻名，史载："归必市酒肉以奉二亲，未尝及妻子。绍兴五年大饥，为亲负米百里外，遇盗夺之，不与。盗欲兵之，芾恸哭曰：'吾为亲负米，不食三日矣，幸哀我。'盗义而释之。"[2] 周必大盛赞杨芾的诗文水平和为人品格，《题杨文卿芾诗卷》云："吉水杨公，诗句典实可以观，学问之富，字画清壮，可以知气节之高。仕不于其身必利其嗣人，今秘书监廷秀其子也，辞章压搢绅，忠鲠重朝廷。零陵主簿长孺其孙也，知花之正芳，如骥之方骧。诗云'维其有之，是以似之。'"[3] 可见，杨万里父亲在当时不仅品德高尚，而且学问宏富，虽没有功名，家境也不富，但算得上地方上有名望的士人。

到杨万里这一代，庐陵杨氏继续兴旺发达，尤以杨万里为代表。杨万里，号诚斋，著名文学家、爱国诗人、官员，与陆游、尤袤、范成大并称"南宋四大家""中兴四大诗人"。南宋光宗曾为其亲书"诚斋"二字，学者称其为"诚斋先生"。杨万里官至宝谟阁直学士，封庐陵郡开国侯，卒赠光禄大夫，谥号"文节"，被誉为庐陵"五忠一节"之一。杨万里中绍兴二十四年（1154）进士，随即授赣州司户，继调永州零陵（今湖南零陵）丞，时名臣张浚被贬调到永州，杨万里向他请教，但没有机会拜见，经过多次努力，尤其是认识张浚儿子张栻后，经过张栻引荐，终于得见张浚，张浚用《大学》中"正心诚意"四字给予勉励，杨万里非常佩服张浚的为人和学问，随后将自己书室命名为"诚斋"，并以"诚斋"二字为号，一生谨记张浚的教导。绍兴三十一年（1161），张浚入朝为相，推荐杨万

① 杨万里撰，辛更儒笺校：《杨万里集笺校》卷78《鳣堂先生杨公文集序》，中华书局2007年版，第3188页。
② 脱脱等：《宋史》卷456《孝义传》，中华书局1977年版，第13411页。
③ 周必大著，王瑞来校证：《周必大集校证》卷19《题杨文卿芾诗卷》，上海古籍出版社2020年版，第275页。

里为临安府学教授，因父逝世，杨万里居家守丧三年，后改任奉新县知县。杨万里一上任见官府"催科"，以致"岸狱充盈，而府库虚耗自若也"。杨万里对百姓交不起赋税，生活困苦，感到十分焦急。于是他一纸令下，放宽税额和期限，结果百姓纷纷前来纳税，不出一月，欠税全部交清。杨万里在奉新任职虽半年余，却成功实践他的不扰民理念，颇获治绩。

乾道六年（1170），杨万里向孝宗上疏《千虑策》，获得首肯。入朝任太常博士，升太常卿兼礼部右侍郎，转将作少监。淳熙元年（1174），除漳州知州，改任常州知州。淳熙五年（1178），提举广东常平茶盐，因母逝世，离职居丧三年。淳熙十一年（1184）被召入京，任吏部员外郎。次年，升郎中。五月，因地震，杨万里向孝宗上书陈述当前应办十事，洋洋近两千言，言辞恳切，孝宗擢杨万里为侍读。次年，兼太子侍读。

绍熙元年（1190），光宗继位，杨万里以焕章阁学士任接伴金国贺正旦使，兼实录院检讨官。当时，朝廷修成《孝宗日历》，参知政事王蔺按往常惯例请杨万里作序，宰相却叫礼部郎官傅伯寿作序。杨万里以失职请求致仕，光宗宣谕勉留。后被派往地方，担任江东转运副使，权总领淮西、江东军马钱粮。此时，朝廷决定在江南诸郡使用铁钱，杨万里上疏认为不可行，不按朝廷旨意，诋忤宰相，被改知赣州，杨万里不赴任，并请求致仕，除秘阁修撰，提举万寿宫，此后不复出。宁宗继位，征召杨万里入朝，杨万里极力推辞。宁宗任命他为焕章阁待制、提举兴国宫，以宝文阁待制致仕。杨万里致仕后，居故里吉水湴塘，老屋一所，仅避风雨。友人徐玑赠诗道："清得门如水，贫惟带有金。居家十五年，仍不忘国事。"嘉泰三年（1203），诏进宝谟阁直学士，给赐衣带。开禧二年（1206），因权臣韩侂胄开边衅，起兵端，杨万里忧愤，是年五月八日逝世，年八十三。谥"文节"，赠光禄大夫，葬吉水湴塘。杨万里著作颇丰，遗诗4300余卷，诗文集143卷，今全存，有《诚斋集》《诚斋诗话》等留世。

杨万里的诗文成就为世所称，影响深远。时人周必大称："诚斋大篇短章，七步而成，一字不改。皆扫千军，倒三峡，穿天心，出月胁之语。

至于状物姿态，写人情意，则铺叙纤悉，曲尽其妙。笔端有口，句中有眼。"① 陆游的评价则是："诚斋老子主诗盟，片言许可天下服。……文章有定价，议论有至公。我不如诚斋，此评天下同。"② 杨万里为政忠直的品格也是让人敬佩，宋人罗大经说："立朝时，论议挺挺。如乞用张浚配享，言朱熹不当与唐仲友同罢，论储君监国，皆天下大事。"③ 清人纪昀说："万里立朝多大节。若乞留张栻，力争吕颐浩等配享及灾变应诏诸奏，今具载集中，丰采犹可想见。"④

与杨万里同辈的庐陵杨氏著名士人还有杨炎正和杨梦信，两人都是杨邦乂的孙子。杨炎正登庆元二年（1196）进士第，担任过宁远县主簿，有《西樵语业》一卷留世。明代学者毛晋评价道："（《西樵语业》）俊逸可喜，不作妖艳情态。虽非词家能品，其品之闲闲可想见。"⑤ 四库馆臣评价云："其纵横排奡之气，虽不足敌弃疾，而屏绝谗秫，自抒清俊，要非俗艳所可拟。"⑥ 杨梦信，与兄杨炎正同登庆元二年（1196）进士第，绍定间（1228—1233）曾监进奏院进对奏论圣学。绍定六年（1233），以国子监丞知兴化军，捐钱六十万学田以瞻士。

杨万里子侄辈的庐陵杨氏著名士人有杨长孺、杨幼舆和杨克己等，尤以杨长孺为代表。杨长孺（1157—1236），字伯子，一名寿仁，号"东山"，自号"东山潜夫"，晚号"农圃老人"，谥文惠，杨万里长子。光宗绍熙元年（1190）以荫补永州零陵簿。宁宗嘉定间（1208—1224）知湖州，寻改赣州。嘉定九年（1216），迁广东经略安抚使兼知广州。十三年（1220），改福建安抚使兼知福州。理宗端平年间（1234—1236）以忤权贵致仕。卒年八十，赠中大夫，有《东山文集》《知止休官》等作品。杨长孺以廉洁为政著称于世。宋宁宗时，福建名士真德秀有一次上疏宁宗，宁

① 周必大著，王瑞来校证：《周必大集校证》卷49《跋杨廷秀石人峰长篇》，上海古籍出版社2020年版，第740页。
② 陆游：《陆游集》第3册，中华书局1976年版，第1077页。
③ 罗大经：《鹤林玉露》卷1《诚斋谒紫岩》，上海古籍出版社2012年版，第12页。
④ 纪昀总纂：《四库全书总目提要》，河北人民出版社2000年版，第4128页。
⑤ 杨炎正：《西樵语业》，文渊阁四库全书本。
⑥ 纪昀总纂：《四库全书总目提要》，河北人民出版社2000年版，第5445页。

宗就问他当今的廉吏有哪些？真德秀毫不犹疑地回答道："杨长孺，当今廉吏也。"① 宋理宗端平年间（1234—1236），杨长孺上疏宋理宗之立非正，累召不起，以中奉大夫、敷文阁直学士加集英殿修撰、守中大夫致仕。绍定五年（1232）大饥，杨长孺上疏州郡，发廪赈荒，乡人德之。杨长孺受其父杨万里教育影响甚大，史载："长孺试邑南昌，辞行，问政于诚斋老人。告之曰：'一曰廉，二曰恕，三曰公，四曰明，五曰勤。'因作《官箴》以遗之，曰：吏道如砥，约法惟五。畸廉而残，畸墨而恕。兼二斯公，别无公处。三者备矣，我心匪通，兹谓不明，借谓为聪。夙夜惟勤，乃克有终。"②

由此可见，宋代庐陵杨氏家族之所以能在地方社会保持长盛不衰，并且形成较大的地域影响力，和其家族成员中不断有人才涌现是分不开的，而且不少都是在当时的政治、文化思想、学术领域产生了重要影响的士人。更为重要的是，杨氏族人能够通过宗族纽带不断培养子弟，走出庐陵，走向全国。由上述宋代临川的晏氏家族和庐陵的杨氏家族发展情况可知，血缘家族在南宋江西士人的群体构建中起到了重要的作用。

（二）联姻结群

家族的发展除了要让家族内部的子弟不断取得功绩，在朝廷或是社会中发挥其应有的影响和作用外，家族要在地方上扩大影响还需要依靠结成姻亲关系的方式来维持。所谓"百岁论交，久忘年于邻曲，两家生子，复托契于婚姻。夫何声气之相求？盖缘草木之同味"③。可以说，"婚姻是一种文化衍生机制，创造文化浸润的时间和血缘交织的空间"④。对于士人家族而言，"通婚是一种社会结盟的手段，其姻娅网络在一定意义上既是社会关系网络，也是文化交游的平台和文化群体形成的基础"⑤。

---

① 董斯张撰：《吴兴备志》卷五《官师征第四之四》，文渊阁四库全书本。
② 杨万里撰，辛更儒笺校：《杨万里集笺校》卷97《官箴》，中华书局2007年版，第3718页。
③ 杨万里撰，辛更儒笺校：《杨万里集笺校》卷53《定罗氏亲启》，中华书局2007年版，第2481页。
④ 徐雁平：《清代世家与文学传承》，生活·读书·新知三联书店2012年版，第14页。
⑤ 罗时进：《关于文学家族学建构的思考》，《江海学刊》2009年第3期。

1. 临川曾氏家族的姻亲圈

北宋时期江西许多家族便是通过联姻的方式以扩大，继而巩固家族的影响和地位。如南丰的曾巩家族与邻近的金溪吴氏家族，以及与临川的王安石家族之间的联姻就是非常显著的例子。王安石记载道："尚书都官员外郎临川吴君讳某之夫人，河东太君南丰曾氏，尚书吏部郎中赠右谏议大夫讳某之子……有子四人，芮，秘书丞，蕡，亳州录事参军，其次蕃，蒙，曾出也，皆进士，而蒙为濠州司户参军。某实夫人之外孙，而夫人归之以其孙者也。"① 这里的吴某是吴敏，曾氏是曾巩祖父曾致尧的女儿、曾巩的姑母，王安石的妻子是吴敏的孙女、吴芮的女儿。由此可见，南丰曾氏与金溪吴氏及临川王氏之间的姻亲关系，金溪吴敏的夫人是南丰曾氏。事实上，曾巩家族与王安石家族的姻亲远不止于此，两个家族维持了几代的通婚。曾巩妹妹嫁给了王安石的弟弟王安国，"王平甫（王安国，字平甫）乃曾南丰妹婿"②。曾巩在《祭王平甫文》中写道："（平甫）念昔相逢，我壮子稚，间托婚姻，相期道义。每心服于超轶，亦情亲于乐易。"③

曾巩和王安国的下一辈也继续保持着这样的姻亲关系，曾巩侄子曾纡又娶王安国的女儿为妻，"（曾纡）世家抚之南丰，尚书户部郎中直史馆赠太师密国公（曾）致尧之曾孙，太常博士赠太师鲁国公（曾）易占之孙，而丞相文肃公（曾）布之第四子也，母曰鲁国夫人魏氏……公客信者数年，不克归葬，而葬其所。以令人王氏祔，令人秘阁校勘（王）安国之女"④。

此外，曾巩家族还与南丰的朱氏家族，南城王氏家族进行联姻。曾巩为其妹妹所撰墓志云："试校书郎、扬州江都县主簿王无咎妻曾氏，建昌南丰人，先君博士第二女也。孝爱聪明，能读书言古今，知妇人法度之

---

① 王安石：《临川文集》卷100《河东县太君曾氏墓志铭》，中华书局1959年版，第1029页。

② 韩淲撰，孙菊园点校：《涧泉日记》，上海古籍出版社1993年版，第21页。

③ 曾巩撰，陈杏珍等点校：《曾巩集》卷38《祭王平甫文》，中华书局1984年版，第528页。

④ 汪藻：《浮溪集》卷28《右中大夫宝文阁知衢州曾公墓志铭》，文渊阁四库全书本。

事，巧针缕刀尺，经手皆绝伦。先君选其婿于里中，以归王氏。"① 曾巩的另一封书札中亦提到："去年第二妹嫁王补之者，不幸疾不起。以二女甥之失其所依，而补之欲继旧好，遂以第七妹归之，此月初亦已成姻。"② 这里的王补之就是前面娶曾巩二妹的王无咎，曾巩二妹染疾去世，为继续保持姻亲关系，曾氏又把七女嫁给了王无咎。而曾氏与同县的朱氏之间联姻情况，曾巩曾记载道："夫人，吾从兄女也，姓曾氏。沉静谨约，不妄笑言。遇人一以恕，于其内外属之间，孝友慈顺，无不当于理，故与之处者皆爱。……夫人嫁为同县朱君某之妻，有子曰某，曰轼，以文行称于乡。有孙曰京，曰彦，京为真州司法参军，亳州教授。"③

由此可见，曾氏与地方上很多知名的士人家族结成了姻亲关系。毫无疑问，通过这一系列的联姻，曾氏家族能够在地方上保持并扩大影响力，也更容易形成士人的集聚效应。

2. 庐陵杨氏的姻亲圈

南宋江西士人家族通过联姻以维持家族影响的事例还有很多，十分普遍。如庐陵的杨万里家族与安福的王氏家族几代联姻，不仅缔结了良好的姻缘，而且使得吉水杨氏和安福王氏能够在庐陵地域保持持续的影响力，更重要的是他们通过联姻能够形成一个士人集聚的地域文化群体。有学者说："这种姻戚群体共生、联袂创作的极致状态往往是和文学流派的形成、发展相联系的。"④

（1）庐陵杨氏与王氏的姻亲

目前，文献中所能看到的杨氏与王氏的联姻始于杨邦乂，杨邦乂将孙女嫁给王庭珪的孙子王澹。王庭珪是庐陵的知名人士，他于政和八年

---

① 曾巩撰，陈杏珍、晁继周点校：《曾巩集》卷43《江都县主簿王君夫人曾氏墓志》，中华书局1984年版，第626页。

② 曾巩撰，陈杏珍、晁继周点校：《曾巩集》卷16《与王深父书》，中华书局1984年版，第263页。

③ 曾巩撰，陈杏珍、晁继周点校：《曾巩集》卷46《夫人曾氏墓志铭》，中华书局1984年版，第631页。

④ 罗时进：《地域·家族·文学—清代江南诗文研究》，上海古籍出版社2010年版，第76页。

(1118) 中进士第，后调茶陵县丞，"以上官不合，弃官去，隐居卢溪者五十年，自号卢溪真逸"①。隐居家乡后，他或著书吟诗，"以诗文驰声者盖六七十年"②。绍兴八年（1138），胡铨因"坐不肯与金人议和，且乞斩主议大臣二人"，遭到"削爵、窜岭表"的处罚③，当时"亲交无敢通问（胡铨）"，王庭珪钦佩胡铨的爱国之举，不仅作诗两首相送④，而且上书支持胡铨，其疏"语峻惊人"⑤，王庭珪由此受到秦桧等人的迫害，以诗坐谤讪被编管辰州（今湖南沅陵）。但王庭珪却因此"诗名一日满天下"⑥。王庭珪因此受到众多士人的尊崇，杨万里17岁开始跟随王庭珪学习，并从他身上受益良多，此后，杨氏与王氏交往密切，情谊延及数代，其中便有建立良好姻亲关系的缘故。

杨万里在给王庭珪儿子写的墓志铭中说道："某少出先生（王庭珪）门下，与叔雅有五十年之旧，晚复托昏焉。"⑦ 这里的王叔雅就是王庭珪的儿子王頔，杨万里随王庭珪学习的时候与之接触甚多，对其亦十分熟悉，交往也比较多，故称"五十年之旧"，这里所说的"晚复托昏"即指杨万里晚年将两个女儿许配给王頔的孙子王澄和王潜，杨万里在《赠王婿时可》一诗中写道："忠襄先生（杨邦乂）有贤甥，泸溪先生（王庭珪）有贤孙。只今二十能缀文，超然下笔如有神。忠襄大节争日月，泸溪清风敌霜雪。两家不是无家法，何须外人问衣钵。老夫卧病南溪旁，芙蓉红尽菊半黄。子来问讯维摩诘，分似家风一瓣香。"⑧ 杨万里的这几句诗中清楚地

---

① 杨万里撰，辛更儒笺校：《杨万里集笺校》卷80《卢溪先生文集序》，中华书局2007年版，第3242页。

② 王庭珪：《泸溪文集》卷首《泸溪文集原序》，文渊阁四库全书本。

③ 王庭珪：《泸溪文集》卷首《泸溪文集原序》。

④ 王庭珪：《泸溪文集》卷13《送胡邦衡之新州贬所二首》。

⑤ 周必大著，王瑞来校证：《周必大集校证》卷29《左承奉郎直敷文阁主管台州崇道观王公廷珪行状》载："知公（王庭珪）详"，上海古籍出版社2020年版，第442页。

⑥ 杨万里撰，辛更儒笺校：《杨万里集笺校》卷80《卢溪先生文集序》，中华书局2007年版，第3241页。

⑦ 杨万里撰，辛更儒笺校：《杨万里笺校》卷127《王叔雅墓志铭》，中华书局2007年版，第4940页。

⑧ 杨万里撰，辛更儒笺校：《杨万里笺校》卷38《赠王婿时可》，中华书局2007年版，第2013页。

点明了庐陵杨氏和王氏的联姻情况，并且强调从杨邦乂和王庭珪开始缔结的姻缘，对庐陵杨氏和王氏几代都产生了重要影响。

（2）庐陵杨氏与罗氏的姻亲

杨万里家族还与庐陵地区颇有影响的罗氏持续地缔结姻亲。① 杨万里的夫人是庐陵秀川印冈名士罗绅的女儿，印冈罗氏是在庐陵具有重要影响力的家族，人才辈出，杨万里曾记道："降及五季，则有江东公，今庐陵之罗，其后也。出凝归门北东四十里而近，为完塘之罗。自武冈公（罗辈恭②）以泓澄演迤之学，崭刻卓诡之词，第建炎进士，其族遂鼎盛。由完塘西北五十里而遥，为印冈之罗。自乡先生天文以《诗》一经，为三舍八邑之师，其子若孙若曾孙，以经术文词第进士者七人，其荐于乡者何数，至今遂为士乡家章甫人诵弦也。"③ 这里所称的"乡先生"即是指杨万里的岳父罗绅，字天文。杨万里曾为岳父的文集作序介绍罗氏家族的人才盛况云："本朝三舍养士之胜，至宣、政间极矣。是时，庐陵有乡先生曰罗天文，以诗学最高，学者争从之。在庠序从之倾庠序，在乡里从之倾乡里，盖来者必受，受者必训，训者必成也。于束修之间，虽不却亦不责，往往贫者从多于富者之从之也。尝荐名至京师，报闻（四库本作"闻教"）而归，自是不复试有司。建炎戊申，其仲子上行始登第。绍兴丙戌，其长孙全略又登第。后几年，其孙维藩、维翰同年又登第。后几年，其孙全材又登第，后几年，其孙全德又登科。后几年，其曾孙瀛又登第。至于荐名者，上达先生之长子也，曰维申，曰孚，皆先生之孙也；曰澥，亦先生之

---

① 明代庐陵名士罗洪先曾称："山原（罗氏）为世家，其维持者代有其人。"见罗洪先《念庵文集》卷12《山原罗氏族谱序》。

② 罗辈恭在南宋朝廷是一个比较有影响力的士大夫。"罗辈恭，字钦若，吉水人。建炎进士，授虔州司理参军，宣谕使命鞠贼，贼富且黠，故有以持有司，至是复馈钱二十万求脱，辈恭竟论杀三十人，移潭州，平反死狱十一人。迁荔浦令，荔浦民挽粟五千石饷宜州，辈恭言于转运司曰'县抵宜州绝远，不通舟楫，挽饷不便。'改知石城，构捕宿盗七十人，减民税。绍兴二十二年，签书道州军事，通判赣州，俗憎女生则溺之，乃作《溺女戒文》下十邑，悉禁民之溺女者。隆兴初，胡忠简铨（胡铨）力荐于朝，授左朝奉大夫、知武冈军，以疾卒。其学邃于名数字书，有诗文三十卷行世。"见谢旻等《雍正江西通志》卷第75《人物》，文渊阁《四库全书》本。

③ 杨万里撰，辛更儒笺校：《杨万里集笺校》卷75《罗氏万卷楼记》，中华书局 2007 年版，第3113 页。

曾孙也。维申以特奏名得官，上达之子瀛之父也。自先生至瀛，荐名登第皆以《诗》学，猗欤盛哉。"① 杨万里曾赋诗对岳父罗绋家的情况介绍道："印山先生罗天文，一卷《周雅》遗子孙。一门三世六七人，月中桂枝斫到根。"② 由此可知，印冈罗氏人才之盛，杨万里家族与之缔结姻亲，对于两家的发展十分重要。

对印冈罗氏，当时宰相、庐陵名士周必大亦给予高度评价，他说："今江西通经之士固多，而诗学尤盛于庐陵，印山罗氏又其渊薮。三岁举于乡，殆无虚榜，六十年间，父子兄弟登科，登者七人，如川之方增也。夫经明必行修，岂徒解颐拾青紫而已。他日采诗之官，出观风俗，考得失，使温柔忠厚之教，不在他邦，非大幸与？"③ 由此可见，印冈罗氏在庐陵地域上具有巨大影响力，自乡先生罗绋开始，不断培养子弟登科第，几十年间人才不断涌现。杨万里和周必大甚至认为罗氏家族的诗学成就和温柔忠厚之教足以代表当时的庐陵文化，这个评价是非常高的，足以说明罗氏家族的影响力。因此，杨万里家族与罗氏缔结姻亲关系无疑是构建两个家族在庐陵地域士人群体的重要方式。

事实上，杨万里从小十分仰慕庐陵名士罗绋，并和庐陵其他青年才俊一样，受教于罗绋，罗绋看中了杨万里的才华，于是将女儿许配于他。杨万里和罗绋家族通过姻亲建立起了稳定的纽带关系，并随着姻亲关系的不断维持，在地方上结成了比较可靠的士人群体。此后，杨万里和罗绋儿子罗全略既是姻亲关系，又有学友之情，还是科第同道。淳熙二年（1175）罗全略四十八岁离逝，杨万里为其作墓志铭："仲谋罗氏，讳全略……祖绋，字天文，宣和间以《毛苌》诗学为诸儒宗师。常荐名，两学之士称重之……父上行，字元亨，登建炎进士第。有廉名……仲谋三举于礼部，擢第，授永州司户参军……仲谋之为人，恢疏而夷旷，其学醇懿，为文粹

---

① 杨万里撰，辛更儒笺校：《杨万里集笺校》卷 81《罗氏一经堂集序》，中华书局 2007 年版，第 3277 页。

② 杨万里撰，辛更儒笺校：《杨万里集笺校》卷 38《送罗必高赴省》，中华书局 2007 年版，第 1988 页。

③ 周必大著，王瑞来校证：《周必大集校证》卷十九《题印山罗氏一经集后》，上海古籍出版社 2020 年版，第 278 页。

然，不立异论，与人交和而久。弟三人，全德、全材、全功，皆仲谋教之，自幼以及成人。全德再荐名，全材后仲谋六年登第，里之人皆曰'此兄之教'……予于仲谋至亲，初同举于乡。既闻罢而归，未半途，予得疾垂死。同行者皆弃去，仲谋独留谒医。亲尝药，昼（辛笺校本作"书"）夜视予至废寝食。予昏甚，惘然不知也。盖十有五日乃瘳。予今年五十矣，仲谋少予一岁，方将为山林投老相依之约，仲谋乃舍予而逝乎！"①

同时，杨氏和罗氏为了不断维持在庐陵地域的影响，两家此后长期保持着姻亲关系，如杨万里的四子杨幼舆就与印冈罗氏成婚，杨万里所撰写的《定罗氏亲启》云："某人令弟，某人第二小娘子，幼而自异，已传柳絮之吟；而某侄子，某第四子某，生未有知，殊媿兰芽之苗。惟是断金之旧，愿言倚玉之新。"② 得到罗氏的回信③后，杨万里又回了一封亲笔书信，云："两家居五里之间，相闻鸡犬；一日结百世之好，如鼓瑟琴。羔雁交驰，蓍龟习吉。某人令弟某第几令似，娟好静秀，已如玉雪之可怜；某侄子，某长男，某房下长女子，婉娩听从，庶几苹藻之言采，委币甚宠，拜嘉有华。"④ 从这封信中又可知，杨万里的孙女、杨长孺的长女瑜娘又嫁给了罗氏子弟，据《山原罗氏族谱·总系》记载，罗棐恭的第三子罗世贤的儿子娶了杨长孺的女儿："世贤，一子，如春。""如春，字熙之，行闭十一郎。登进士，殁，葬石璧彭宜人之右山未坤向。配杨东山（杨长孺）公女。"⑤

直到杨万里的孙辈，两家还保持着姻亲关系，杨长孺的长子杨泰伯又娶了罗氏女为妻，杨万里晚年还为孙子亲自撰写定亲书，"恭惟宣卿知丞

---

① 杨万里撰，辛更儒笺校：《杨万里集笺校》卷127《罗仲谋墓志铭》，中华书局2007年版，第4924、4925页。

② 杨万里撰，辛更儒笺校：《杨万里集笺校》卷53《定罗氏亲启》，中华书局2007年版，第2841页。

③ 囿于史料所限，无法知悉罗氏回信的具体内容。

④ 杨万里撰，辛更儒笺校：《杨万里集笺校》卷53《答罗氏定亲启》，中华书局2007年版，第2841页。

⑤ 《山原罗氏族谱·总系》，今藏吉水县黄桥镇山原村。

学士尊伯翁，令侄必隆主簿学士，亲家位长小娘子，稡而惠和，有外氏之
内则，而万里长男具位长孺房下长孙子具位泰伯，学而勉强，乃公家之弥
甥。十世可知继好，复从于今始；两端而竭菲仪，仍守于旧规"①。杨万里
这里提到的（罗）宣卿主簿是其岳父罗绅的孙子，庆元四年（1198），杨
万里作《送罗宣卿主簿之官巴陵诗》云："印翁（罗绅）三子十一孙，六
人擢桂两特恩。惟君有子又擢桂，父子仇香仍一门。君今初泛洞庭椷，湖
水粘天天更大。请君先上岳阳楼，送眼君山最上头。将诗写取一湖秋，将
秋寄来销我愁，为君酒船卷拍浮。"② 由此可知，杨万里的孙子娶了其外家
舅哥的孙女为妻，这是杨氏和罗氏亲上加亲的表现。更重要的是，两家借
此不断维系着稳定的良好关系，并且通过姻亲扩大士人交游圈，甚至建立
起十分稳固的士人圈。

（3）庐陵杨氏、周氏、尚氏的姻亲

南宋庐陵的地域社会中，士人除了两家之间缔结姻亲，甚至还通过几
家之间的相互联姻来构建在地方上的群体组织。如杨万里家族与庐陵的罗
氏，庐陵的周氏等就通过子女的联姻建立起良好的群体交往。周必大和杨
万里关系甚密，曾一起参加吉州解试，后在朝廷也多有相援，尤其是晚年
后同归庐陵，来往十分密切，被誉为"庐陵二大老"，在庐陵地域产生了
重要的作用和影响。③ 因周必大的关系，杨万里和周必大的姐夫尚大伸亦
有密切的往来。尚大伸是名门之后，其墓志云：

> 公姓尚氏，相州安阳人，世以武勇闻。左金吾卫大将军、赠本卫

---

① 杨万里撰，辛更儒笺校：《杨万里集笺校》卷61《罗氏定亲启》，中华书局2007年版，
第2652页。

② 杨万里撰，辛更儒笺校：《杨万里集笺校》卷38《送罗宣卿主簿之官巴陵诗》，中华书局
2007年版，第1986、1987页。

③ 邹锦良《杨万里与周必大交谊考论》（《井冈山大学学报》2011年第6期）对杨万里和周
必大的关系作了分析。此外，周启成《〈杨万里传〉补订》（《文献》1988年第4期），徐爱华、
胡建次《周必大与杨万里的交游及其影响下的诗歌创作论》（《江西教育学院学报》2005年第5
期），李光生《周必大与杨万里政治关系考辨》（《上饶师范学院学报》2010年第5期），杨瑞
《周必大与杨万里交游考述》（《西南交通大学学报》2013年第5期）等文亦对此问题有较为详尽
的论述。

上将军讳从谏者，公之曾祖也，生二子，分习文武业，其一掌麟府军马，号名将，其一以累举人官，赠大中大夫讳棐者，公之祖也。父讳佐均，博学工文章，登进士第，历校书郎，礼部郎官，国子司业祭酒，终朝请大夫，直龙图阁。……大伸，字长道，以父任为将仕郎。绍兴五年，补右迪功郎，监西京中岳庙版，授临江军新淦尉，调吉州司户参军。用新淦捕盗赏，改承务郎，权知赣州安远、瑞金两县，又权筠州之上高，皆用治办闻。……知赣州宁都县，赐绯衣银鱼，秩满，签书威武军官厅公事，西外宗正簿节度判，又佐武昌军。……惟吾伯母，实公之娣，靖康兵乱，公年尚幼，依伯父入蜀，乱定，来江南。伯父谓我女兄早孤，而贤命归公，重两家之好，险阻艰难殆三十年，共立尚氏之门户。①

周必大给姐夫尚大伸写的墓志铭讲得非常清楚，尚氏是出于北方相州的名门，子弟中既有能文者，又有能武者，尚大伸是周必大伯母的弟弟，自幼就跟随周必大伯父周利见宦游，所以后来周必大伯父便将无父无母的侄女（即周必大的姐姐）许配给了妻弟尚大伸，以"重两家之好"。同时，尚大伸的官宦履历中也有在庐陵的记载，他担任过吉州司户参军，并且在庐陵附近的新淦和赣州都曾任过职，这也为他与庐陵的杨万里等人的交往提供了地利之便。

淳熙二年（1175），尚大伸到杨万里家拜访，此时，杨万里正赋闲在家。杨万里与尚大伸相聊甚欢，饮酒作诗，杨万里作诗《醉笔呈尚长道》云："晚风一雨生新涨，直送仙槎到天上。十年相别一相逢，和气春风谈笑中。如今着旧晨星似，犹及先生说遗事。舌端往往疏九河，只有剩浪无欠波。汉渠周柱几青竹，却在先生一泓腹。诸公道是今乏才，如何此士尚尘埃。此行青琐更黄阁，拭目孤鸿径寥廓。能念南溪病客无，风来肯寄半行书。"从这里可以看出，杨万里和尚大伸相识很早，此次见面之前已相

---

① 周必大著，王瑞来校证：《周必大集校证》卷34《武昌签判尚宗簿大伸墓志铭》，上海古籍出版社2020年版，第511—512页。

隔十年，所以两人十分兴奋，一起喝酒，作诗，怀旧。在诗的末尾杨万里还特题识道："尚长道十年离索，杯酒话旧怃隔世，醉笔无律令，亦情之至也。"① 淳熙三年（1176），杨万里又赠诗给尚大伸："今代高人尚子平，风流文采旧家声。合于玉笋班中立，却向红莲幕里行。天色恼人浑欲雪，烛花照别若为情。日边已办除书著，莫恋南楼秋月明。"② 应该说，杨万里和尚大伸的相识多半是源于其庐陵好友周必大，加之尚大伸家族显要的身份，以及尚大伸在庐陵地域及附近区域任职的经历等，杨万里当然愿意与之交往。因此，淳熙年间（1174—1189），当周必大和杨万里都赋闲在庐陵的时候，彼此之间就形成一个长期往来并稳定的地域士人群体。

与此同时，庐陵周氏，杨氏和尚氏还通过缔结姻亲维持更为长久的士人地域群体关系，根据周必大为姐夫尚大伸撰写的墓志铭可知，尚大伸的二女儿嫁给了杨万里岳父家的罗氏子弟，"次适将仕郎罗尚贤"③，罗尚贤就是前面提到的武冈公罗棐恭的次子。明代学者宋濂所撰写的《山原罗氏族谱序》称："棐恭字钦若，登高宗建炎二年李易榜进士，仕至金紫光禄大夫，蔚有文望。其殁也，杨公诚斋万里状其行，胡公澹庵铨铭其墓。生三子，长齐贤，瑞金县簿；次尚贤，安吉县君；季世贤，业进士，子如春，为杨诚斋孙婿。尚贤字如川，以周益国（周必大）荐，受黄陂县令……"④从这里可以看出，罗尚贤是罗棐恭的次子，同时，因为周必大姐姐的女儿（周必大外甥女）嫁给了罗尚贤，所以，周必大在朝积极举荐罗尚贤。周必大与罗棐恭关系也非常之密切，隆兴元年（1163），周必大奉祠归庐陵，收到了罗棐恭的一封信，于是他给罗棐恭回信称："月旦评高服膺久矣，风舟山远极目怅然。兹置散以来，归幸亲仁之浸，迩恭惟某官以旁搜远绍之学，济中坦外庄之资，冠映儒林，最为先达，周旋仕路，亦号老成。夫

① 杨万里撰，辛更儒笺校：《杨万里集笺校》卷6《醉笔呈尚长道》，中华书局2007年版，第383页。

② 杨万里撰，辛更儒笺校：《杨万里集笺校》卷7《赠尚长道签判》，中华书局2007年版，第419页。

③ 周必大著，王瑞来校证：《周必大集校证》卷34《武昌签判尚宗簿大伸墓志铭》，上海古籍出版社2020年版，第512页。

④ 宋濂：《山原罗氏族谱序》，载吉水《山原罗氏族谱·宜城文献》。

何进取之廉犹缓，凝严之直，朝多虚位，公可腾装。某弛担，云初达函未果，隔千里而共明月，方期适两闲人之心，烹双鱼而有素书，乃首勤十从事之贶。"①

（4）庐陵杨氏、李氏、罗氏的姻亲

杨万里家族与吉水当地的李氏、罗氏也通过缔结姻亲的方式构建了稳定的地域关系。杨万里次子杨寿俊的妻子就是庐陵大家族李氏之女。杨万里曾记载道：

> 予中男次公之妇翁李仲承主簿……其子仁赢然衰服，来谒予，再拜，哭而请曰"先君主簿，幼辱先生与之游，又辱与之姻"……仲承讳概，仲承字也，姓李氏。故为官族，世有名人。其支派有仕至二千石者，独仲承之曾祖兆、祖循，皆潜德不耀，至其父通直郎次鱼荐诣太常，得官为长沙酒正。历桃源、金溪丞……有萧伯和者、王才臣者，与仲承之族子天麟者，皆一时之俊，而往来质辨，以仲承为宗，推为乡先生云。仲承持身谨，处家俭。教授乡里，以淑诸人……仲承自少而壮，名声日张。不惟仲承有以自期，而人亦以泽世望仲承。至晚无过，仲承若无意矣，而望仲承者，犹前日也，然卒龃龉。淳熙丁未，始以累举试集英，初调武冈军武冈县主簿……再调赣州赣县主簿。赣守侍郎黄公艾，宪使大卿俞公征咸敬重焉。发政论人物，皆取平于仲承，称为先生，不以属吏视之。仲承之所挟才小用之若此。终官来归，浩然林下，又未遂其乐而死，人以是尤惜焉。仲承善与人交，乡里名流、缙绅贤大夫咸尚友之。大卿杨公獬尹吉水，以书币迎致县斋，使其子受学，而身自友之。退而询政，仲承推心不隐，尝自家趋邑，夜止逆旅，耳属于壁，得二人谈刘某之冤甚悉，仲承诘朝以告尹，尹曰"此重狱也"，诘之，果得其情。刘得释，且全其家。然仲承不言，刘莫知之。仲承于义所当言不爱力类如此……三子，仁，

---

① 周必大著，王瑞来校证：《周必大集校证》卷23《奉祠归庐陵答吉水罗朝请棐恭启》，上海古籍出版社2020年版，第339页。

伋，侨，侨先卒。女三人，长适承务郎监衡州安仁县税杨，次公，次适免解进士罗子介。①

这里讲李氏"故为官族，世有名人"，确实如此，李概家族在庐陵的历史可以上溯到唐末，据《谷村仰承集》记载，其一世祖为唐代西平郡王李晟，李晟下传五世至李遵，李遵徙居吉水高村，"值吴杨溥割据，四方乱离，世事不可为，遂遁迹林泉，积善贻后人。晚知高村形势非久大规模，乃卜度山水，得谷村之地，乾真元年迁而居之，即今旧宅也"②。此后，谷村李氏就一直居住在此，代有人出。③ 到宋代李次鱼时，李概父子是知名于当世的学者，史载："李次鱼，字直卿，吉水人，绍兴乡举，为长沙酒正，博学力行，名其公馆曰'复斋'，退食则读书其中。朱晦庵赠以诗曰'请看屏上初爻旨，便识名斋用意深。'张南轩诗曰'请君细看复斋记，直到羲爻未画前。'观二公诗其人可知矣。"④ 可见，李次鱼与当时的著名学者朱熹、张栻、杨万里都有较深的交情。同时，李概在庐陵地域的影响，吸引了庐陵当时青年才俊萧伯和⑤、王才臣⑥等前来拜访受教，被大家尊为"乡先生"。

杨万里曾给安福名士刘处谦撰写墓志铭，其中写道，刘处谦的"仲兄枢有女择对，处谦以妻吉水名儒桃源县丞李次鱼直卿"⑦。李次鱼、李概父

---

① 杨万里撰，辛更儒笺校：《杨万里集笺校》卷132《赣县主簿李仲承墓志铭》，中华书局2007年版，第5083—5085页。

② 邓声国点校：《谷村仰承集》卷6《人物》（汀西旅游文献丛书·名迹卷）下册，江西人民出版社2018年版，243页。

③ 邹锦良：《宗族·科举·名士：吉水谷村文化个案研究》，江西人民出版社2020年版。

④ 谢旻等撰：《雍正江西通志》卷第76《人物》，文渊阁四库全书本。

⑤ 现存于江西省吉水县黄桥镇的《螺陂萧氏族谱》载："如埙，字伯和，行三。少有志，以文名家。与共弟如篪相师友，自六经以及子史百家之书，皆得其肯綮，而为文浑然天成，不见斧凿痕迹。时周平园（必大）、杨诚斋皆以文章矜尺天下士，见公所作，叹其高妙处不减韩、欧，由是文名籍甚。然简亢无求于世，而世亦未能用公也。"另，杨万里的《诚斋集》和周必大的《文忠集》中均保留有与萧伯和的诗文往来。由此可知，萧伯和在当时受到诸多大学者的关注。

⑥ 王才臣，即王子俊，亦是南宋庐陵名士，有关其情况的介绍，参见邹锦良、杨巴金《南宋名相周必大与王子俊交谊考论》，《历史文献研究》2017年第1期。

⑦ 杨万里撰，辛更儒笺校：《杨万里集笺校》卷126《刘处谦墓志铭》，中华书局2007年版，第4909页。

子因为和杨万里、周必大等名士非常熟悉，交往亦密切，所以，李概将长
女嫁给杨万里的儿子，双方通过姻亲血缘以保持更进一步的交往。杨万里
和吉水谷村的李氏一直保持着非常密切的关系，乾道九年（1173）杨万里
在临安任职时还为谷村李氏的神童作诗称赞云："江西李家童子郎，腹载
五车干玉皇。选德殿后春昼长，天子呼来傍御床。口角诵书如布谷，眼光
骨法俱冰玉。紫绡轻衫发锦束，万人回头看不足。莫言幼慧长不奇，杨文
公与晏临淄。老翁笞儿也太痴，欲鞭辕下追霜蹄。六岁取官曲肱似，春风
昼锦归吾里。生子当如李童子，至如吾儿豚犬耳。"① 所以，杨万里为谷村
李童子作诗，不仅是同为吉水乡谊，而且是杨氏和李氏两家所具有的姻亲
关系。不唯如此，李概还将次女嫁给了吉水的罗氏，"次适免解进士罗子
介"，罗氏我们前面已经做过介绍，就是杨万里岳父家。可以说，李氏与
罗氏的姻亲，很大程度上是因为杨氏。于是，在庐陵具有重要影响力的杨
氏，李氏，罗氏通过姻亲建立起稳定的地域联系。

由上，我们可以看到，以杨万里为中心，南宋庐陵地域上的王氏，罗
氏，周氏，李氏等在地域社会所构建出来的士人群体，主要就是通过姻亲
而结成的，他们在地域社会因为姻亲，交往更为频繁，更为密切，甚至他
们为了让彼此的关系能够更为持久，会通过一代或数代之间缔结姻亲，一
家或数家之间缔结姻亲来加强。应该说，南宋江西士人通过家族姻亲构建
社群的实例还有不少，兹根据南宋士人文集整理部分姻亲情况如下：

表 3-1 　　　　　　　南宋江西部分士人家庭姻亲情况一览表

士人家族	姻亲情况
朱熹家族	1. 朱弁初娶晁说之女，再娶王伦之妹。 2. 朱松娶祝确之女。 3. 朱熹之女嫁于黄榦。 4. 朱熹季子朱在娶吕祖谦之妹。 5. 朱熹曾孙朱浚娶宋理宗之女。

① 杨万里撰，辛更儒笺校：《杨万里集笺校》卷 6《送李童子西归》，中华书局 2007 年版，第 351 页。

续表

士人家族	姻亲情况
杨万里家族	1. 杨万里家族与安福王庭珪家族的联姻。 2. 杨振文之女嫁于刘大同。 3. 杨万里长子杨长孺娶吴松年之女。
洪皓家族	1. 洪氏一家与沈松年一家的联姻。 2. 洪适之女嫁于许及之。 3. 洪迈之女嫁于木待问。 4. 洪秘之女嫁于鄱阳张履信。
胡铨家族	1. 胡铨一家与庐陵罗良弼一家的联姻。 2. 胡铨长子胡泳娶李光孙女。 3. 胡铨之侄胡公武娶永新刘沆之曾孙女。
周必大家族	1. 周必大之父周利建娶王靓之女。 2. 周必正娶向敏中五世孙女。 3. 周必正之侄周纪娶陆游孙女。

（资料来源：《朱子文集》《诚斋集》《鄱阳集》《澹庵集》《文忠集》等）

二 地缘身份

在稳定的中国乡土社会中，地缘、籍贯也是血缘的空间投影，不分离的。生于斯、长于斯，把人和地的因缘固定了。[①] 士人群体的活动带有较强的地域性因子，就宋代士人而言，他们的乡土观念、乡党意识是伴随着他们政治生活始终的，当他们退居乡土的时候，会因地缘而构建起较为稳定且持久的群体组织，这是宋代士人在地方社会活动中较为常见的一种集聚方式。

（一）地域认同

1. "豫章诗社"士人群

北宋时期江西著名的豫章诗社就是以地域身份构建起来的地方士人群体。宋人张元干曾记录当时豫章诗社的人员及活动情形："往在豫章问句法于东湖先生徐师川，是时洪刍驹父，弟炎玉父，苏坚伯固，子庠养直，

---

① 费孝通：《乡土中国》，上海人民出版社 2007 年版，第 66 页。

潘淳子真，吕本中居仁，汪藻彦璋，向子諲伯恭，为同社诗酒之乐，予既
冠矣，亦获攘臂其间。大观庚寅辛卯岁也。九人者，宰木久已拱矣，独予
华发苍颜，羁寓西湖之上，始及识德友，一日出示养直翰墨凡六大轴，各
索题跋，适连宵雨作春泥，良是中原禁烟天气，篝灯拥火，追记旧游，悄
悄不能寐，乘醉为书，且念向来社中人物之盛，予虽有愧群公，尚幸强健
云。"① 从这段记载中可以看出，当时豫章诗社的主要人员有东湖居士徐
俯，洪州分宁人洪刍、洪朋、洪炎、洪羽四兄弟，豫章人，值得一提的
是，这都是黄庭坚的外甥。还有德兴人汪藻，临江人芗林居士向子諲。江
西以外的人则有宰相吕公著的曾孙吕本中，苏坚、苏庠、潘淳、吕本中、
张元干、顾子美、蒲庭鉴、李商老等。

之所以取名豫章诗社，因为当时的骨干成员洪氏四兄弟是豫章人，徐
俯当时亦居住在豫章的东湖，这个诗社是在豫章构建起来的一个士人群
体。② 他们相互钻研诗法，如"汪彦章（汪藻）为豫章推官。一日，会徐
师川（徐俯）于南楼，问师川曰'作诗法门当如何入？'师川答曰'即此
席间杯翻果蔬使令，以至目力所及，皆诗也。但以意剪裁之，驰骤约束，
触类而长，皆当如人意，切不可闭门合目，作镂空忘实之想也'"③。他们
之间还有许多诗文唱和。这个群体的影响在当时非常大。有学者认为：
"豫章诗社集结了一批志同道合的诗人，将对诗艺句法的切磋作为诗社活
动的主要内容，往复探讨孜孜以求，他们的努力对江西诗派这一风格特
征的形成，显然起到了积极的促进作用。两者之间存在着某种必然联系
是显而易见的。所以，我们在探讨江西诗派的形成过程时，仅仅将它视
为自发的现象是远远不够的，这里面肯定包含了豫章诗社同人的自觉
努力。"④

---

① 张元干：《芦川归来集》，上海古籍出版社1978年版，第173页。
② 莫砺锋说："江西诗派的形成是因为当时诗坛许多青年诗人，如陈师道、洪氏兄弟、徐
俯、高荷等人拥戴追随黄庭坚，这样，师友传授，切磋诗艺，久而久之，就形成了一个以黄庭坚
为首的诗歌流派。"见莫砺锋《江西诗派研究》，齐鲁书社1986年版，第6页。
③ 朱杰人点校：《宋元笔记小说大观》（第3册），上海古籍出版社2001年版，第3232页。
④ 欧阳光：《宋元诗社研究丛稿》，广东高等教育出版社2011年版，第7页。

北宋时期，自元祐至宣和年间，江西地方至少存在三个比较有影响的诗社：一是以徐俯为中心的豫章诗社，一是以谢逸、谢薖为中心的临川结社，一是以王铚、祖可为中心的庐山结社。① 如谢逸、谢薖的临川结社，"与乡里诸君子每月一集，各举古人宽厚一事，退而录于简册"②，"每月一会面，十客九不闲"③。

2. "地域认同"士人群

南宋时期江西士人较之北宋更为活跃。有一个较为突出的现象，对于南宋江西文人而言，其地域身份认同感比北宋江西文人表现得更强烈。值得注意的是，北宋江西文豪在南宋往往成为某种地域文化符号，成为南宋江西文人地域身份认同的重要诱因与主要内容。④ 如南宋临川士人谢逸在给老乡郑彦国所编撰的《临川集咏》作序云："临川在江西虽小邦，然濒汝水为城，而灵谷、铜陵诸峰环列如屏障，四顾可挹。昔有王右军、谢康乐、颜鲁公之为太守，故其俗风流儒雅，喜事而尚气。有晏元献、王文公之为乡人，故其党乐读书而好文词，皆知尊礼缙绅士大夫。自古及今，游是邦者不知其几人矣，皆湮灭无闻，独形于篇首者，可考而知也。郡人郑彦国得其诗数百首，编为五卷，名之曰《临川集咏》。后之君子欲知此邦山川之胜风物之美，不必登临周览，展卷可知也。"⑤ 在这段记载中，谢逸不仅给我们描绘了临川这个地方的山水资源，风俗民情，而且重点强调了历史上有诸多的文人曾经到此仕宦的经历⑥，他们给临川的文风形成和文化发展带来了重要影响，临川变得"风流儒雅，喜事而尚气"，于是士人辈出，卓荦者如晏殊、王安石、曾巩、李觏、陆九渊等。郡人郑彦国之所以要把这些前辈士人的诗文收集并编撰成集，应该是将王羲之、谢灵运、晏殊、王安石、欧阳修、曾巩、黄庭坚等与临川有关联的前辈文人作为临

---

① 周子翼：《北宋豫章诗社考论》，《江西社会科学》2012 年第 6 期。

② 曾枣庄、刘琳主编：《全宋文》（第 133 册），巴蜀书社 1992 年版，第 228 页。

③ 傅璇琮等主编：《全宋诗》（第 22 册），北京大学出版社 1998 年版，第 14814 页。

④ 彭民权：《江西文人群与宋代文学观念的演变》，中山大学出版社 2011 年版，第 8—9 页。

⑤ 谢逸：《溪堂集》卷 7《临川集咏序》，文渊阁四库全书本。

⑥ 祝穆在《方舆胜览》中介绍"临川"称："昔有右军（王羲之）、康乐（谢灵运）、鲁公（颜真卿）为之守。"见祝穆撰，施和金点校《方舆胜览》，中华书局 2016 年版，第 372—373 页。

川后学效仿与学习的对象。甚至可以说，这些前辈已经作为一个文化符号，成为南宋江西士人的地域身份认同。

再如南宋末年庐陵的文天祥对于宋代庐陵先贤的地域认同，他在《吉州州学贡士庄记》中称："是邦学者，世修欧周之业，人负胡杨之气。"[1]"欧、周"即是指庐陵历史上的著名先贤欧阳修和周必大。在文天祥心里，庐陵先贤的"文章节义"品质永远是庐陵士人学习的榜样，他在白鹭洲书院求学时就已经树立了这样的宏愿，"……自为童子时，见学宫所祠乡先生欧阳修、杨邦乂、胡铨像，皆谥'忠'，即欣然慕之。"此后，他在诗文中还说，"孤臣满腔血，死不愧庐陵"[2]。文天祥至死不能愧的既是庐陵那些先贤，更是庐陵先贤所留下的忠节精神。

可以说，以乡情为纽带的地域身份认同在一定程度上能够促成同乡士人的靠拢与集聚。正如有学者所指出的："这种世族群体网络把亲族、姻族、师生、乡谊等联结一起，组构成或紧密或松散的文学文化群。于是地域的人文积累，自然气质与具体宗亲间的文化养成氛围，以及家族传承的文化审美习惯相融汇，形成各式各类的群体形态的审美宗尚。"[3]

（二）平园会聚

南宋庐陵名士周必大在政治上沉浮进退多次，最后位极人臣，任职左丞相，在南宋的政治中具有重要影响力，在文学上，他创作了一大批诗文，与中兴四大诗人杨万里、范成大、陆游均有诗文往来和良好的交往，在学术上，他在儒学、书法、书籍校刊上颇有成就，与理学家朱熹、张栻、吕祖谦、陈亮等人均有交情。所以，周必大在南宋前中期是一位十分有影响力的士大夫。

周必大在老家庐陵通过乡情构建起了较为稳定的地域士人社群，其中既有同乡士友的相互走访、诗文唱和，游览山水、雅集宴娱；又有一同钻

---

① 文天祥：《文天祥全集》卷9《吉州州学贡士庄记》，中国书店1985年版，第210页。
② 文天祥著，刘文源校笺：《文天祥诗集校笺》卷10《元夕》，中华书局2017年版，第831页。
③ 严迪昌：《清诗史》，浙江古籍出版社2002年版，第13页。

研探讨学术，"群居相切磋"，甚至在南宋庐陵以周必大家为中心构建起了"平园"士人社群。

周必大家族本来是世居郑州的大族，史载："其先郑州管城人，祖诜，宣和中卒庐陵，因家焉。"① 也就是说，周必大的爷爷周诜在北宋宣和七年（1125）从北方调至吉州任通判②，第二年，金兵南下，爆发了"靖康之乱"，突发的战争使得周诜没有办法回北方了，只能在吉州暂居下来③，建炎三年（1129），周诜去世就安葬在庐陵④。因为战乱和父亲任职等原因，周必大是出生在外祖父任职的平江府（今江苏苏州）⑤，在他三岁时，父亲刚好奉命出使湖湘，于是把家小从平江带到周必大祖父任职的庐陵。从此，周必大便与庐陵结下了缘分，当然周必大后来也确实是以庐陵的身份参加科举考试，入仕为政，与人交游的。按宋制，祖辈安葬地某种程度上决定了后代的籍贯，周必大祖父周诜葬于庐陵，他的籍贯就是庐陵，所以他在庐陵参加了解试。⑥ 正因如此，周必大十九岁和二十五岁时两度从伯父任职的赣州回到庐陵参加解试。此后，周必大有几次仕途不如意，被奉祠，被罢相，他毫不犹豫地选择回到庐陵。可见，周必大对庐陵情有独钟，当然一方面是他仍有少数亲朋居住在庐陵，他要回去看望亲戚，还有就是他祖父、父亲等长辈的坟墓安葬在庐陵，他要回去祭扫。更为重要

① 脱脱等：《宋史》卷391《周必大传》，中华书局1977年版，第11966页；另据《南渡周氏族谱》所载周必大伯父周利见撰写《金紫光禄公手记》称："周氏之先，乃蔡州人也，族系甚大，所居号周村。自远祖以懋迁来于郑，爱其田畴之美，遂徙居焉，宗族相从者源源不已，田园既富，故人亦谓之'周村'，隶荥阳县敦武乡苏村，去州三十五里许，地势爽垲而平肆曼衍。"《白沙南渡周氏族谱》，现藏于周必大祖籍所在地江西省吉安县永和镇周家村。

② 周必大著，王瑞来校证：《周必大集校证》卷59《吉州通判厅记》，上海古籍出版社2020年版，第885页。

③ 陆游著，马亚中校注：《渭南文集校注（二）》卷38《监丞周公墓志铭》，浙江教育出版社2011年版，第407页；周必大著，王瑞来校证：《周必大集校证》卷59《吉州通判厅记》，上海古籍出版社2020年版，第885页。

④ 周必大著，王瑞来校证：《周必大集校证》卷首《年谱》，上海古籍出版社2020年版，第3173页。

⑤ 周必大著，王瑞来校证：《周必大集校证》卷首《年谱》，上海古籍出版社2020年版，第3173页。

⑥ Chengfeng Fang, The Migration of Zhou Bida's Family during the 1120s and the 1150s: An Evaluation of the CBDB, *Journal of Sung–Yuan studies*, Albany, NY: Dept. of East Asian Studies, State University of New York at Albany, Vol. 38, 2008, pp. 179–181.

的，应该是宋代庐陵安定的环境、发达的经济以及灿烂的文化对他极具吸引力。① 宋代庐陵"文章节义之邦"的风气，欧阳修，杨邦乂，胡铨，王庭珪等前辈的风范和精神对他具有强烈的吸引力。同时，当时的庐陵还有很多他钦佩的同道，如杨万里等。

周必大退居庐陵期间，与地方上的士人有着广泛的接触和密切的来往。隆兴元年（1163），周必大因缴驳孝宗潜邸旧僚龙大渊、曾觌②，被"差主管台州崇道观，任便居住"③，于是周必大回到庐陵闲居。在这段时间，周必大除了"泛舟游山"，就是在庐陵与同乡交游，这段时间共有 8 年。乾道七年（1171），周必大又被奉祠，这年，孝宗任命外戚张说为签书枢密院事，这一任命遭致朝中大臣激烈反对，原因是张说不堪此任。④当时，作为直学士院的周必大拒绝起草诏令。孝宗很生气，当即下旨："（王）希吕合党邀名，持论反复，责远小监当。（李）衡素与说厚，所言亦婉，止罢言职，迁左史。而（莫）济、（周）必大皆与在外宫观，

---

① 家乡先贤对周必大有极大的影响，他晚年闲居庐陵时称："始予少时，闻公（刘才邵）赋咏一出，辄手抄而口诵之。"（周必大著，王瑞来校证：《周必大集校证》卷 54《杉溪居士文集序》，上海古籍出版社 2020 年版，第 796 页）七十三岁时，他勉励庐陵后辈："踵前贤之高躅，增吾邦之盛事。"（周必大著，王瑞来校证：《周必大集校证》卷 48《跋戊午岁吉州举人期集小录》，上海古籍出版社 2020 年版，第 728 页）两宋时期，像周必大家族这样因官宦而选择居住在庐陵的士人家族不在少数，如张履（周必大著，王瑞来校证：《周必大集校证》卷 73《迪功郎辰州叙浦张主簿履墓志铭》，上海古籍出版社 2020 年版，第 1069 页）、彭商老（周必大著，王瑞来校证：《周必大集校证》72《通判彭君商老墓志铭》，上海古籍出版社 2020 年版，第 1050 页）、葛溧（周必大著，王瑞来校证：《周必大集校证》卷 72《葛先生溧墓志铭》，上海古籍出版社 2020 年版，第 1054 页）、谭绍先（周必大著，王瑞来校证：《周必大集校证》卷 75《谭君绍先墓志铭》，上海古籍出版社 2020 年版，第 1096 页）等。

② 周必大当时上疏："臣等于大渊、觌功过、能否，初不详知，但见缙绅士民指目者多，又闻台谏相继有言。臣等亦不知其所劾何事也……顾外议方喧而除命遽加，论者必谓：'陛下自即位以来，凡台谏有所弹奏，虽两府有叶义问，大将如成闵，以至侍从要官，欲罢则罢，欲贬则贬，一付公论，略无适莫，独于二人，乃为之迁就讳避。"周必大著，王瑞来校证：《周必大集校证》卷 99《缴驳龙大渊曾觌差遣状》，上海古籍出版社 2020 年版，第 1445 页。

③ 周必大著，王瑞来校证：《周必大集校证》卷 122《乞宫观奏》，上海古籍出版社 2020 年版，第 1885 页。

④ 赵冬梅认为，南宋孝宗有"右武"强兵之愿，故明确提出要以武臣为枢密长贰。而文官集团对张说"自阁门入西府"的激烈反对，则表达了他们对武选官突破文武界限，染指文官所控制的中央高层行政职位的忧惧。见赵冬梅《试论宋代的阁门官员》，《中国史研究》2004 年第 4 期。

日下出国门。"① 周必大即刻携家乘船回庐陵，这期间他与庐陵名士胡铨，同侪杨万里等有多次的唱和往来。这次周必大在庐陵待了2年时间。绍熙五年（1194）十一月，周必大从潭州知州任上致仕，便又回到庐陵，并且在庐陵贡院旧基上建造新房，"东偏辟园数亩，地势坦夷，名之曰'平'，自号'平园老叟'"②。直到嘉泰四年（1204）十月，周必大在庐陵辞世。

可以说，周必大进入仕途后多次因不合时政回到庐陵，一共待了20年的时间。虽然这20年不是连续的，但周必大通过与同乡的交往，构建起了南宋庐陵地域的士人群体。这些同乡中既有前辈，又有同侪，还有后学。如他与庐陵前贤胡铨、王庭珪的交往。绍兴八年（1138），胡铨上万言书给高宗："臣备员枢属，义不与桧等共戴天。区区之心，愿斩三人头，竿之藁街，然后羁留敌使，责以无礼，徐兴问罪之师，则三军之士不战而气自倍。不然臣有赴东海而死耳，宁能处小朝廷求活耶?"③ 胡铨因此万言书赢得了士大夫的高度赞誉④。周必大对这位庐陵前辈仰慕不已，不过他们同在庐陵的时间是在乾道元年（1165），当时两人都奉祠居住在庐陵，胡铨的侄子胡维宁早就和周必大、杨万里等人熟悉，胡维宁便邀请周必大参加好友集会，胡铨也在这次聚会中。⑤ 此后，周必大和胡铨在庐陵闲居时成为亲密的忘年交，每年都有来往，关系非常密切，一直到胡铨去世。⑥

王庭珪是两宋之交诗坛的重要代表。崇宁三年（1104）入太学，政和

---

① 脱脱等：《宋史》卷470《张说传》，第13693页。

② 周必大著，王瑞来校证：《周必大集校证》卷首《周益国文忠公年谱》，上海古籍出版社2020年版，第3208页。

③ 胡铨撰：《澹庵文集》卷2《上高宗封事》，文渊阁四库全书本。

④ 史载："宜兴进士吴师古镂木传之（《上高宗封事》），金人募其书千金。其谪广州（今广东广州）也，朝士陈刚中以启事为贺。其谪新州（今广东新兴）也，同郡王庭珪以诗赠行。" 见脱脱等：《宋史》卷374《胡铨传》，第11583页。

⑤ 周必大著，王瑞来校证：《周必大集校证》卷3《胡季怀有诗约群从为秋泉之集辄以山果助筵戏作二选》，上海古籍出版社2020年版，第41页。

⑥ 邹锦良：《心理认同与士人结群：南宋庐陵士人的日常交游——以周必大为中心的考察》，《北方论丛》2012年第4期。

八年（1118）中第，后调茶陵县丞，"以上官不合，弃官去，隐居卢溪者五十年，自号卢溪真逸"①。隐居家乡后，他"以诗文驰声者盖六七十年"②，后因公开作诗支持胡铨而"诗名一日满天下"③。周必大对前辈仰慕已久，尤其是周必大的伯父、父亲和王庭珪是太学同学，加之周必大的好友杨万里又是王庭珪的学生，所以周必大和王庭珪虽然相差46岁，但仍然有良好的交往基础。乾道四年（1168）王庭珪年近九十，按惯例需邀聘当地才学之士为其写真赞，奉祠在家的周必大受邀撰写④，说明王庭珪对周必大也是非常赏识的。乾道八年（1172），王庭珪去世，又是周必大为其撰写的行状。⑤

周必大与同侪杨万里相识于绍兴庚午（1150）吉州解试。⑥ 此后交往不断，尤其是两人晚年致仕归居庐陵后，往来十分频繁，他们在庐陵的这段交谊被传为佳话，时人誉之为庐陵"二大老"。⑦ 庐陵后学方面，周必大与王子俊的交往也是庐陵士人地方群体交往的一个重要代表，因为他们两

---

① 杨万里撰，辛更儒笺校：《杨万里集笺校》卷80《卢溪先生文集序》，中华书局2007年版，第3241页。

② 王庭珪撰：《泸溪文集》卷首《泸溪文集原序》，文渊阁四库全书本。

③ 杨万里撰，辛更儒笺校：《杨万里集笺校》卷80《卢溪先生文集序》，中华书局2007年版，第3241页。

④ 周必大著，王瑞来校证：《周必大集校证》卷9《卢溪先生王民瞻真赞》，上海古籍出版社2020年版，第126页。

⑤ 周必大著，王瑞来校证：《周必大集校证》卷29《左承奉郎直敷文阁主管台州崇道观王公廷珪行状》，上海古籍出版社2020年版，第441—444页。

⑥ 杨万里称："当庚午（绍兴二十年）试南宫，丞相雪中骑一马于前，某荷一伞于后之时，岂知丞相至此？"见杨万里撰，辛更儒笺校《杨万里集笺校》卷66《与周子充少保书》，中华书局2007年版，第2811页。

⑦ 庐陵晚辈罗大经称："庆元间，周益公以宰相退休，杨诚斋以秘书监退休，实为吾邦二大老。益公尝访诚斋于南溪之上，留诗云'杨监全胜贺监家，赐湖岂比赐书华。回环日辟三三径，顷刻能开七七花。门外有田供伏腊，望中无处不烟霞。却惭下客非摩诘，无画无诗只漫夸。'诚斋和云'相国来临处士家，山间草木也光华。高轩行李能过李，小队寻花到浣花。留赠新诗光夺月，端令老子气成霞。味论藏去传贴厥，拈向田夫野老夸。'好事者绘以为图，诚斋题云'平叔曾过魏秀才，何如老子致元台。苍松白石青苔径，也不传呼宰相来。'"罗大经：《鹤林玉露》乙编卷5《二老相访》，中华书局1983年版，第210页。关于周必大与杨万里的交往，前已述及，此不赘述，可参见邹锦良《杨万里与周必大交谊考论》，《井冈山大学学报》2011年第6期；李光生《周必大与杨万里政治关系考辨》，《上饶师范学院学报》2010年第5期；杨瑞《周必大与杨万里交游考述》，《西南交通大学学报》2013年第5期等。

人在庐陵的交往，还有杨万里，朱熹等人的参与。① 周必大和杨万里作为庐陵前辈，经常和王子俊交游、唱和②，并给予他鼓励③。

应该说，周必大和庐陵两位前辈之间的交往，之所以能维持稳定并延续长久，且在庐陵地域产生影响，一方面是周必大与胡铨、王庭珪身边人都有相熟的朋友，另一方面周必大非常崇拜前辈优异的文词才能，也对他们的政治遭遇感同身受，这应该是他们产生对彼此的认同，从而建立良好的友谊的基础。在此基础上，他们在地域社会"结群"交游，并"热衷于以群体的形式存在并体现价值。"周必大在与杨万里为代表的同侪，以王子俊为代表的后学的交往中，也是在彼此的学识、旨趣，尤其是地域认同的基础上，产生了最初的交往意图，并在交流中进一步增进彼此的认同。尤其是周必大与杨万里，当他们晚年在庐陵交往时，代表的是庐陵前辈所留下来的"文章节义"之风气，他们对前辈的这种品质无限认同，他们知道后辈学子会把他们当作这种地域文化符号加以推崇，因此，他们责无旁贷地要努力把庐陵地域的"文章节义"传承下去。如嘉泰二年（1202），周必大在看前辈胡铨的奏札稿时睹物思人，提笔写道："……今览奏札残稿，忠愤峻厉，视戊申戊午反有加焉。……夫人之生也，有血气，有浩然之气，少而刚，老而衰，血气也。众人以之秉彝好德养之，以直塞乎天地，老少如一，浩然之气也。"④

---

① 邹锦良、杨巴金：《南宋名相周必大与王子俊交谊考论》，《历史文献研究》2017年第1期。

② 杨万里撰，辛更儒点校：《杨万里集笺校》卷3《和王才臣》《和王才臣再病二首》、卷4《夜宿王才臣斋中睡觉闻风雪大作》、卷36《题工才臣南山隐居六咏》、卷37《丞相周公招王才臣中秋赏桂花寄以长句》、卷43《乾道丙戌中秋与友人王才臣埶酌言及师友有怀紫岩先生慨然赋之》、卷57《寒食享祀谢王才臣送北果》、卷99《跋李成山水》（"吾友王才臣偶携李成山水一轴，未展卷，烟雨勃兴，庭户晦冥，吾庐何日可了耶。"）、卷100《跋赵士罋江州死节墓碣》（"今日王才臣来访，袖出端国之曾大父总戎公墓碣。"），上海古籍出版社2007年版，第169、189、250、1873—1874、1908、2262—2263、2570、3765—3766、3802页；周必大著，王瑞来校证：《周必大集校证》卷41《王才臣子俊求园中六诗》（杨秘监、谢尚书皆赋）、《中秋招王才臣赏梅花廷秀待制有诗次韵》，上海古籍出版社2020年版，第605、611页。

③ 杨万里撰，辛更儒笺校：《杨万里集笺校》卷78《送王才臣赴秋试序》，中华书局2007年版，第3170—3172页；周必大著，王瑞来校证：《周必大集校证》卷186《书稿一·王才臣子俊》，上海古籍出版社2020年版，第2832—2833页。

④ 周必大著，王瑞来校证：《周必大集校证》卷50《跋胡邦衡奏札稿》，上海古籍出版社2020年版，第756页。

嘉泰四年（1204），周必大为庐陵县学的"三忠堂"作记，写道："文章，天下之公器，万世不可得而私也；节义，天下之大闲，万世不可得而踰也。吉为江西上郡，自皇朝逮今二百余年，兼是二者得三公焉。欧阳公修以六经粹然之文，崇雅黜浮，儒术复明，遂以忠言直道辅佐三朝，士大夫翕然尊之，天子从而谥曰文忠。南渡抢攘，右相杜充拥众北叛，金陵守陈邦光就降，惟通判杨邦乂戟手骂贼，视死如归，国势凛凛，士大夫翕然尊之，天子从而褒赠之，赐谥曰忠襄。时宰议礼，众论讻讻，为一编修官胡铨毅然上书，乞斩相北使，三纲五常赖以不坠，士大夫复翕然尊之，厥后天子从而褒赠，赐以忠简之谥。……学者固仰其炜煌，若夫百世之下，闻清风而兴起，得无慕休烈扬显光者耶?"① 周必大认为，"文章节义"是庐陵士人最突出的品质，前贤欧阳修、杨邦乂、胡铨等已经做了很好的榜样，这种风气要代代传承下去。所以，在以胡铨、周必大、杨万里等庐陵士人为代表的"结群"努力下，"文章节义"逐渐成为庐陵的地方名片，三人也同先贤欧阳修、杨邦乂一道成为庐陵史上杰出的"四忠一节"②。

当然，庐陵地域的士人群体所具有的这种风气，在南宋的确不断地传承下去，如南宋后期的文天祥在《吉州州学贡士庄记》中称："是邦学者，世修欧周之业，人负胡杨之气。""欧、周"即是指庐陵历史上的著名贤士欧阳修和周必大，这两位"文章节义"的楷模在文天祥心中具有很重的分量。所以，在文天祥心里，庐陵先贤的"文章节义"品质永远是庐陵士人

---

① 周必大著，王瑞来校证：《周必大集校证》卷60《庐陵县学三忠堂记》，上海古籍出版社2020年版，第894页。

② 庐陵"五忠一节"的形成过程，最早是周必大在南宋嘉泰四年（1204）所作《庐陵县学三忠堂记》中谓"三忠"；宁宗嘉定末，庐陵后辈将文忠公周必大、文节公杨万里加入，厥有"四忠一节"，"庐陵旧有三忠祠，祀欧阳修、胡铨与邦乂。嘉定末，又益以周必大、杨万里为四忠一节祠。一节指邦乂也。"（见秦蕙田撰《五礼通考》卷123《吉礼》）元英宗至治三年（1323）吉安郡庠又将胡梦昱加入，称"五忠一节"。见文天祥《文天祥全集》卷十七《宋少保右丞相兼枢密使信国公文山先生纪年录》，中国书店1985年版，第467页）明代宣德八年（1433），又将胡梦昱换为文天祥，"江西吉安府知府陈本深言：'庐陵县城南旧有忠节祠，祀乡先贤宋楚国文忠公欧阳修、忠襄公杨邦乂、忠简公胡铨、益国文忠公周必大、文节公杨万里、信国公文天祥。比来官屡更代事旨因循旷缺祀典，乞举行盛典'"（见俞汝楫编《礼部志稿》卷85《追祀忠节》，文渊阁四库全书本）

学习的榜样。

除此之外，周必大在庐陵建造的"平园"还成为周必大会聚友朋的重要场所，聚集起了一大批庐陵士人，在这里，形成了"四方宾客聚平园"的局面。当然，"平园"更重要的作用还在于为推动以周必大为中心的南宋庐陵士人集聚群提供了空间。可以说，周必大在"平园"通过各种各样的活动，打造了南宋庐陵士人的交游圈。

一是举办"庐陵同甲会"。从庆元元年（1195）正月开始，周必大便邀请两位同甲庐陵欧阳鈇和葛潆到"平园"相聚，三人"岁讲同甲之会，月为贞（真）率之集"①。此后五年，三位同甲每年春天都相聚于此。② 周必大和欧阳鈇、葛潆组成的"同甲会"在庐陵产生了较大影响，庐陵后辈葛玢为三位长辈描绘了《三寿图》，并邀请周必大作赞语。③ 欧阳鈇和葛潆是庐陵名士，欧阳鈇，字伯威，号寓庵，世为庐陵人，年轻时曾和周必大一同参加解试，可惜他"连战不利"，未能中举。随后便在庐陵钻研诗文，教授子弟，受到庐陵贤士胡铨、王庭珪、杨万里等人的"极口称奖"。④ 葛潆，字德源，高祖葛咏从常州迁至庐陵。葛潆也曾与周必大一同参加过吉州解试，但未能中进士第，其后在庐陵授徒著书。⑤

二是成为庐陵文人雅士交游中心之一。周必大时常邀请当地知名士人到"平园"聚会。庆元元年（1195）三月，园中"花开如锦绣"，他邀约数十位友人到"平园"相聚，受邀之人包括同甲欧阳鈇和葛潆，好友李少肓、李靓、江珺以及周愚卿兄弟，大家一起喝酒，作诗，并探讨周必大

---

① 周必大著，王瑞来校证：《周必大集校证》卷72《葛先生潆墓志铭》，上海古籍出版社2020年版，第1054页。

② 周必大著，王瑞来校证：《周必大集校证》卷41《三月二十八日春华楼前芍药盛开招欧葛二兄再为齐年之集次旧韵》，上海古籍出版社2020年版，第616页；周必大著，王瑞来校证《周必大集校证》卷42《丁巳二月甲子蜀锦堂海棠盛开适有惠川绣锦堂记者招伯威德源为齐年会次旧韵》，上海古籍出版社2020年版，第623页。

③ 周必大著，王瑞来校证：《周必大集校证》卷45《庆元丁巳予与伯威欧阳兄德源葛兄三讲丙午齐年会德源之子玢绘三寿图求赞月日皆丙午也》，上海古籍出版社2020年版，第668页。

④ 周必大著，王瑞来校证：《周必大集校证》卷74《欧阳伯威墓志铭》，上海古籍出版社2020年版，第1081页。

⑤ 周必大著，王瑞来校证：《周必大集校证》卷72《葛先生潆墓志铭》，上海古籍出版社2020年版，第1054页。

"平园"的命名问题①。

三是庐陵刻书的重要场所。周必大在"平园"还组织学生从事校勘刻印工作。如绍熙年间，他组织学生孙谦益、丁朝佐、曾三异等人一起校勘《欧阳文忠公集》，从绍熙二年（1191）春开始编校，直到庆元二年（1196）夏才完成，历时五年多。嘉泰元年（1201）春，周必大又组织学生校勘千卷本的《文苑英华》②。

周必大晚年在庐陵建造"平园"，并经常邀请庐陵士友、学生到"平园"游玩，因此在"平园"举办了各种各样的活动。平园士人雅集说明周必大作为庐陵人，在远离政治舞台后，希望聚合庐陵士人，借此构建一个切磋学术，传承文化的士人交游圈，一起传承庐陵先贤的"文章节义"风气，这是士人在地方社会产生地域认同的体现，也是构建地域士人社群的重要途径。所以，在中国传统时代，士人家族文化活动的场所，同样是士人社群雅聚之地。他们的家园，尤其是作为地方社会士人领袖的家园，常常起到接纳好友、姻亲的场所之作用。他们会通过邀约知名文士举办各类群体雅聚活动来建立在地方社会的影响。士人的家园持续地对外开放，园中的文化活动时常举行，再加上家园的主人所具有的广泛文化影响力，这时的家园就成为一个文化或学术中心形成的最初场所。对此，有学者指出："这些社群以乡邦为文学活动的天地，作家以本土士人身份出场，涵水土之性，系乡邑之情，真正随地以系人，因人而系派，成为名实相副的地域共同体，其诗文创作也表现出鲜明的地域文化精神。"③ 虽然这段话说的是明清地方文学士人社群的情况，但这个观点在南宋庐陵的士人社群上无疑也是适用的。

三　业缘纽带

士人在地域社会形成认同，构建社群，除了上述的家族姻亲，地缘身

---

① 周必大著，王瑞来校证：《周必大集校证》卷58《蜀锦堂记》，上海古籍出版社2020年版，第869—870页。

② 周必大著，王瑞来校证：《周必大集校证》卷55《文苑英华序》，上海古籍出版社2020年版，第814—815页。

③ 罗时进：《地域社群：明清诗文研究的一个重要维度》，《文学遗产》2011年第3期。

份以外，彼此在经历、学识、志趣、业缘等方面产生的心理认同亦是士人交往并构建群体的重要基础。前已述及，南宋江西士人在地方社会学术发展形成诸多的群体网络。如有与朱子相并峙的陆九渊之学，有临江军的刘靖之、刘清之兄弟的清江之学，有胡铨、王庭珪、周必大、杨万里、欧阳守道等为代表的庐陵之学，有以汪应辰为核心的玉山之学，有以汤千、汤巾和汤中为核心的"三汤学派"（《宋元学案》称之为"存斋静息庵学案"）……应该说，这些分布在南宋江西各地的学术士人社群，就是通过相同的学术旨趣，共同的业缘基础构建起来的。

（一）学缘之集

在南宋江西士人以业缘构建的地域性社群中，朱子后学群体尤值得关注。众所周知，江西是宋代理学的发源地，同时也是核心区域。朱熹和朱子学都和江西关联紧密，如前所述的南宋淳熙二年（1175）发生在江西铅山的"鹅湖之会"，对朱熹本人及朱子学来说都意义重大。[①] 淳熙五年（1178），朱熹知南康军，到任后不仅通过宽民力、敦风俗来施政，更重要的是他重修白鹿洞书院，亲自拟定《白鹿洞书院揭示》，并在淳熙八年（1181）邀请陆九渊来访，在白鹿洞书院讲学，极大地扩大了白鹿洞书院的影响。同时，他还集聚了江西地区学术的力量，促进了江西地区学术的发展。更为难得的是，朱熹本人多次游历和讲学于江西[②]，朱熹在江西地区频繁讲学，广交江西士友的同时，也培养了诸多的弟子门人。据束景南考证，仅朱熹在白鹿洞书院兴教时，从江西各地前往从游及问学于朱熹的弟子，可考者有：丰城盛温如、十去非，临江刘清之，德安王南卿、蔡元

[①] 吴长庚认为："鹅湖之会揭开了朱陆学术异同之争的序幕，也引发了朱子学与江西之学的交流与论争。鹅湖之会后，他们对来自对方的批评意见都进行了深刻反思，双方都做了自我批评。在陆氏一方，是渐渐感到自身学术的空疏，承认不读书讲学是一种偏见；在朱一方，也承认自己的好高支离之病，同意就简约上做工夫。"见氏著《朱熹与江西理学》，江西高校出版社2007年版，第64页。

[②] 据周茶仙、胡荣明统计，朱熹在江西居留并讲学过的地方，除铅山县、南康军之外，还有信州上饶、玉山、弋阳、贵溪等地，饶州的德兴、乐平、安仁（今余江）、余干等地，建昌军的南城、新城（今黎川）等地，洪州的南昌、新建、丰城等县，临江军的清江、新淦、新喻等地以及袁州的宜春、分宜、萍乡等地。见周茶仙、胡荣明《宋元明江西朱子后学群体研究》，江西人民出版社2013年版，第21页。

思，宜春彭师范、彭师绎，都昌彭季正，星子陈季成、陈和成、陈胜私、杨伯起、叶永卿、吴唐卿、周得之，南康黄商伯、曹简南、熊世卿，建昌周舜弼、余伯秀、李晦叔，清江柳公度，玉山刘允迪，铅山余大雅，九江祁直卿、周正卿、周彦卿、周焘、周颐，庐陵郭廷植，余干曹立之，南城包显道、包详道，兴国万正淳，金溪刘尧夫，鄱阳程端蒙等。① 由此可见，当时朱熹在江西地区具有重要的学术影响力。

　　显然，在南宋江西的白鹿洞书院区域，以朱熹为核心，通过理学这个学术纽带，聚集了一大批有着共同的学术旨趣（追随朱熹理学）的士人。他们所形成的群体，伴随着良好的学术互动，践行着孔子所说的"群居相切磋"，做到了以学会友，将学术、交友、做人三者有机结合，因此成为南宋时期颇有影响力的地域性士人学术社群。诚如束景南先生所说："朱熹就以这样对诗风的追求和理学的探索，借着讲学、交游、唱酬，在南康卷起了强大的朱学旋风，从江西士林中间横扫而过，闽、浙、赣、皖的学子像朝圣似的纷纷负笈担簦到南康。……朱熹每到一处讲学游山，吟诗唱酬，他们都像众星捧月似地前呼后拥，形成很大的学派声势。"②

　　朱熹离开白鹿洞书院之后，这个地方以理学为纽带构建的士人学术活动仍旧非常活跃，史称："学者云集，讲学之盛，它郡无与比。"③ 当然很重要的原因就是朱熹的许多弟子如李燔、胡泳、陈文蔚、张洽等，接过了老师的接力棒，继续在白鹿洞书院及其附近地区从事与理学相关的教学和学术活动。如朱熹弟子们"发明师训"，开展"季集"活动。史载："先生（朱熹）以孔、孟、周、程之学诲后进，海内之士从之者郡有人焉。先生（朱熹）殁，学徒解散，靳守旧闻，漫无讲习，微言不绝如线。独康庐（南康军及庐山地区）间，有李敬子燔，余国秀宋杰，蔡元思念成，胡伯量泳兄弟帅其徒数十人，惟先生（朱熹）书是读，季一集，迭主之。至期集主者之家，往复问难，相告以善，有过规正之，岁月浸久不少怠。斡

---

① 束景南：《朱子大传》，商务印书馆 2003 年版，第 434 页。
② 束景南：《朱子大传》，商务印书馆 2003 年版，第 435 页。
③ 脱脱等：《宋史》卷430《直学回》，中华书局 1977 年版，第 12783 页。

（黄榦）始仕江湖间，因得交于其徒，心忻然慕之，愿卜居五老三峡间，从诸君，后未能也。嘉定丙子（嘉定九年，1216），自汉阳道过其里，集中来会者十七人，皆佳士也。何其盛哉！"① 由上可知，当时的季集不仅吸引了江西地区的朱门弟子，连福建人黄榦（朱熹嫡传学生）对先生殁后江西白鹿洞书院及其周边地区还能有如此活跃的学术社群活动非常赞赏，他发出"心忻然慕之"的感慨。

这里所提到的李燔、余宋杰、蔡念成、胡泳等人，每个季度都定期聚在一起，读老师朱熹的书，每次聚会的地点都会轮换，人最多的时候有十七人聚在一起探讨学术。由此可见，南宋白鹿洞书院及其附近区域长期是士人集聚结群的重要地区，显然他们的集聚与结群都是围绕着朱熹展开的。朱熹在此地时，士子们就围绕在老师身边学习受教，朱熹离开此地后，甚至在朱熹殁后很长一段时间，这批士人并没有解散，而是继续以朱熹的理学作为他们聚集的重要纽带，形成一个颇为稳定，也颇具影响的地方士人社群②，朱子理学在此传承不坠③。

（二）同年之聚

宋代士人因业缘集聚并结群的还体现在同年之交。"同年"是指唐宋以后在进士科考试中同一年及第的同榜。进士及第后便可进入仕途，因此，传统社会中的士大夫极为重视"同年"这种社会资源。可以说，"同年"关系不仅是唐宋士人们进入仕途之后交往的重要途径，而且也是唐宋

---

① 曾枣庄、刘琳主编：《全唐义》卷6560《黄榦》卷35《周舜弼墓志铭》，安徽教育出版社2006年版，第469页。

② 周茶仙、胡荣明认为，朱熹之后，江西地区许多学者作为朱子门人子弟，将朱子思想代代相传，他们在特定的区域内怀着共同的学术旨趣（都以朱子为宗）及有着师承关系的学人形成了一个学术群体，主要有江西余干人饶鲁为核心的双峰学派，江西德兴人董梦程为核心的介轩学派，江西安仁（今江西余江县）人汤千、汤巾、汤中为核心的存斋晦静息庵学派，江西庐陵人欧阳守道为核心的巽斋学派等。见周茶仙、胡荣明《宋元明江西朱子后学群体研究》，江西人民出版社2013年版，第25—27页。

③ 陈来说："至于朱子门下，江西学者皆很突出，见于《语类》和《文集》的，如程端蒙、卫师说最力，其他弟子如程允夫、余大雅、李敬子、周谟、曹立之、黄商伯、晚年弟子如陈才卿、张洽、黄子耕、徐昭然、曾祖道、董铢、胡泳，都在思想上与朱子有较多的交流。江西三传弟子饶鲁，又传学于吴澄，使朱子学在元代得到了进一步的发展。"见陈来《〈宋与江西理学〉序》，载吴长庚《朱熹与宋代江西理学》，江西高校出版社2007年版，第1页。

士人集聚结群的重要因素。王水照说：（同年关系）是封建时代的一种重要关系，无论对士人今后的仕途顺逆，政治建树，学术志趣和文学交游都产生不同程度、不同性质的复杂影响。"①

同时，同年关系又是一种非血缘性的人际关系，不以天然的不可分割的亲情为基础，主要依靠心理认同而存在的友谊来维系，因而心理认同是同年关系得以成立及维持的最重要的因素。② 宋代士人们为维持同年的联系，会通过"集聚结群"的方式来加强彼此的交流，增进彼此的感情。如前所述，周必大在庐陵与王庭珪的交往就是基于同年关系的认同而产生的，王庭珪和周必大伯父周利见、父亲周利建是同登政和八年（1118）进士，所以王庭珪和周利见、周利建兄弟是同年，他们的这种同年关系非常稳固，不仅在他们这一辈有着密切的交往，而且延续到了子孙，"其情爱相视如兄弟，以至子孙累代莫不为昵比，进相援为显荣，退相累为黜辱"③。乾道八年（1172），周必大奉祠闲居庐陵，除了和前述的与地方前贤、同侪及后辈青年才俊聚会交往之外，与同年的相聚也是其庐陵士居生活的重要内容。乾道年间，周必大同年杨愿恰在吉州任州学教授，杨愿便与居乡的周必大交游甚多，两人经常有诗文唱和往来。④ 淳熙元年（1174），杨愿邀请同年周因和周必大等人聚会，周因是安福人，字孟觉，绍兴二十年（1150）与周必大一同参加吉州解试，绍兴二十一年（1151）

---

① 王水照：《王水照自选集》，上海教育出版社 2000 年版，第 125 页。
② 祁琛云：《北宋科甲同年关系与士大夫朋党政治》，四川大学出版社 2015 年版，第 10 页。
③ 柳开撰，李可风点校：《河东集》卷 9《与朗州李巨源谏议书》，中华书局 2015 年版，第 125—126 页。祁琛云认为，"有同袍之谊的同年士大夫之间不仅拥有友情，更被融入了亲情，同年如兄弟的观念使得同年关系这种非血缘的人际关系成为亲情的载体。……在被宋人赋予了友情与亲情这两种最具认同性的情感之后，同年关系便成为科甲士大夫社会生活及政治活动中的一种十分重要的社会关系，在各种场合及不同的人们之间，同年关系得到了普遍的认同，在对同年关系认同的基础上，无论是同年之间，还是同年的亲友之间，多通过叙旧论交以增加感情、加强交往，进而在生活上与仕途中相互帮助、互相提携。士大夫对同年关系的认同出于多种目的，而其对同榜及第经历的怀念及对同年的心理眷顾是其根本原因，因而对同年关系的认同既体现了科举时代人们对科甲出身的独特情怀，也是士大夫之间交流互动的重要途径。"见祁琛云《北宋科甲同年关系与士大夫朋党政治》，四川大学出版社 2015 年版，第 36、66、67 页。
④ 周必大著，王瑞来校证：《周必大集校证》卷 5《同年杨谨仲教授以诗庆予得郡次韵二首》、《同年杨谨仲教授生日》，上海古籍出版社 2020 年版，第 77—78 页。

一同及第，且两人"同宗同郡"。① 周必大，周因，杨愿三位同年一起赏花，宴饮，作诗唱和。该年三月十七日，周必大作了一首题为《近会同年赏芍药尝樱桃杨谨仲教授有诗次韵为谢兼简周孟觉知县》的诗，由此可知此次集会的时间和参加集会人员。显然，这样的聚会与家族成员或同乡聚会不一样，他们不是靠血缘和地缘聚在一起，而是通过业缘走在一起，并由此建立起非常深厚的情谊。

宋人对这种"同袍"之谊的重视，体现在同年不仅是友情，而且是融入亲情中，同年如兄弟的观念使得同年关系这种非血缘的人际关系成为亲情的载体。② 所以，虽然周必大在庐陵闲居的这次同年聚会规模并不太，但在他心里却念念难忘，二十三年后（庆元二年，1196），周必大翻阅同年杨愿所撰写的芍药诗时，仍禁不住回想起这次的同年聚会，"淳熙甲午，奉祠庐陵，三月十七日会同年杨谨仲周孟觉赏芍药，尝樱桃，谨仲有诗，余次韵云'清晨自扫落花厅，小瓮新篘竹叶青。簪盍莫辞过陋巷，胪传相与记彤庭。阶翻红药曾重见（仆两直西掖），敕赐朱樱亦屡经。老去飘零无此梦，诗来吟咏有余馨。'今二十有三年，二公墓木已拱，因彭君仲识携谨仲帖相过且索旧诗，为之怅然"③。由此可见，同年之间的交谊持续时间之长，影响之深。在科举甚为发达的宋代，如周必大、杨愿、周因之类的同年之交，同年之聚是非常普遍的现象。

第二节　士人社群构建之方式

宋代士人在诗文唱和中相互交流，在赋诗咏对过程中相互切磋，既加深了友谊，又增进了互动。同时，士人们还会通过会社义集等活动保持良好的互动往来，他们或是自主召集同年私会，或是宦海偶遇而聚，或是志

---

① 周必大著，王瑞来校证：《周必大集校证》卷47《题京仲远与周孟觉帖》，上海古籍出版社2020年版，第701页。

② 祁琛云：《宋人的同年观念及其对同年关系的认同》，《西南大学学报》2012年第1期。

③ 周必大著，王瑞来校证：《周必大集校证》卷47《题杨谨仲芍药诗后》，上海古籍出版社2020年版，第700页。

趣相同、互为仰慕而会。南宋江西文风较盛，士人众多，他们在日常生活中通过彼此间的唱和、集会、结社等活动，构建起南宋江西的地方士人社群。

一 文学唱集

（一）"星聚临川"

南宋前期的抚州，以汪藻为中心聚集了一批地方士人，经常进行诗文唱和活动。汪藻，北宋末、南宋初文学家，字彦章，号浮溪，又号龙溪，饶州德兴（今属江西）人。他早年参加过豫章诗社，与江西诗派诗人徐俯、曾几等人交往密切，善于四六文，是南渡诗人中的代表人物。

绍兴四年（1134），汪藻知抚州，当时江西诗派的韩驹、曾几等人在抚州与钱伯言、曾纡等人组成文学群体，互相唱和。汪藻到任后，也参与到这个群体的活动中，同时与其中的人物相互酬唱，时人周必大称"绍兴初，星聚临川，唱酬妍丽，一时倾慕"[1]。

这个群体中的韩驹是陵阳仙井（今四川仁寿）人，南渡诗坛中江西诗派的领袖，自绍兴初一直寓居在抚州，同当地士人多有交往，汪藻任职抚州时，韩驹在《上汪太守小简》[2]（四篇）中盛赞汪藻。另外，韩驹还给汪藻写送别诗，如《似矩尚书帅桂道由临川赋诗三首贻彦章内翰谨次元韵送行》："郡戟苍山上，平分二水流。四时无疠气，五管有贤侯。静契罗公远，禅参帛道猷。人生一麾乐，不必向中州。"[3] 汪藻作为抚州知州，且年长于韩驹，但其"愿焚笔砚，以从公游"[4]，可见韩驹的才气和在诗坛的地

---

[1] 周必大著，王瑞来校证：《周必大集校证》卷48《跋韩子苍与曾公衮钱逊叔诸人倡和诗》，上海古籍出版社2020年版，第722页。

[2] 曾枣庄、刘琳主编：《全宋文》第162册《上汪太守小简》，巴蜀书社1992年版，第11—12页。

[3] 韩驹：《陵阳集》卷4《似矩尚书帅桂道由临川赋诗三首贻彦章内翰谨次元韵送行》，文渊阁四库全书本。

[4] 吴曾：《能改斋漫录（下）》卷14《汪彦章敬慕韩子苍》，载戴建国等主编《全宋笔记》第5编第4册，大象出版社2012年版，第155页。

位使汪藻对其产生敬仰之情，也表达出希望从其求学的意愿。

这个群体中的曾几在绍兴元年（1131）至绍兴七年（1137）间寓居抚州，汪藻到任抚州知州时，曾几作诗《汪彦章内翰除守临川以诗贺之》①迎之，汪藻则作《移守临川曾吉甫以诗见寄次韵答之时吉甫除闽漕未行》以答之，诗曰："朝来剥啄叩门谁，昨夜灯花已报知。腰下方悬新守印，眼中已见故人诗。十年且喜朋簪合，千里休言官牒随。问我抽书何日竟，病来编简网蛛丝。"② 可见，汪藻在抚州任职期间与当时的文学群体多有唱和往来，正是因为这些士人不断地诗文唱和，使得当时的抚州士人活动影响大，被誉为"星聚临川"。

（二）"上饶二泉"

1. "二泉"之交往

"上饶二泉"是指赵蕃和韩淲。赵蕃（1143—1229 年），字昌父（一作甫），号章泉。《宋史》中有传："建炎初，大父旸以秘书少监出提点坑冶，寓信州之玉山。"③ 赵蕃文学成就非凡，刘克庄《寄赵昌父》诗云："一生官职监南岳，四海诗盟主玉山。"④ 韩淲（1159—1224 年），字仲止，号涧泉，韩元吉之子，"世居开封，南渡后其父流寓信州，因隶籍于上饶"⑤。《宋史·地理志》记载信州统辖上饶郡，领六县："信州，上饶郡……县六：上饶、玉山、弋阳、贵溪、铅山、永丰。"⑥ 二人均属于上饶人，是江西诗派的重要人物，且两人的"号"中均有"泉"字，当时以二人为中心，在江西玉山和上饶地区形成各自的文学同盟，聚集起大量文人进行诗文唱和往来，这个群体的主要成员有徐文卿、赵成父（一作甫，赵

---

① 曾几：《茶山集》卷 5《汪彦章内翰除守临川以诗贺之》，文渊阁四库全书本。
② 汪藻：《浮溪集》卷 31《移守临川曾吉甫以诗见寄次韵答之，时吉甫除闽漕未行》，文渊阁四库全书本。
③ 脱脱等：《宋史》卷 445《文苑士》，中华书局 1977 年版，第 13146 页。
④ 刘克庄撰，辛更儒笺校：《刘克庄集笺校》卷 1《寄赵昌父》，中华书局 2011 年版，第 58 页。
⑤ 纪昀等：《〈涧泉日记〉提要》，文渊阁四库全书本。
⑥ 脱脱等：《宋史》卷 88《地理四》，中华书局 1977 年版，第 2187—2188 页。

蕃弟)、成季、施仲益、张上饶、徐审知、王彦博等,他们带动了整个上饶地区文学的发展,在当时产生了较大影响。当地文人推崇二人成就,将二人并称为"上饶二泉"。

赵蕃和韩淲作为江西诗派的关键人物,二人的交往唱和颇多。据统计,韩淲有近 200 首诗写给赵蕃,"在近二百首的词作里亦常有'次韵昌甫'和'和昌甫',如《浣溪沙·莫问星星鬓染霜》《鹧鸪天·老去情怀酒味中》《朝中措·新翻新曲玉溪滨》等"①。以此推测,赵蕃写给韩淲的诗也应该很多,赵蕃作《仲春读谪仙诗》(原诗已佚),韩淲即次韵和之,如《次韵昌甫仲春读谪仙诗》②。但目前我们能看到的只有两首:一篇是《寄韩仲止主簿》③,这是二人早年的交往诗;另一篇是韩淲去世后,赵蕃给其绝笔诗所作的跋《跋韩涧泉绝笔诗后》④。除此之外,韩淲文集中有一首《昌甫念某生朝寄诗来,次韵谢之》⑤,从这首次韵诗可知,赵蕃应该给韩淲写过祝寿诗。谢枋得《叠山集》卷九《萧冰崖先生诗卷跋》中评价"二泉"说:"诗有江西派,而文清倡之。传至章泉、涧泉二先生,诗与道俱隆。"⑥

赵蕃和韩淲的父亲韩元吉交往密切,是韩淲的前辈,韩淲对赵蕃充满敬仰之情,《昌甫竹隐》中"经年未能往,梦思疲我魂"⑦的诗句显示出韩淲急于拜访赵蕃之情;"是中夫如何,不以俗谛论"⑧的诗句则是赞扬赵蕃品格高尚。《有怀昌甫》"共话诗翁归,章泉如云霄"⑨赞扬赵蕃的诗歌

---

① 鞠婷:《韩淲及其诗词研究》,硕士学位论文,苏州大学,2012 年。

② 韩淲撰,刘云军点校:《韩淲集》卷 5《次韵昌甫仲春读谪仙诗》,科学出版社 2021 年版,第 64 页。

③ 赵蕃:《章泉稿》卷 4《寄韩仲止主簿》,中华书局 1985 年版,第 75 页。

④ 陈思编:《两宋名贤小集》卷 224《跋韩涧泉绝笔诗后》,文渊阁四库全书本。

⑤ 韩淲撰,刘云军点校:《韩淲集》卷 8《昌甫念某生朝寄诗来次韵谢之》,科学出版社 2021 年版,第 112 页。

⑥ 谢枋得:《萧冰崖诗卷跋》,载曾枣庄、刘琳主编《全宋文》第 355 册,上海辞书出版社、安徽教育出版社 2006 年版,第 109 页。

⑦ 韩淲撰,刘云军点校:《韩淲集》卷 2《昌甫竹隐》,科学出版社 2021 年版,第 16 页。

⑧ 韩淲撰,刘云军点校:《韩淲集》卷 2《昌甫竹隐》,科学出版社 2021 年版,第 16 页。

⑨ 韩淲撰,刘云军点校:《韩淲集》卷 3《有怀昌甫》,科学出版社 2021 年版,第 39 页。

成就和地位。二人经常相互寄诗，表达关心之情。如《四月八日病中寄昌甫》："我毒发于腰，君疮作于背。君痛那可忍，我痛或可退"①，韩淲病中仍不忘关心好友赵蕃，二人之友谊跃然纸上。

"二泉"不仅有往来互动，而且经常同友人聚会小酌，韩淲《吴推官同昌甫诸人饮涧上》："世味嚼蜡尔，临风强吟哦。故人今谁来，门前车马多。招邀忽聚集，款曲成婆娑。齿发我已老，岁月如掷梭。有酒不为饮，奈此好事何。分题咏清趣，但恐俗所呵。吴侯金闺彦，公余乃相过。欢笑酬座人，时春复清和。濯我涧上泉，因之而啸歌。"② 诗中所记述的是好友赵蕃、吴推官等人到涧泉找韩淲饮酒的一次聚会情况。

2. "二泉"与友人之交谊

"二泉"不仅相互之间往来互动频繁，他们还与其他士人朋友交往密切。如徐斯远，名文卿，字斯远，号樟丘，信州玉山人，朱熹弟子，与"二泉"关系最为密切。《直斋书录解题》著录《萧秋诗集》一卷云："玉山徐文卿斯远作萧秋诗，四言九章，章四句，赵蕃昌甫而下，和者十三人。"③《萧秋诗集》是徐斯远与赵蕃等友人的唱和诗。徐斯远去世后，韩淲作《哭斯远》怀念挚友："彤庭将赐第，疾病已缠之。药里自无及，朝衣谁为披。识高空宛转，意广竟参差。只有章泉叟，与渠收旧诗。"④ "二泉"与徐斯远为当时上饶文学发展带来较大影响，后人称他们为"信上三君子"。

韩淲诗中有许多提到徐斯远的地方，如《送徐斯远从施枢帅隆兴》："暮春雨乍歇，新晴绿阴生。啼鸟集幽听，残花惬闲情。恻怆百虑感，良友倏告行。牵衣坐已久，欲语声不鸣。东湖波浩荡，孺子名与清。今古信

① 韩淲撰，刘云军点校：《韩淲集》卷3《四月八日病中寄昌甫》，科学出版社2021年版，第37页。
② 韩淲撰，刘云军点校：《韩淲集》卷4《吴推官同昌甫诸人饮涧上》，科学出版社2021年版，第47页。
③ 陈振孙撰，徐小蛮、顾华美点校：《直斋书录解题》，上海古籍出版社1987年版，第457页。
④ 韩淲撰，刘云军点校：《韩淲集》卷9《哭斯远》，科学出版社2021年版，第131页。

同调，下榻人自惊。公贫良可疗，我志还当平。临觞母重辞，公亦为我倾。"① 韩淲与徐斯远的感情之深可见一斑。在韩淲的词作中也有关于徐斯远的作品，如《一丛花》："翻空雪浪送飞花，春晓媚霜华。……聚散人生，吾侪老矣，醉墨任横斜。"② 赵昌甫、韩仲止、徐斯远三人的交往十分密切，在韩淲的诗作中同时涉及三人的诗有《斯远云闲睡醉天下之至乐也约各赋一首寄昌甫》③《文叔见过山居斯远亦来有怀昌甫》④ 等。在赵蕃的《章泉稿》里也有许多相关诗篇，如《和答斯远因梅见属三首》⑤《怀斯远》⑥ 等。

另外，当时居于上饶的名士辛弃疾与"二泉"也有交往。辛弃疾与赵蕃交往最频繁的时候是其居于瓢泉期间。从辛弃疾词集中的标题中可以看出有多首是写给赵蕃的，如《满庭芳·和章泉赵昌父》⑦《鹧鸪天·和章泉赵昌父》⑧。赵蕃诗集中也有写给辛弃疾的诗，如《呈辛卿二首诗》："诗老当年聚此州，迩来零落尽山邱。公虽暂尔淹时用，天岂特令继夙游。幽事倪多尘事绝，灵山孰与博山优。林栖相去无百里，窈窕崎岖可后不。今昔名流几许人，况于室迩更身亲。南州行卷虽云旧，东阁知名固若新。再见每怀风度远，两年空恨往来频。其谁为我谈名姓，车辙勤公野水滨。"⑨

韩淲的词中也不乏与辛弃疾的唱和之作，如《浣溪沙·和辛卿壁间韵》："只恐山灵俗驾回。海鸥飞下莫惊猜。机心消尽重徘徊。宿雨乍晴千

① 韩淲撰，刘云军点校：《韩淲集》卷3《送徐斯远从施枢帅隆兴》，科学出版社2021年版，第32页。
② 王净等编：《全编宋词》，延边人民出版社2004年版，第1382页。
③ 韩淲撰，刘云军点校：《韩淲集》卷3《斯远云闲睡醉天下之至乐也约各赋一首寄昌甫》，科学出版社2021年版，第36页。
④ 韩淲撰，刘云军点校：《韩淲集》卷4《文叔见过山居斯远亦来有怀昌甫》，科学出版社2021年版，第42页。
⑤ 赵蕃：《章泉稿》，中华书局1985年版，第3—4页。
⑥ 赵蕃：《章泉稿》卷8《怀斯远》，中华书局1985年版，第3—4页。
⑦ 辛弃疾撰，邓广铭笺注：《稼轩词编年笺注》卷4《满庭芳·和章泉赵昌父》，上海古籍出版社1998年版，第405页。
⑧ 辛弃疾撰，邓广铭笺注：《稼轩词编年笺注》卷4《鹧鸪天·和章泉赵昌父》，第405页。
⑨ 赵蕃：《淳熙稿》，中华书局1985年版，第317页。

涧落，晓云微露两山排。新苗时翼好风来。"①

辛弃疾、赵蕃、韩淲三人的友谊不仅表现在诗文唱和中，还表现在日常生活的交往中，从韩淲《昌甫分寄瓢泉继而辛卿遣一壶来以诗为谢》可以看出，在得到好酒后，三人齐分享。"二泉"对辛弃疾充满赞誉，韩淲《送辛帅三山》："舒卷壮怀公自笑，往来行李士争夸。堂阴应有帮人望，笳鼓西风拥帅华。"②韩淲的这首诗对辛弃疾的英雄豪气由衷赞赏。

(三)"庐陵诗友"

南宋晚期庐陵地区以名士刘辰翁为中心会聚了一批志同道合的诗词之友。刘辰翁，字会孟，别号须溪，庐陵灌溪（今江西省吉安县梅塘乡小灌村）人，南宋末年著名爱国词人。景定三年（1262）登进士第。刘辰翁生平创作较多，与其同乡士人、同学等人唱和活动频繁。其中，刘辰翁与其子刘将孙和庐陵另一名士王城山交往密切，诗文唱和颇多，如刘将孙《春日郊行和城山》③《和城山见贺迁城隐六绝》④《须溪词》中有六首词写给王城山，其中五首是寿词，如《最高楼·壬辰寿王城山八十》⑤《念奴娇·酬王城山》⑥《内家娇·寿王城山》⑦。

此外，刘辰翁还与其他同乡唱和互动。如与朱涣，刘辰翁《须溪词》有《酹江月·和朱约山自寿曲，时寿八十四》⑧为朱涣祝寿；与朱灏（号默轩，朱涣之弟），刘辰翁《须溪词》中有寿朱灏词《临江仙·贺默轩》⑨。这些寿词写作都充满了敬重之意，字里行间可以看出刘辰翁对他们

① 唐圭璋辑：《全宋词》，中华书局2010年版，第2888页。
② 韩淲撰，刘云军点校：《韩淲集》卷12《送辛帅三山》，科学出版社2021年版，第167页。
③ 刘将孙著，李鸣、沈静校点：《刘将孙集》卷3《春日郊行和城山》，吉林文史出版社2009年版，第29页。
④ 刘将孙著，李鸣、沈静校点：《刘将孙集》卷7《和城山见贺迁城隐六绝》，吉林文史出版社2009年版，第70页。
⑤ 刘辰翁撰，吴企明校注：《须溪词》，上海古籍出版社1998年版，第140页。
⑥ 刘辰翁撰，吴企明校注：《须溪词》，上海古籍出版社1998年版，第198页。
⑦ 刘辰翁撰，吴企明校注：《须溪词》，上海古籍出版社1998年版，第349页。
⑧ 刘辰翁撰，吴企明校注：《须溪词》，上海古籍出版社1998年版，第284页。
⑨ 刘辰翁撰，吴企明校注：《须溪词》，上海古籍出版社1998年版，第153页。

的尊敬。

刘辰翁还与庐陵的周应合（字溪园）、周天骥（字耐轩）父子交往甚密。《须溪词》中有四首寿词写给周应合。《须溪词》中有两首词写给翁合（字丹山）：《瑞鹤仙·寿翁丹山》①《法驾导引·代寿丹山》②。李云岩是刘辰翁的老师江万里的门客。刘辰翁《须溪词》中有《百字令》"少校微星"词谢李云岩的贺寿词。词序中说："李云岩先生远记初度，手写去年《赤壁歌》，岁晚寄之，少贱不敢当也。匆匆和韵，寄长须去，偿以可教则教之。"③ 彭元逊，字明叔，号巽吾，禾川人（今吉安永新县），与刘辰翁、刘将孙父子关系也十分密切。刘辰翁《须溪词》中与彭元逊的酬唱词有16首，如《水调歌头·和彭明叔七夕》④《谒金门·和巽吾重赋海棠》⑤《谒金门·和巽吾海棠韵》⑥《高阳台·和巽吾韵》⑦ ……其中有七首是与彭元逊观梅花、荷花、海棠、莺等动植物而作。刘辰翁的《汉宫春·岁尽得巽吾寄溪南梅相忆韵》："疏影横斜，似故人安道，只在前溪。年年望雪待月，漫倚吟矶。千红万紫，到春来，也是寻思。君不见，永阳江上，残梅冷丝丝。有几情人似我，漫骑牛卧笛，乱插繁枝。市门索笑憔悴，便作新知。城楼画角，又无花，只落空悲。但传说，寿阳一片，何曾迎面看飞。"⑧ 该词是刘辰翁回应彭元逊寄来的梅词。刘将孙《养吾斋集》卷五也有《答彭巽吾见忆》⑨《九日和彭明叔登高》⑩ 诗，可见彭无逊与刘将孙的交情也很深。

① 刘辰翁撰，吴企明校注：《须溪词》，上海古籍出版社1998年版，第207页。
② 刘辰翁撰，吴企明校注：《须溪词》，上海古籍出版社1998年版，第397页。
③ 刘辰翁撰，吴企明校注：《须溪词》，上海古籍出版社1998年版，第357页。
④ 刘辰翁撰，吴企明校注：《须溪词》，上海古籍出版社1998年版，第438页。
⑤ 刘辰翁撰，吴企明校注：《须溪词》，上海古籍出版社1998年版，第70页。
⑥ 刘辰翁撰，吴企明校注：《须溪词》，上海古籍出版社1998年版，第71页。
⑦ 刘辰翁撰，吴企明校注：《须溪词》，上海古籍出版社1998年版，第209页。
⑧ 刘辰翁撰，吴企明校注：《须溪词》，上海古籍出版社1998年版，第214页。
⑨ 刘将孙著，李鸣、沈静校点：《刘将孙集》卷5《答彭巽吾见忆》，吉林文史出版社2009年版，第44页。
⑩ 刘将孙著，李鸣、沈静校点：《刘将孙集》卷6《九日和彭明叔登高》，吉林文史出版社2009年版，第53页。

　　刘辰翁与江西籍的同门、同年之间也进行着诗文唱和。《须溪词》载："李同知，即与须溪同年及进士第之李嘉龙，字敬轩，号中甫，都昌人，曾任吉州同知。"①《须溪词》中有《太常引·寿李同知》②《摸鱼儿·和谢李同年》③写给李嘉龙。两人同时于景定三年（1262）进士及第，他们相识较早，友谊深厚。他们是有着相同政见、志趣相投的老友。"林府教，即林元甲，字仁初，庐陵人……与刘辰翁同在太学"④。刘辰翁有谢寿词写给林元甲：《酹江月·同舍延平林府教制新词祝我初度，依声依韵，还祝当家》⑤《水龙吟·和南剑林同舍元甲远寄寿韵》⑥。

　　刘辰翁与邓剡、文天祥均为江万里的学生，都曾在白鹭洲书院读书。邓剡，字光荐，又字中甫，号中斋，庐陵人，与刘辰翁同年生且为同榜进士。刘辰翁《须溪词》中，与邓剡之间的往来酬唱词有十六首，如《点绛唇·和邓中甫晚春》⑦《霜天晓角·和中斋九日》⑧《洞仙歌·寿中甫》⑨《八声甘州·和邓中甫中秋》⑩……其中有十首是作于端午节、中秋节、重阳节、上元节的唱和词。可见二人平常岁时节日常念对方，亦可征二人友谊之深厚，关系之密切。

　　赵文（1239—1315），初名凤之，字惟恭，又字仪可，号青山，庐陵人，与刘辰翁和刘将孙父子关系也密切。赵文与刘辰翁的交往，以词唱和，十分密切，刘将孙在《赵青山先生墓表》中记载道："公少吾先君子八岁，而先君子推重之，以为吾党。"⑪刘辰翁有《绮寮怨·青山和前韵忆

---

　　① 刘辰翁撰，吴企明校注：《须溪词》，上海古籍出版社 1998 年版，第 107 页。
　　② 刘辰翁撰，吴企明校注：《须溪词》，上海古籍出版社 1998 年版，第 106 页。
　　③ 刘辰翁撰，吴企明校注：《须溪词》，上海古籍出版社 1998 年版，第 494—495 页。
　　④ 刘辰翁撰，吴企明校注：《须溪词》，上海古籍出版社 1998 年版，第 287 页。
　　⑤ 刘辰翁撰，吴企明校注：《须溪词》，上海古籍出版社 1998 年版，第 286 页。
　　⑥ 刘辰翁撰，吴企明校注：《须溪词》，上海古籍出版社 1998 年版，第 321 页。
　　⑦ 刘辰翁撰，吴企明校注：《须溪词》，上海古籍出版社 1998 年版，第 33 页。
　　⑧ 刘辰翁撰，吴企明校注：《须溪词》，上海古籍出版社 1998 年版，第 48 页。
　　⑨ 刘辰翁撰，吴企明校注：《须溪词》，上海古籍出版社 1998 年版，第 215 页。
　　⑩ 刘辰翁撰，吴企明校注：《须溪词》，上海古籍出版社 1998 年版，第 305 页。
　　⑪ 刘将孙著，李鸣、沈静校点：《刘将孙集》卷 29《赵青山先生墓表》，吉林文史出版社 2009 年版，第 238 页。

旧时学馆，因复感慨同赋》云："漫道十年前事，闷怀天又阴。何须恨，典了西湖，更笑君，宴罢琼林。闲时数声啼鸟，凄然似，上阳宫女心。记断桥，急管危弦，歌声远，玉树金缕沉。看万年枝上禽，徘徨落月，断肠理绝弦琴。魂梦追寻，挥泪赋白头吟。当年未知行乐，无日夜，望乡音，何期至今。绿杨外，芳草庭院深。"① 这是刘辰翁唱和赵文的一首词。刘辰翁在这首词的序言中说明，赵文和词忆旧时学馆，因此复感慨同赋。

刘辰翁与赵文是同乡，又同是白鹭洲书院山长欧阳守道的弟子。淳祐元年（1241），江万里任吉州知州，创办白鹭洲书院，刘辰翁跟随欧阳守道学习。赵文少年时即意倾欧阳守道，虽然"不及讲下，而馆暇考质如卒业"②。赵文有《洞仙歌·千年鹭渚》词一首祝贺刘辰翁寿诞，"千年鹭渚，持作须翁酒。剩有儿孙上翁寿，向玉和堂上，樽俎从容，笑此处，惯著丝纶大手。金丹曾熟未，熟得金丹，头上安头甚时了。便踢翻炉鼎，抛却蒲团，直恁俊鹡梢空时候。但唤取心斋老门生，向城北城南，傍花随柳"③。在词中，赵文对于刘辰翁的寿诞表示了诚挚的祝贺。刘辰翁《须溪词》中与赵文有《莺啼序·赵宜可以余讥其韵，苦心改为之，复和之》④词唱和。刘将孙《赵青山先生墓表》："予于公忘年之交，笃密逾至。"⑤显示出二人关系之深厚。刘将孙《养吾斋集》卷六有《和青山会散韵》⑥，说明刘将孙也与赵文有诗文唱和，另据《古今词话》记载"赵文与刘将孙为友，结青山社"⑦可见，刘将孙赵文二人不仅有诗文唱和，而且还组成

---

① 刘辰翁撰，吴企明校注：《须溪词》，上海古籍出版社 1998 年版，第 541—542 页。
② 刘将孙著，李鸣、沈静校点：《刘将孙集》卷 29《赵青山先生墓表》，吉林文史出版社 2009 年版，第 238 页。
③ 唐圭璋辑：《全宋词》，中华书局 1965 年版，第 4209 页。
④ 刘辰翁撰，吴企明校注：《须溪词》，上海古籍出版社 1998 年版，第 368 页。
⑤ 刘将孙著，李鸣、沈静校点：《刘将孙集》卷 29《赵青山先生墓表》，吉林文史出版社 2009 年版，第 238—239 页。
⑥ 刘将孙著，李鸣、沈静校点：《刘将孙集》卷 6《和青山会散韵》，吉林文史出版社 2009 年版，第 52 页。
⑦ 唐圭璋：《词话丛编》，中华书局 1986 年版，第 775 页。

了青山诗社。

由此可知，以刘辰翁为中心的南宋晚期庐陵文人，如文天祥、邓剡、刘将孙、赵文、王炎、谢枋得、罗志仁、萧竹屋等人以庐陵地域为中心，或因同门，或因同年，或因兴趣，或因文学……，通过诗文唱和的互动形式结成群体，从他们的诗文交往看，互动非常频繁，非常持久，甚至延及到数代人的交往。

（四）"诗聚饶州"

南宋时，两浙路、江南东路的信州、饶州等地及江南西路，是大批南渡士人的寓居地，如韩元吉、吕本中、曾几等几个外来的大家族都曾在上饶定居。

曾几于绍兴十二年（1142）定居上饶，此时吕本中也在此地，他曾作诗给曾几："荒城少往还，居处喜相近。"① 事实上，两人在此期间唱和颇多。绍兴十四年（1144），曾几任广南西路转运使，离开信州。绍兴十九年（1149）任满后又回到上饶，定居在上饶茶山的广教寺，直至绍兴二十五年（1155）赴任浙东提刑时才离开上饶，他寓居上饶期间与当地士人广泛交游。

吕本中与曾几同年生，二人谥号皆为"文清"，又先后寓居上饶广教寺。寓居上饶的韩元吉在《两贤堂记》写到："绍兴中，故中书舍人吕公居仁尝寓于寺。公以文章名于世，而直道劲节，不容于当路者，屏居避谤，赍志以没。上饶士子，稍宗其学问。虽田夫野老，能记其曳杖行吟风流韵度也。后数年，故礼部侍郎文清曾公吉甫，复来居之。二公生平交，俱以诗鸣江右，适相继寓此，而曾公为最久。杜门醉诗书以教子弟，或经时不入州府，不问世故。好事者间从公游谈风月尔。……而上饶之人，称一时衣冠师友之盛。及二公姓字，则拳拳不忍忘。寺之僮奴，指其庭之竹，则曰：'此文清公所植也'。山有隙地，旧以为圃，指其花卉，则曰：'此文清公所艺也'。一亭一轩，爱而不敢动，曰：'此文清公所建立或命

---

① 王兆鹏：《吕本中年谱》，《两宋词人年谱》，文津出版社1994年版，第454页。

名也'."① 由此观之，曾、吕二人在上饶寓居期间"诗唱江右"，对当地的文学后进影响较大，被誉为当时诗坛的领袖，二人去世后，他们在广教寺中所留下的花草、亭轩仍为后人所敬仰，他们的文名仍被后人记起。韩淲曾作诗曰："慨焉绍兴初，上饶聚缨簪。东莱曾空青，至今朱弦琴。零落一丘垄，佳话转平沉。翁实独远绍，文献所酌斟。诗乃其绪余，敛收日行吟。"②

淳熙八年（1181）年底，辛弃疾被罢黜官位，在上饶赋闲，当时韩元吉居上饶带湖，二人交往密切。淳熙九年（1182 年）五月，辛弃疾曾为韩元吉赋寿词，"稼轩于淳熙九年方定居广信，南涧之卒在淳熙十四年，其间所赋韩氏寿词，现存者凡有五阙"③。辛弃疾《雨中花慢》词序云："登新楼，有怀赵昌甫、徐斯远、韩仲止、吴子似、杨民瞻。"④ 可见，辛弃疾曾与赵蕃、徐斯远、韩元吉等人相约登楼赏景。

韩淲与朱熹的交游也与韩元吉有关。淳熙九年（1182）九月，朱熹辞去江南西路提点刑狱之职南归，经过上饶，同辛弃疾、韩元吉、徐安国相会并一同游南岩。韩淲《访南岩一滴泉》："忆昨淳熙秋，诸老所闲燕。晦庵持节归，行李自畿甸。来访吾翁庐，翁出成饮饯。因约徐衡仲，西风过游衍。辛师倏然至，载酒具殽膳。四人语笑处，识者知叹羡。"⑤ 诗中韩淲回忆了父亲韩元吉在上饶与诸多名士相会的场景，当时朱熹和徐安国走访韩元吉，辛弃疾也带着美酒佳肴来会。这次聚会，四人相谈甚欢，令人羡慕。

赵蕃《呈辛卿二首诗》云："诗老当年聚此州，迩来零落尽山邱。公虽暂尔淹时用，天岂特令继凤游。幽事傥多尘事绝，灵山孰与博山优。林

① 韩元吉：《南涧甲乙稿》，中华书局 1985 年版，第 291 页。
② 韩淲撰，刘云军点校：《韩淲集》卷 3《余子任访章泉》，科学出版社 2021 年版，第 33 页。
③ 辛弃疾著，邓广铭笺注：《稼轩词编年笺注》，上海古籍出版社 1998 年版，第 126 页。
④ 辛弃疾著，邓广铭笺注：《稼轩词编年笺注》，上海古籍出版社 1998 年版，第 478 页。
⑤ 韩淲撰，刘云军点校：《韩淲集》卷 2《访南岩一滴泉》，科学出版社 2021 年版，第 14 页。

栖相去无百里，窈窕崎岖可后不。今昔名流几许人，况于室迩更身亲。南州行卷虽云旧，东阁知名固若新。再见每怀风度远，两年空恨往来频。其谁为我谈名姓，车辙勤公野水滨。"① 赵蕃诗中所描绘的 "诗老当年聚此州" 景象表现了当年众多名士汇聚于上饶的盛况，这些士人很多都是寓居于上饶的，他们通过诗文纽带不仅相聚在一起，而且不时酬唱互动，交往的范围不断扩大，参与的士人不断增多，当然，形成的影响便越来越大。

二　会社义集

以诗文唱和为纽带的交往是宋代士人结社集聚的重要方式，或者说是首选方式，但不是唯一方式。"以结会、结社、宴集为主要活动形式的宋代士夫间的期集，既是宋代上流社会成员之间重要的社交场所，也是宋代文人间重要的文学活动平台。"② 我们可以看到，南宋江西士人在地方社会通过文学、科举、同年、同僚、同甲等方式构建形式多样的课社会集。

（一）楚东诗社

楚东诗社由名士王十朋任饶州知州期间与何宪、陈之茂、王秬、洪迈等五人所结成。王十朋为诗社盟主，其余四人均为官员：洪迈为吉州知州，陈阜卿为洪州知州，王秬为兴化知军，何宪为饶州提点刑狱公事。结社时间在隆兴二年（1164）七月至乾道元年（1165）十一月间。"楚东" 指的是饶州鄱阳，王十朋就任饶州知州后的谢表《饶州到任谢表》云："况此楚东之故邦，实为江左之奥壤，颜真卿英风如在，范仲淹遗爱犹存，臣实何人，可预兹选！"③

楚东诗社成员的交游唱和活动共有两次，分别是在乾道元年（1165）二月和五月，具体情况为：

第一次唱和活动：王十朋有诗《二月朔日同嘉叟缊之访景庐别墅，用郡圃栽花韵即席唱和》："鄱水芝山四望赊，雨余风物倍光华。名园种果仍

---

① 赵蕃：《淳熙稿》，中华书局 1985 年版，第 317 页。
② 钱建状、王晓琦：《科举与宋代文人的期集》，《教育与考试》2008 年第 5 期。
③ 王十朋著，梅溪集重刊委员会编：《王十朋全集》，上海古籍出版社 2012 年版，第 847 页。

修果，妙手栽花似判花。行见晋公开绿野，聊从子美酌流霞。坐间宾主皆人杰，我质如蓬赖倚麻。"① 从中我们可以看出，此次唱和的时间应是乾道元年二月初一，唱和地点在洪迈的住所鄱阳。参与此次唱和的成员有王嘉叟、木蕴之、洪迈以及王十朋。此时，诗社的张孝祥②还没有正式加入诗社，陈之茂在洪州，何麒应该是在去往建康的途中，因此这三人都没有参加。木蕴之虽不是诗社成员，但他是洪迈的女婿，他参加此次活动也是有可能的。此次活动是以"郡圃栽花韵"为主题进行的唱和。

第二次唱和活动：王十朋《五月二十五日饯安国舍人于荐福，洪右史、王宗丞来会，坐间用前韵》云："尊酒相逢半八仙，鬓丝我类杜樊川。江东渭北四方客，楚尾吴头五月天。莲社滥陪陶令饮，兵厨聊击陆生鲜。待将红药翻阶句，别作番阳一集编。"③ 张孝祥《龟龄携具同景庐、嘉叟饯别于荐福，即席再用韵赋四客诗》云："使君领客访金仙，小队旌旗锦一川。我欲采芝非辟世，公当立极要擎天。诗声政尔容传稿，僧律何尝禁割鲜。一笑鄱阳逢岁熟，问公钟磬几时编？"④ 从这两首诗中我们可以看出，此次唱和时间是乾道元年五月二十五日，二人用韵相同，所记应是同一件事，表明张孝祥此时已加入楚东诗社。此次唱和的地点在荐福寺。据洪迈《夷坚志》中《荐福如本》条记载："饶州城下，六禅刹东湖，荐福寺最大。信州贵溪人如本住持，颇为业林归向。"⑤ 可知荐福寺是鄱阳的一座寺庙，这次唱和活动正是在饶州鄱阳的荐福寺。参加此次唱和的诗社成员有王十朋、张孝祥、洪迈和王柜，而诗社的其他成员，何麒此时已经去世，陈之茂则相对来说与诗社成员间的唱和最少，此时他应该在洪州。

楚东诗社的成员除了日常的唱和诗歌是通过诗筒传递之外，诗社的两

---

① 王十朋著，梅溪集重刊委员会编：《王十朋全集》，上海古籍出版社 2012 年版，第 300 页。
② 张孝祥（1132—1170），字安国，别号于湖居士，历阳乌江（今安徽和县乌江镇）人，南宋著名词人，书法家，绍兴二十四年（1154），状元及第。张孝祥善诗文，尤工于词，其风格宏伟豪放，为"豪放派"代表作家之一。有《于湖居士文集》《于湖词》等传世。
③ 王十朋著，梅溪集重刊委员会编：《王十朋全集》，上海古籍出版社 2012 年版，第 315 页。
④ 张孝祥著，徐鹏校点：《于湖居士文集》卷 7《龟龄携具同景庐、嘉叟饯别于荐福，即席再用韵赋四客诗》，上海古籍出版社 1980 年版，第 58 页。
⑤ 洪迈撰，何卓点校：《夷坚志》支甲卷 10《荐福如本》，中华书局 1981 年版，第 791 页。

次交游唱和活动都是在饶州鄱阳进行的，主要的原因是当时王十朋在饶州任职，以他为中心。因此构建起来的诗社所进行的唱和交游活动当是他召集为宜，邀请各位成员到饶州对他来说较为便利。

（二）杨万里诗社

翻检杨万里文集，其诗文中常见"同社""社里""社中"之词，如他所作的《雪用欧阳公白战律仍禁用映雪访戴等故事赋三首示同社》①，表明他曾经组织或参加过诗社。张磁《庐陵李英才自制墨与梅花写真，艮斋、诚斋又许其能诗，十月七日携画见访，且索拙语，因成古风以赠》中有"又闻觅句颇清熟，社中宗匠交口称"②，其中，诚斋即杨万里，时为文坛盟主，故被张磁推许以"社中宗匠"，艮斋为谢谔之号。谢谔，临江军新喻人，字昌国，学者称艮斋先生，亦称桂山先生，为文仿欧阳修、曾巩，绍兴二十七年（1157）进士，历任摄乐安县尉、知分宜县、国子监主簿、监察御史等职。李英才，庐陵人，《诚斋集》中有杨赠其诗《乡士李英才得老潘墨法，善作墨梅，复喜作诗，艮斋目以三奇，赠之七字，予复同赋云》③，李英才与杨万里为庐陵同乡。由此可见，杨万里极有可能与谢谔、李英才等人结有诗社。因文献所限，杨万里所组成的这些诗社的具体活动、运作、固定成员等情况无法详述。但以杨万里在当时诗坛的盟主地位，他在老家与乡友、同年等组织诗社应该是非常方便且可行的。

（三）江湖吟社

江湖吟社是南宋时期利登、曾原一等人在江西地区所建立的诗友群体。利登，盱江（即建昌军）人。"赣寇"之乱时，利登恰在赣州之梅川

---

① 杨万里撰，辛更儒笺校：《杨万里集笺校》卷2《雪，用欧阳公白战律，仍禁用映雪、访戴等故事，赋三首示同社》，中华书局2007年版，第122页。

② 张磁撰，吴晶、周膺点校：《南湖集》卷2《庐陵李英才自制墨与梅花写真，良斋、诚斋又许其能诗，十月七日携画见访且索拙语因成古风以赠》，当代中国出版社2014年版，第51页。

③ 杨万里撰，辛更儒笺校：《杨万里集笺校》卷22《乡士李英才得老潘墨法，善作墨梅，复喜作诗，艮斋目以三奇，赠之七字，予复同赋云》，中华书局2007年版，第1118页。

（即宁都），这里恰好是曾原一的家乡。"盗贼"大作，士人向北逃亡，曾原一与利登就在这群北逃的士人之中。曾原一在当时诗坛尤其是江西诗坛中声名显赫。虞集《故临川隐士娄君太和墓志铭》云："（墓主之先辈娄建）与章贡曾原一、浚仪赵崇峸、同郡林实夫（号止庵）、段信友（浚），六人者，皆一时之名士。"① 在这些"一时之名士"中，梅川人曾原一的诗文水平高，甚至被时人指代为"曾赣州"，代表了整个赣州的诗文水平。

曾原一交游足迹遍布江西，他在"寇乱"之前就与章贡、庐陵、临川、盱江、清江各地诗人有师承以及交游唱和关系。曾原一"尝与从弟原郕同师庐陵杨伯子"②，杨伯子即杨万里长子杨长孺。赣州诗人曾原一到吉州拜师学习，这种跨地域间的师生关系表达出的是曾原一对江西乡贤的尊崇。毋庸置疑，不同地域士人之间的交游对士人社群的构建具有重要作用。

曾原一不仅到庐陵，而且与临川盱江诗人交游联络也非常密切。刘埙《隐居通议》云："希声，名文雷（生卒不详），自号看云……，同时乡里以诗名者，碧涧利履道登、白云赵汉宗崇嶓（1198—1255）俱为社友，然品格俱不及公。赣之宁都有苍山曾子实原一，抚之临川有东林赵成叔崇峸，亦同时诗盟者也。"③ 黄文雷、利登都是南城人，赵崇嶓是南丰人，都属于建昌军，即盱江，三人组成诗社，故称作盱江诗社。

曾原一还在豫章寓居三年，与创立于嘉定四年（1211）的豫章东湖书院有关。其堂弟曾原郕（师事著名文学家杨万里）曾为东湖书院山长。在豫章居住的三年间，曾原一很有可能在东湖书院或其附近安身，而东湖书院极有可能是江湖吟社的活动场所之一。邹登龙《梅屋吟》有《寄苍山曾子实》云："东湖从此别，嘉会邈无期。"④ 写的正是他与曾原一曾在东湖作别以及作别之后的思念，豫章东湖正是江湖吟社活动的重要地域。

---

① 虞集：《道园学古录》卷43《故临川隐士娄君太和墓志铭》，文渊阁四库全书本。
② 谢旻等修，陶成等纂：《雍正江西通志》卷94。
③ 刘埙：《隐居通议》卷9《黄希声古体》，文渊阁四库全书本。
④ 陈起：《江湖小集》卷69《寄苍山曾子实》，文渊阁四库全书本。

（四）郭应祥词社

郭应祥，字承禧，号遁斋，新淦（今江西新干县）人。他所作的《菩萨蛮·三月六日静胜小集》曰："归期今不远，孥累俱先遣。犹有社中人，相从寂寞滨。"① 由此可知，遁斋曾与人结社唱和。他的另一首词《鹊桥仙·周监旬会上作》："六人欢笑，六姬讴唱，六博时分胜负。六家盘馔斗芳鲜，恰两月，六番相聚。特排整整，华筵楚楚，终是不如草具。赏心乐事四时同，又管甚，落花飞絮。"② 显而易见，这个词社是由六人组成的，且活动频繁。此外，他所作的《西江月·序》云："乙丑中秋前二日，约李季功、孙仲远、李茂叔、郭元择预赏月。申刻雨大作，酉刻已开霁。三更月出。"③ 从词中可知，郭应祥交游频繁的人可能就是词社的成员，大致有周监、李季功、孙仲远、李茂叔、郭元择，加之遁斋恰是六人之数。

（五）真率会

真率会是宋代比较流行的一种宴饮聚会，参与者享受同族、同乡、同僚、同伴之间的亲情、友谊，在发展过程中又出现真率集、真率饮、真率约等名称④。南宋中后期江西士人参与真率会者众多，真率会在士人社群构建过程中起到了重要作用。

1. 洪适鄱阳真率会

洪适，字景伯，号盘洲，鄱阳人。根据洪适所作诗文，他在老家鄱阳组织了真率会，尤其是提到了叶宪多次，如洪适《南歌子·呈叶宪》词曰

---

① 《菩萨蛮·三月六日静胜小集》，载《丛书集成续编》第 207 册《笑笑词》，新文丰出版公司 1988 年版，第 563 页。

② 《鹊桥仙·周监旬会上作》，载《丛书集成续编》第 207 册《笑笑词》，新文丰出版公司 1988 年版，第 568 页。

③ 《西江月·序》，载《丛书集成续编》第 207 册《笑笑词》，新文丰出版公司 1988 年版，第 566 页。

④ 学界关于宋代真率会的研究，以庞明启着墨为多，其先后发表《南宋晚期真率会考》（《乐山师范学院学报》2015 年第 2 期）、《论宋代的真率会及其诗词创作》（《宁夏大学学报》2015 年第 3 期）、《两宋之交真率会考述》（《中国石油大学学报》2015 年第 5 期）、《南宋中期真率会考》（《中国矿业大学学报》2016 年第 4 期）等文章叙述宋代的真率会。其他如陈小辉《宋代怡老社辑论》（《青海师范大学学报》2015 年第 5 期）也述及宋代的真率会。笔者在本节写作中，以南宋江西真率会为切入口，窥探士人社群构建的这一重要方式。

"真率须如约，安排欲效颦"①《南歌子·示景裴弟，时叶宪明日真率词》②《满庭芳·酬叶宪》曰"曾就新年真率"③。此外，洪适《叶提刑挽诗》中有"凄凉真率会，鸥鹭也离群"④。可见，洪适与叶宪曾有真率会，地点就在鄱阳。

2. 吴端朝信州真率集

韩元吉《闻吴端朝作真率集》曰："他年曾作社中人，肮脏归来白发新。阔别常思共杯酌，旧交那得更比邻？黄鸡白酒可劳劝，青笋乌榷未绝贫。恨不从君语终夕，空斋愁坐独伤神。"⑤ 由诗题可知，吴端朝有真率集活动，而韩元吉因未能参与而感到遗憾。

3. 赵不遏信州真率会

辛弃疾《寿赵茂嘉郎中二首》其二曰："鹅湖山麓湛溪湄，华屋眈眈照绿漪。子侄日为真率会，弟兄剩有唱酬诗。"⑥ 这是辛弃疾为好友赵茂嘉寿诞所作的诗，由诗中的"子侄日为真率会"可知，赵茂嘉居于鹅湖山麓时与子侄常有真率会，酬唱往来。

4. 危稹临川真率会

陈思《两宋名贤小集》中《巽斋小集》序曰："危稹，字逢吉，旧名科，临川人。淳熙十四年试春官，知举洪公迈称其文踔厉雅健，登乙科，授南康军教授，士经指授，文体丕变……建龙江书院。奏罢经总制无名钱五千缗，与部使者忤，请祠归，筑屋城南嵩源，与乡老七人为真率会。"⑦ 由"与乡老七人为真率会"可知，危稹奉祠归临川后有真率会，成员有乡老七人。

① 洪适：《盘洲文集》卷80《南歌子·呈叶宪》，四部丛刊初编本，商务印书馆1912年版。
② 洪适：《盘洲文集》卷80《南歌子·示景裴弟，时叶宪明日真率词》，四部丛刊初编本，商务印书馆1912年版。
③ 洪适：《盘洲文集》卷80《满庭芳·酬叶宪》，四部丛刊初编本，商务印书馆1912年版。
④ 洪适：《盘洲文集》卷10《叶提刑挽诗》，四部丛刊初编本，商务印书馆1912年版。
⑤ 韩元吉：《南涧甲乙稿》，中华书局1985年版，第63页。
⑥ 傅璇琮等：《全宋诗》，北京大学出版社1998年版，第30004页。
⑦ 陈思：《两宋名贤小集》，《宋集珍本丛刊》，线装书局2004年版，第10页。

5. 张祥龙新建真率会

张祥龙，字仲符，隆兴府新建县人。据宋释道璨《柳塘外集》卷四《中沙张公先生墓志铭》，"某生晚不识，见闻所及者盖四人焉：竹堂徐公应科、北山王公申之、竹岩傅公梓、中沙张公祥龙。……先生字仲符，新建樵舍人……（张祥龙）晚与竹堂、北山诸老仿洛下旧制，以文字饮为真率会"①。可知张祥龙与徐应科、王申之、傅梓晚年在新建县组织有真率会。徐应科、王申之、傅梓生平不详，应为乡先生。

6. 陈著吉州真率会

陈著《本堂集》卷七十三《吉初弥月招宗族亲邻寓饮简》曰："……某今日为新生小儿弥月，徇俗具汤饼，因敢会宗族姻邻，及客而吾里相知者，并取生梅青菜，酌酒三杯，早赐访不再速，不见烛，惟从简便，庶几共味温公之语，非敢曰真率会自某始。"② 由此可知，陈著曾给新生儿做满月事聚宗族姻邻为真率会，当时陈著任吉州白鹭洲书院山长，因此，他在吉州的影响是比较大的。

7. 徐经孙丰城真率会

徐经孙，字仲立，号矩山，隆兴府丰城人。徐经孙《宋学士徐文惠公存稿》卷四《山塘精舍》诗曰："……族姻语语人情洽，云势阴阴天气清。好续溪山真率会，从今八景又重成。"③ 由此可知，徐经孙闲居乡里时组织有真率会。"族姻语语人情洽"，说明其家族与姻族是真率会的主要成员。"好续溪山真率会"，表明徐经孙不止一次举行过真率会。

8. 王洋真率会

王洋《凌季文作真率会，遇大雪寒甚，主人之居，狭不容散步为嫌，作数语为解》，曾几《挽王元渤舍人二首》："……觞咏陪真率，言谈见坦夷。凄凉今日事，牢落暮年悲。"④ 王洋绍兴十七年（1147）寓信州，故该

---

① 释道璨：《柳塘外集》卷4《中沙张公先生墓志铭》，文渊阁四库全书本。
② 陈著：《本堂集》卷73《吉初弥月招宗族亲邻寓饮简》，文渊阁四库全书本。
③ 徐经孙编撰：《矩山存稿》卷4《山塘精舍》，文渊阁四库全书本。
④ 丁晏原辑，周桂峰校点：《山阳诗徵》卷三，陕西人民出版社2009年版，第65页。

真率会亦似当在信州，参与者还有凌景夏、曾几。

（六）军事义社

两宋在地方上出现了许多由士绅领导组织的义社，最为大家熟知者当属南宋周必大所记载的当时江西抚州金溪三个家族所创建的三个义社："抚州金溪县大姓邓氏傅氏，各有乡丁数千。以朱漆皮笠冒其首，号红头子，远近颇畏之，号邓、傅二社……先是县别有陆氏，尤豪于一乡。项年转运司命充都社，邓傅皆隶焉，近亦零落。独族人某者行义颇著，乡人议使世其职，县亦视诸故府，以为当然。"① 其中提到金溪邓氏、傅氏和陆氏三个义社组织。文中指"尤豪于一乡"的"陆氏"，即陆九渊家族。陆九渊的四兄陆九韶就曾担任过义社的领袖，其在任职期间"调度有方，备御有实，皆可为后世法"②。

邓、傅二氏皆为金溪著姓，族中有多人出仕③，是典型的士绅家族。金溪邓氏、傅氏、陆氏，各自成军，以姓氏为号，邓、傅二氏虽是联军，但还是称为"邓傅二社"，表明其宗族性及相对独立性。周必大曾向朝廷推荐过这支武装力量去平定福建、江西相邻处的茶寇。

南宋景定二年（1261），谢枋得在信州一带募民抗击元兵，保聚乡里。邓、傅二姓义社就参与了抗元斗争，他们的实战经验不下正规军，这些优点得到了谢叠山的赞誉。为此他写了一封长信给当时邓、傅二社的领袖人物邓云夫，希望说服他支持自己防守信州的计划。谢叠山在信中激以民族大义，兼以地方意识劝导，以期获得邓云夫的积极响应。在书信中，谢叠山承诺为邓、傅二姓义社编辑的"忠义传"作跋，以让二姓义举永垂青史。谢叠山动之以情，晓之以义的书信说服了邓、傅二社义兵，他们接受了谢叠山的邀请和指挥，参加了抗元信州保卫战。事实上，谢叠山在这次

---

① 周必大著，王瑞来校证：《周必大集校证》卷20《金溪乡丁说》，上海古籍出版社2020年版，第295—296页。

② 王国平主编：《杭州文献集成》第15册《武林往哲遗著》2，杭州出版社2014年版，第516页。

③ 郑浴修、程芳等：《同治金溪县志》卷17，《选举志一》"宋代进士"条，载有邓氏进士3人，傅氏进士1人。

抗元斗争中所依靠的主要是抚州金溪县邓、傅二姓组织的忠义社以及其他地方民兵共一万余众。

两宋之际，抚州金溪邓、傅二姓民兵组织的产生与发展依靠于家族中颇有身份与威望的首领倡议，他们凭借个人影响与组织能力发动族中男丁组建军事性质的义社。云林邓氏以邓雾为首，利用官方允许民间义兵勤王的机会，以自己在族群中的号召力，积极倡导同宗的族人成立忠义社。傅坊傅氏以傅安潜为中心，创立傅氏义社，与邓氏义社相呼应，二社相互支持，相互配合，在抵御土匪袭扰、保障地方局势过程中发挥了重要作用，也为抵抗金兵入侵江西积累了军事经验。当然，地方家族在义社的组织中不断扩大自身影响，尤其是在支持国家重大事务中发挥出应有的作用。显然，军事义社在集聚家族力量，团结地方士人方面起着非常重要的作用。

（七）互助义约

"义约"是指士人为资助贫寒学子应试而组成具有经济互助性质的盟约。因为举子赴京应试需要一定的费用，在交通不发达的古代，这对部分贫困士子，特别是路途遥远的士子来说，自是一笔不小的开销，甚至有人因此而"贫不能行"。为了消解他们的经济压力，每当省试之年，民间会自发地出现扶助贫寒士子的义约。① 宋代江西经济发达，士人众多，因而义约较为发达②，发展出了同乡义约、异地合约、分科义约、合科义约、宗族义约等多种形式。

1. 同乡义约

以县级行政单位划分，冠以县名，很可能是一县一约，如高安义约、新昌义约等。姚勉《新昌义约序》云："新昌，瑞望邑也……岁戊午，相率以为约，取'五百名中第一'之义，人五百金。取'玉殿传金榜，君恩

---

① 阳达：《试论宋代科举的义约现象》，《学术研究》2009 年第 4 期。

② "据现有资料可知，义约最初产生于南宋，为理学家谢谔在江西所创。……纵览宋人文集对义约的记载，以江西、浙江最为盛行。"见阳达《试论宋代科举的义约现象》，《学术研究》2009 年第 4 期。

赐状头'诗为十籍,分敛而专聚,蚤计而预储,如京师者,可无桂玉虑。"① 可见,新昌这个义约的形式是每人平均出五百金,然后分为十籍,做好储备,让去京师参加考试者无后顾之忧。

2. 异地合约

在同乡义约的基础上,宋代江西还发展出了异地合约的互助形式。在宋代科举考试环境下,加入义约的人数越多,取得解额赴京举子得到的费用就越多。所以,地方士人在组织义约时无疑是希望努力壮大规模,异地合约也就应运而生。宋代江西这种形式的义约也不少,如豫章的三洲义约,由豫章下属的南昌、新建、丰城三个相邻县的举子联合组成,"豫章之属邑曰南昌,曰新建,曰丰城,三邑合约,萃费以给东上,名'三洲义约',意亦弘矣"②。

3. 分科义约

分科义约是依照科举考试科目来组织的义约。宋代江西的分科义约如瑞州的词赋义约。姚勉在《乙卯词赋义约序》中说:"吾乡每诏岁词赋,人必自为义约,作胜气。壬子,友人郴主簿刘君董约某代为之序。"③ 从中可以看出,由于南宋初期重视词赋科取士,瑞州考取词赋科的风气盛行,所以瑞州开始组织词赋义约。该义约的形式是请已获得功名者主掌义约,并约定"得隽者陆续之",即由此义约得中功名者须捐助资金以辅佐义约,以增强义约实力。

4. 合科义约

在分科义约的基础上,宋代江西又产生了合科义约。姚勉《瑞州经赋义约序》云:"词赋明经,今世皆进士。士诣春官,合为约,义也。分而二之,有计多寡牟利心,非义矣。今复合名约曰'又新龙门客'。又新之义也,亦分者又合之义也。雷之赋,闵之经,必又偕见于今矣。某余勇不

---

① 姚勉著,曹诣珍、陈伟文校点:《姚勉集》,上海古籍出版社2012年版,第441页。
② 姚勉著,曹诣珍、陈伟文校点:《姚勉集》,上海古籍出版社2012年版,第442页。
③ 姚勉著,曹诣珍、陈伟文校点:《姚勉集》,上海古籍出版社2012年版,第440—441页。

足贾也。景定辛酉诏岁里生前敕赐进士第姚某书。"① 由此可见，瑞州本有词赋和明经二科合一的义约，后来因为考词赋和明经二科的人数相去悬殊，导致二科举子产生利益纠纷。结合前面的《词赋义约序》可以推知，淳祐九年（1249）词赋义约在瑞州单独出现，在推行了四科后，于景定二年（1261）又与明经举子合为经赋义约，取名"又新义约"。

5. 宗族义约

宗族在地方义约方面也发挥了作用，承担义约的组织创建，如宋代江西瑞州的陈氏、邹氏、蔡氏都建立了属于自己的宗族义约。姚勉《邹氏同宗义约序》云："瑞阳年来为义者盛。岁大比，自三邑共为约，各邑自为约外，又有所谓同气义约者。昉于陈，继于蔡，今复有邹……邹为瑞儒，应举者众。有以《春秋》连为贡首者，有以《诗》学取荐名者，又有以词赋擢第者。"② 瑞州陈氏是著名的义宁陈氏分支，是瑞州大族。虽然外面不知道蔡氏的情况，但可以推测蔡氏也应是地方规模较大的望族。此外，考据文献，宋代江西还有"青云约""魁星约"等宗族义约。③

---

① 姚勉著，曹诣珍、陈伟文校点：《姚勉集》，上海古籍出版社 2012 年版，第 442 页。
② 姚勉著，曹诣珍、陈伟文校点：《姚勉集》，上海古籍出版社 2012 年版，第 444 页。
③ 文天祥：《文天祥全集》卷 9《新淦曾叔仁义约籍序》，中华书局 1985 年版，第 229 页。

第四章　江西士人社群与南宋地方社会

宋代自太祖实行"兴文教，抑武事"① 的治国方略后，极大地推动了教育发展，促进了科举兴盛。自太宗朝开始，"天下已定，有意于修文"②，宋廷南方统一之业已经完成，北向战事则接连受挫，太宗便将治国重心转向国内，培养和选拔治国理政亟需的各类人才。因此，宋太宗通过大规模的科举方式来招揽士人，史称"太宗初即位……特取一百九人，自唐以来未有也"③。当今学者称此举为"让宋朝政府全速启动了科举这架机器，开始了大规模的官僚再生产"④。到宋真宗时，科举考试得到进一步重视和发展，甚至开创了宋代大规模录取士子的先河。宋真宗亲自作《劝学诗》鼓励士子科考入仕，诗云："富家不用买良田，书中自有千钟粟。安居不用架高堂，书中自有黄金屋。出门莫恨无人随，书中车马多如簇。娶妻莫恨无良媒，书中自有颜如玉。男儿若遂平生志，五经勤向窗前读。"在各位君主积极求取人才的治国方略影响下，宋代社会逐渐形成良好的读书氛围，士子们读书科考的热情也空前高涨，"万般皆下品，惟有读书高""朝为田舍郎，暮登天子堂""满朝朱紫贵，尽是读书人"……这些出自北宋的俗语正说明了当时科举考试的盛况，也说明了士人们读书科考入仕的追求。

---

① 李焘：《续资治通鉴长编》卷18，太平兴国二年春正月丙寅条，中华书局2004年版，第394页。
② 叶梦得：《石林燕语》，中华书局1984年版，第71—72页。
③ 叶梦得：《石林燕语》，中华书局1984年版，第71—72页。
④ 王瑞来：《从近世走向近代——宋元变革论述要》，《史学集刊》2015年第4期。

据学者们统计，北宋进士人数约为 61000 人，南宋进士数量约为51000 人①。另据统计，"两宋通过科举共取士十一万五千四百二十七人，平均每年取士三百六十一人，年均数是唐代的五倍，元代的三十倍，明代的四倍，清代的三点四倍"②。当然，宋代科举考试规模的逐渐扩大直接导致了读书求学的人越来越多，参加科举考试的士子数量更是急剧增长。因北宋朝廷受冗官因素影响，录取人数虽有增加，但远远赶不上参加科举考试人数的增速，如欧阳修所说："今东南州军进士取解者二三千人处，只解二三十人，是百人取一，盖已痛裁抑之矣。"③ 到了南宋，情况更为严峻，"12、13 世纪参加科举的人数大幅度增长，在任何一个年份都是如此。从 11 世纪的大约 79000 人，增长到 13 世纪的大约 400000 人。由于录取名额未变，有些地方参试者的被录取率降至 333 比 1，1275 年，法定录取率为每 200 人发解 1 人。……士子们遵循着一种标准化的受业规范，投入到日新月异的科举文化之中。所有应举者都希望入仕，少数有幸中举者，开始了任宦作吏的生涯"④。

在此背景下，宋代出现很多士子把毕生精力放在求取功名上，待高中进士时年已垂暮⑤的现象。如宋人文集中所载："宋徐遹，闽人。博学尚

---

① 何忠礼：《两宋登科人数考索》，《宋史研究集刊》第 2 集，浙江古籍出版社 1988 年版；张希清：《南宋贡举登科人数考》，《古籍整理与研究》1990 年第 5 期，《北宋贡举登科人数考》，《国学研究》第 2 卷，北京大学出版社 1994 年版。

② 张希清：《论宋代科举取士之多与冗官问题》，《北京大学学报》1987 年第 5 期。

③ 马端临：《文献通考》，中华书局 1986 年，第 292 页。宋元的小说话本中亦有士子科考路上艰难的记载："却说绍兴十年间，有个秀才，是威武军人，姓吴名洪。离了乡里，来行在临安府求取功名。指望一举首登龙虎榜，十年身到凤凰池。怎知道时运未至，一举不中。吴秀才闷闷不已，又没甚么盘缠，也自羞归故里，且只得胡乱在今时州桥下开一个小小学堂度日。等待后三年，春榜动，选场开，再去求取功名。逐月却与几个小男女打交。"见程毅中点校《宋元小说家话本集·西山一窟鬼》，齐鲁书社 2000 年版，第 212 页。王瑞来也撰文指出："宋代以解试百人取一，省试十人取一约计，也只能有千分之一的幸运者可获得金榜题名的殊荣，而多数士人则与之无缘。"见王瑞来《从近世走向近代——宋元变革论述要》，《史学集刊》2015 年第 4 期。

④ 韩森著，包伟民译：《变迁之神：南宋时期的民间信仰》，中西书局 2016 年版，第 5 页。

⑤ 据梁庚尧统计，《绍兴十八年同年小录》中所列的题名中，50 岁以上的占全榜名单近1/8，在宝祐四年的登科录中，50 岁以上的占全榜名单超过 1/10，而 40 岁以上的在两榜都占近 2/5，宝祐四年榜年龄最大的一位已经 64 岁了。见梁庚尧《宋代科举社会》，东方出版中心 2017 年版，第 154 页。

气，累举不捷，登第时，发已垂白。琼林宴归，骑过平康狭斜之所，同年所簪花多为群妓戏取，惟遗花独存，因自题云：'白发青衫老得官，琼林宴罢酒肠宽。平康过尽无人问，留得宫花醒后看。'又詹义七十三始得第，自解嘲云：'读尽诗书五六担，老来方得一青衫。佳人问我年多少，五十年前二十三。'"① 故有学者说："宋代的科举考试看似公平，每个人都有机会参加考试，也都有机会中举，但实际上仍是富族和士族的游戏。"② 因此，宋代诸多士子苦读一生，但最终仍被排除在科举仕进的门外。③ 这些科举落第士人群体接受了教育，掌握了文化，拥有一定人脉，他们中很多人长期在地方社会活动，是宋代地方社会中的重要力量。

与此同时，宋代士子入仕以后也面临着诸多困难，因北宋确立的选人改官制度，使得"大量通过千分之一高倍率的激烈竞争科举及第者，在此后的仕途上遭遇到更为激烈的新一轮升迁竞争。……只有少数幸运者由于各种因缘际会，得以顺利改官，升迁到中级以上的官僚地位"④。在朝无望的官员，有些就直接离开"庙堂"，奔向"江湖"了，南宋时士人就常有"累举不登籍，遂束书归休，绝意荣路"⑤ 的情况。此外，在朝官员还要面对来自君主的惩罚性安排，以及官府制度性的规定，经常要面临待阙、丁忧、居丧、奉祠、贬斥等仕途艰险，于是南宋官员发出了"居官之日少，退闲之日多"⑥ 的感慨，从文献史料看，这些都是不争的事实。

同时，由于宋代特殊的政治环境，士人们经常还要面临政治风波，如从北宋元祐时期开始，士人经常因政见不同而形成党争之势，君主为遏制

---

① 俞文豹著，尚佐文、邱旭平点校：《俞文豹集》《唾玉集》，浙江古籍出版社2016年版，第150页。

② 廖寅：《宋代两湖地区民间强势力量与地域秩序》，人民出版社2011年版，第23页。

③ 黄宽重指出："南宋大约超过百分之九十九以上的士人，仍被排挤在仕宦大门之外。"见黄宽重《从中央与地方关系互动看宋代基层社会演变》，《历史研究》2005年第4期。

④ 王瑞来：《从近世走向近代——宋元变革论述要》，《史学集刊》2015年第4期。

⑤ 洪迈：《夷坚志》支甲志卷7《姚迪功》，中华书局1981年版，第764页。

⑥ 袁桷：《延祐四明志》卷14《本路乡曲义田庄》，《宋元方志丛刊》第6册，中华书局1990年版，第6343页。

朋党蔓延，便常常贬斥官员归乡。南宋以后，权相迭出，如秦桧执政十九载，权倾一时，为强化自身势力，他排斥异己，如张浚、赵鼎、胡铨等名士被贬被罢，不少士人被迫归乡闲居。孝宗朝虽无权相出现，但他极力强化皇权，对宰相和百官实行频繁调动之策，有忤逆者即直接奉祠或罢归。另外，南宋由于地域变小，但机构并未减少，官多阙少现象越来越严重①，也就是说，守阙的官员越来越多，以至于很多士子不得不长期赋闲待阙。

由此可知，南宋时期地方社会有越来越多的士人长期在基层生活，或因科考不利而久居乡野②，如杨万里笔下的庐陵名士刘庭老"其初从彦文、仲弼讲习切磋，学进而文增增，朝异而夕不同。每一文出，二公（安福名儒、故桂阳县丞欧阳彦文和通直郎戴仲弼）必称焉，谓'同学子皆当避君三舍'。及贾于有司，辄不雠。年四十即归隐，曰'此岂古人为己之学耶?'署其堂曰'养浩'"③。或因登籍困难而绝意荣路，或因仕途风波险恶而赋闲在家。他们这些知识人，有些是乡先生，有些是下层士子，有些是宦海失意的官吏④，有些是颇具影响的赋闲名宦。他们因各种因缘集聚，成为地方社会发展的重要力量。

科举制下宋代士人数量不断增多，士人群体逐渐崛起。到南宋时，基层社会士人数量越来越多⑤，在前述的诸种因素共同作用下，南宋士人开

---

① 美国学者韩森认为："南宋相对于人口的不断增长，国家官员的比例却日益减少。"见韩森著，包伟民译《变迁之神：南宋时期的民间信仰》，中西书局 2016 年版，第 5 页。

② 据学者统计，南宋大约有近百万士人，当官的不过几万人。事实上，多数士人家庭经济富裕，不需要以知识谋生。但部分士人仍以知识谋生，如被延聘在书塾、书院教学，或担任启蒙工作的乡先生等。见宋燕鹏《因文化而地位：南宋"士人社会"的成立及其意义》，《宋史研究论丛》第 16 辑，河北大学出版社 2015 年版。

③ 杨万里撰，辛更儒笺校：《杨万里集笺校》卷 132《刘隐君墓志铭》，中华书局 2007 年版，第 5116 页。

④ 黄宽重指出："由于官多职少，要谋求高位，也要面临许多竞争与挑战。大多数的官员只能随宦海浮沉，或在地方担任基层的亲民官、州县学教授等职，久居下僚。有的官员在此时急流勇退，回到乡里从事教学及启迪后学的工作。"见黄宽重《从中央与地方关系互动看宋代基层社会演变》，《历史研究》2005 年第 4 期。

⑤ 黄宽重说："（南宋）读书识字的人数急速增加，形成基层社会的优势群体。从北宋到南宋，士人的数量急剧增加，其速率甚至可以用膨胀来形容。"见黄宽重《从中央与地方关系互动看宋代基层社会演变》，《历史研究》2005 年第 4 期。

始在地方社会形成一定的群体，并且对地方社会有越来越多的参与①，在基层社会的活动中，地方士人群体有着较之以往更大的主导权和发言权。②所以，我们在南宋士人文集和地方志中，常常可以看见地方士人群体在基层社会的工程建设（如修建城墙、官衙、学校、书院、贡院、寺庙、桥梁等）和文化活动（如诗社、宗祠、义庄、赈灾等）中发挥着重要作用。③王瑞来先生认为："如果说北宋政治呈现出由精英士大夫主宰的状态，南宋社会则是由分布于地方的江湖士人群体所主导。从另一方面观察，自南宋开始大量投身于地方的士人，与国家政权并未完全脱节，多数士人积极参与的社会建设，其实也是国家末端统治的一环。士人和士大夫，在乡为民，入仕为官，这种特殊的双重身份，使他们居中成为连接官与民的纽带。"④ 这个观点还是比较可靠的，我们从南宋江西士人的地方实践亦可发现具体的例证。南宋江西士人在地方社会的桥梁修建，济困赈灾，协办官学，创办私学，编修方志，建设祠庙，校刻书籍，以及与地方官府的沟通，参与地方治理等方面均比较活跃，发挥出应有的作用。

---

① 美国学者郝若贝将此称之为"北宋精英大多怀有报效朝廷、得君治国的抱负，因而不惜脱离故乡。到了南宋，地域精英虽然不排除仍有跻身庙堂之志，但是扎根地方开始成为他们的主要选项。" Robert Hartwell. Demographic, political andsocial transformations of China, 750 – 1550. Harvard Journal of Asiatic Studies. Vol. 42, No. 2 (Dec., 1982), pp. 365 –442。韩森亦认为："（南宋，一些士子参加科举考试入仕）另一些文人对国家政治赶到厌倦，转而关心地方事务。"见韩森著，包伟民译《变迁之神：南宋时期的民间信仰》，中西书局 2016 年版，第 5 页。国内学者认为，南宋赋税名目屡增，税额加多，使得地方财政较为困难，地方财政不足的情势，为地方势力提供了发展的空间。包伟民：《宋代地方财政史研究》，中国人民大学出版社 2011 年版，第 266—267 页；高聪明《论南宋财政岁入及其与北宋岁入之差异》，《宋史研究论丛》1999 年第 3 辑；梁庚尧《宋代财政的中央集权趋向》，"中华民国史专题论文集第五届讨论会"论文，2000 年 12 月，第 561—581 页等。

② 宋燕鹏说："士人就是科举制下基层社会缓慢产生并逐渐相对固化的一个社会阶层。唐代后期科举制造成一个以读书为职业的阶层，经由北宋继续发展，到南宋最终形成一个'士人阶层'。南宋'士人社会'是唐代以降中国基层社会变化的重要一环。"见宋燕鹏《因文化而地位："南宋士人社会"的成立及其意义》，《宋史研究论丛》2015 年第 1 期。

③ 王瑞来认为："拥有文化权力与社会资源的地方精英，构成庞大的网络，促进了地方社会的发展。由于商品经济与社会网络的力量使然，走向地方的士大夫精英与横向流动于地方各个角落的士人，不同于往昔的文人失意归隐，他们不可能隐于林泉，隐于市廛，自外于社会，而是以谋势或谋生的积极姿态参与地方事务之中。"见王瑞来《从近世走向近代——宋元变革论述要》，《史学集刊》2015 年第 4 期。

④ 王瑞来：《从近世走向近代——宋元变革论述要》，《史学集刊》2015 年第 4 期。

第一节 地方事务中的士人社群

自北宋初年开始，士人实践儒家伦理，行之于日常生活，关心族人与乡党，在地方上济助贫乏，并从事修桥补路等公益活动，在记载中也不乏见，有些士人并因此而有"长者"之称。① 检索宋人相关文集，"好贤乐善，一乡称长者""公由少至老，一邦之人推为君子长者""勤俭好施，邑人以长者称之""旷达轻财重义，里中推为长者""乐道好善，一乡推长者"，诸如此类的记载非常之多。概括起来，"长者"就是在地方上能够通过自身的君子之行而获得在地方上的良好声誉，这种君子之行集中体现在"乐善好施"，换言之，即是士人通过公益活动来获得地方社会的认可。② 到了南宋，理学传播日广，影响日深，加之随着时代的变迁，居乡的官户、士人比起北宋大增，官户、士人对于地方事务的关切也就比过去更为

---

① 钱穆认为："世族门第消灭，社会间日趋平等，而散漫无组织，社会一切公共事业，均须有主持领导之人。"见氏著《国史大纲》，商务印书馆 1991 年版，第 812 页。如欧阳修给王质撰写墓志铭中，王质在地方社会就因为"厚于朋友，乐施与以赒人和仁者之勇，君子之刚，乐人之善"被称为"长者""公生累世富贵，而操履甚于寒士。性笃孝悌，厚于朋友，乐施与以赒人，而妻子常不自给。视荣利淡若无意。平居苦疾病，退然如不自胜。及临事，介然有仁者之勇，君子之刚，乐人之善，如自己出。初，范仲淹以言事贬饶州，方治党人甚急，公独扶病率子弟饯于东门，留连数日。大臣有以让公曰'长者亦为此乎？'"见欧阳修撰，洪本健校笺《欧阳修诗文集校笺》卷 21《尚书度支郎中天章阁待制王公神道碑铭》，上海古籍出版社 2009 年版，第 605 页。周必大在给王庭珪撰写的行状中，王庭珪的先祖王该亦因为"好善乐施"被地方士人称之为"长者""公姓王氏，讳廷珪，字民瞻，其先太原人，八世祖该，避唐末乱徙居庐陵郡西六十里之何山，好善乐施，人号'长者'。"周必大著，王瑞来校证《周必大集校证》卷 29《左承奉郎直敷文阁主管台州崇道观王公廷珪行状》，上海古籍出版社 2020 年版，第 441 页。周必大为庐陵刘若川撰写的墓志铭称："庐陵乡先生刘公卒，……郡人皆叹曰'善人死矣'……（公）赞助学官，表帅多士，逾四十年，平居与物无竞，休休然，真宽厚长者，人以是敬爱之。"周必大著，王瑞来校证《周必大集校证》卷 31《右迪功郎致仕刘公若川墓志铭》，上海古籍出版社 2020 年版，第 473 页。

② 杜芝明、张文指出："宋朝地方社会中的长者，是乡绅中的领袖，是典型的民间权威。被称为长者的民间权威大体要包括 4 个条件：一是年龄较长，二是为人宽厚，三是乐善好施，四是知识博雅。……长者参与的地方事务包括了社会救济、地方公益、地方教化、乡里裁判乃至代民言事等一系列内容。"见杜芝明、张文《长者与宋朝地方社会》，《云南社会科学》2011 年第 2 期。梁庚尧认为："所谓长者，往往存仁恕之心，能够以其财力，拯人于困乏，援人于急难，特别是以饥荒乏食之时为然，因而得到乡民的信赖与尊敬，甚至听其裁决听讼。换句话说，善于施财以济人，应该就是长者的特色。……长者以个人或群体的财力，拯人于困乏，援人于急难。"见梁庚尧《宋代社会经济史论集》，允晨文化实业股份有限公司 1997 年版，第 502、524 页。

显著。①

应该说，南宋江西士人在地方社会诸多领域中发挥着应有的作用，诸如兴修水利设施、修桥筑路、赈灾济困、修建文庙书院等，都可以看到地方士人群体的身影。这些工程有些可能完全是由基层官府主导，地方士人群体参与；有些则是地方士人群体独立完成；有些是由基层官府、地方士人群体及地方富民、僧道等共同完成的。国外学者何安娜②、韩明士③对此均有一定的关注。台湾学者何晋勋④、黄宽重⑤等亦有相关研究。本节通过选取南宋江西士人文集中所载士人参与地方社会建设中的"修建桥梁"和"济困赈灾"两方面内容予以论述，以展现士人在地方社会的活动，兼论士人群体在地方社会的互动。当然，从士人文集看，除"修建桥梁""济困赈灾"外，南宋江西士人群体参与地方事务的活动还有很多，有待进一步挖掘论述。

一　修建桥梁

（一）官倡士助

1. 新余"秀江桥"的修建

绍熙元年（1190）十月，杨万里应邀为新余新修的"秀江桥"作记，详细记载了"秀江桥"的修建过程。我们重点关注的是地方士人是如何在修建"秀江桥"中协助互动的？记文云：

> "秀江桥"三大字，焕学尚书谢公谔书也。桥作于何时？属役于淳熙丁未（淳熙十四年，1187）之冬，傶功于己酉（淳熙十六年，1189）之秋也。作之者谁？县尹李君景和、邑士丁君南隐、承奉郎谢

---

①　梁庚尧：《宋代科学社会》，东方出版中心 2017 年版，第 183 页。

②　Anne Gerritsen. *Ji'an Literati and the Local in Song – Yuan – Ming China*，Brill，2007.

③　RobertP. Hymes，*Statesmen and Gentlemen：The Elite of Fu – chou，Chiang – hsi，in Northern and Southern Sung*，Cambridge，1987.

④　何晋勋：《宋代鄱阳湖周边士族的居、葬地与婚姻网络》，《台大历史学报》第 12 期，1999 年 12 月。

⑤　黄宽重：《宋代的家族与社会》，国家图书馆出版社 2009 年版。

君岘也。秀江故无桥，舟子专波涛以为利，过者病之。兹役之兴也，是岁江西大禊，氓莱其色。提举常平使者陆公洸以闻，诏行振贷。公奉诏错事，下二尺木书谕郡若邑，旁招乡里修洁之士，志于虹而肯力于公上者董之。于是临江军新喻县之士民合词以告于县尹曰"丁君某可。"于是县尹具书礼及门三，诸君既至，与县尹言于常平使者……使者曰"诺。"县尹及君及谢君，属耆老而告之，工正等六百人，皆曰"诺。"于是徽虹为工，造舟为梁。遐迩奔辏，运木挽土。日千其人，刳剡斧艒二十有奇……桥成，泝而望者，若凫鸥之泛清波而将翔也，履而过者，若乌鹊之梁天汉而不没也。……往来之济者，视渊为陵，视水为岸，视惊涛为坦途。县人录其役，谒予记之。

杨万里在记文中称，新余的秀江桥是由"县尹李君景和，邑士丁君南隐，承奉郎谢君岘"三人首倡并主导的。另外，修桥的具体工作则是由"乡里修洁之士志于虹而肯力于公"者所完成的。同时，我们看到还有地方上的"耆老"也参与到秀江桥的修建中。

值得注意的是，从修桥的记载来看，杨万里并未提到经费的问题，主要原因就是有"工正等六百人"参与了修桥。因此，"秀江桥"的修建无疑是地方政府与地方士人，甚至包括地方民众共同协作才得以完成的，故杨万里在记文末尾说："然舟子专济人之役而心不动焉，或利之也。有司居济人之位而政不及焉，或牵之也。士君子旁观动心而力不至焉，或不位焉者也。今陆公庸李君，李君位焉而莫之牵，李君庸丁君、谢君。丁君、谢君不位焉而莫之辞。丁君、谢君庸饥虹，饥虹利焉而莫之怨。"① 正是在政府（提举常平使陆洸，县尹李景和，承奉郎谢岘等）的主导下，在地方士人（邑士丁南隐，耆老等）的具体谋划实施下，在地方民众的出力下，"秀江桥"才得以完成。此时，已致仕在新余的名士谢谔欣然为"秀江桥"题写桥名，充分体现出地方士人对公益事业的推赞。

---

① 杨万里撰，辛更儒笺校：《杨万里集笺校》卷73《新喻县新作秀江桥记》，中华书局2007年版，第3065、3066页。

2. 贵溪 "上清桥" 的修建

绍熙三年 (1192)，信州贵溪县在知县李正通的领导下，在地方士人的合力下，修建了上清桥，受到 "百里之人与四方之往来者固已颂而歌之"。名士朱熹受邀为之撰写了《信州贵溪县上清桥记》，桥记云：

> 贵溪之水，其原东出铅山之分水，北出玉山之镇头者，合为大溪，自弋阳西流，径县治南，少西乃折而北。大溪之南，有小港焉，出县东南境上，西北流至县治西南，乃入于溪。居民行客之往来者，故以舟楫为二渡……小港水落时，广不过百余尺，褰裳可涉，霖潦暴至，则其深广往往自倍……每以是时过港，常为横波所荡击，人力不得施。凿石则水触西崖，斗怒腾蹙，其险为尤甚。故二渡者，岁率一再覆溺，邑人病之，欲为浮梁以济久矣。而役大费广，无敢倡者。今县大夫建安李君正通至，则阴计而嘿图之。久之，乃得县之余财八十万，将以属工。而邑之大姓闻之，有以铁为连环巨絙千五百尺以献者，有捐其林竹十余里以献者，州家又以米百斛者佐之。于是李君乃相大溪二渡之间水平不湍者，以为唯是为可久，遂以绍熙三年六月始事。民欢趋之，不百日而告成……于是东西行者，春夏免漂没之虞，秋冬无病涉之叹。其功甚大，而费则省。盖其规模筹划，一出李君，主吏、工师拱手受成，不能有所预也。既又留钱五十万于明觉浮屠氏，使自为质贷，而岁输其赢五一，以奉增葺之费。①

由朱熹的桥记可知，贵溪的上清桥虽然是在知县李正通的全力筹划下修建的，但地方士人在建桥以及后续的管理过程中也发挥着非常重要的作用，一方面是出资建桥，如 "邑之大姓闻之，有以铁为连环巨絙千五百尺以献者，有捐其林竹十余里以献者"，所以修桥的速度非常快。同时，因为地方士人出资多，使得修桥后还有经费结余。另一方面是后续的桥梁管

---

① 朱熹撰，朱杰人等编：《朱子全书 (24)·晦庵先生朱文公文集》卷 80《信州贵溪县上清桥记》，上海古籍出版社、安徽教育出版社 2002 年版，第 3801、3802 页。

理，地方士人与桥旁边的寺院合作，将修桥结余的费用存放在寺院，每年拿寺院给的利息来维修桥梁。

可以想象，桥修成以后，以知县为代表的官府就已经退出了，但桥的管理才刚刚开始。毋庸置疑，桥梁的管理工作自然就落在了地方士人的组织上，他们在管理的过程中必然会组成一个群体，以桥梁管理为中心，他们这个地方士人群体在日常生活中必然有较多的互动往来。

（二）众士善济

前面提到的秀江桥和上清桥是由地方官倡导并全力筹划，地方社会力量鼎力相助而最终完成。此外，南宋江西还有一些桥梁的修建主要是地方社会力量出资出力完成的，真正体现了地方士人在公益事业上的群体合力。

1. 安福"凤林桥"的修建

绍兴十年（1140），安福县在知县韩邦光的主导下修建了凤林桥，庐陵名士王庭珪作为安福人应邀作记盛赞修桥之举，桥记云：

> 安成……其西地最远，广袤数百里，崖壁峭绝，而水锵然出于峒穴中，江流盖发源于此，而汇于凤林，……旧有浮桥，岁久坏弗治，兵兴以来，吏常力屈于馈饷，而爱民之政一切不可为，盖非不可为而其势不得为也。后十有二年，歙溪韩侯邦光始为安福令，问民病之所急，得其根穴而疏剔之，凡利之所宜兴，而有司簿书之所不责，众人搏手不敢谋者，悉以身任之惟恐后。明年三月，江流暴涨，并啮其堤，韩侯始欲筑石以障湍悍之势，辟堤上路，广倍于桥，规模甚伟，乃揭画图询于众，咸愿出财力，率数人造一舟，其用民钱数十万，而官不主其出入，用民之力，百工各以其役来助，竹木蔽川而下，人见其山积于岸，而不知其材之所自出，列肆无市者更馈食饮而不告姓名，以故举此大役与大费，其凡不可得而计，人亦莫知以为劳也。①

---

① 曾枣庄、刘琳主编：《全宋文》卷3413《凤林桥记》，上海辞书出版社、安徽教育出版社2006年版，第262—263页。

从王庭珪的记文来看，修桥计划是安福知县在了解民情疾苦的基础上提出来的。不过凤林桥的修建，官府并没有花费银两，当韩知县将修桥的计划"询于众"时，大家都愿意出力，所以"用民钱数十万，而官不主其出入，用民之力百工，各以其役来助"。由此可见，在政府的倡议下，在地方士人的筹划下，在当地百姓的共同努力下把这件善事做成了。

当然，在修桥过程中起重要作用的是中间的士人群体，因为他们是官府和百姓之间重要的沟通纽带。虽然王庭珪记文中没有表明哪些地方有起中间沟通作用的乡先生和长者参与其中，但王庭珪能作此记文，"人之所以乐斯桥之成而欲记焉者，非特备观美而已，故悉书韩侯之始末以记焉"，显然是受地方士人之邀把韩知县的善行记录下来。因此，凤林桥的修建是集结了韩知县为代表的地方官府，地方士人为代表的中间阶层和广大百姓的力量，这些力量在修建桥梁过程中形成了群体合力。当然还应看到，后期桥梁的管理应该也是以地方社会为主的，官府的力量是退出了的。共同管理维护桥梁虽然在王庭珪的桥记中没有提及，但是可以想象地方士人群体在这方面所起的作用。

2. 庐陵"邹公桥"的修建

乾道二年（1166），庐陵"乡三老"邹昶在家乡出资修建了邹公桥，受到了众多士大夫的推崇。桥修好后三年，即乾道五年（1169）十月，当时恰好在庐陵闲居的周必大闻之，欣然为之作记。桥记云：

> 距庐陵一里地有市曰富田，吉赣闽粤之商日夜走集，置戍兵焉。其川滥觞于兴国，凡数百里，至市而漫，春夏若大浸，秋冬复病于涉，徒杠岁败，津人要求无艺。乡三老邹昶慨然念之，鸠工运石为梁以济，其长三百尺，衡二十尺，其高加衡丈焉。酾水为五道以过舟，为屋二十四间，以庇行人，直栏横槛翼于其傍。始绍兴庚辰（绍兴三十年，1160），迄乾道丙戌（乾道二年，1166）乃成，靡金谷以万计。于是乡贡进士、兖州学正田亮功，乡贡进士曾同文，帅士子序而诗之，联为大轴，谒记于予，予谢不能。而卢溪丈人王公（王庭珪）又教之曰'美事也，毋庸辞。'予闻力可以兴利济人者有三，郡邑以势，

道释以心，富家以赀。然势者或病于扰而其成也苟，心者必藉于众而其成也缓，赀高者又丰入而啬出，瘠彼而肥已，能推惠者几何人哉？今邹氏赀未高也，而乐善如此，是宜一乡称之，文士赋之，乡先生诏之，予故乐为之书。[①]

从周必大的这篇桥记可以看出，在邹公桥的修建过程中，乡先生邹昶出资出力，他作为地方士人的一个杰出代表，体现了士人对地方社会的参与，对地方公益事业的热心。记文中说邹昶的家资算不上厚实，但他能有如此举动，纯是"乐善"之心使然。毫无疑问，邹昶作为乡先生在地方社会起到了很好的引领示范作用。这座桥对庐陵地方社会而言，不仅是解决了"吉赣闽粤之商日夜走集"和地方百姓春夏秋冬过河之需这样的社会问题，而且更为重要的是，邹公修桥这件事慢慢发展成为地方社会一个重要的文化事件，因为桥修成以后，众多地方士人参与其中，"乡贡进士、兖州学正田亮功，乡贡进士曾同文，帅士子序而诗之，联为大轴"，两位具有重要影响力的士人田亮功，曾同文率领庐陵士子一同集聚在一起，然后大家一同通过作诗的方式来颂扬邹公的善行。庐陵士人还一同把诗文编辑好，并请赋闲在家的名士周必大为诗文集作记，周必大非常敬重的老前辈卢溪丈人王庭珪听闻后，告诉周必大这是美事，不能推辞，于是周必大非常乐意撰写桥记来记录邹公的善举，同时也宣扬庐陵士子们共同为地方公益事业齐心协力的美行。

邹公桥还得到了名士杨万里的关注和推崇。乾道三年（1167），桥修成一年后，当时正赋闲在吉水的杨万里听闻后，亦大加赞誉，作诗《寄题邹公桥》云："吾侪一事办不曾，邹公一桥了此生。省斋先生（周必大）三大字，此桥便有千载意。今年天亦与护持，桃花春水不多肥。济川题柱吾无梦，梦借新桥作钓矶。"[②] 从这里可知，周必大还曾为桥题了"邹公

① 周必大著，王瑞来校证：《周必大集校证》卷28《邹公桥记》，上海古籍出版社2020年版，第428页。

② 杨万里撰，辛更儒笺校：《杨万里集笺校》卷5《寄题邹公桥》，中华书局2007年版，第260页。

桥"三个字。可见，邹公桥受到当时庐陵名士的广泛关注和赞誉。

因此，邹公修桥可以看作是南宋乾道年间庐陵士人在地方社会互动的一个重要体现，乡先生出资出力修桥，地方士人共同作诗以记，赋闲在家的庐陵著名士大夫周必大、杨万里亦为之作文赞誉。因此，当邹公修桥这件事过去多年后，还受到庐陵士人的持续纪念，如淳熙二年（1175），杨万里为邹公作挽诗云："野渡无冰涉，荒民不木饥。桥横侍郎记，墓立舍人碑。自古谁无死，何人没后思。淙淙富川水，便是挽歌词。"① 甚至在桥成一百年后的南宋末年，庐陵名士文天祥在给邹昶的曾孙邹月近撰写墓志铭时还着重提到了"邹公修桥"这件事，他说："庐陵南方之上游支水自赣兴国而下曰富川，邹氏族焉。……有昶者，富而礼，泸溪王公，平园周公，诚斋杨公，艮斋谢公，皆与之游。川流在门，能不爱重赀，迭石为屋，以脱往来于厄。周公记之，一时称为长者。"② 文天祥重点讲述了当时邹昶因为"富而礼"而与地方士人交游甚广，举其卓荦者如王庭珪、周必大、杨万里、谢谔，其中王庭珪、周必大、杨万里都是庐陵本地人，邹公修桥时也都在庐陵，谢谔是新喻人，但当时在庐陵担任吉州录事参军。因此，乾道年间，乡先生邹公与庐陵地域的士人通过诸如修桥等公益事业而有着良好的互动往来。

3. 上饶"善济桥"的修建

嘉定八年（1215），上饶县在乡里贤士叶均泽的出资出力下修建了"善济桥"，著名学者真德秀受邀作记，桥记云：

> 民于斯时以其仰事俯育之余，又代任有司之责，可谓难矣。幸而贤有力者出于其间，以众人之所共任者任诸己，虽其事有异于古，而其义实可称于今。此予之所喜闻者也。距信城（信州）二里所，有溪焉，其源发于闽建，旧为浮梁以渡，遇春夏间甚雨淫潦，缆绝舻解，对岸千里招招，舟子覆溺相寻。里人叶均泽目击斯害，毅然以为己

---

① 杨万里撰，辛更儒笺校：《杨万里集笺校》卷 7《挽邹彦明》，中华书局 2007 年版，第 394 页。

② 文天祥：《文天祥全集》卷 11《邹月近墓志铭》，中国书店 1985 年版，第 275—276 页。

忧，乃相形势庇工徒，迭文石以砒之，架巨材以梁之，经始于嘉定己巳（嘉定二年，1209），至乙亥（嘉定八年，1215）方告成，凡为屋五十有四楹，枕溪百余丈，靡金钱几十万缗。旁为僧庐，以职守视，割田立野，以备缮修。邑大夫陶侯木浓墨大书扁，以善济美，其利之博也……况能心于济物乎？以济物为心者鲜，况能发其家之积，以去州里之所甚病者乎？叶君此役其可谓贤也……叶氏之在上饶，未得以富称，惟其笃于好仁，故能尽力以既厥事，其不尤贤矣乎？……故予喜为之书。君字润卿，终将仕郎，子孙多且贤。①

真德秀在记文中用了多个"贤"字来夸赞修桥的最大功臣里人叶均泽。其实叶均泽家庭在当地并不是很富裕，他官职也不高，"终将仕郎"，主要是他"笃于好仁"，愿意挺身而出做这件善事，自己花费几十万缗的经费修桥，不仅让地方百姓、士大夫、知县对他大为褒扬，而且名士真德秀真心佩服他。真德秀认为，叶氏无疑是上饶县士人中乐善好施的"长者"，在他的影响下，地方上其他士人及百姓也广泛参与到桥梁的修建工程中，故真德秀说桥梁的修造是"众人之所共任者"。

应该说，见之于宋人文集的南宋江西地方士人修造桥梁事迹还有很多，如洪适和洪迈兄弟笔下的南宋鄱阳县"庆善桥"②，洪适笔下的南宋赣州的"知政桥"③，汪应辰笔下的南宋玉山县"平政桥"④，汪应辰笔下的南宋上饶的"诸溪桥"⑤，韩元吉笔下的南宋信州"浮桥"⑥，吕祖谦笔下的南宋抚州"浮桥"⑦，陈傅良笔下的南宋分宜县"浮桥"⑧……另外见诸

①　真德秀：《西山文集》卷25《上饶县善济桥记》。

②　洪适：《盘洲文集》卷31《庆善桥记》，四部丛刊初编，上海商务印书馆1912年版；洪迈撰，孔凡礼整理：《容斋五笔》卷2《庆善桥》，大象出版社2012年版，第410页。

③　洪适：《盘洲文集》卷30《知政桥记》，四部丛刊初编，商务印书馆1912年版。

④　汪应辰：《文定集》卷9《平政桥记》，学林出版社2009年版，第95—96页。

⑤　汪应辰：《文定集》卷9《诸溪桥记》，学林出版社2009年版，第98—99页。

⑥　韩元吉：《南涧甲乙稿》卷15《信州新作二浮桥记》，第300页。

⑦　吕祖谦：《吕祖谦全集》第一册《东莱吕太史文集》卷6《抚州新作浮桥记》，浙江古籍出版社2008年版，第96—97页。

⑧　陈傅良：《止斋集》卷39《袁州分宜县浮桥记》，文渊阁四库全书本。

于地方志的士人修桥记就更多了。①

从上述南宋江西各地的桥梁修建工程来看，每一座桥梁的修造，虽然主体，首倡，过程有所不同，但可以肯定的是修建桥梁是多方共同协作的结果，既有地方官府的身影，又有普通民众的广泛参与，但其中更重要的力量应该是地方士人，他们参与到地方社会的修桥事业中，热情都非常之高，富者出资，文者出智。我们在诸多的桥记中可以看到地方士人群体，在分工合作（出资，主事，作记等）中既把关乎地方民生的事情办好，惠及地方百姓，又在一起协作的过程中形成了良好的互动交流。或者说，士人在地方社会以群体的形式实现着自身的互动，乃至与地方官府、地方民众实现良好互动。因此，南宋江西士人诸多修桥事例体现出士人以地方社会力量的身份，以地域士人社群的形式共同参与到地方公益事业。当然，南宋地方士人通过修桥既参与了地方社会事务，又获得了良好的地方声誉和社会资源，他们在这个过程中逐渐成为地方发展的重要力量。故有学者称："南宋时期士人已经成为桥梁修建的重要参与力量之一。……南宋部分士人在参与桥梁修建等活动中获得了舆论的好评，或者可以说这成为新的基层社会势力成长的标志之一。"②

二 济困赈灾

宋代是中国古代社会灾害多发的一个时期，据统计："两宋灾害频度之密，盖与唐代相若，而其强度与广度则更过之。"③ 因此，宋代灾害种类也比较多，据王德毅考证，宋代灾害有水灾、旱灾、火灾、蝗灾、鼠灾、

---

① 李枚根据清代孟庆云修，杨重雅纂《德兴县志》共稽出宋代德兴四大家族主导修建的桥梁达40座。见李枚《科举、家族与地方社会——以宋代德兴地区为中心的考察》，硕士学位论文，南昌大学，2008年。

② 宋燕鹏、张素格：《南宋地方桥梁的修建与士人参与》，《山西师大学报》2013年第1期。

③ 见邓拓《中国救荒史》，上海书店1984年版，第22页。葛金芳认为，宋代灾荒频发的因素有：战乱波及地区的人户减耗、财产损失及水利工程的破坏；森林砍伐、垦殖过度、生态环境失调导致农业生产条件恶化和水旱灾害频率的急剧升高；专制国家重赋繁役对生产者的压榨和私家地主对小农经济的挤迫等。（见葛金芳《宋辽金夏时期的经济干扰与经济波动》，《湖北大学学报》1992年第5期）张文则认为与宋代的自然人文背景有关，如气候背景，战乱影响，人为破坏，过度垦殖。（见张文《宋朝社会救济研究》，西南师范大学出版社2001年版，第26—28页）

疫疠、风灾、地震、山崩、兵灾等。① 由于灾害频发,宋朝政府比较重视
灾害的预防与救济,在防灾备荒方面政府设有常平仓、义仓、惠民仓、广
惠仓、社仓、丰储仓、平籴仓、平粜仓、平济仓、永利仓、州济仓、平止
仓、通惠仓、广济仓、均济仓、籴纳仓、举子仓、思济仓等。在赈灾方
面,宋朝政府机构常设有赈济部门,如地方的转运、常平、提刑司等,官
方救济包括赈给、赈贷、赈粜、施粥、居养、移民就粟、募兵、倚阁、蠲
免、免役、宽禁捕等。除了官方行政性的救济,宋代还有市场性的和利用
民间力量的救济。市场性措施的救济是指利用价格杠杆,以供求关系为依
据,符合市场规律的赈济方式。利用民间力量的赈济措施是指动员民间力
量自愿或半强制性地进行赈济的方式。②

(一) 社仓济困

宋代除了官方的社会救济活动之外,民间的救济活动也十分活跃,尤
其是始于南宋福建崇安县的朱熹社仓,为众推赞。③ 社仓是一种社会互助

---

① 王德毅:《宋代灾荒的救济政策》,台北"中国"学术著作奖助委员会1970年版,第11
页。

② 张文:《宋朝社会救济研究》(西南师范大学出版社2001年版)一书对宋代官方行政性,
市场性以及民间力量的灾害救济都进行了详细的论述。本节仅以南宋江西地区的士人在地方社会
参与的社仓济困及赈济好施行为中的群体行为进行论述,以期展现南宋江西士人社群的地方公益
互动。士人文集中记载的其他地方赈济行为留待进一步挖掘。

③ 目前,学界对朱熹创办社仓的活动已有较多的研究,如梁庚尧《南宋的社仓》,《史学评
论》1982年第4期;张大鹏《朱子社仓法的基本内容及其社会保障功能》,《中国农史》1990年
第3期;吴定安《朱子社仓之法及其影响》,《江西社会科学》2000年第3期;李瑾明《南宋时期
社仓制的实施及其性质——以福建地区为中心》,《河北大学宋史研究中心会议论文集》2004年
版;宋燕鹏《南宋士人与地方公益事业之研究》,博士学位论文,河北大学,2010年;权相佑
《儒教型社会性企业的探索——以朱子"社仓制"的现代性转型为中心》,《当代儒学》2014年第
2期;王德毅《朱熹的社仓法及其对元明的影响》,《国际社会科学杂志(中文版)》2016年第3
期;陈支平《朱熹的社仓设计及其流变》,《中国经济史研究》2016年第6期;李涛、李金闯《朱
熹的慈善思想及其社仓实践》,《中国非营利评论》2016年第2期;汪圣铎、毕玉姣《南宋推行朱
熹社仓法给人的启示》,《宋史研究论丛》2011年第12辑;张品端《朱熹社仓法社会保障作用》,
《朱子学刊》2016年第2期;王建成《朱熹与光泽社仓》,《中国粮食经济》2017年第4期;余贤
伟《朱子社仓与闽北乡绅义行刍议》,《朱子文化》2019年第1期等。关于社仓的起源,宋人认
为:"社仓之制昉于隋,详于近世朱文公之奏文。"见刘宰《漫塘文集》卷22《南康胡氏社仓记》,
《宋集珍本丛刊》,第371页。今人认为,社仓事实上是缘起于汉代的长平仓和隋朝的义仓。详见
梁庚尧《南宋的社仓》,《史学评论》1982年第4期;宋燕鹏《南宋士人与地方公益事业之研究》,
博士学位论文,河北大学,2010年。

制度，由地方政府或乡里富家提供粮谷，设置贷本，以低利借贷给农民作农业资本或生活费用①，所谓"社仓分布于阡陌，官无远运之劳，民有近籴之便"②。朱熹在福建崇安县的社仓取得了较大的成效，他自己曾说："乾道四年（1168），建人大饥，熹请于官，始作社仓于崇安县之开耀乡，使贫民岁以中夏受粟于仓，冬则加息什二以偿。岁小不收，则弛其息之半；大侵，则尽弛之。期以数年，子什其母，则惠足以广，而息可遂捐以予民矣。行之累年，人以为便。"③ 于是他将自己实践的社仓法向朝廷敕令局上报。当时，恰好陆九渊在敕令局，他见此法效果甚佳，于是陆九渊将其编入敕令，并得到孝宗的认可④，于是以朝廷的名义推广朱熹的社仓法。⑤ 到朱熹去世后，社仓遍布全国，史称"落落布天下"⑥。

南宋江西士人创办社仓活动非常积极，据统计，南宋江西社仓分布数为20.5项，占当时全国比例的29.7%，遥遥领先于各路。⑦ 从社仓创办形式看，有地方官府创办，委托士人及其家族群体管理的社仓救济。如陆九渊退居象山后，就曾给地方主官去信建议设立社仓之事："社仓事自元晦建请，几年于此矣。有司不复挂之墙壁，远方至无知者。某在敕局时，因编宽恤诏令得见此文，与同官咨叹者累日，遂编入广赈恤门。今乃得执事发明之，此梭山兄所以乐就下风也，其间琐细敢不自竭？需公移之，至续得布禀，道外无事，事外无道。"⑧ 毫无疑问，陆九渊退居在乡里主要是从

<hr>

① 梁庚尧认为社仓之所以在南宋产生并推广，是由南宋的社会现实和儒家仁的理想交互作用的结果。见梁庚尧《南宋的社仓》，《史学评论》1982年第4期。宋人已有此种看法，"士君子之生斯世，达则仁天下之民，未达则仁其乡里，能仁其乡里，苟达即可推以仁天下之民。此晦庵朱先生取成周县都委积之制而为社仓。"见姚勉著，曹诣珍、陈伟文校点《姚勉集》卷36《武宁田氏希贤庄记》，上海古籍出版社2012年版，第414页。

② 袁燮：《絜斋集》卷10《洪都府社仓记》，文渊阁四库全书本。

③ 朱熹撰，朱杰人等编《晦庵集朱子全书·晦庵先生朱文公文集》卷80《建昌军南城县吴氏社仓记》，上海古籍出版社、安徽教育出版社2002年版，第3814页。

④ "孝宗皇帝幸不以为不可，即颁其法于四方，且诏民有慕从者听，而官府毋或与焉。"朱熹撰，朱杰人等编：《晦庵集朱子全书·晦庵先生朱文公文集》卷80《建昌军南城县吴氏社仓记》，上海古籍出版社、安徽教育出版社2002年版，第3815页。

⑤ 脱脱等：《宋史》卷178《食货上六》，中华书局1977年版，第4342页。

⑥ 刘宰：《漫塘文集》卷22《南康胡氏社仓记》，宋集珍本丛刊，第371页。

⑦ 张文：《宋朝民间慈善活动研究》，西南师范大学出版社2005年版，第24页。

⑧ 梁太济、包伟民：《宋史食货志补正》，杭州大学出版社1994年版，第444页。

事授徒教学的工作，但是在这封信里他明确了几点：一是他对朱熹在福建实践社仓之法非常熟悉，因为当时他正在朝廷敕令局工作，皇帝批准后，正是他将此法编入国家的敕令中，此后向全国推广，他认为家乡也应该开展这项工作。二是陆九渊的哥哥陆九韶非常适合从事这项工作，陆九韶了解情况后也热情高涨。此后，陆九渊又和另一位地方官探讨家乡社仓的设置问题："某切见乡来赵丈举行社仓，敝里亦立一仓，委梭山家兄主其事。某颇有所未安中，昨亦尝禀闻愚见，以为莫若为平籴一仓以辅之，乃可长久。平籴则可独行，社仓未必可独行也。社仓施于常熟乡乃可久，田不常熟，则歉岁之后，无补于赈恤，平籴则丰时可以受农民之粟，无价贱伤农之患，歉时可以摧富民闭廪腾价之计，政使独行，亦为长利。今以辅社仓之所不及而弥缝其缺，又两尽善矣。"①

从这里可以看出，陆九渊对家乡的社仓设置提出了更进一步的想法，就是要因地制宜，不能一概而论。因此，陆九渊虽然自己没有参与到金溪社仓的创立、运作中去，但他多次去信和地方主官探讨社仓的问题，可见他对地方创办社仓还是非常重视的。他认为社仓应由地方政府主导，然后由当地有一定经济基础和名望的人来主持社仓的运作，于是陆九韶在弟弟陆九渊的极力推荐下管理金溪的社仓事务。由此可知，南宋金溪的社仓救济活动是在官方的主导下，地方士人家族群体积极参与，从而为金溪百姓提供了较为良好的赈济帮助。同时，在这个过程中，地方政府全权委托地方士人管理，如陆氏家族就是管理社仓的主体，他们也因此成为官府和百姓之间沟通的重要纽带。

当然，在地方社会由士人群体创办的社仓数量更多。如南城县士人吴氏兄弟倾力创建社仓之举，得到了朱熹的首肯，朱熹还为他们的社仓作记，记文云：

> 南城贡士包扬方客里中，适得尚书所下报可之符以归，而其学徒同县吴伸与其弟伦见之，独有感焉，经度久之，乃克有就。遂以绍熙

---

① 陆九渊撰，钟哲点校：《陆九渊集》卷9《与黄监》，中华书局1980年版，第125页。

甲寅之岁，发其私谷四千斛者以应诏旨，而大为屋以储之。莅事有堂，
燕息有斋，前引两廊，对列六庾，外为重门，以严出内。其为条约，盖
因崇安之旧而加详密焉，即以其年散敛如法。乡之隐民，有所仰食，无
复死徙变乱之虞，咸以德于吴氏。而伸与伦不敢当也，则谨谢曰"是仓
之立，君师之教，祖考之泽，而乡邻之助也，吾何力之有哉!"①

朱熹称南城县士人包扬曾到崇安县学习社仓，正好了解到社仓之法的
运行及朝廷准备向全国推广社仓法的情况，他回到老家后将此事告知了他
的学生吴伸、吴伦，吴氏兄弟听后感触很深，于是他们在家族中商议此
事，然后把家里的钱谷拿出来做本钱，并专门设立堂屋作为社仓运行的场
所。南城社仓的推行使得当地百姓深受其益，"乡之隐民，有所仰食，无
复死徙变乱之虞"，大家都感戴吴氏兄弟之恩。吴氏兄弟认为，社仓能够
建立起来，首先要感谢师爷朱熹和老师包扬的教导之恩，然后要感谢家
族，尤其是家族前辈的恩泽，使得他们有这个基础去做社仓，最后还要感
谢乡邻的帮助。

由此可见，南城县社仓的设立完全是由地方士人家族独立创设并运
行，官府在其中并没有直接参与，在吴氏兄弟看来，社仓的设立及其运行
并不是他们两个人的功劳，而是地方士人与百姓共同努力的结果，既有以
吴氏家族为基础的钱谷经济基础，又有以朱熹、包扬为代表的士人给予的
指导与相助，还有地方上其他士人的广泛支持参与。宁宗庆元年间
(1195—1201)，名相周必大对南城吴氏兄弟的社仓亦给予高度评价，称
"某遭遇孝宗皇帝，陪贰府者十年，每岁必闻宣谕云'朕自中春农事兴即
忧水旱，直至十月米谷上仓然后放心。'洋洋圣谟，二帝三王所未有也。
方社仓画旨时，某在东府，实奉宣德意下之有司。今南城吴伸、吴伦兄弟
请书此记，并敬载圣语于后，当有告于太史氏者"②。当时吴氏兄弟请宰相

---

① 朱熹撰，朱杰人等编：《晦庵集朱子全书·晦庵先生朱文公文集》卷80《建昌军南城县
吴氏社仓记》，上海古籍出版社、安徽教育出版社2002年版，第3815页。
② 周必大著，王瑞来校证：《周必大集校证》卷49《跋朱元晦所作南城吴氏社仓记》，上海
古籍出版社2020年版，第734页。

周必大为朱熹所作的社仓记文题写跋语，周必大回忆起当年朱熹创立社仓得到孝宗的首肯并下旨推广的情形。所以，周必大对地方士人创办社仓的举动是十分推崇的，当然对吴氏兄弟的社仓之举更是推崇有加，不仅乐于题写跋语，而且认为这将留名青史。

南康军的胡氏社仓也是由当地胡氏家族倡议主导的，名士刘宰为之作记云：

> 胡伯量适自南康之建昌来，伯量盖学于朱氏者，亟问之伯量，喜而言曰"吾尝行之吾邑之小蟹里，既效矣……今吾里之事所以行之久而无弊者，其始会吾家积岁之赢，得谷六百斛以贷，盖吾兄弟合谋为之，谋之同而异意无，自生行之决而异议不得摇，故其体统归一。越二十年迄于今，合本息二千斛，以数之日蕃，事之日殷。吾兄弟出处不齐，而吾兄弟之子若孙有时不能尽胜其责也。故各以其地之所比而属诸其人，使散之，必按其实而多寡不得私敛之，各异其藏而美恶不相紊，庶几乎得之……凡子侄及里中人共图之，岂惟为社仓计而已。"伯量名泳，兄弟笃学，其兄浚，甫冠举于乡，未几卒，弟湍，今为东流令，泓为南安令。伯量早岁高蹈，不屑事科举。余四人者皆为名进士，其进未可量云。①

刘宰详细记述了南康军胡氏所创立社仓的缘起、运行及人员等情况。胡泳是朱熹的学生，对老师所创立的社仓法非常熟悉。他将老师的社仓制引进到家乡邑里，以家族为基础运行社仓，效果也非常良好。但是后来家族的人认为，随着社仓资产的增多，加之家族子孙的繁衍，家族社仓是否还能顺利地推行下去？对此意见不一。于是胡氏邀集同邑其他士人一起参与社仓的运作。刘宰记文中所见社仓的管理者，除了胡氏兄弟、子侄之外，还有当地四名进士，这四名进士的情况并无介绍，但可以推测这四人应该是以业缘或地缘与胡氏兄弟有着密切的关系。由此可见，南康军的胡

---

① 刘宰：《漫塘文集》卷22《南康胡氏社仓记》，宋集珍本丛刊，第371—372页。

氏社仓从开始的士人家族式地方救济组织逐渐演变成为一个以士人业缘或地缘组织起来的更大社群。

考据史料，南宋江西如上述士人群体主导的社仓组织还有不少。如吉水义惠社仓，史载"邑旧有存爱庄，庄田六百石耳，……庄名平济，众积也"①。这个社仓规模还不小，并且是由地方士人共同创办的，即"众积"而成。庐陵西溪刘氏社仓，"刘氏才二三十人，贷谷二三十石或百石二百石止，然既得千七百余石"②，袁州萍乡县社仓，"邑士钟君咏之所为也。是仓之成，钟君及彭君公修实有力焉"③。洪都府社仓，"洪都今为大府，而土非膏腴，民鲜积贮，年丰则仅给，岁歉则流殍，邦人病之。郡丞丰君有俊，请复社仓，自南昌、新建二邑始，郡捐钱千万，属里居之贤，连江宰陶君武泉，幕友裘君万顷，择士之堪信仗者分籴之，以待来岁之用，将漕胡公闻而是之，运米二千斛助成"④。这个社仓是由地方官员倡导，地方士人积极响应并出资出力而建。抚州金溪县李氏社仓，"咸淳七年（1271）……抚州适岁大饥，赖抚之贤士大夫，相与讲求赈贷，……（临川县）乡有李令君捐粟六百石为倡……盖一家自为之计，而依法惟取二分之息，不借势于官，不鸠粟于众，故能至今无弊，利民为博今岁之歉，一邑赖之，置仓如此，信能以文公之济人者济人矣"⑤，等等。

从上述所列南宋江西各地的社仓创建及运作情况来看，其运行的主体较为多元，有的是家族独立主导，有的是官方指导、士人群体主导，有的是地方士人群体主导。总体来看，地方士人群体在社仓的创建、运行、管理过程中常常是居于主导地位。

（二）赈恤好施

传统社会发生灾害后，政府往往有着一套应对和救济的机制。宋代的

---

① 刘辰翁撰，段大林校点：《刘辰翁集》卷4《吉水义惠社仓记》，江西人民出版社1987年版，第123—124页。

② 刘辰翁撰，段大林校点：《刘辰翁集》卷3《社仓记》，江西人民出版社1987年版，第59页。

③ 朱熹撰，朱杰人等编：《晦庵集朱子全书·晦庵先生朱文公文集》卷84《跋袁州萍乡县社仓记》，上海古籍出版社、安徽教育出版社2002年版，第3976页。

④ 袁燮：《絜斋集》卷10《洪都府社仓记》，文渊阁四库全书本。

⑤ 黄震：《黄氏日抄》卷87《抚州金溪县李氏社仓记》，文渊阁四库全书本。

官府赈恤措施有：官府在行政职能范围内的官方性赈济措施；利用供需关系，符合市场规律的市场性赈济措施；动员民间力量自愿或半强制性进行的赈济①。应该说，南宋时期民间力量参与地方性的赈恤活动比较活跃，最为大家所熟知的当属绍熙年间金坛人刘宰退居家乡后，赈恤好施，行善三十余载的美行，刘子健对此有较为深入的研究。② 刘宰自己用文字记录下了其中两次规模较大的善举，一次是嘉定己巳金坛粥局③，一次是嘉定甲申金坛粥局④。这两篇记文不仅给我们留下了当时赈济的过程，而且保留了当时参与赈济的人员名单。尤其值得关注的是，参与嘉定甲申金坛粥局的 68 人，来源非常广泛，既有金坛知县等地方官员，也有在外任官的乡人，又有退休官员及其子弟，还有乡贡进士、国学进士、国学待补生等。⑤由此可见，刘宰在家乡金坛所举行的三次大规模赈济活动，由于他的积极主导和表率，把地方官员、地方士人和富民等群体都带动起来了，地方士人群体在赈济过程中既发挥着主导作用，又起到了良好的官民互动和纽带连接作用。

1. 永新谭氏赈济

史料显示，南宋江西士人在地方赈济活动中也十分活跃。周必大所记载南宋庐陵永新县的地方士人谭孚光在家乡组织家族成员进行赈济活动便是显例，记文云：

庐陵郡统县八，永新为大，西界湖湘，壤沃地偏，民生自足。间

---

① 张文：《宋朝社会救济研究》，西南师范大学出版社 2001 年版，第 104—134 页。

② 见刘子健《刘宰和赈饥——申论南宋儒家的阶级性限制社团发展》，《北京大学学报》1979 年第 3 期；《刘宰和赈饥（续）——申论南宋儒家的阶级性限制社团发展》，《北京大学学报》1979 年第 4 期。刘子健认为："刘宰的善举，多数限于民间。辞官在乡，私人主动赈饥共三次。"

③ 刘宰：《漫塘文集》卷 20《嘉定己巳金坛粥局记》，宋集珍本丛刊，第 72 册，线装书局 2004 年版，第 341 页。

④ 刘宰：《漫塘文集》卷 22《甲申粥局记》，宋集珍本丛刊，第 72 册，第 369 页。

⑤ "（1）金坛知县及附近句容平江的官，共 3 人。（2）乡人而任他处现任官的 4 人。（3）有官衔退职官，以及已故官员由其子或孙出面的 10 人。（4）乡贡进士 4 人。（5）国学进士 1 人。（6）国学待补生，9 人。（7）宗室玉谍，2 人。（8）府学学谕，1 人。（9）邑人共 15 人。（10）僧道，各 1 人。"见刘子健《刘宰和赈饥（续）——申论南宋儒家的阶级性限制社团发展》，《北京大学学报》1979 年第 4 期。

遇水旱、疾疫，凡邑之大家分任赈恤之事，某家发廪，某家给薪刍，某家药病者，某家瘗死者，以是流殍稀鲜，县官推勘分赏，必首及之，君子喜其近古。惟谭氏儒术起家，好善乐施，至宣义君，复合前四美，终身行之，故人以为难……丐行状于焕章阁待制诚斋杨公，而谒予以铭。昔我先太师秦国公暨我伯父金紫光禄大夫（周利见），与君伯父朝奉郎赠中大夫讳观光，同登政和八年（1118）进士第，世契之故……君讳孚光，字信仲，世居永新，曾祖讳华，不仕，……祖讳杰，累举入官，终承事郎，赐绯鱼袋，赠朝奉郎……讳观复，实君之父……君孝以事亲，仁于恤下，勤于学而勇于义，尤切切教子。①

应该说，永新县地处庐陵偏隅②，当发生水旱疾疫时，官府的赈济力量可能没那么及时，地方上的大家族在这个时候便发挥着积极的作用，如周必大所称"邑之大家分任赈恤之事，某家发廪，某家给薪刍，某家药病者，某家瘗死者"。待赈济活动完成后，官府对赈济工作进行表彰，其中谭氏家族因在永新的赈济活动中用力甚多而受到表彰。从记载来看，谭氏在永新是大家族，长期居住于此，谭孚光的祖父一辈开始就有入仕为官者，其父亲、叔叔都在朝为官。谭氏家族在永新以"好善乐施"为乡人所重，谭孚光继承了祖辈的传统，不仅自己终身行善，而且以此教育家人。他们家族的美行得到了庐陵名士杨万里的称赞。周必大之所以欣然作文颂扬谭氏，一方面是因其伯父与谭孚光的伯父是"同年"，两家有"世契之交"，故而对谭氏家族情况较熟，记载的情况也比较翔实；另一方面也确实为他们有此善行而感动。由此可见，在偏远的地方，当官府的赈济活动

---

① 周必大著，王瑞来校证：《周必大集校证》卷72《谭宣义孚先墓志铭》，上海古籍出版社2020年版，第1044—1045页。

② 王存等《元丰九域志》卷6《吉州》（文渊阁四库全书本）载："永新，州西南二百二十里。"同书所载吉州八个县，庐陵是州治所在，"吉水，州东北四十里。龙泉，州西南二百一十里。安福，州西一百四十里。太和，州南八十里。永丰，州东一百四十里。万安，州南一百八十里"。从距离来看，永新是吉州最偏远的一个县。另，李贤等《明一统志》卷56《吉安府》（文渊阁四库全书本）："永新县，在（吉安）府城西二百里。"

没有及时到位的情况下①，南宋地方社会存在着较为良好的赈济运行机制，如永新以谭氏家族为代表的地方士人家族赈济就可见一斑。

2. 龙泉孙氏赈济

文献记载，南宋时期，与永新相邻的龙泉县（今遂川县）孙氏家族在地方赈济施善行为也备受各方褒扬。南宋名相周必大在给孙逢辰撰写墓志铭时颂扬了孙氏家族的地方赈济美行：

> 吉统八邑，龙泉号山水县，故多名人，孙氏又其名家也，初讳文者，仁厚有家法，诸子皆力学，曰元量，擢大观三年进士第，终贺州教授，曰叔通，从赣上李朴先之学，徽宗朝贡京师，……叔遇，倜傥喜周急，博通群书，……赠承务郎……三子鼎立，见谓三杰，长吏部侍郎逢吉，号贤侍从，次逢年，笔力高古，……史君其季也，讳逢辰，字会之，丰裕秀发，人推远器，年十八乡举首荐，登乾道二年进士第……君资性高朗，博观载籍，善为文辞，待交游诚信，轻财重义，遇岁歉出粟为之倡，尝慕范文正公置义庄，赡宗族买田北乡，以岁入给贫者。伏腊吉凶费，市药疗病，买棺送死，衣寒食饥，傍及乡党。君既没，二子继其志，且存规约。君幼师李栖梧司法，李没，子瞽，女未有归，极力济之。县东三里，蚬子陂久废，君捐金谷，募民复修，导水数百丈，溉田不赀，今号"孙公陂"。②

龙泉县孙氏家族因"仁厚有家法，诸子皆力学"在地方上名声卓著。周必大记载了从孙文到孙逢辰之子之间孙氏四代在龙泉县行善赈济的事迹。尤其是孙逢辰交游诚信，轻财重义，不仅在歉收时出粟救济百姓，而

① 梁庚尧指出："无论在南宋的农村或城市，贫民均占人口的多数，据估计，南宋农村贫民约占其户口总数的百分之九十以上，若干城市的贫民则占该城市的百分之五十几到六十几。众多的贫民，他们平时的生活已成问题，若有饥荒发生，问题就更严重。政府虽有各种济贫措施，但施惠只及于城市之民，对于城市以外广大农村的贫穷救济有鞭长莫及之感。"见梁庚尧《宋代社会经济史集论》，允晨文化实业股份有限公司1997年版，第502页。

② 周必大著，王瑞来校证：《周必大集校证》卷74《朝奉郎袁州孙使君逢辰墓志铭》，上海古籍出版社2020年版，第1076—1078页。

且学习范仲淹的范氏义庄设立孙氏义庄，平时出资给周围百姓买药治病，买衣送食，甚至买棺安葬贫者。另外，他的启蒙老师去世较早，儿子眼瞎，女儿未嫁，孙逢辰对此都照顾有加。县里有座水陂年久失修，孙逢辰又出资重修。更为难得的是，他将自己的这种善行传导给子弟，两个儿子不仅学习父祖辈的善举，而且还将其订立成规约。由此可见，龙泉县孙氏家族在地方社会赈济好施的善行不仅长期施行，而且形成了常态化与规约化，这样的事迹让宰相周必大也为之颂扬。孙氏赈济之所以能常态化与规约化，与孙氏家族成员、孙氏家族资产以及在地方上的影响有关，也和地方士人对孙氏家族的支持、褒扬有关，显示出孙氏家族与地方士人之间良好的互动关系。

3. 安福刘氏赈济

安福县东江刘氏家族也是在地方上以赈济好施而出名的家族，杨万里为刘庭老撰写墓志铭时提及了刘氏家族的地方赈济行为：

> 出安福县北门四十里所，曰东江之刘者，儒家者流也。予所识者曰尧京，暨其子子东、子方，曰立道，曰仲谦，暨其子希韩、希仁。盖予与尧京父子同登泸溪先生王公之门，而立道、仲谦又与予同僚于赣也……君讳庭老，季龄其字也……及贾于有司，辄不雠，年四十即归隐……杜门取故读书之，源乎六艺以钩其沉，派乎诸子以泝其流，泳乎迁、固、晋、唐之史，以传其澜厉，揭乎韩、柳、欧、苏之文，以演迤其畔岸，此君之文学也。武经郎高某夫妇，侨死于里中老子之宫，未葬，其子器之如武昌谒亲故，又侨死于途。器之有子尚幼，有女兄新寡，无子，挈一孤女以依其弟，至是无所于归。君葬其三丧，教育其子而廪其家，以族子娶其甥而迎其妻母。岁大侵，细民弃婴儿于野数百，君为粥以食之。……庆元五年秋，邻乡有山市曰双田墟者，两山墙立，一溪蛇行，其间居民数百家在焉。一日天欲明，溪水涌出。倾一市往观，未至水已登岸。观者反走入室，随入室。又升楼，水至楼。又升屋，水至屋。未一瞬间，数百家忽失所在，庐舍人畜，蔽流而下。未午水涸，漂尸满野，哭声震天。君往拯之，载糇具

棺�椁，恤生瘗死，活者何数，此君之行谊也。①

杨万里和刘氏家族较为熟悉，他和刘尧京父子都拜在安福县名士王庭珪门下读书，算得上是同门。此外，杨万里和刘尧京儿子刘立道、刘仲谦又曾一起在赣州任过职。所以，杨万里详细记载了安福刘氏几代人在地方社会乐善好施之举。从记载来看，刘庭老虽未能中举，但归隐闭门专心学习，是一个有一定文化地位的地方士人。他不仅安葬贫者，还照顾弱者，当地方上出现饥荒，他能出资救济饥民。值得注意的是，这一系列善行在刘氏家族一代又一代的接续下去，成为南宋安福地方社会的一个重要现象。

杨万里笔下还记载了南宋庐陵士人群体在地方社会赈济施善的不少义举。如庐陵横溪萧国华家族，"国华幼而颖异，长而温冲。方颐广颡，重厚寡言。事母至孝，友兄弟以义，有愉色无间言。宵尔诵弦，昼而朝盥，术业有闻，士林称焉……淳熙十年岁大饥，郡守赵侯方讲荒政，国华兄弟首请于郡，愿身先之。凡活饥民三百余人，侯甚谊之……国华处己以敬，待人以诚。乡人有争，不诣官府，就折衷焉。乐善好施，岁饥则倒廪活人，丰则舆梁甃路，非求利益也。子男三人，揆、振、拱。揆，好学善谈论。振、拱，以乾道间输粟助赈贷，官奏之朝，补将仕郎。乡先生广西主管罗巨济器重之，言于部使者，檄振以邕州上幕，檄拱以封州遂溪尉"②。萧国华自幼受家庭教育影响，在地方上以"孝义术业"受人称誉。淳熙十年（1183），庐陵出现饥荒，知州动员士人进行赈济，萧国华兄弟身先士卒，救活了三百多位百姓。萧国华家族平时在地方上长期乐善好施，做了许多利民的好事。萧国华本人也将这种善行传承给了下一代，他三个儿子也学习父辈善举，其中振、拱因"输粟助赈贷"受到官府的表彰。

应该说，南宋江西士人家族在地方赈济好施的行为较为普遍，他们的

---

① 杨万里撰，辛更儒笺校：《杨万里集笺校》卷 132《刘隐君墓志铭》，中华书局 2007 年版，第 5115—5116 页。

② 杨万里撰，辛更儒笺校：《杨万里集笺校》卷 130《萧君国华墓志铭》，中华书局 2007 年版，第 5015—5016 页。

义举常常得到基层社会的称誉，史籍中常常可见"长者"之誉，前已述及，此不赘述。如胡铨笔下的胡宗古"自乱离凡八徙居，所至有恩意，乡间敬其德。至于恤孤保婺，始终不替，铨顷闻犹子昌龄云府君仁恕，田夫输租米，多湿，持概者难之，府君曰'米虽湿，犹可食。'人推为长者，中馈之助为多焉"①。

对于南宋地方社会的这种现象，学界有所关注，并给出了不同的看法，如张文认为南宋地方士人赈济好施行为较为普遍的原因，一是乡里认同，基于血缘基础上的地缘认同，二是乡里舆论，乡里舆论对好施者与吝啬者的褒贬，会对人们的行为取向产生巨大的影响。获得乡评赞誉者，除了能提高自身及其家族的社会声望外，还会对自身及其家族的发展带来好处，甚至可以为自身及家族提供某种安全保障。当然，也有很多是完全出于社会责任感或是纯粹慈善目的而进行的慈善活动。② 梁庚尧则认为："南宋士人施财以济人的行为，在史料中随处可见。何以当时这种行为如此常见？这应该和政府治理地方的能力有其限度有关。……政府对地方统治能力的有限，不仅表现在县官员额的稀少，而且表现在地方财政的困难，尤其以县邑为甚。于是无论在平时或灾荒，对于人数众多的贫民所面对的生活困难，政府常常无法解决，对于有益于民众的地方建设，也难以进行。这种情况，使得乐善好施的士人在乡里有广大的活动空间，以补政府功能的不足。"③ 显然，南宋地方出现如此多的社会力量参与到民间赈济活动，与官府的力量触及不足有一定关系。前面提到过，尤其在一些偏远的县邑，政府的反应没有那么及时，这就给地方上的士人及其家族提供了进行公益活动的良机。同时，在地方上进行赈济等公益活动比较多的均是经济基础好、家风醇厚的家族，他们长期在地方社会获得好评，与地方官府、名士往来密切。

当然，我们也不能否认，南宋地方一些民间力量在赈济方面并非都能

---

① 胡铨：《澹庵文集》卷6《先兄民师配安人陈氏墓志铭》。
② 张文：《宋朝民间慈善活动研究》，西南师范大学出版社2005年版，第175—179页。
③ 梁庚尧：《宋代社会经济史论集》，允晨文化实业股份有限公司1997年版，第502、526页。

够积极主动的乐善好施，如咸淳七年（1271）春，黄震出任抚州知州时抚州出现大面积饥荒，黄震在120多天时间里发了20余道榜文①，劝谕地方士人，尤其是希望富室能够出粜救济荒民，史载："抚州饥起，震知其州，单车疾驰，中道约富人耆老集城中，毋过某日。至则大书'闭粜者籍，强粜者斩'，揭于市，坐驿舍署文书，不入州治，不抑米价，价日损。亲煮粥食饿者。请于朝，给爵赏旌劳者，而后入视州事。转运司下州粜米七万石。"② 由此可见，黄震为了劝谕抚州士民赈饥，使用了各种办法，以平均6天发布一道榜文激劝的频率，甚至后面采取了强制手段来抑制粮食粜粜，并且他自己亲自上街煮粥慰问饥民，同时积极向朝廷请赏赈济过程中的捐助者。

第二节　江西士人社群与南宋基层社会

一　地方政治中的士人社群

宋代科举考试的发达，使得越来越多的地方士人能够通过科举走出地方社会，进入仕途。不过，求学、做官只是暂时的行旅，因为他们的家族根基仍然还在乡里，他们会经常回到乡里。如南宋名士周必大，几次奉祠以及晚年致仕都选择回到庐陵永和，很大程度上就是因为他的家族在庐陵。一方面是他的祖父母、伯父母和父母都安葬在庐陵，另一方面则是他的家族成员中还有不少居住在庐陵。③ 因此，官员入仕之后，因为各种原因而面临待阙、丁忧、贬斥，期间他们大多会选择回到家乡闲居，前文已论及的南宋江西地区胡铨、周必大、陆九渊、杨万里等名士无不如此。致仕后，他们也不愿意留在京城，而是选择返乡，落叶归根。南宋时期，因科举较之于北宋更为兴盛，读书人不断增多，而宋王朝的统治地域却较之于北宋缩减，于是员多阙少的问题较为严重，待阙的员数日益增多，年限

①　黄震：《黄氏日抄》卷78《公移一》，文渊阁四库全书本。
②　脱脱等：《宋史》卷438，中华书局1977年版，第12993页。
③　邹锦良：《周必大的生平与思想研究》，江西人民出版社2013年版。

也更为延长，士人回乡、留乡的机率更大。

毋庸置疑，因各种原因退居乡里的士人，他们相比于一般乡民拥有更高的学识、更广的人脉、更好的资源，因此他们和地方官府，尤其是和地方政府的官员来往较为便捷。事实上，他们也理所应当要成为政府和乡民中间的桥梁纽带作用。南宋自孝宗后，从中央的宰相到地方官的任用，常常采取频繁调动的方式，以解决宰相专权及官员久任的问题。所以，地方官员在一个地方的任职时间常常不会超过两三年①，对于任职所在地的文化、民风和民俗等问题的了解非常有限。当然还包括地方官多来自外地，不熟本地方言而导致语言上存在沟通障碍，这在南宋是很正常的现象。因此，乡居的士人能够为他们提供认识地方民情的通道。闲居在乡里的士人很自然地成为官府与民众之间的沟通桥梁。另外，士人们长期居住在乡里，对于地方上的各种问题有比较深入地了解。因此，当地方社会出现各种问题时，当老百姓有需要反映的疾苦时，居乡的士人们就成为将民间利弊转达给官府的重要渠道，或者是直接带着问题去和地方官府进行交涉。

在宋人文集中，我们经常可以看见地方士人与地方官之间的通信，有的是相互之间的问候致意，有的是与地方官讨论地方上的相关事务。② 由于居住在乡里的士人有沟通地方官和民众的作用，所以有些官员到地方上任后，把结交当地的官宦、士人视为一件重要的事情。当然，地方上的一

---

① 南宋乾道七年，周必大曾就官员"数易之弊"向孝宗进言："久任监司郡守责事功之成。夫数易之弊深矣，且以二年为任者论之，到官半年始知风俗，去替半年已怀归志，其间留心政事仅有一岁。若又不待满而选易，则弊何由不生乎？簿书缘绝，将迎劳费，特其小节耳。臣愿陛下坚持久任之说，深监数易之害，有治理效，且增秩赐金以须其成。庶几革苟简之风，塞侥幸之望，而循吏稍见于世矣。"见周必大著，王瑞来校证《周必大集校证》卷135《论四事》，上海古籍出版社2020年版，第2115页。

② 本节只述南宋江西士人与地方社会的关系。事实上，南宋江西士人与中央政务，或者说与朝政发展影响甚大。许怀林称："南宋时代江西地区的经济与文化都处于兴旺发展之中，进入官僚队伍的士大夫人数不少，或参与朝廷大政决策，或在州县行政施治，对南宋统治发挥了维护、支撑作用。官至执政者参与朝政决策，品学兼优者随遇做出贡献，从南宋的创建到南宋的终结，都有江西人表现非常突出，对社会全局产生了重大影响。"同时，许怀林还从科举中的南宋江西人物（江西进士、状元的表现），朝廷上层的江西人物（南宋江西9位宰相，12位执政的朝廷表现）对南宋江西士人与中央朝廷的关系进行了分析。见许怀林《江西通史》（南宋卷），江西人民出版社2009年版，第358—386页。

些事务也会邀请士人参与。①

（一）书启通问

南宋时期，乡居的名宦、名士是地方社会的重要力量，他们和地方官有着各种各样的联系，甚至有的是较为亲密的同年、同僚、诗友、文友等关系。另一方面，他们也是乡土社会中的骄傲，是乡民们仰慕和尊敬的对象，甚至是地方社会中的文化符号。因此，当他们回乡闲居后，与地方官府的沟通联络便是常见之举。

文献中可见，士人与地方官书启问候互相致意者十分普遍。如杨万里的文集中保留了诸多他与家乡的官员之间的书启往来，在《答吉州余倅启》中有，"恭惟某官，人品今代之英，典刑前辈之烈。有若欧阳詹之文行，再秀全闽；岂使余襄公之功名，独高吾宋。……某老矣，无堪归与自屏，所愿托青天之庇，不胜望紫气之来。蒙投分以先之，愧修敬之后矣"②。《贺吉州守王穉川年节启》云："恭惟某官，仁行如春，名起若日。紫山白水，小吟冰雪之章；金掌玉墀，即缀鹓鸾之列。某遁身渔钓，远迹门墙。耿然寸心之载驰，寓诸尺素之善祷。"③《答吉水知县萧择可启》云："恭惟某官，以槐庭八叶之英，取桂林一枝之秀。粹乎名章俊语之藻，维玉及瑶；投之盘根错节之间，非斤则斧。欲便潘舆之奉，聊从茂宰之除。侧听鲁山荐于之歌，足追武城莞尔之喜。即表章于尤异，遂翔集于禁严。某倦游落南，梦寐还舍，今创见忠信慈惠之明府，照临故乡，独莫随耕桑陇亩之野人，鼓舞佳政。其为欣贺，未究播敷。"④

---

① 如南宋淳熙十一年（1184），程叔达知隆兴府，就邀请杨万里为《江西宗派诗》作序，杨万里云："秘阁修撰给事程公，以一世儒先，厌直而帅江西，以政新民，以学赋政。如春而肃，如秋而燠，盖二年如一日也。迨暇则把酒赋诗，以黼黻乎翼轸，而金玉乎落霞秋水。尝试登滕王阁，望西山，俯章江，问双井，今无恙乎？因喟曰：《江西宗派图》，吕居仁所谱，而豫章自出也。而是派之鼻祖云仍，其诗往往放逸，非阙欤？于是以谢幼盘之孙源所刻石本，自山谷外，凡二十有五家，汇而刻之于学官，将以兴废西山章江之秀，激扬江西人物之美，鼓动骚人国风之盛。移书谂予曰：子江西人也，非乎？序斯文者，不在子其将焉在。"

② 杨万里撰，辛更儒笺校：《杨万里集笺校》卷 52《答吉州余倅启》，中华书局 2007 年版，第 2461、2462 页。

③ 杨万里撰，辛更儒笺校：《杨万里集笺校》卷 52《贺吉州守王穉川年节启》，中华书局 2007 年版，第 2462 页。

④ 杨万里撰，辛更儒笺校：《杨万里集笺校》卷 53《答吉水知县萧择可启》，中华书局 2007 年版，第 2491、2492 页。

　　杨万里文集中还有如《答庐陵黄宰》云："某移病休休，遁身得得。泉盲霞痼，非鹊能砭。花径蓬门，惟鸥之处。怪咄咄，山林之寂；惊憧憧，车马之喧。与俗酸咸，自有癖羊枣昌歜之嗜；同古臭味，更投赠琼琚玉佩之词。"① 《答吉水秦宰》云："某老矣冉冉，归欤休休。方幸病身，仰托万间之庇；敢图谦德，先诒一字之褒。"② 《答新吉水王宰》云："某久矣挂冠，跫然望屦。连城明月，愧先枉于瑰词；枯木寒灰，已顿回于暖意。"③《答吉水顾县尉》云："某与蝶同梦，从鸥争沙久矣。管城之绝交，尘封破砚；遽焉墨客之投赠，玉振空山。但矜藏去之，莫称言僬之报"④《贺李吉州小启》云："某受廛所部，卧病空山。骑竹而迎郭侯，已落儿童之后；扶杖而听汉诏，莫陪父老之班。"⑤ 此外，还有《答贺吉水王县丞启》⑥《答庐陵赵宰》⑦《与新吉守刘伯协》⑧《答新庐陵陈宰启》⑨《通吉州李守启》⑩ 等数十封书启。杨万里的书启都冠以"答"字，信中末尾内容大多是一致的。因此可知，这些书信大多数是杨万里退居老家的时候，地方官员主动写信给他，然后杨万里回信致意，感谢问候。杨万里的这些书

　　① 杨万里撰，辛更儒笺校：《杨万里集笺校》卷58《答庐陵黄宰》，中华书局2007年版，第2552、2553 页。杨万里文集中的《答庐陵黄宰》各本存在勘误问题，参见王琦珍《杨万里文集四种刻本重大窜夺勘误》，《井冈山大学学报》2017年第4期。
　　② 杨万里撰，辛更儒笺校：《杨万里集笺校》卷59《答吉水秦宰》，中华书局2007年版，第2598 页。
　　③ 杨万里撰，辛更儒笺校：《杨万里集笺校》卷60《答新吉水王宰启》，中华书局2007年版，第2620 页。
　　④ 杨万里撰，辛更儒笺校：《杨万里集笺校》卷60《答吉水顾县尉》，中华书局2007年版，第2621 页。
　　⑤ 杨万里撰，辛更儒笺校：《杨万里集笺校》卷61《贺李吉州小启》，中华书局2007年版，第2651 页。
　　⑥ 杨万里撰，辛更儒笺校：《杨万里集笺校》卷58《答贺吉水王县丞启》，中华书局2007年版，第2582 页。
　　⑦ 杨万里撰，辛更儒笺校：《杨万里集笺校》卷60《答庐陵赵宰》，中华书局2007年版，第2614 页。
　　⑧ 杨万里撰，辛更儒笺校：《杨万里集笺校》卷60《与新吉守刘伯协启》，中华书局2007年版，第2617 页。
　　⑨ 杨万里撰，辛更儒笺校：《杨万里集笺校》卷61《答新庐陵陈宰启》，中华书局2007年版，第2646 页。
　　⑩ 杨万里撰，辛更儒笺校：《杨万里集笺校》卷61《通吉州李守启》，中华书局2007年版，第2648 页。

启内容都很短，且大都是先称誉家乡的父母官，然后是讲自己已经老了，自己归休，自己病倦等等。虽然这些书启通问看不出什么具体内容，但可以肯定，杨万里在庐陵地方官心目中的分量，当他回到家乡时，地方官会经常性地书启问候，当然还包括向其请教一些地方民情，请教治政意见等。事实上，杨万里的个案现象应该是南宋地方社会的一种常态，即南宋地方士人与地方官府互动往来的常态化。

（二）条说民瘼

地方士人与地方官员的书启通问更多的是讨论地方社会治理中的一些重要问题，有些是地方官府主动请教，有些则是地方士人向地方官反映民情民意。不管哪种情形，都代表着地方士人群体与地方官员之间有着良好的互动。这种良性互动是南宋地方社会得以良好运转的重要保障。士人文集中可见南宋江西士人与地方官探讨相关事务者颇多。如欧阳守道《与王吉州论郡政书》就与地方官探讨了当地的民生问题：

> 亲屈千乘，俯临陋巷，阁下之意必谓某受廛城郭，或知民病而晓事情，可以时备咨访，裨仁政之万一……民病虽接于目，而事情实暗于心，故久而未有所言。今者民食最急救之策，一日少误则有一日之患，请为阁下条说，而阁下择焉。伏闻郡家以米直踊贵为之措置，而禁约增价，谁为此策以误阁下乎？是促之使愈贵也。夫今所患者，米来无路，增价非所患也。上流至城，近者不过八十里远者，百数十里尔，岂应视若外路他州然乎？今闻彼用遏籴之策而施于城郭之民，全仰彼米，彼米不至，民何以为命？……吾带郭境内之米，非惟为供当所之民食，且不足而又以供外县苗斛之入仓者也，此害不除，何以善后？……沟渠不通，处处秽恶，家家湿润，人之血气触此则壅，气不行病于是乎生。……此虽非难事，亦虑具文。[①]

---

① 曾枣庄、刘琳主编：《全宋文》卷8002《与王吉州论郡政书》，上海辞书出版社、安徽教育出版社2006年版，第341—349页。

我们先来了解下欧阳守道，他是南宋著名教育家，字公权，一字迁父，初名巽，晚号巽斋，学者称巽斋先生。年轻时乡里聘为子弟师，以德行为乡郡儒宗，人称庐陵之醇儒。后担任过白鹭洲书院山长，文天祥、邓光荐、刘辰翁等皆出其门下。从欧阳守道与吉州知州的这封书信中可以看出，他作为地方士人群体的代表，向官府反映吉州政务中几件关乎民生的问题。一是"遏籴之策"，遏籴就是阻止粮食出入城境之制，宋代经常使用这个政策，北宋李觏①和南宋汪刚中②都曾向朝廷提出地方上不应实行遏籴。应该说，欧阳守道提出的"禁遏籴"是关乎老百姓的重大民生问题，也就是每天要吃米的大问题，他希望官府要稳定粮价，建议不要去禁止商人和百姓到别处买米，而且不要用官府的命令禁止米价的抬升。欧阳守道的观点是希望要政府按照市场交易的调节来管控米价问题，不是一味地禁止。应该说，欧阳守道当时就在践行市场调节作用，米是百姓每天都要吃的必需物资，确实是政府需要高度关注的重大问题。另外，欧阳守道在给知州的书信中还提到吉州城市卫生的问题，尤其是沟渠的疏通这件困扰百姓多年的民生问题。由于城市沟渠长期得不到疏通，导致沟渠很脏，所以他说吉州城里到处是秽恶，影响了城市环境，百姓生活在这样的环境中容易滋生疾病。显然这是吉州百姓颇为苦恼的问题，普通百姓恐怕难以有渠道向知州反映问题，作为百姓与官府沟通的桥梁——地方士人群体便在其中发挥着重要作用。欧阳守道在地方上有着极高威望，既受地方官员敬重，也为地方百姓尊敬，向官府条说民瘼，反映民情民意是"欧阳守道

---

① 李觏曰："大抵东南土田美好，虽其饥馑之岁，亦有丰熟之地。比来诸郡各自为谋，纵有余粮不令出境。昨见十程之内，或一斗米粜五六十价，或八九十，或一百二三十，或二百二三十价。鸡犬之声相闻，而舟楫不许上下，是使贱处农不得钱，贵处人不得食，此非计也。况于境内又有禁焉，止民粜以待官籴是也。且贾人在市，农人在野，籴之则米聚州县，不籴则谷留乡村，徒为日日修城池而不算其中蓄积，亦可笑矣。若曰官籴数足然后放民籴，俟河之清耳。官籴价一定，民籴价渐高，难易如何哉？愚谓当弛一切之禁，听民自便，仍为著令，以告后来。"见李觏著，王国轩校点《李觏集》卷28《寄上孙安抚书》，中华书局1981年版，第312页。

② "宝庆三年，监察御史汪刚中言和籴之弊，其来非一日矣，欲得其要而革之，非禁科抑不可。夫禁科抑莫如增米价，此已试而有验者。望饬所司奉行。"汪刚中向朝廷建议炎禁遏籴之制，中央采取了他的意见，"有旨，从之。"见脱脱等：《宋史》卷175《食货志上》，中华书局1977年版，第4249页。

们"义不容辞的责任。

南宋玉山籍状元汪应辰也曾给家乡的父母官去信，反映当地灾害预防和赈恤的问题：

> 伏以比年以来，民方幸于息肩，而信州又得如尚书者辱镇抚之，其蒙幸又有加焉。而天不靖民，横流肆虐，戴白之老，未始见闻。恭惟龙学尚书诚心恻怛，惟以利民及物为事。方无事时，求所以饶裕矜恤之者，无所不至；况今遭此钜异，漂荡垫溺，孑遗无几。亡者暴露，委食于鸟鸢；存者困乏，寄命于俄顷。乡下细民所仰食者，大则畎亩，而畎亩化为溪、袂矣；次者菽粟，而菽粟混为泥沙矣。富者方挟所有以幸灾，贫者将无所恃而抵禁，是以良民惴惴，私忧过计，恐其害不止水而已。然而未闻使州有所赈恤，以慰存没之心，为之措画，建久长之利者。①

汪应辰信中先是夸赞一番新来的知州，然后便向知州反映信州百姓的生活之苦。他说，信州没有发生什么灾害的时候，老百姓生活还是比较饶裕的，而且政府矜老恤幼的措施也比较到位。但一旦碰到灾害，老百姓的生活就比较艰苦了，田地被水冲淹了，粮食也被泥沙冲没了，此时如果富商之家幸灾乐祸，甚至乘机哄抬物价，那将严重影响信州的社会稳定。更为不幸的是，老百姓这时得不到来自政府的及时赈恤，这让汪应辰很痛心。所以，他建议地方政府要建立起长效的灾害预防和赈恤机制，这样才能慰藉百姓，同时维护地方社会的稳定。应该说，汪应辰是玉山走出去的状元，又在朝廷担任要职，他的社会影响力是非常大的。地方官府也必定会重视汪应辰对家乡的关注。汪应辰所反映的问题或是他亲身接触，或是地方士人告知。总之，他利用自己的影响，将百姓的疾苦和地方政府治政的不足及时向地方官员反映，体现了他作为信州士人的责任与担当，也正反映出南宋时期地方社会需要这种官府与乡民之间的有效沟通桥梁。

---

① 汪应辰：《文定集》卷16《与信州程尚书》，学林出版社2009年版，第172页。

（三）地方治理

地方社会治理关系社会的稳定，是官府在治政过程中十分重要的一项内容。因此，地方社会治理问题也是士人与地方官府沟通中谈及较多的内容。南宋江西金溪的陆九渊在老家授徒教学时，常常通过自身的影响力和官府就家乡的社会管理问题进行有效地沟通协调。有一次，陆九渊致信赵监，讨论家乡社仓设置的事情，他说："社仓事，自元晦（朱熹）建请，几年于此矣，有司不复挂之墙壁，远方至无知者。某在敕局时，因编宽恤诏令，得见此文，与同官咨叹者累日，遂编入广赈恤门。今乃得执事发明之，此梭山兄（陆九韶）所以乐就下风也。其间琐细，敢不自竭？需公移之至，续得布禀。"① 在这封信中陆九渊向赵监阐述了几年前他在临安敕令局任职时，恰好看到朱熹在福建崇安实行社仓制的报告，而且当时上报给孝宗后，孝宗很是赞赏，遂要陆九渊等人编入国家敕令，向天下推广。但他退居金溪后，发现家乡这项利民的制度并未落实好，因此他写信给赵监，希望政府能够出面把金溪的社仓抓紧办好，而且他还推荐自己的哥哥陆九韶协助官府来具体落实这件事。不久，陆九渊又去信县官，继续就金溪社仓之事与其交流，他说："某切见乡来赵文举行社仓，敝里亦立一仓，委梭山家兄主其事。某颇有所未安中，昨亦尝禀闻愚见，以为莫若为平籴一仓以辅之，乃可长久。平籴则可独行，社仓未必可独行也。社仓施于常熟乡乃可久，田不常熟，则歉岁之后，无补于赈恤。平籴则丰时可以受农民之粟，无价贱伤农之患，歉时可以摧富民闭廪腾价之计，政使独行，可为长利。今以辅社仓之所不及而弥缝其缺，又两尽善矣。"② 他建议官府在社仓之外，还要实行平籴仓作为辅助。

杨万里文集中亦记载了一件吉水士人与地方官沟通屯田租税的事。"予谢病免归，逃虚幽屏。一日，吉水人士王子俊等四百余人，合词请于予曰'屯田之为吉水病，三四百年于兹矣。十余年来，病之中又滋病焉。'盖自唐宋五代以还，吉水之屯田，在一郡为加多，而其租为己重。乾道、

---

① 陆九渊撰，钟哲点校：《陆九渊集》卷1《与赵监》，中华书局1980年版，第10页。
② 陆九渊撰，钟哲点校：《陆九渊集》卷9《与黄监》，第125页。

淳熙间，郡白于朝，请官鬻之，而更为税亩。于是租之为斛者，二千一百三十四有奇。屯田之重租则去矣，而上供之常数自若也。淳熙之十五年，天台陈君臧孙，来长吾邑。未及下车，亟诣府，极论其本末。守以其说上之部使者，部使者上之地官。方是时，吉之守王公谦，贤也。张公叔椿、郑公汝谐，相继为部使者，亦贤也。地卿赵公彦逾、丘公崈、叶公翥，又贤也。故君之请，不壅于闻。乃绍熙之二年越五月十二日，制诏执事，其悉蠲之。命下日，百里之民如痿起行，欢声丕同，升闻于天。"① 从杨万里记文可知，吉水以王子俊为代表的士人共同（400余人联名）向退休在家的杨万里反映吉水屯田租税过重的问题，希望杨万里能够与地方的县令、知州沟通。王子俊，前已述及，是吉水当地一位才子，其文采和品行受杨万里、朱熹、周必大等人的赞赏，所以他在地方上有一定的影响，由他牵头组织几百名士人向杨万里反映民意，无疑是希望借助名气威望更大的杨万里来解决民瘼。杨万里没有详记自己如何与地方官沟通的过程，但他记载了县令、知州以及中央的部使者如何贤能，并最终把这个问题反映到了君主那里。绍熙三年五月，光宗下诏蠲减地方屯田租税，百姓感恩戴德。由此可见，地方士人群体在与地方官府的互动沟通中确实发挥了极为重要的作用，他们的声音和建议不仅地方官府会高度重视，而且还可能会上达天听。

南宋文天祥也曾与家乡庐陵官府通过书信交流地方治理问题。他在信中说：

> 某伏蒙公札下问劝分，仰见恺悌父母，救民水火之盛心，某实与邦人额手大赐。某所居里，凡千余家，常年家中散米一日，不收钱，诸大家以次接续赈粜，可及三十日，隔日一粜，可当两月，此方尽可无饥，他时不待劝率，自是举行。……吾州从来以早稻充民食，以晚稻充官租。今年晚稻半亏，颗粒并是入官之数，早稻不过二三分。则是民食十减七八，此其所以皇皇也。近见多有趋龙泉、永新运籴者，

---

① 杨万里撰，辛更儒笺校：《杨万里集笺校》卷74《吉水县除屯田租记》，中华书局2007年版，第3092、3093页。

觉彼二处米亦有限。县大夫各私其土不肯透泄，亦其不得已者。此须使司示以意向，使之斟酌放行，庶彼此可以均济。最急莫如通赣州之米，近同年李守惠书，自谓"年谷中熟，米价日低。"某尝答书云"庐陵一歉，异于常年，田里憔悴，不堪举目。"惟章贡素无余事，而得岁又偏，乡人颠顿者往往相率而趋。治国民食关系，苟可通融，兼爱秦晋公之惠也。①

文天祥是从庐陵走出去的著名状元，自是庐陵士人中的佼佼者，他在信中提到的问题或是他亲身经历，或是乡人告知。总之，文天祥本着为庐陵发展计，为乡民惠的目标，去信知州。他在书信中谈到了庐陵岁饥，收成不好的问题，所以他希望知州做好赈饥，尤其是做好粮食的赈粜和流通工作。他还向知州介绍了他的同年在赣州任知州，如果需要去赣州购粮食，他可为之尽力。

二 地方教育中的士人社群

宋代崇文的治国方略，使得宋代统治者都较为强调兴学重教，如仁宗庆历四年诏"令州若县皆立学，置学官之员"②，并"诏县之学士满二百人者得立学"③。于是"海隅徼塞四方万里之外，莫不皆有学，呜呼！盛矣。……是以诏下之日，臣民喜幸，而奔走就事者，以后为羞"④。"熙宁以后至于宣和，天子始屡垂意，置教授员，立提学官，分常平以储廪食，行三舍贡士而罢科举，下州远障无不有学，而学法大备，不可复加矣。"⑤因此，在统治者大力兴办地方教育的背景下，宋代教育大为兴盛。北宋末年，著名学者谢良佐与张思叔的一段对话虽有调侃之味，但却实实在在地

---

① 文天祥：《文天祥全集》卷5《与知吉州江提举万顷》，中国书店1985年版，第118页。
② 脱脱等：《宋史》卷157《选举三》，中华书局1977年版，第3658页。
③ 刘申：《重修泰和县儒学记》，载谢旻等纂《雍正江西通志》卷125《艺文》。
④ 欧阳修撰，洪本健校笺：《欧阳修诗文集校笺》卷39《吉州学记》，上海古籍出版社2009年版，第1014页。
⑤ 周必大著，王瑞来校证：《周必大集校证》卷28《吉州改修学记》，上海古籍出版社2020年版，第431页。

反映出宋代读书氛围之浓，教育之普及，"张思叔，伊川高弟也，本一酒家保，喜为诗。虽拾俗语为之，往往有理。致谢显道（谢良佐）见其诗而异之，遂召其人与相见，至则眉宇果不凡，显道即谓之曰'何不读书去。'思叔曰'某下贱人，何敢读书？'显道曰'读书人人有分'"①。此时，宋人已经有了"读书人人有分"的观念，由此可见宋代文教之兴。

学校教育的快速发展，使得读书人大量增加，很快教育就面临着诸多问题，除了要加快新修各地州县学宫，还面临着缺书籍②，少师资③等问题。学校的兴盛，读书的士人增多，书本与教师的供应出现了缺口。面对宋绶"请置学官"的建议，宋代朝廷通过委派官员到地方任教以部分地解决师资问题，但随着地方州县学的发展，师资远远难以满足教育的发展，尤其是徽宗崇宁年间大力兴学，徽宗下诏"诏取士并由学校，罢发解及省试法"④。同时，"蔡京等言，请天下诸县皆置学"⑤。在官方的师资不能满足地方州县学发展的情况下，地方上学有所成的士子便成为教育师资的有力补充。此后，政府还以诏令形式，征召延请地方名士以补师资不足。如仁宗庆历四年下诏曰："……学者其进德修业，无失其时。其令州若县皆立学，本道使者选部属官为教授，员不足，取于乡里宿学有道业者。"⑥ 庆历三年（1043），范仲淹在向仁宗上疏的《答手诏条陈十事》中也提到通过延请地方上通经有道之士来补充学校师资不足的问题，他说："今诸道学校，如得名师，尚可教人六经，传治国治人之道……诸路州郡有学校处，奏举通经有道之士，专于教授，务在兴行。"⑦

南宋建立后，君主对教育更为重视。与此同时，社会对于教育的需求日益增加。之所以如此，一方面和宋代人口激增、商业日益发达有关，这

---

①　施德操：《北牕炙輠录》卷上，文渊阁四库全书本。

②　黄庭坚称："群居讲学常病无书。"见黄庭坚撰，刘琳等点校《黄庭坚全集·正集》卷21《洪州分宁县藏书阁铭并序》，四川大学出版社2001年版，第524页。

③　宋敏求建言："州郡有学舍而无学官，故士轻去乡里以求师，请置学官。"见脱脱等：《宋史》卷291《宋绶传》，中华书局1977年版，第9737页。

④　脱脱等：《宋史》卷19《徽宗纪》，中华书局1977年版，第370页。

⑤　苗书梅等点校：《宋会要辑稿·崇儒》，河南大学出版社2001年版，第90页。

⑥　脱脱等：《宋史》卷157《选举三》，中华书局1977年版，第3658、3659页。

⑦　脱脱等：《宋史》卷314《范仲淹传》，中华书局1977年版，第10267页。

两个因素使得社会上对于识字的人的需求大为增加；另一方面，就更进一步的知识探求来讲，科举考试所造成的影响是一个重要因素。宋朝政府以考试来选拔人才，不限于门第，加之雕版印刷的推广应用，书籍获取愈来愈容易，使得许多没有家世背景的人家为了出人头地，也有志于读书应考，以求仕进。①

就南宋地方教育的发展而言，绍兴年间以后获得了恢复发展。靖康之乱，以及建炎、绍兴年间的战乱，宋代地方官学普遍遭到破坏，"建炎初，戎马交战，士脱干戈之不暇，学宫灰烬"②，"宜黄县，抚州为大邑，比屋万余家，绍兴初，残于盗，民之死于兵者大半"③。"绍兴和议"后，宋廷开始兴学，高宗于绍兴十二年正月"诏诸州修学宫。"④ 绍兴十三年九月，高宗又"诏诸州守、贰，提举学事，县令、佐，主管学事"⑤。孝宗淳熙年间（1174—1189），"下诏兴太学，议复天下舍法，县皆茸学养士"⑥。君主对地方州县兴学连续下诏，极大地促进了地方州县学的发展。因此，南宋州县学校在全国各地快速发展，许多地方官本于教化的责任，积极支持当地学校的发展，学校规模不断扩大，如果碰上不热心的地方官，则难免也有学校建筑岁久不修，或者学田租入为人所侵占的时候，而地方上的官宦、士人，却对学校的存在深感关心，经常出钱、出力协助官府进行修建。⑦ 有学者称："南宋地方官学比北宋发达，各州普遍设立公办学校。如两浙路七十七县，有州县学七十四所，普及率达97%，江南西路普及率达94%。南宋各州县差不多都设有官学。"⑧ 南宋江西地区地方州县学发展迅速，据学者统计，南宋江西新建或重建的州县学达69所，其中建炎年间（1127—1130）新建2所县学，绍兴年间（1131—1162）新建或重建44

---

① 梁庚尧：《宋代科学社会》，东方出版中心2017年版，第82页。
② 尹躬：《重修永新县儒学记》，载谢旻等纂《雍正江西通志》卷125《艺文》。
③ 曾枣庄、刘琳主编：《全宋文》第160册卷3479《抚州宜黄县学记》，上海辞书出版社、安徽教育出版社2006年版，第357页。
④ 脱脱等：《宋史》卷30《高宗纪》，中华书局1977年版，第555页。
⑤ 脱脱等：《宋史》卷30《高宗纪》，中华书局1977年版，第559页。
⑥ 尹躬：《重修永新县儒学记》，载谢旻等纂《雍正江西通志》卷125《艺文》。
⑦ 梁庚尧：《宋代科举社会》，东方出版中心2017年版，第72页。
⑧ 俞兆鹏：《南宋人才之盛及其原因》，《杭州日报》2005年11月8日。

所，隆兴年间（1163—1164）新建 1 所，乾道年间（1165—1173）新建或
重建 4 所，淳熙年间（1174—1189）新建或重建 7 所，绍熙年间（1190—
1194）重建 1 所，庆元年间（1195—1200）重建 1 所，嘉泰年间（1201—
1204）新建或重建 2 所，开禧年间（1205—1207）重建 1 所，嘉定年间
（1208—1224）新建或重建 3 所，淳祐年间（1241—1252）新建或重建 2
所，景定年间（1260—1264）重建 1 所，共涉及江西的 69 个州县。比较
北宋时期，州县学数量有较大程度增长，是社会经济发展的成果，也是读
书士人日益众多的反映。①

（一）协办官学

我们在南宋士人文集中可以看到，江西各地士人或以个人名义，或以
群体合力，或出资，或出力，或号召，积极协助地方官府兴办州县学。南
宋士人在地方教育中发挥着极为重要的作用。如绍兴八年（1138），永新
知县赵不惎刚到任，就积极筹划新建县学，史载：

> 永新古县也，唐都有学，学有孔子庙，永新之学始于此矣。……
> 崇宁间，徽宗皇帝颁舍法于天下，作新人才，县学岁时校艺，升于州
> 学，粉袍竞集，于斯为盛。建炎初，戎马交战，士脱干戈之不暇，学
> 官灰烬，……绍兴八年，赵公不惎为宰，还集散徙之民，……于是与
> 士议并学官，……生员诜诜，俎豆布列，复见太平仪礼。牛公宏代
> 之，欲改作而未遑。今上皇帝以孝道致治，淳熙十四年下诏兴大学，
> 议复天下舍法，县皆葺学养士。会提刑夏公之文，提举学事躬，永新
> 人也。备员僚属，得以图其地，从容为言之，……夏公欣然可之，遂
> 闻于朝。即日命县按图鸠工，四斋相望，既广且正，又加外缮，奂然
> 一新，如赵公之绩，牛公之忠，于是俱成焉。②

从记文中可知，永新设县较早，所以文风学风较好，北宋庐陵籍的首

---

① 许怀林：《江西通史》（南宋卷），江西人民出版社 2009 年版，第 310—311 页。
② 尹躬：《重修永新县儒学记》，载谢旻等纂《雍正江西通志》卷 125《艺文》。

位宰相刘沆就出自永新。但南宋建炎年间的战乱极大地毁坏了永新县学，于是绍兴八年（1138），知县赵不愆刚刚到任就召集永新士民，开始新修学宫。到淳熙年间（1174—1189），孝宗又下诏兴学，永新在外任职的两位官员积极向朝廷争取兴复县学，于是永新县学又加大加新。可见，南宋初年永新县学的两次重修得益于多方的共同努力：一是地方官员（两任知县赵不愆、牛宏积极谋划倡导）积极落实君主兴学的诏令，当然也是通过兴学来推行地方教化；二是永新士人群体（以两位永新籍的士人为代表）的努力，这个群体包括永新在外任职的官员和在永新本地的士人。

与永新相邻的安福县，在绍兴十年也新建县学。这件事当然是安福文化教育发展中的一件大事，所以安福最为知名的士人王庭珪亲自为家乡重修县学写了一篇记文，记文云：

> 绍兴十年冬十有一月，开封向侯子贲宰安福，下车思所以化民成俗之本，……始谒先圣于学，惟王宫四壁无旁屋以备登降，宫之外故基甚宏大，皆颓垣坏瓦。……侯乃进诸生，告之曰"郡邑不可一日无学，是于国有系也"……邑丞赵君洪闻而赞之，诸生退而喜，相与出私钱，度外垣地，增筑其址，推择诸儒有行业者六人，董而作之……明年学成……凡邑之士咸集，荐献颂礼甚肃，侯知士可与喟然兴于学。①

由记文可知，绍兴十年（1140），安福知县、开封人向子贲到任后，首先去视察了县学情况，当他看到县学因战乱失修而破坏殆尽时非常失望难过。于是他把安福县的士人召集起来，希望大家能一起出力修复县学。在知县的亲自号召下，士人们当然很愿意参与，这是造福安福百姓的大好事，"退而喜"，于是大家共同出资，并且推举其中 6 位代表来主导修学之事。几个月后，县学修成，安福的士人聚集到一起祭祀、颂礼。由此可知，安福县学的重修，首先源于知县为代表的地方官员主导，如知县向子

---

① 曾枣庄、刘琳主编：《全宋文》第 158 册卷 3412《安福县重修学记》，上海辞书出版社、安徽教育出版社 2006 年版，第 259 页。

贲首倡并召集地方士人参与，县丞赵洪积极协助，当然更重要的还是地方士人群体的积极参与，他们兴修县学既是为自己及子弟能有读书之地，又是为地方乡民能有求学之所。所以，当知县提出修学倡议时，他们"退而喜"，并将此消息告知更多的士、民，利用他们的影响邀集更多的力量参与到县学的修建中。

　　翻阅宋人文集，我们可以看到很多南宋江西各地县学兴建过程中地方士人群体积极参与的身影。① 如"介于群山之间"的万载县，南宋淳熙年间（1174—1189），在县府官员的倡议下，在万载"贤父兄"的主导下，不仅新修了县学，而且还延请地方上有名望的乡先生担任老师，教授子弟。杨愿记道："淳熙四年，三衢祝侯勋实宰兹邑，……会知丞赵侯帅侠，主簿江侯琪克，协厥议爱相旧庙而改作，更徙监征之舍于他所……邑之贤父兄喜子弟之有教也，不爱其力，愿输家财以作其费，钱以缗计者二千，佣以日计者万余……且屈致乡先生之有齿德者，以为师资，自是执经而至者，源源不绝。"② 杨愿讲从外地来万载任职的三位县官商议要把旧的学庙建成新的，万载的士人们十分高兴，所以都愿意出资出力，并且共同延请乡先生到新县学任教。又如"极江西界，接于闽疆"的广昌县，亦是在县官的倡议下，然后广昌县的"邑士""诸生""进士之子"以及富商等地方力量共同出资出力新修县学。七十七岁高龄的前宰相周必大还受邀为广昌县学写记，记文云："嘉泰二年四月，奉议郎曹进之来为宰，谒先圣殿，上漏旁穿，两庑欹侧，且非其地。邑士胡岩老请改筑于县治之东止戈亭旧基，诸生相攸金谋为允，于是进士揭英之子俨子仪三人输财效力，主其事，而黄作舟作砺首捐钱四十万为之助，士胥和之庀工，癸亥之夏甲子春新学成。"③

　　还有庐陵地区的泰和县学南宋建炎年间（1127—1130）在刘申的努力下，在知县和地方士人的支持下得以重修，记文云：

---

　　① 宋燕鹏整理南宋"学记"中士人参与地方官学修建的情况，江西"学记"有36篇，士人参与篇数为13，士人参与比例达36.11%，是南宋各路中最高者，第二为荆湖南路，比例为26.32%。见宋燕鹏《南宋士人与地方公益事业之研究》，博士学位论文，河北大学，2010年。
　　② 杨愿：《万载新学记》，载谢旻等纂《雍正江西通志》卷125《艺文》。
　　③ 周必大著，王瑞来校证：《周必大集校证》卷60《广昌县学记》，上海古籍出版社2020年版，第893页。

"庆历中，诏县之学士满二百人者得立学，而庙祀夫子其中。泰和县学盖肇于此，殿以元丰戊午立，其材出于邑人……建炎初，（刘）申聚徒教授于中，补葺罅漏，粗庇风雨，两庑寖仆，庙宇支吾仅存，申尝请于知县王公，公曰：'兴学，令职也。其如国用自有经，然其废也，士亦有罪焉。有能出力以成之，吾何惜分俸以助费。'申乃问诸贡士严涣，涣曰：'是不难，缁黄之徒犹能壮栋宇以崇其教，岂有儒其术而忘其所自乎？我当与子任其责而力劝诱。'于是阖邑之人翕然乐输。"①

从记文中可知，南宋泰和地方士人刘申积极奔走，不仅自己亲自在县学中教授生徒，出资修葺学堂，而且还向县令请求拨款修学，由于泰和县府经费紧张，刘申和泰和的其他士人一道共同出资出力，兴修泰和县学，体现了南宋泰和县的地方士人在教育中的群体担当。可以说，南宋江西地方士人在助力地方教育方面表现突出，引起了很多在外任职的江西士人关注和褒扬，如前文所述的王庭珪、杨愿、周必大、杨万里都十分乐意为家乡士人的善行鼓与呼。当然也还有是地方士人主导，而后得到官府首肯并支持的。如南宋庆元年间万安县学修建"费缗钱以万，皆士人所乐输，而官以余则助之，且为经画悠久赡给之计"②。

（二）创办私学

南宋江西士人群体除了在地方官学中起着主导、沟通及运作等作用外，在私学领域，他们的群体性作用更为显著。如前所述，宋朝君主普遍比较重视教育，从中央到地方学校兴盛不已，"至于庆历，学校遂遍天下"③。宋代的官学普及到县，在基层社会创办着各种层次的学校。如晁冲之致仕归家，路过偏僻农村时看到这样一番情景："老去功名意转疏，独

---

① 刘申：《重修泰和县儒学记》，载谢旻《雍正江西通志》卷125《艺文》。
② 周必大著，王瑞来校证：《周必大集校证》卷58《万安县新学记》，上海古籍出版社2020年版，第872—873页。
③ 周必大著，王瑞来校证：《周必大集校证》卷58《万安县新学记》，上海古籍出版社2020年版，第872页。

骑瘦马取长途。孤村到晓犹灯火，知有人家夜读书。"① 学校的兴盛促使读书人增多，但科举名额的增幅远远满足不了不断增多的读书士人数量，于是许多有科举追求的士人在地方上从事着文化教育工作。古人云："太上有立德，其次有立功，其次有立言，虽久不废。此之谓不朽。"② 因此，宋代士人如果在科举失利"立功"无望的情况下，便会选择通过"立言"来实现人生不朽的价值目标。

就宋代士人在地方社会的"立言"来看，有的是著书立说，有的是授徒讲课③，有的是二者兼而有之。在科举的刺激和政府的鼓励下，宋代越来越多的士子加入到读书者行列。前已述及，各级教育的兴盛需要增加学官及师资，而教师需求量的增加，使得一些士人在科举失败后走上了授徒教学之路。应该说，士人选择在地方社会教授生徒，既是自身价值无法实现的一种无奈之举，同时也是他们最基本的谋生方式，在授徒中谋生，积累经济基础，积蓄考试能量，实现知识与社会的交换。有学者曾指出：中国"古代知识分子既不从事农业生产，又不经营工商事业，要解决生活问题，除了教书之外，便是从政做官。"④

南宋江西书院教育获得大发展，不仅体现在数量的增多⑤，而且还体

---

① 曹学佺：《石仓历代诗选》卷 158《夜行》，文渊阁四库全书本。

② 《左传》，中华书局 1980 年版，第 1979 页。

③ 在宋人观念中，教授生徒对于读书人来说，是仅次于科第的职业，宋人袁采在《袁氏世范》卷中《子弟当习儒业》篇中明确地说："其才质之美，能习进士业者，上可以取科第致富贵，次可以开门授徒，以受束修之奉。其不能习进士业者，上可以事书札，代笺简之役，次可以习点读，为童蒙之师。"见袁采著，刘云军校注《袁氏世范》卷中《子弟当习儒业》，商务印书馆 2017 年版，第 102 页。

④ 王寿南：《中国文化特质》，生活·读书·新知三联书店 1990 年版，第 136 页。

⑤ 关于南宋江西书院的数量情况统计，李才栋认为，始建于南宋的江西书院有 170 余所。（见李才栋《江西古代书院研究》，江西教育出版社 1993 年版）李国均认为，南宋江西书院有 162 所。（见李国均《中国书院史》附录《历代书院名录》，湖南教育出版社 1994 年版）许怀林认为，南宋江西开办的书院数量是 134 所。（见许怀林《江西通史》（南宋卷），江西人民出版社 2009 年版，第 318 页）邓洪波统计，北宋全国有 73 所书院，江西 23 所，占 31%，遥遥领先其他各地，第二名的湖南才 9 所；南宋全国共有书院 442 所，江西 147 所，约占 34%，第二名浙江才 82 所。（见邓洪波《中国书院史》，中国出版集团东方出版中心 2004 年版）苗春德、赵国权统计了南宋地方书院的创建情况："江西以 164 所遥遥领先，是北宋所建书院的 2.246 倍，也超过南宋以前所建书院总和。其余依次是浙江 107 所，福建 55 所，湖南 48 所，江苏 25 所，广东 20 所。"（见苗春德、赵国权《南宋教育史》，上海古籍出版社 2008 年版，第 141—164 页）

现在教学效果的显著提升①，因而社会提高了对书院的信任，将兴办书院看作是获取知识、实现学而优则仕的最有效途径。……书院风靡于城乡，比较广泛地传播着文化知识。一批饱学之士，受聘于民间书院当教书先生，以其学识和敬业精神受到人们的尊敬。② 可以说，南宋江西地方士人中既有闲居地方的学者，又有暂无功名的士子，还有盘踞地方的家族等。他们通过在地方社会的特殊地位以及对地方公共资源的调配，积极参与民间办学。③有学者认为："南宋书院教育兴盛，尤其是民办书院众多，众多乡先生开门授徒，受聘教馆，使大批平民子弟得到教育，乃至有科举出仕的机会。"④

闲居士人参与民间书院者亦不少，如玉山县刘允迪，他在等候官阙之际，在老家创办书院之举得到朱熹的赞誉，朱熹欣然为其撰写记文：

> 后数岁，予（朱熹）以事过玉山，则刘侯以待次家居，复得相见，……一日，慨然语予曰'吾家本单贫，而入仕又甚晚，顾无以仁其三族者。间尝割田立屋，聘知名之士，以教族子弟，而乡人之愿学者亦许造焉。兄弟之间，有乐以其赀来助者。而吾犹惧其或不继也，则又出新安余俸，为之发举居积，以佐其费。而凡所以完葺丘垄，周恤族姻者，亦取具焉。既已言于吾州，而邦君吴侯乐闻之，为之出教刻符以诏吾之子孙，使毋违吾志。吾子雅知我，其为我记之，以告其

---

① 南宋江西庐山的白鹿洞书院，朱熹曾任山长，并制定《白鹿洞教条》，天下闻名。铅山的鹅湖书院，朱熹、陆九渊、吕祖谦鹅湖之会，陈亮、辛弃疾鹅湖之会，在历史上影响深远。吉州白鹭洲书院，江万里创建，知名学者欧阳守道任山长，文天祥从白鹭洲书院考中状元。贵溪的象山书院，著名学者陆九渊在此潜心教学授徒，被誉为"江西之学"。洪州东湖书院，创建者丰有俊是陆九渊弟子，山长陆持之是陆九渊长子，朱熹弟子黄幹、李燔到此讲学，江万里、饶鲁到此游学。陈晓强、陈小芒认为："鹅湖书院开创理学争鸣在先，白鹿洞书院以集中体现程朱理学教学思想与体系为最，白鹭洲书院则以人才辈出延绵七百余年而著称于世。"（见陈晓强、陈小芒《江西书院文化谈》，《西南民族大学学报》2000 年第 11 期）

② 许怀林：《江西通史》（南宋卷），江西人民出版社 2009 年版，第 318 页。

③ 邹锦良：《"地方精英"视域下的宋代民间办学——以江右为例》，《江西社会科学》2015年第 3 期。

④ 许怀林：《试析南宋民办书院与乡先生》，《国际社会科学杂志（中文版）》2011 年第4 期。

教且学于此者，使知有以勉焉。'予闻而叹曰'今士大夫或徒步至三公，然一日得志，则高台深池，撞钟舞女，所以自乐其身者，唯恐日之不足。虽廪有余粟，府有余钱，能毋为州里灾害则足矣，固未暇以及人也。如刘侯者，身虽宠而官未登六品，家虽温而产未能千金，顾其所以用心者乃如此，是则可谓贤远于人，而亦可以见其前日德安之政，不为无本，而岂徒以声音笑貌为之矣？乃追本其事而记之如此，虽然，古人之所谓学者，岂读书为文以干禄利而求温饱之云哉！亦曰明理以修身，使其推之可以及夫天下国家而已矣。群居于此者，试以此意求诸《六经》、孔孟之言，而深思力行之，庶其有以不负刘侯之教也。刘侯，名允迪，字德华。①

从朱熹的记文可知，刘允迪家族并不是地方上的大家族，他自己认为家族力量单薄，自己出仕也晚，但他知道培养子弟读书的重要性，于是"割田立屋，聘知名之士以教族子弟，而乡人之愿学者亦许造焉"，出资出力，创办学校，教授刘氏子弟，并扩及乡里之民。他还盛邀朱熹为之作记，"以告其教且学于此者，使知有以勉焉"。朱熹早就听闻刘允迪为政时的善行，对刘氏举家族之力，团结士民，在地方办书院之举高度称誉，"刘侯者，身虽宠而官未登六品，家虽温而产未能千金，顾其所以用心者乃如此，是则可谓贤远于人。"闲居在地方的学者们通过创办书院或私学，一方面是为家族子弟的教育考量，另一方面也是在通过书院等教育形式来实现自身的人生价值，故有学者说："（宋代）理学家每到一地，便热衷于建书院，聚生徒，著书立言，书院成为其学术创造与思想理论传播的基地。理学家也正是依托书院，其学术创造、思想论辩、理论传播活动得以顺利开展。"②

暂无功名的士子参与民间书院者，如永丰县龙山书院便是由"连蹇场

---

① 朱熹撰，朱杰人等编：《朱子全书·晦庵先生朱文公文集》卷80《玉山刘氏义学记》安徽教育出版社、上海古籍出版社2002年版，第3791、3792页。

② 肖永明：《儒学·书院·社会——社会文化史视野中的书院》，商务印书馆2012年版，第180页。

屋"的黄君捐产创建的，史载：

> 龙山书院者，永丰黄君之所建也。君自少以博习修洁为乡党所称，名卿达人争致以诲其子弟。既连蹇场屋，志弗克施，则慨然曰"吾幸有薄田畴，与其私吾子孙，曷若举而为义塾，聚英材教育之，以乐吾志。"于是谋地于团源，获吉壤焉。……乃悉其力载经载营，中为堂一，旁列斋六。……君捐产之半以奉之廪给，课试悉仿州县法，春秋校艺以礼屈邑佐，或乡人之中第者，司其衡尺，日讲月肄，则君自主之，青衿来游，莫不竞劝。①

还有新昌人蔡諲"力学不仕，筑'义方书院'，有志于学者，俱廪给之。里有争不愬于官而决于諲。有王烈之风，号'无为居士'"②。又如安福的刘德礼，他父亲一直在乡里以授徒教学为生，但同时也积极备考科举，只是一直未能中举，刘德礼因家贫，开始也在乡里教授生徒，解决生存问题，边教书边考科举，幸运的是，淳熙三年（1176）他如愿中进士第。他去世时杨万里为其撰写行状，称："君讳德礼，字敬叔，一字子深，……八世祖德言仕南唐，归本朝为水部员外郎，知制诰。君幼警敏，父遇为乡先生，授徒数十百人。程其业，君必为之冠。父累举不第，试春官没于中都。君徒步护丧归葬。母老家贫，复以授徒为生，再举于礼部，一为首送。淳熙二年（1175）第进士，调常德府司户参军。"③

盘踞地方的家族参与民间书院者，如贵溪县高氏家族自唐代就居于此，人才辈出，南宋时的高可仰在考中进士之前在家乡创办了桐源书院，教授高氏子弟及周边的其他乡民子弟，取得了较大影响。玉山籍状元汪应辰应邀为桐源书院作记，记文云：

① 真德秀：《西山文集》卷26《龙山书院记》，四部丛刊本。
② 谢旻等纂：《雍正江西通志》卷75《人物》。
③ 杨万里撰，辛更儒笺校：《杨万里集笺校》卷119《奉议郎临川知县刘君行状》，中华书局2007年版，第4564、4565页。

桐源在贵溪县南，高氏之族唐时有讳宽仁者，累官至福建观察使，自后以诗书显庸者，代有其人。今国子监学录可仰先生宽仁七世孙，在家未仕时，刻苦学问，作书院于所居之旁，乃收召宗族及乡人之子弟教之，因名曰"桐源书院"。……桐源书院高氏特以教其家与一乡子弟，有古人闾书塾之遗意，……学录先生历官以来，好学之心未尝有一日之倦，其欲立功立德以图不朽于世，亦未必不以古之贤人君子自期也。自兹以往高氏子孙读书于书院，当以古圣贤心学自勉，毋以词章之学自足，他日有自此而达于郡邑，上于国学，赫然名闻于四方，则书院不为徒设矣。①

又如安福县周氏家族所创办的秀溪书院，周氏出资出力办书院首先是为了教育子弟，当然也旁及周边的士民。著名学者谢谔听闻周氏倾力创办书院之举，特书"秀溪书院"予以鼓励。可见，安福周氏创办书院的行为既是周氏家族的教育行为，也是庐陵地方士人在教育活动方面的群体合力之举，因为主导和运作的书院是安福周氏家族，但为之鼓与呼的则包括著名学者谢谔和杨万里，杨万里为秀溪书院作记，记文云："安福县之南三十里而近，有秀溪者……周奕彦博居其上，筑馆临之，命之曰'秀溪书院。'讲经有堂，诸生有舍，丛书于间。旁招良傅以训其四子，……艮斋先生闻而嘉之，为大书四字以署其堂焉。彦博来问于予曰'奕也闻先生之于后学，勿之有拒焉尔矣……"②

除了参与书院、私学等民间办学活动，南宋江西士人还积极参与童蒙教育活动。首先反映在他们在教育童蒙子弟方面的努力，如家族通过制订家训族规教育后世子孙。《朱子家训》中对于君臣、父子、兄弟、夫妇所贵者作了阐述，即"仁、忠、慈、孝、友、恭、和、柔"八字，并主张尊师信友、尊老爱幼、近贤远佞、崇善忌恶等思想，这些思想是儒家甚为看重的，同样也为朱熹所重视。"处世无私仇，治家

---

① 汪应辰：《文定集》卷9《桐源书院记》，学林出版社2009年版，第99页。
② 杨万里撰，辛更儒笺校：《杨万里集笺校》卷76《秀溪书院记》，中华书局2007年版，第3151、3152页。

无私法"①，其中处世之道主"善"，治家之术言"礼"，重诗书之教育，明礼义之不废，上至立世之法，下到日常生活，朱熹皆于家训中进行训导，为其子孙后代的为人教育建立了一个标准，也为世人之为人处世树立了标杆。用今天的眼光看，《朱子家训》虽有不足，如对"君臣，父子，夫妇"纲常的强调等，但在治家教子方面的贡献还是比较大的。

除《朱子家训》外，周必大所撰写的《送纶丞郡临川十以箴》亦属此类，此篇虽未直言为家训，但送行之际周必大对儿子谆谆教诲，亦有训诫之意。其文曰："莅官以勤，持身以廉。事上以敬，接物以谦。待人以恕，责己以严。得众以宽，养和以恬。借谨以独，询谋以佥。箴规语女，夙以式瞻。"② 周必大对其子在为官、处世、待人、接物、修身等方面皆给予教育，展现其治家思想，不仅是对儿子周纶，而且也是对后世子孙的规劝与教诲。

金溪陆九韶为其家族制订的《陆氏家制》，分为《居家正本》和《居家制用》两部分。《居家正本上》开篇便是"古者民生八岁入小学，学礼乐射御书数，至十五岁则各因其材而归之四民"③，以此来讲述古时民必受教育，而现在亦应当如是，但陆九韶讲求教育并不是要子孙为官，因为他认为是否为官"是有命非偶然也"。在修身及品德规范上，陆九韶主张远名利而重孝悌仁义，此亦是儒家素来所推崇的品德。陆九韶强调的两个方面：重学与修德，便是《居家正本》中所欲正之本。《居家制用》中，则对家中存粮提出要求以及提倡勤俭，避免居家之七种病："曰呼、曰游、曰饮食、曰土木、曰争讼、曰玩好、曰惰慢"④，陆九韶向弟子申严这七点，是为防止破家之险。《陆氏家制》以儒家品德规范教育子孙，其中言明居家之危，训导子孙不要误入歧路，通明居家之道。

---

① 朱熹撰，朱杰人等编：《朱子全书（二十六）·家训》，安徽教育出版社、上海古籍出版社 2002 年版，第 742 页。
② 周必大著，王瑞来校证：《周必大集校证》卷 44《送纶丞郡临川十以箴》，上海古籍出版社 2020 年版，第 662 页。
③ 陆九韶：《陆氏家制》，《续修四库全书》，上海古籍出版社 2002 年版，第 258 页。
④ 陆九韶：《陆氏家制》，《续修四库全书》，上海古籍出版社 2002 年版，第 261 页。

南宋江西士人参与童蒙教育还反映在他们积极编撰童蒙教材。如临江人刘清之所著《戒子通录》对宋代及宋之前儒家道德思想进行了整理与解读，以此对孩童进行品德训诫。刘清之博采群书，将自先秦到南宋中期之家规家训、母训良教进行整理，收录在一起，形成了一本家训良规总录。在现存版本中，共计收录了171则家规训示。又如金溪人黄继善编撰《史学提要》童蒙教材。黄继善，字成性，宋末元初人，南宋灭亡后以宋遗民自居，将自上古到南宋之史事编成脍炙人口的蒙学教材，以教育后人。该书分为三卷，卷一分为上古、三皇、五帝、三代、春秋战国诸侯本末；卷二分为秦、项羽、西汉、王莽、东汉、三国、西晋、东晋、晋时五胡十六国、南北朝；卷三则为隋、唐、五代、五代割据诸国、宋。由于该书为蒙学教材，故而与《三字经》《千字文》等童蒙教材一样，方便记诵是其主要特点之一，其以四言为主进行编写，读之朗朗上口，如其上古部分写道："天地未分，惟一气耳，一气混沌，形如鸡子。混沌既判，两仪奠位，阳清为天，阴浊为地。茹毛饮血，穴居野处，汙樽杯饮，蒉桴土鼓。是谓上古，结绳而治，无书可传，莫知世次。"①

可以说，宋代江西地方士人对童蒙教育参与的群体性特点十分突出。首先，有众多著名的文学家、政治家、理学家等上层知识人投身到童蒙教育中，如晏殊、欧阳修、朱熹、杨万里、陆九渊等，或创办私塾、书院，或操持家学，或编撰教材……他们的影响客观上成为推动童蒙教育发展的强大动力；其次，有很多在从事着本职工作但却醉心教育的中层知识人，如临江的刘清之，金溪的黄继善等一大批学人，他们积极参与童蒙教育工作；第三，有更多的乡间下层知识人，通过自身的力量参与童蒙教育。如当时广大农村常办有冬学、义学、小学、书会、乡校、村校、学塾等童蒙学校，所谓"其余乡校、家塾、舍馆、书会，每一里巷一二所，弦诵之声，往往相闻，遇大比之岁，间有登第补中舍选者"②。

---

① 黄继善：《史学提要》，吴志尹校勘本，现藏于日本内阁文库。
② 耐得翁：《都城纪胜·三教外地》，中国商业出版社1982年版，第202页。

三　地方文化中的士人社群

（一）编修方志

地方志是记载某一地区自然和社会情况的地方文献。中国编修地方志传统悠久，有学者将其上溯到周王朝时期，传说中的晋《乘》、楚《梼杌》、郑《志》等书，都被看作是具有方志的萌芽性质。春秋战国时期的《山海经》《尚书·禹贡》等，也都是具有方志性质的书籍。从东汉的《华阳国·巴志》中可以看出，东汉桓帝时巴郡太守但望的疏文里提到了《巴郡图经》，可见在此之前已经有了图经。图经就是一方的地图加上说明，图就是地图，经就是说明，这就是方志的雏形。东汉以后，从隋唐到北宋，图经大盛，到南宋以后，才改称为"志"。①

宋代是地方志发展的重要时期②，所谓"方志之书，至赵宋而体备。举凡舆图、疆域、山川、名胜、建置、赋税、物产、乡里、风俗、人物、方技、金石、艺文、灾异无不汇于一书。隋唐以前，则多分别单行，各自为书。其门类亦不过地图、山川、风物、物产数种而已"③。亦有学者称："宋代方志是从地记、图经刚刚发展成熟的志书，也就是说，在我国方志

---

① 行龙主编：《区域社会史研究导论》，中国社会科学出版社2018年版，第37页。

② 学界对此研究甚多，如黄苇《论宋元地方志书》（《历史研究》1983年第3期）认为："中国地方志书，源远流长……北宋图经盛行并开始向方志过渡，南宋方志基本定型，元代方志稳定发展。自此以后，地方志书大都成为内容宏富、体例完备、统合古今的正式方志，从而为明清方志大盛奠定了基础。"黄燕生《宋代的地方志》（《史学史研究》1984年第2期）认为："宋朝沿袭唐例，朝廷在此基础上编次整理，汇编全国图经总集和区域图志。据《续资治通鉴长编》和《玉海》等书记载，宋朝大规模组织修志主要在宋初太祖、太宗、真宗时期，仁宗、神宗、哲宗、徽宗时也做了一些工作。"周佳《宋代知州知府与当地图经、方志纂述》（《中国历史地理论丛》2009年第3期）认为："图经出现于东汉，在隋唐至北宋时期成为地方志书的主要形式。北宋图经盛极一时，并开始向方志过渡。南宋图经由盛转衰，方志起而代之，成为当时地方志书主流。"陆敏珍《宋代地方志编纂中的"地方"书写》（《史学理论研究》2012年第2期）认为："宋代是中国地方志编纂的重要时期，地方志书大量出现，体例开始确立。"陈曦、王忠敬《南宋地方志与地方政务》（《中南民族大学学报》2015年第4期）认为："在地方志的发展过程中，宋代是重要的转变和成型时期。这一时期，地方志在体例、内容、修纂等方面发生了重大变化，《图经》数量逐渐减少，定型方志开始出现并形成，朝廷、地方官员、士人在地方志的编撰、出版等方面发挥了重要作用，北宋中期以后，编撰地方志的主导力量逐渐从朝廷转变为地方官府和地方士人。"

③ 张国淦：《中国古方志考》，中华书局1962年版，第1页。

史上只是到宋代才形成真正的地方志。"① 因此，在文教兴盛，士人兴起等背景下，宋代中央政府，基层官府以及地方士人都非常重视方志的编撰工作。南宋时期，编修方志之风更盛，各个地方都在修志②，史称"僻陋之邦，偏小之邑，亦必有纪录焉"③。

南宋江西地方志发展迅速，一方面体现在方志编撰数量多。据顾宏义《宋代方志考》一书统计，南宋时期各路地方志编纂，两浙西路和江南西路以70部位列第一。④ 另一方面则体现在南宋时期江西方志学家频出，如临江军的章颖，《宋史》对其记载："字茂献，临江军人，以兼经中乡荐。孝宗嗣服，下诏求言，颖为万言书，附驿以闻。礼部奏名第一，孝宗称其文似陆贽。调道州教授……累迁刑部侍郎兼侍讲，对延和殿，上叹曰'卿为权臣沮抑甚久'。颖乞修改《甲寅龙飞事迹》诬笔。除吏部侍郎，寻迁礼部尚书，升侍读。诏颖以绍熙、庆元谯令宪《玉牒辨诬》，余端礼、赵彦逾《甲寅龙飞记》及赵汝愚当时所记事，考订削诬，从实上之。……颖操履端直，生平风节不为穷达所移，虽仕多偃蹇，而清议与之。"⑤ 可见，章颖在孝宗、光宗朝以史籍考证为君主所誉。他在任道州（今湖南道县）教授期间，编撰了《舂陵图志》十卷。⑥ 婺源人张敦颐撰有《六朝事迹编类》，"敦颐，字养正，绍兴八年进士，与朱松（朱熹父亲）友善。由南剑州教授，历官至舒、衡二州。致仕所著有《韩柳文音辨》《编年诸书尚》传于世。"他最值得称道的是，绍兴三十年（1160）编撰《六朝事迹编类》，史载："其书盖补《金陵图经》，而作首总叙次形势，次城阙，次楼

---

① 黄燕生：《宋代地方志的史料价值》，《中国历史博物馆馆刊》1984年第2期。

② 王菱菱、刘潇认为南宋方志之盛的原因有："南宋政权建立后，社会逐渐稳定，经济持续发展，印刷技术的普及，造纸及制墨工艺提高等，均为编修方志提供了更好的物质条件。地方首要行政官员为文官，上任伊始，急需通盘了解治域历史和现状，方志即是了解当地情况的重要渠道之一。南宋时期，地方精英势力发展成为不容忽视的地方政治势力，地方官员通过修志可以笼络当地文人，并藉此控制官方话语权。"见王菱菱、刘潇《南宋地方政府的方志编修》，《河北大学学报》2018年第3期。

③ 黄岩孙：《仙溪志·跋》，载曾枣庄主编《宋代序跋全编》，齐鲁书社2015年版，第5636页。

④ 顾宏义：《宋代方志考》，上海古籍出版社2010年版。

⑤ 脱脱等：《宋史》卷404《章颖传》，中华书局1977年版，第12226—12228页。

⑥ 陈振孙撰，徐小蛮、顾美华点校：《直斋书录解题》，上海古籍出版社2015年版，第254页。

台，次江河，次山冈，次宅舍，次谶记，次灵异，次神仙，次寺院，次庙宇，次坟陵，次碑刻，凡十四门，征引颇为详博，而碑刻一门尤有资于考据。"①

庐陵人罗濬撰《宝庆四明志》21卷，"罗濬，庐陵人，官赣州录事参军……乾道中，知明州张津始纂辑《四明图经》，而搜采未备。宝庆二年（1226），焕章阁学士、通议大夫、知庆元府兼沿海制置使庐陵胡榘复命校官方万里，因《图经》旧本重加增订，……其事未竟，会万里赴调中辍。濬与榘同里，适游四明，遂属之编定，凡一百五十日而书成。前十一卷为郡志，分叙郡、叙山、叙水、叙产、叙赋、叙兵、叙人、叙祠、叙遗九门，各门又分立四十六子目。第十二卷以下则为鄞、奉化、慈溪、定海、昌国、象山各县志，每县俱自为门"②。武宁人周应合撰《景定建康志》50卷，"应合，武宁人，自号溪园先生。淳祐间举进士，官至实录院修撰。……乾道、庆元间，屡辑地志，而记载尚多阙略。景定中，宝章阁学士、江东安抚使知建康府马光祖，始属应合取乾道、庆元二志，合而为一，增入庆元以后之事，正讹补缺，别编成书。首为留都四卷，次为图表志传四十五卷，末为拾遗一卷，援据该洽，条理详明"③。

除了上述闻名全国的方志学家及其方志学著作外，南宋江西地方修志者亦多。有私人修撰的，如《宜春传信录》3卷，"罗诱述，载其地古今人物及牧守政迹，山川灵异之迹"④。又如《袁州孚惠庙录》1卷，"张悫撰，记仰山二神灵异之迹。"私人修撰方志，有时候还寻求地方官的帮助，如嘉泰二年（1202），赋闲在家的周必大私人编撰《庐陵志》，就专门给吉水县宰王中纯去信，希望王县宰能邀请其县治内的曾三异，为编修方志方面提供帮助，书云："前郡委兰溪曾三异修治境图志，补昔日之疏略。必须得守观碑刻之类，子（仔）细考证。私家既不能办，若从官司，则虽小

---

① 《六朝事迹编类提要》，载纪昀等《四库全书总目提要》。
② 《宝庆四明志提要》，载纪昀等《四库全书总目提要》。
③ 《景定建康志提要》，载纪昀等《四库全书总目提要》。
④ 陈振孙撰，徐小蛮、顾美华点校：《直斋书录解题》，上海古籍出版社2015年版，第254页。

事亦未免行移扰人。不然，以非急务忽之。若于政事余闲能遣一介招曾君相见，与之面议，庶几有成。其人自是佳客，非鹿鹿（禄禄）者比也。"①

南宋时期，方志的编撰更多情况下还是在地方官主导下，由地方士人群体来完成。② 如《旴江志》10 卷、续 10 卷，"郡守胡舜举绍兴戊寅俾郡人童宗说，黄敫忠为之，续志庆元五年，三山陈岐修，亦郡守也"③。又如吉州的各县志修撰，史载："赵善譳，庆元间守吉州，……命贡士王子俊、许景阳等分纂八邑志，以附于益公（周必大）郡志（《庐陵志》）之后。由是吉之文献彬彬足征。"④ 南宋庆元年间，赵善譳到吉州担任知州，然后请庐陵名士王子俊、朱熹高徒许景阳等人编撰庐陵八个县的方志。王子俊前已述及，他是庐陵才俊，曾受到杨万里、周必大、朱熹等人的赏识。许景阳"字子春，同安人，从文公（朱熹）游，文公称其说话意趣尽好"⑤。赵知州对此二人在文才、能力以及地方声望上极为认可，故请他们编撰，并要王子俊、许景阳等人编撰好之后，附在周必大所编撰的《庐陵志》之后。我们现在已看不到周必大所撰《庐陵志》，周必大自己曾提到过编撰《庐陵志》之事，"……今逢吉孙丰城主簿希恭出示旧诗，予方修《庐陵志》，当并记所闻，备史官采择，以彰圣化。嘉泰四年四月二十一日"⑥。

---

① 周必大著，王瑞来校证：《周必大集校证》卷 188《吉水王宰中纯》，上海古籍出版社 2020 年版，第 2884 页。

② 周佳认为："无论州士独立修志，还是知州主持修志，就实际情况看，从发起、完成到出版，各个环节皆需仰赖长官权力的实际支持，知州凭此权力确立了自己在地方志事业中的主导地位。知州在主持、参与修志，尤其是与当地士人共同修志过程中，既树立了权威，也增进了双方的交流互动。"见周佳《宋代知州知府与当地图经、方志纂述》，《中国历史地理论丛》2009 年第 3 期。

③ 陈振孙撰，徐小蛮、顾美华点校：《直斋书录解题》，上海古籍出版社 2015 年版，第 254 页。

④ 谢旻：《雍正江西通志》卷 61《名宦》。

⑤ 见李清馥《闽中理学渊源考》卷 18《许子春先生景阳》。"罗大经《鹤林玉露》载，朱文公帖称，景阳，姓许，字子春，季章，姓刘，名黼，皆庐陵醇儒，从文公学。"另据《文忠集》载有"七月十四日江西美约周愚卿兄弟及许景阳相过，共观鹤雏翎毛褐色，因饮双投新酒，擘闽中荔，放白莲池上，遂成胜赏，明日西美有诗走笔奉和。"见周必大著，王瑞来校证《周必大集校证》卷 43《七月十四日江西美约周愚卿兄弟及许景阳相过共观鹤雏翎毛褐色因饮双投新酒擘闽中荔放白莲池上遂成胜赏明日西美有诗走笔奉和》，上海古籍出版社 2020 年版，第 643 页。

⑥ 周必大著，王瑞来校证：《周必大集校证》卷 51《跋赵逢原得母诗卷》，上海古籍出版社 2020 年版，第 770 页。

　　淳熙九年（1182），南宋江西名士曾丰为《豫章图志》作序，其中谈到了《豫章图志》的编撰情况：

　　　　殿撰给事程公，帅江西之明年，百废以次举，凡无益，雅不事也。缅维治豫章，东南一都会，非他支郡比。圣天子恢复之念未始宽，披舆地次，或小有抵牾，一夕下职方。会兹郡于江西宜首应诏，故图经三，大不害同，小未免异，非所以便乙夜之观也。锐欲纂次间，郡上佐刘公某、黄公某协承公意，出任撰凡举例之责，又与公物色得郡士崔某、冯某任编摩，使祝某、杨某任笔削。稿成，公润色之，迄成全书。故昔之缺者补之，分野之类是也；略者悉之，郡沿革之类是也；其说二三者一之，辨豫章名之类是也；踵出创立续之，乾道淳熙二十余年事迹之类是也。余固凡钝，幸尝分祝、杨二人者之责，工未半辄以事解去。①

　　从曾丰的记载来看，南宋淳熙年间（1174—1189）的《豫章图志》编纂是在地方官府的主导下进行的。隆兴知府程叔达受孝宗诏令编撰地方志，然后隆兴府僚佐黄由、刘某积极协助。同时，《豫章图志》编纂也得益于隆兴府的士人群体全力编撰，如名士崔某、冯某、祝某、杨某等人都参与《豫章图志》编纂修改工作，具体来说，黄由、刘某撰凡举例，崔某、冯某编写初稿，曾丰、祝某、杨某进行删改，知府程叔达最后润色。由此可知，南宋淳熙年间《豫章图志》的编纂是隆兴地方士人在文化建设中一次非常成功的群体合作，也反映了在地方政府的主导下，地方士人群体已经成为地方官府所需倚靠的基层文化建设中必不可少之力量。②

---

　　① 曾丰：《缘督集》卷17《豫章图志后序》，明万历詹事讲刻本。
　　② 潘晟认为，"南宋州郡志之纂修是地方州郡自觉之行为，并不奏送中央，形成州郡纂修地理文献，自下而不上的局面。随着这一局面的形成，州郡地理也由原来出于循例抄送的胥吏之手，而逐渐转变为由州郡长官主持，辅以僚佐，延聘文士，乃至设官置局，汇众手而成之一方典籍。"见潘晟《南宋州郡志：地方官、士人、缙绅的政治与文化舞台》，《史学史研究》2009年第4期。

（二）建设祠庙

祠神信仰是中国传统社会中的重要内容，自先秦时就有"天子祭天地，祭四方，祭山川，祭五祀，岁遍；诸侯方祀，祭山川，祭五祀，岁遍；大夫祭五祀，岁遍，士祭其先。……祭法曰'天子立七祀，诸侯立五祀，大夫立三祀，士立二祀，谓周制也'"①。在地方社会，则散布着诸多没有系统的仪式、经典、组织与领导，却广泛流传于民间或者说是被多数民众崇信的民间祠神信仰。② 程民生认为："由原始的自然崇拜、图腾崇拜、灵魂崇拜发展和汇总而来的神祠宗教，具有悠久的历史和广泛的社会基础。……不但对古代中国的政治、经济、文化等方面产生了重大、深刻的影响，而且积淀成为民族心态的重要组成部分，在普通民众的日常生活中发挥着积极和消极的双重作用。"③

随着社会经济的发展以及文化的逐渐多元化，宋代祠神信仰非常发达，史载："（江淮以南）上而州县，下至闾巷村落，无不各有神祠。"④美国学者韩森认为："民间神祇体系的形成，是南宋宗教变迁内容中最为重要的一项。在中世纪中国的大地上，遍布着供奉民间神祇的庙宇。据当时的记载，即便是最偏僻的村落都有不止一个的祠庙，大城市里祠庙更是数以百计。人们向神祷拜，祈求下雨、放晴、灭虫、驱盗、平叛、治病、怀胎生子、预防瘟疫，还有科举及第等。"⑤

南宋江西经济社会发达，士人不断涌现，文化也趋于多元化，民间祠神活动非常盛行。检索文献可知，在南宋江西士民的祠神信仰中，对自然神祇的崇祀有五岳四渎，南岳神，庐岳神，以及对某些山、潭、泽、河流

① 《礼记正义》卷5《曲礼下》，《十三经注疏》本，中华书局1980年版，第1268页。
② 乌丙安：《中国民间信仰》，上海人民出版社1995年版，第5页。
③ 程民生：《神人同居、祠满天下——从祠神来解读宋代社会》，《历史教学问题》2012年第6期。
④ 陈淳著，熊国祯、高流水点校：《北溪字义》卷下，中华书局1987年版，第64页。
⑤ 韩森著，包伟民译：《变迁之神：南宋时期的民间信仰》，中西书局2016年版，第3页。何忠礼分析，"宋代士人出现众多的科举迷信，除了由于人们对一些社会现象和自然现象缺乏科学知识而造成的愚昧无知以外，科场竞争空前激烈，给士人带来了巨大的精神压力；科举考试中的许多不确定因素助长了命运迷说的流行；有人借助科举迷信宣扬因果报应，以劝世人积德行善。"见何忠礼《略论宋代的科举迷信及其对士人的影响》，《浙江大学学报》2009年第1期。

的崇祀。对人物的崇祀有屈原、关羽、陶侃、颜真卿、郭子仪、周濂溪、岳飞、文天祥等历代名贤①。动物祠神方面，因江西水系发达，主要体现在对龙王的崇祀。② 同时，宋代江西是著名的黄金水道，为了能够护佑船只在赣江——鄱阳湖顺利航行，江西兴起了顺济王庙崇祀。③

　　南宋江西的民间祠神崇祀，官府的主导仍是居于主要地位，但地方士人的参与则是不可忽视的力量。④ 我们可以从南宋江西一些祠庙的建设中窥其端倪，如先贤祠的建设。南宋江西的颜鲁公祠有三处，唐代颜真卿曾在江西的抚州、吉州任职，并得到当地百姓的称颂⑤，因此，南宋江西的颜鲁公崇祀比较盛行。具体体现在：一是纷纷建立颜鲁公祠，如抚州有颜鲁公祠，"旧在郡圃，宋至和二年，州守聂厚载建，曾巩有记"⑥。建昌军有颜鲁公祠，"在南城麻姑山，祀唐刺史颜真卿，宋绍兴中，知军胡舜举建"⑦。吉州有颜鲁公祠，"在州治通判厅西，宋咸淳四年建，欧阳守道记"⑧。二是为颜鲁公祠作记文，曾巩、张栻、欧阳守道、楼钥等名士均作有记文。如明州鄞县（今属浙江宁波）人楼钥应邀为南城县的颜鲁公祠作记，云：

---

① 林萍《南宋江西地区民间祠神信仰研究》（硕士学位论文，南昌大学，2010 年）对南宋江西的民间祠神崇祀种类做了比较系统的梳理。本小节不意对南宋江西的民间祠神信仰的缘起，种类，祭祀过程及结果进行论述，意在分析南宋江西祠庙的建造过程中地方士人的作用。

② 在《雍正江西通志》中可查阅到的宋代江西"龙王庙"有 12 个。

③ "南宋江西境内的顺济王庙分布的地方从南到北分别在赣县至万安县之间，临江军的清江县，洪州的吴城、新建的樵舍镇，以及南康军的都昌县。"见林萍《南宋江西地区民间祠神信仰研究》，硕士学位论文，南昌大学，2010 年。应该说，宋代江西的顺济王庙崇祀的地方刚好就是赣江和鄱阳湖的航运比较险要处。

④ 韩森认为，士人在南宋地方祠神信仰中的作用，除了参与祠庙建设外，还会积极争取朝廷为地方上的祠庙神祇赐封。同时，在朝廷赐封祠庙神祇后，地方士人会立碑刻石，在碑文中刻上尚书省牒文以及他们自己致力于使神祇赢得赐封的过程。见韩森著，包伟民译《变迁之神：南宋时期的民间信仰》，中西书局 2016 年版，第 80 页。本小节主要从文献中所见地方士人参与祠庙建设予以论述。

⑤ 南宋欧阳守道在吉州的《三贤祠》中便记载了颜真卿在吉州士民中的影响，"唐中世，颜公始辱临之，而无君长之权，……高风大节皆当时之所素传，则夫一日之亲炙与未见，而想望之者，宜其可以使人没世而不忘也。颜公之来此也，与诗人文士倡酬为乐，世传其《庐陵集》十卷。今溪山深处犹有公手自题名刻石如新。"见欧阳守道《巽斋文集》卷 13《州学三贤祠堂记》，文渊阁四库全书本。

⑥ 谢旻等纂：《雍正江西通志》卷 109《祠庙》，文渊阁四库全书本。

⑦ 谢旻等纂：《雍正江西通志》卷 109《祠庙》，文渊阁四库全书本。

⑧ 谢旻等纂：《雍正江西通志》卷 108《祠庙》，文渊阁四库全书本。

颜鲁公，尝为抚州刺史，至今有南城县《麻姑仙坛记》。南城，今属建昌军，郡人祠公于仙都观中。曾南丰（曾巩）一记，论公之风节备矣。正平张公戒又发明邪正祸福之说，尤为著明。张南轩（张栻）已谓无可言者，于是系之以辞，使祠者歌之以侑神，然则后来者可无作矣。庆元六年，观遭火灾，祠宇灰烬，巨石皆毁裂，大钟亦融，液不可寻。而公之碑独俨然，人益敬之。太学宁君居麻姑下，下与观相望，慕公之为人，以私财撤而新之……余虽不识宁君，而嘉其好古，以扣工部尚书何公，公曰"此山与吾月湖山庄皆同郡，尝建一阁于观门之西，藏书万卷余，以效李公择山房之旧，因亦与宁氏游。"且促余记之……宁君，名式，聚族颇众，又多为儒。宁氏未艾，则公之祠亦赖以不坏矣。①

三是地方士人积极参与颜鲁公祠的建造及崇祀活动。如楼钥的记文中谈到，庆元六年（1200），南城的仙都观遭火灾，颜鲁公祠被火烧殆尽，于是地方士人宁氏家族出资出力，"私财撤而新之"，修建了新的颜鲁公祠。

南宋江西地方庙观的兴建中，士人往往也是出资出力的主要力量。如庆元五年（1199），峡江玉笥山重修飙驭庙，乡贤杨万里应邀作记，记文云：

惟大江之西，吉之吉水，出县北东六十里所。乡曰某乡，山曰玉笥，庙曰飙驭者，帝心所倚，民命所寄，其不在兹？或曰"西岳华山之神，离宫也。"或曰："吴史君云储之神，受后帝茅土于兹山也。"初名"云腾"，自唐之天宝，神所命也。今曰"飙驭"，自皇朝之宣和，徽皇所赐也。上沂章贡，下沿洪抚，旄倪奔奔，农商梦梦。士夫欣欣，相踵于途，胥会于祠。彼以祈年，此以祝厘。弗牷弗营，惟葅惟粢……则相与视庙疏罅，诹其坏隤，某殿某室，某像某服，是建是

---

① 曾枣庄、刘琳主编：《全宋文》第256册卷5967《麻姑山颜鲁公祠记》，上海辞书出版社、安徽教育出版社2006年版，第1—2页。

筑，是葺是缩。于瓦于木，于堵于屋，昔故今新。……永赖于我民，其费出于里之人，其倡之者，予友生乡贡进士曾三异。①

从杨万里记文可见，玉笥山飙驭庙级别很高，不仅被誉为"西岳华山的神离宫"，而且宋徽宗还专门赐名"飙驭"，当然也就吸引了很多士民前往拜祀。到南宋时，飙驭庙年久失修，需要重新修葺，于是在乡贡进士曾三异的倡议下，在乡里士民的共同出资出力下，完成了对庙宇的修建。曾三异前已述及，临江军人，曾氏家族乃仕宦之家，祖父曾光庭是右文林郎，父亲曾敏行是著名学者，撰写了《独醒杂志》，大伯父曾敏逊是右修职郎、饶州德兴尉，二伯父曾敏修是乡贡进士，三伯父曾敏学是迪功郎、监隆兴府丰城县户部赡军酒库。与三异同辈的兄弟中第者还有曾三聘、曾三益、曾三省、曾三畏、曾三复等，他们均受到南宋庐陵名士周必大、杨万里等人的赏识。② 由此可见，峡江曾氏家族在地方上颇有名望，也有颇多资源，他们倡导庙宇修建得到了各方的响应支持便可见一斑。

南宋时期永新县重建宝峰寺，地方士人朱戬祖孙三代，因费钱数百万之家族义举受到杨万里的推崇，杨万里为之作记云：

安福之南垂，永新之北际，介乎其间有山孤秀，……其名曰万宝峰云。距山不远，有浮屠氏之宫，曰宝峰寺。饮山之翠，纳山之光，领山之要，里之人乐游焉。而乐之尤者，槎江居士朱君讳戬也。始游而爱其幽邃，……既而惜其栋宇之坏漫漶，欲葺而新之。……遂为众山佛宫之冠。至其子良肱，再继葺焉。近岁戊午，烬于郁攸，其孙知微、知广，复一新之焉。于是坏之芜者薙，基之洼者夷，级之缺者甃，宇之燎者立，像之亡者补。尺榱寸甓，举非其旧，……后先之费，为钱百万云。既成，知微介予倩刘亿，来谒予记之。予喟曰"天下事患莫之倡，倡之矣，患莫之继。然士大夫之家，而祖而父，倡以

---

① 杨万里撰，辛更儒校：《杨万里集笺校》卷75《玉笥山重修飙驭庙记》，中华书局2007年版，第3134、3135页。

② 邹锦良：《周必大的生平与思想研究》，江西人民出版社2013年版，第227页。

忠孝，继以背诞；倡以术业，继以荒嬉。是亦继也，有能如知微弟兄之继其父祖之志者乎？无也。抑请大之。"①

南宋绍兴三十一年（1161），吉水的萧泷庙在士人的共同努力下修葺一新，庐陵名士王庭珪为之作记云：

　　吉水县之东南八十里，山高而远险，有水自西北……汇为奔湍，江中多乱石，……悍怒斗激，观者怖栗，舟上下与石，不避则有破碎沦溺之患，或谓神之威灵以惊骇斯民。古有庙谓之萧泷，不知其始……庙既久，梁楠朣坏。乡之进士彭公勉率诸豪出财力，易其腐败而鼎新之。一切增壮于前，是皆世赖神之庥，凡有求必祷于神。②

王庭珪记文中提到的"乡之进士彭勉"，以及在彭勉的倡议下出资出力的"诸豪"为萧泷庙的修葺贡献了力量。他们的倡议显然是得到了地方士人的大力支持，因此地方的名贤王庭珪等也十分赞赏他们的行为。

（三）校刻书籍

宋代因文化教育的兴盛，士人阶层的兴起，在图书校刻方面取得了突飞猛进的发展。宋代中央的一些机构如国子监、秘书省、国史院、崇文院等均有校刻书籍的功能。史称"秘书省，监、少监、丞，各一人，监掌古今经籍图书，国史实录，天文历数之事"③。"国初以史馆，昭文馆，集贤院为三馆，皆寓崇文院。太宗端拱元年，诏就崇文院中堂建秘阁，择三馆真本书籍万余卷，及内出古画墨迹藏其中。"④ 此外，中央还设有书库官，"淳化五年，判国子监李志言：'国子监旧有印书钱物所，名为近俗。乞改为国子监书库官。'始置书库监官，以京朝官充，掌印经史群书，以备朝

---

① 杨万里撰，辛更儒校：《杨万里集笺校》卷76《永新重建宝峰寺记》，中华书局2007年版，第3156、3157页。
② 王庭珪：《泸溪文集》卷35《萧泷庙记》。
③ 脱脱等：《宋史》卷164《职官志四》，中华书局1977年版，第3873页。
④ 脱脱等：《宋史》卷162《职官志二》，中华书局1977年版，第3822页。

廷宣索赐予之用，及出鬻而收其直以上于官。元丰三年省，中兴后并国子监，入礼部。绍兴十三年，复置一员。三十一年罢。隆兴初诏，主簿兼书库。乾道七年，复置一员"①。

同时，宋代地方官府也经常有刻书活动，各路安抚司、提刑司、转运司、茶盐司、及各州、军学、郡学、县学、书院等都会经常性地刻书，这些机构，尤其是地方教育机构—有学田，具备资金，二有人力，可以精校细勘，所以常常从事刻书。有学者认为："宋代，刻书活动遍布各地；刻书途径多种多样，组成了官刻、私刻、坊刻三大系统；刻印技术不断发展，发明了活版印刷，刻工队伍十分庞大；刻印和销售活动结合，刻售利润十分可观；同时版权意识开始产生，政府介入了刻书管理。所有这一切都表明，刻书业在宋代已成为一项相对独立的发达的文化产业。"② 故元人吴澄说："宋三百年间，锓板成市，板本布满乎天下，而中秘所储，莫不家藏而人有。不惟是也，凡世所未尝有，与所不必有，亦且日新月益，书弥多而弥易，学者生于今之时何其幸也。无汉以前耳受之艰，无唐以前手抄之勤，读书者事半而功倍，宜矣。"③

到了南宋，君主更为重视图书校刊工作。张秀民认为，南宋偏安江南时也没有一路不刻书的，南宋刻书地点可考者有一百七十三处。④ 南宋政府对私人刻书事业也大力褒扬，如洪迈以个人名义编刻了《万首唐人绝句》，孝宗得知后"降敕褒嘉"，称其"选择甚精，备见博洽"，并"赐茶一百夸，清馥香一十贴，熏香二十贴，金器一百两"，以资鼓励。⑤ 加之，

---

① 脱脱等：《宋史》卷165《职官志五》，中华书局1977年版，第3916页。
② 朱迎平：《宋代刻书产业对文学的影响》，《上海财经大学学报》2006年第3期。耿海燕认为："宋代还有很多坊肆刻印，宋代坊肆书商，有的专门接受委托、刻印和售卖书籍，有的书坊主人本身是藏书家，而且兼事编撰刻印和售卖，往往集编撰、出版、发行于一坊一肆。"见耿海燕《宋代书刻述论》，硕士学位论文，郑州大学，2013年。
③ 曾枣庄、刘琳主编：《全宋文》第14册卷481《赠鬻书人杨良甫序》，上海辞书出版社、安徽教育出版社2006年版，第246页。
④ 张秀民：《南宋刻书地域考》，载氏著《张秀民印刷史论文集》，印刷工业出版社1988年版，第88页。
⑤ 霍松林主编：《万首唐人绝句校注集评》《重华宫宣赐白札子》，山西人民出版社1991年版，第1566页。

教育的发展，造纸术和印刷术的改进，南宋图书校刊刻印事业发展的更为迅速。① 在此背景下，宋代士大夫私家刻书风气盛行，史称"（文儒）以校雠刻书为美绩"②。陆游称"近世士大夫所至，喜刻书版"③。张秀民考证，南宋时期著名文人如陆游、杨万里、朱熹、范成大、张栻、尤袤、岳珂、楼钥、洪适等百余人在为官地方时均曾从事过书籍的校刊刻印工作。④ 在政府的倡导下，在士大夫的引导下，南宋书籍校刊刻印发展速度很快，魏了翁说："自唐末五季以来始为印书，极于近世，而闽、浙、庸蜀之锓梓遍天下。"⑤ 叶德辉《书林清话》所录南宋私家刻书有 48 家之多。这种专门经营刻书和卖书的坊肆遍及全国，尤以浙、闽、赣、蜀为繁盛。⑥

1. 南宋江西士人校刊书籍概览

南宋江西遍布各地的造纸作坊，为刻书的兴起准备了基础，读书与科举的盛行又推动了造纸业的发展。读书、刻书、造纸三者紧密相连，共同营造出一个产业领域，吉州、抚州、信州、赣州等地有许多造纸作坊，如南康军布水纸、吉州竹纸、抚州茶山纸、牛舌纸、清江纸等。⑦ 因此，宋代江西各地都有刻书活动的兴起，史称"承平时士大夫家，如南都戚氏，历阳沈氏，庐山李氏，九江陈氏，番（鄱）阳吴氏，俱有藏书之名，今皆散逸。近年所至郡府多刊文籍，且易得本传录，仕宦稍显者，家必有书数千卷，然多失于雠校也"⑧。这里提到的庐山李氏、九江陈氏、番（鄱）阳吴氏都是江西地区著名藏书以及刊刻书籍的士大夫之家。由此可见，南宋江西校刊刻印书籍之盛，不仅官方重视，而且地方上大夫也热衷于此。今

---

① 韩森认为："到 11 世纪，雕版印刷术的广泛应用，以及用桑树皮制造的纸张的廉价而充足，大大降低了书籍的成本，因此所有都市中心都出现了私人书坊。"见韩森著，包伟民译《变迁之神：南宋时期的民间信仰》，中西书局 2016 年版，第 8 页。

② 袁桷撰：《清容居士集》卷 22《袁氏旧书目序》，北京图书馆出版社 2006 年影印本。

③ 陆游：《陆游集·渭南文集》卷 26《跋历代陵名》，中华书局 1976 年版，第 2232 页。

④ 张秀民：《中国印刷史》，浙江古籍出版社 2006 年版，第 42 页。

⑤ 魏了翁：《鹤山集》卷 41《眉山孙氏书楼记》，四部丛刊本。

⑥ 苗春德，赵国权：《南宋教育史》，上海古籍出版社 2008 年版，第 16 页。

⑦ 许怀林：《江西通史》（南宋卷），江西人民出版社 2009 年版，第 260 页。

⑧ 王明清：《挥麈前录》卷 1，上海书店出版社 2001 年版，第 8 页。

人杜信孚、漆身起对宋代江西的官方刻印，私人刻印以及书坊刻印都做了细致的梳理，这也充分说明南宋江西士人参与校勘刻印书籍的积极性。详见下表：

表 4 - 1　　　　　　　　　　　　南宋江西刻书概览

书名	刻印时间	刻印机构/个人	备注
《豫章黄先生文集》30 卷	乾道年间	江西路	
《豫章黄先生外集》14 卷	南宋初年	江西路	
《五朝名臣言行录》	淳熙年间	江西路	
《诗本义》15 卷附《郑氏诗谱》1 卷	宁宗年间	江西路	
《春秋繁露》	嘉定年间	江西路	
《大观证类本草》32 卷《释音》1 卷		江西路	
《于湖居士文集》40 卷		江西路	
《山谷集》30 卷《外集》11 卷		江西路	
《文章正宗》24 卷		江西路	
《成就妙法莲华经王瑜伽观智仪轨》1 卷		江西路	
《回溪先生史韵》43 卷		江西路	
《孟东野诗集》10 卷		江西路	
《易传》6 卷		江西路	
《□斋考工论解》2 卷附《释音》		江西路	
《陆氏续集验方》	淳熙七年	江西仓司	
《荀子》20 卷	淳熙八年	江西计台	
《春秋繁露》17 卷	嘉定四年	江西计台	
《申鉴》1 卷	淳熙九年	江西漕台	
《吕氏家塾读诗记》32 卷	淳熙九年	江西漕台	
《文中子》10 卷	淳熙年间	江西漕台	
《法言》13 卷	淳熙年间	江西漕台	
《孟子》	淳熙年间	江西漕台	
《荀子》20 卷	淳熙年间	江西漕台	
《介庵居士集》	淳熙十四年	江西漕台	
《三国志》65 卷		江西漕台	
《筼窗先生初集》《筼窗先生续集》		江西漕台	

续表

书名	刻印时间	刻印机构/个人	备注
《本草衍义》20 卷	淳熙十二年	江西转运司	
《容斋随笔》16 卷《续笔》16 卷《三笔》16 卷《四笔》16 卷《五笔》10 卷	嘉定五年	江西提刑司	
《六一居士集》50 卷	宣和四年	吉州公使库	
《礼记注》20 卷	淳熙四年	抚州公使库	
《礼记释文》4 卷	淳熙四年	抚州公使库	
《周易》10 卷	淳熙四年	抚州公使库	
《春秋经义集解》30 卷	淳熙四年	抚州公使库	
《经典释文》30 卷	淳熙四年	抚州公使库	
《春秋公羊经传解诂》12 卷《释文》1 卷	淳熙年间	抚州公使库	
《春秋经传集解》30 卷	淳熙年间	抚州公使库	
《略例注》1 卷	淳熙年间	抚州公使库	
《六经三传》	淳熙年间	抚州公使库	
《潏水集》	淳熙九年	信州公使库	
《阙里世系》	元丰八年	洪州	
《三朝名臣言行录》14 卷		洪州豫章郡	
《于湖居士文集》40 卷		洪州豫章郡	
《五朝名臣言行录》10 卷		洪州豫章郡	
《论语集义》34 卷		洪州豫章郡学	
《浔阳志》12 卷	淳熙三年	江州浔阳郡署	
《钟鼎款识》	淳熙年间	江州	
《元次山集》		江州	
《东坡集》		江州	
《晦庵语录》		江州	
《集验方》5 卷	乾道六年	江州浔阳郡斋	
《自警编》不分卷	嘉定十五年	江州浔阳郡斋	
《舆地广记》38 卷	嘉泰四年、淳祐十年递修本	江州浔阳郡斋	
《西塘集》20 卷		江州浔阳郡斋	

续表

书名	刻印时间	刻印机构/个人	备注
《輶轩使者绝代语释别国方言解》13卷	庆元六年	江州浔阳郡斋	
《白氏文集》		庐山	
《南康志》8卷	淳熙十二年	南康郡署	
《仪礼经传通解续》15卷	嘉定十五年	南康军	
《南康志》	宝庆年间	南康军署	
《卫生家宝产科备要》8卷	淳熙十一年	南康郡斋	
《陶渊明集》1卷	绍熙三年	南康郡斋	
《上饶志》	绍熙年间	信州上饶郡署	
《上饶志》10卷	嘉泰年间	信州上饶郡署	
《书传问答》1卷	淳祐十年	信州上饶郡学	
《朱文公订正门人蔡九峰书集传》6卷	淳祐十年	信州上饶郡学	
《范忠宣集》	乾道三年	饶州	
《古灵先生文集》	淳熙十三年	饶州	
《饶州志》2卷	嘉定年间	饶州鄱阳郡署	
《皇朝考科录题名》		饶州	
《范文正公集》20卷《别集》4卷《尺牍》2卷	乾道年间	饶州鄱阳郡斋	
《万首唐人绝句》101卷	嘉定十六年	饶州鄱阳郡斋	
《宜春志》10卷	绍兴三十二年	袁州宜春郡署	
《袁州志》12卷	嘉定十三年	袁州宜春郡署	
《宜春志》10卷《集》8卷	嘉定十三年	袁州宜春郡署	
《续修宜春志》10卷	宝庆年间	袁州宜春郡署	
《昌黎先生集》		袁州	
《续修宜春志》4卷	嘉熙年间	袁州宜春郡署	
《昭德先生郡斋读书志》4卷《后志》2卷《附志》1卷《考异》1卷	淳祐九年	袁州	
《春秋分纪》90卷	淳祐三年	袁州军学	
《汉书》120卷		袁州军学	
《文标集》3卷	绍兴三十年	袁州宜春郡庠	
《唐摭言》15卷	嘉定四年	袁州宜春郡斋	

续表

书名	刻印时间	刻印机构/个人	备注
《宝晋山林集拾遗》	嘉泰元年	筠州郡斋	
《瑞州郡县志》19卷	嘉定六年	筠州郡署	
《清江三孔集》	庆元年间	临江军	
《九经白文》		临江军	
《朱文公校昌黎先生集》40卷	绍定六年	临江军学	
《春秋集注》11卷《纲领》1卷	端平元年	临江军学	
《春秋集注》11卷《纲领》1卷	宝祐三年	临江军庠	
《礼记》	淳熙四年	抚州	
《春秋公羊释文》1卷	淳熙四年	抚州	
《侍郎葛公归愚集》20卷	淳熙年间	抚州	
《浪语集》	宝庆年间	抚州	
《后山居士文集》		抚州临川	
《周易》10卷		抚州	
《临川先生文集》100卷		抚州临川	
《唐百家诗选》20卷	南宋	抚州	
《欧阳修撰集》	嘉定十七年	抚州临川倅廨	
《竹友集》10卷	绍兴二十二年	抚州学官	
《谢幼槃集》10卷	淳熙二年	抚州军学	
《临川集》100卷	绍兴十年	抚州临川郡斋	
《密斋笔记》5卷《续》1卷	宝祐四年	抚州临川郡斋	
《元丰类稿》	开禧元年	建昌军	
《王右丞集》10卷		建昌军	
《演山集》60卷	乾道二年	建昌军学	
《石本金刚经》1卷	乾道年间	建昌军学	
《乐书》200卷	庆元六年	建昌军学	
《宏辞总类》41卷《后集》35卷《第三集》10卷《第四集》9卷	绍圣二年至嘉定元年	建昌军学	
《历代纪年》10卷	绍熙三年	建昌南城郡斋	
《张先生校正杨宝学易传》20卷	嘉定二年	吉州	

续表

书名	刻印时间	刻印机构/个人	备注
《放翁先生剑南诗稿》67 卷	嘉泰年间	吉州庐陵	
《东坡集》40 卷《后集》20 卷		吉州	
《周益文忠公集》200 卷		吉州	
《舆地广记》38 卷		吉州庐陵	
《通鉴纲目》59 卷		吉州庐陵	
《东坡集》40 卷	淳祐十年	吉州庐陵郡庠	
《皇朝通鉴纪事本末》150 卷	宝祐元年	吉州庐陵郡斋	
《古灵先生文集》25 卷《附录》1 卷	绍兴三十一年	赣州	
《文选》60 卷	绍兴三十二年	赣州州学	
《文选注》60 卷		赣州州学	
《古灵先生文集》25 卷《附录》1 卷	绍兴五年	赣州郡斋	
《埤雅》20 卷		赣州郡庠	
《容斋随笔》16 卷《续笔》16 卷	嘉定五年	赣州郡斋	
《楚辞集注》8 卷《辨证》2 卷《反离骚》1 卷	嘉定六年	赣州郡斋	
《韩集举正》10 卷《外集》并《附录》1 卷		南安军	
《新建图经》	天圣元年	新建县署	
《浮梁县志》	咸淳六年	浮梁县署	
《钤冈志》3 卷	嘉定七年	分宜县署	
《汉隽》10 卷	淳熙十年	贵溪县学	
《修水志》10 卷	嘉泰年间	修水县署	
《上饶县志》	淳祐年间	上饶县署	
《星源图志》	咸淳五年	婺源县署	
《番阳志》30 卷（有辑文）	嘉定年间	波阳县署	
《弋阳县志》	南宋年间	弋阳县署	
《新昌图经》	宝庆二年	新昌县署	
《新吴志》2 卷	嘉定三年	奉新县署	
《帝学》8 卷	嘉定十四年	高安县斋	
《丰水志》6 卷	淳祐四年	丰城县署	
《丰水志》	绍兴十五年	丰城县署	

续表

书名	刻印时间	刻印机构/个人	备注
《临川县志》	淳熙二年	临川县署	
《临川县志》	嘉定四年	临川县署	
《临川县志》35 卷	景定年间	临川县署	
《罗山志》6 卷《诗文》4 卷	嘉定三年	崇仁县署	
《罗山志》	嘉定十六年	崇仁县署	
《鳌溪志》	淳熙十年	乐安县署	
《鳌溪志》	咸淳三年	乐安县署	
《西昌志》10 卷	淳熙四年	太和县署	
《太和县志》10 卷	嘉泰二年	太和县署	
《诚斋先生全集》59 卷	绍熙元年	吉水县	
《恩江志》10 卷	绍兴二十八年	永丰县署	
《续恩江志》	隆兴二年	永丰县署	
《新淦志》	淳祐七年	新干县署	
《佛顶心观世音菩萨大陀罗尼经》		赣县	
《雩都图经》	绍兴四年	于都县署	
《雩都县志》	嘉熙二年	于都县署	
《春秋经传集解》30 卷	嘉定九年	兴国军学	
《孔氏六帖》30 卷	乾道二年	全南郡庠	
《政经》1 卷	端平年间	大余县斋	
《心经》1 卷	淳祐二年	大余县斋	
《仪礼经传通解》37 卷《续》15 卷	嘉定十年、嘉定十五年	南康道院、南康军	
《论孟要义》	淳熙六年	白鹿洞书院	
《四书》	南宋	白鹿洞书院	
《卢溪先生集》50 卷	淳熙十四年	梅溪书院	
《汉书》120 卷	嘉定十七年	白鹭洲书院	
《汉书集注》100 卷	嘉定十七年	白鹭洲书院	
《后汉书》90 卷《志》30 卷		白鹭洲书院	
《絜斋家塾书钞》12 卷	绍定四年	象山书院	

续表

书名	刻印时间	刻印机构/个人	备注
《北溪集》50 卷《外集》1 卷	淳祐八年	龙溪书院	
《周易本义》12 卷《易图》1 卷《五赞》1 卷《筮仪》1 卷	咸淳元年	九江吴革	
《晦庵续录》		波阳李性传	
《清波杂志》	绍熙年间	吉州周氏	
《欧阳文忠公集》153 卷《附录》5 卷	庆元二年	庐陵周必大	
《文苑英华》1000 卷	嘉泰元年至四年	庐陵周必大	
《文苑英华辨证》10 卷	嘉泰元年至四年	庐陵周必大	
《文选》60 卷	嘉泰元年至四年	庐陵周必大	
《易传》30 卷	嘉泰元年	庐陵周必大	
《周益文忠公文集》200 卷	嘉定十年	庐陵周必大	
《周益公大全》250 卷		庐陵周必大	
《鸿庆居士集》40 卷		庐陵周必大	
《新刊鹤林玉露甲编》6 卷《乙编》6 卷《丙编》6 卷	淳祐十二年	庐陵罗大经	
《增广太平惠民和剂局方》	宋无元号丁未年	临江府新余吾氏	
《重广眉山三苏先生文集》80 卷	绍兴三十年	饶州德兴县银山庄溪董应梦集古堂	

(资料来源：杜信孚、漆身起编《江西历代刻书》，江西人民出版社 1994 年版)

2. 南宋江西士人校刻活动：以周必大为中心

南宋江西士人在地方校刻书籍之著者非周必大莫属。① 前已述及，周必大长期担任馆职的经历让他在图书校勘、刻印方面积累了丰富经验。周必大远离庙堂后，便将主要精力放在图书校刻工作上，并取得了突出贡

---

① 当然，南宋江西士人组织的地方私刻图书还有德安的吴革，"吴革，字时夫，元子，三领举于漕，肄业白鹿书院，任抚州崇仁尉，累官文华阁学士，沿江制置使，江东安抚、知建康府兼淮西总领。每以'崇正学基化本宣德达情'为己任。卒赠光禄大夫，谥清惠。"（谢旻：《雍正江西通志》卷 92《人物》）咸淳元年（1265），他在德安组织士人刻印《周易本义》12 卷，《易图》1 卷等。波阳的李性传私刻，刻印《晦庵续录》；庐陵的罗大经私刻，淳祐十二年（1252），刻印《新刊鹤林玉露甲编》6 卷，《乙编》6 卷，《丙编》6 卷。

献，尤其是晚年在庐陵组织士友对《欧阳文忠公集》和《文苑英华》进行群体性的校勘、刻印，为后人所称道。①

（1）周必大的图书校勘

周必大自担任馆职时就经常参与朝廷的图书校勘活动。升任宰执后，又以丰厚的学识和经验领导朝廷各类校书活动。致仕后，他更是史无前例地组织众人编校了两部皇皇巨著——《欧阳文忠公集》和《文苑英华》。周必大在长期的图书校勘经历中总结出颇为科学的八字校勘方法，即"实事是正，多闻阙疑。"他认为，在校勘图书时应谨慎分析，广泛查找阙处和疑处，不能随意妄加改动，不轻易点改古书。② 他还将此"八字法"无私地传授给学生及晚辈，使这一校勘方法得以在实践中不断发扬光大。如庐陵进士彭叔夏在跟随周必大一同校勘《文苑英华》过程中便获益匪浅，他记道："叔夏尝闻太师益公先生之言曰'校书之法，实事是正，多闻阙疑。'叔夏年十二三时，手抄《太祖皇帝实录》，其间云'兴衰治口之源'，阙一字，意谓必是'治乱'，后得善本，乃作'治忽'，三折肱为良医，信知书不可以意轻改。"③ 周必大"实事是正，多闻阙疑"的图书校勘方法成为后世校勘学的典范，备受推崇。清代校勘学家顾广圻将此法称之为"校雠之楷模"。④ 胡适对周必大的图书校刻理论与实践给予了高度评价，称"后世校书的人，多不能有周必大那样一个退休宰相的势力来'遍求别本'，也没有他那种'实事是正，多闻阙疑'的精神，所以 13 世纪以

---

① 学界对周必大校勘、刻印《欧阳文忠公集》和《文苑英华》研究颇多，详见黄宽重《南宋活字印刷史料及其相关问题》，载氏著《南宋史研究集》，新文丰出版有限公司 1985 年版；王河《图书名家周必大》，载陈文华《江西历史名人研究（第 1 辑）》，中国人事出版社 1995 年版；杜信孚，漆身起《江西历代刻书》，江西人民出版社 1994 年版；李致忠《关于〈文苑英华〉》，载《肩朴集》，国家图书馆出版社 1998 年版；李梦星《周必大与庐陵刻书业》，《文史知识》2002 年第 3 期；王桂平《周必大刻书》，载任继愈《中国版本文化丛书》，江苏古籍出版社 2002 年版；谷敏《周必大文献学实践与成就研究》，博士学位论文，中国人民大学，2007 年；东英寿《关于周必大原刻本〈欧阳文忠公集〉百五十三卷》，九州大学《中国文学论集》第 40 号，2011 年 12 月；许怀林《江西通史》（南宋卷），江西人民出版社 2009 年版等。

② 邹锦良：《周必大图书勘刻理论与实践》，《兰台世界》2012 年第 27 期。

③ 彭叔夏：《文苑英华辨证原序》，文渊阁四库全书本。李昉编：《文苑英华》第 6 册，中华书局 1966 年版，第 5255 页。

④ 顾广圻：《书〈文苑英华〉辩证后》，《顾千里集》，中华书局 2014 年版，第 376 页。

后，校勘学又衰歇了"①。

绍熙二年（1191），周必大在庐陵组织友人、学生一起校勘《欧阳文忠公集》。之所以要重校欧公文集，是因为他发现《欧阳文忠公集》版本虽多，"自汴京、江、浙、闽、蜀皆有之"，但"其集遍行海内而无善本"②，且由于欧阳修写作时喜欢即时题写在墙壁上，所以易出现"朝夕改定"以及"用字往往不同"的现象，从而导致"后世传录既广，又或以意轻改，殆至讹谬不可读。庐陵所刊抑又甚焉，卷帙丛脞，略无统纪"的弊端。因而，周必大对学生说"私窃病之，久欲订正。"但这是一项规模较大的校勘活动，因为《欧阳文忠公集》有153卷，另有附录5卷，加之所刻印的版本又多。周必大便组织庐陵士友孙谦益、丁朝佐、曾三异等人从绍熙二年（1191）春开始编校，直到庆元二年（1196）夏方才完成，历时五年多。在编校过程中，周必大等人本着"实事是正，多闻阙疑"原则，在校勘《居士集》过程中，他们"参校众本"，发现"有增损其词至百字者，有移易后章为前章者"情况，为尊重原文，不改动篇章，而是将其附注在文下。③

嘉泰元年（1201）春，七十六岁高龄的周必大又在庐陵组织士友校勘《文苑英华》。之所以要重校这部千卷之巨的著作，他认为虽然朝廷秘阁有《文苑英华》传本，但"舛误不可读。"孝宗曾组织人员编校此书，但由于编校者"皆书生稍习文墨者，月给餐钱，满数岁补进武校尉，既得此为课程，往往妄加涂注，缮写装褫，付之秘阁，后世将遂为定本。"因此，周必大认为朝廷组织的这次校勘存在三点不足，一是"国初文集虽写本，然雠校颇精，后来浅学改易，浸失本指，今乃尽以印本易旧书，是非相乱。"二是"凡庙讳未祧，止当阙笔，而校正者于赋中以商易殷，以洪易弘，或值押韵全韵随之，至于唐讳及本朝讳，存改不定。"三是"元阙一句或数

---

① 胡适：《校勘学方法论——序陈垣先生〈元典章校补释例〉》，《胡适全集》，安徽教育出版社2003年版，第155页。

② 陈振孙撰，徐小蛮、顾美华校：《直斋书录解题》卷17，上海古籍出版社1987年版，第500页。

③ 周必大著，王瑞来校证：《周必大集校证》卷52《欧阳文忠公集后序》，上海古籍出版社2020年版，第776页。

句，或颇用古语，乃以不知为知，擅自增损，使前代遗文幸存者转增疵纇。"因而，他认为有必要再进行校刻。《文苑英华》有千卷之巨，内容极为广泛，为了校勘，周必大等人以"实事是正，多闻阙疑"校书法为指导，他们"遍求别本，与士友详议，疑则阙之，凡经史子集，传注，《通典》《通鉴》及《艺文类聚》《初学记》，下至乐府，释老，小说之类，无不参用。"周必大组织众多士友、学生历时四年才完成这项十分庞大的校勘工作，他在序文中记述了校勘《文苑英华》的艰苦过程："惟是元修书时历年颇多，非出一手，丛脞重复，首尾衡决，一诗或析为二，二诗或合为一，姓氏差误，先后颠倒，不可胜计。其间赋多用员来，非读《秦誓正义》，安知之'云'字乃'员'之省文。以'尧韭'对'舜荣'，非读《本草注》，安知其为'菖蒲'。又如'切磋'之'磋'，'驰驱'之'驱'，'挂帆'之'帆'，'仙装'之'装'，《广韵》各有侧音，而流俗改'切'磋为'效课'，以'驻'易'驱'，以'席'易'帆'，以'仗'易'装'，今皆正之，详注逐篇之下，不复遍举。"① 由此可见，周必大的图书校勘活动是他远离政治以后以乡居士人的身份所承担的一项服务地方文化，传承先贤精神的重要活动，在此过程中，他凭借着自身的影响力，组织众多士友学生共同参与，构建了庐陵的士人文化群体。

（2）周必大的图书刻印

绍熙年间（1190—1194）周必大知潭州（今湖南长沙）时便采用胶泥活字印刷术来印刷自己的《玉堂杂记》，他在给友人程元成的信札中谈及此事："近用沈存中（沈括）法，以胶泥铜板，移换摹印，今日偶成《玉堂杂记》二十八事。"② 此外，他在潭州还指导后辈项安世、丁朝佐、杨长孺等人刻印赵子崧的《朝野遗事》。绍熙二年（1191），他又组织友人、学生一起在庐陵校勘《欧阳文忠公集》，到庆元二年（1196）将《欧阳文忠公集》153卷，另加附录五卷刻印成功。当时《欧阳文忠公集》虽有众多

① 周必大著，王瑞来校证：《周必大集校证》卷55《文苑英华序》，上海古籍出版社2020年版，第815页。
② 周必大著，王瑞来校证：《周必大集校证》卷198《札子十·程元成给事》，上海古籍出版社2020年版，第3056页。

刻本，但周必大等人认真校勘，且召集高水平刻工刻印，故勘刻出来的欧公文集远胜其他刻本。陈振孙对此称颂道："周益公解相归印，用诸本编校，定为此本，且为之年谱……益完善无遗恨矣。"① 近代藏书家傅增湘也称赞不已："余自吴门故家得庆元二年吉州刊《欧阳文忠公集》一全帙，初印精善，远胜各家藏本。"② 嘉泰元年（1200），周必大又组织士友勘刻千卷本《文苑英华》，嘉泰四年（1204）完成刻印。周必大组织的这次刻印极为成功，有学者称："宋版（周必大所刻《文苑英华》）之所以被人们看重，由于它是经过了精心校勘而刊出的定本，并附有详细的校记。"③

应该说，周必大晚年在庐陵多次组织庐陵士友胡柯、彭叔夏、丁朝佐、王思恭、曾三异等人在家塾中校勘刻印图书，不仅给我们保留了卷帙浩繁、刊刻精良的古代典籍，除了上述的《欧阳文忠公集》和《文苑英华》，还有《文选》（60 卷），《易传》（30 卷），而且极大地促进了地方刻书事业的发展，使庐陵刻书事业由此名声大震。当然，以周必大为代表的南宋江西私家刊刻活动展现出南宋士人在地方文化活动的群体性。同时，以庐陵周氏为核心的群体性文化活动还体现出持久性，周必大去世后，其子周纶继承了父亲的刻书事业，仍邀集上述士友在家塾中校刻图书，使周氏家刻成为当时江西最知名的私刻中心。嘉定十年（1217），他们又在周氏书塾校刻了周必大文集——《周益文忠公文集》200 卷，随后又校刻了《周益公大全》250 卷，《鸿庆居士集》40 卷。周氏家刻所校刻的《欧阳文忠公集》《文苑英华》和《周益文忠公文集》不仅保存了卷帙巨大的图书，而且由于刻印精良，世称"庐陵三绝"。④ "周必大刻本"亦被历代名家奉为私家刻书的典范。

由此可见，南宋江西以周必大为代表的士人在地方校勘刻印图书为代表的文化的活动中发挥着非常重要的作用，甚至可以说，他们在当时及后世的影响不亚于朝廷官府在这方面所起到的作用。由图书校勘刻印扩展到

① 《四库全书总目》卷 153《别集类六》。
② 傅增湘：《藏园群书题记》，上海古籍出版社 1989 年版，第 1040 页。
③ 凌朝栋：《文苑英华研究》，上海古籍出版社 2005 年版，第 59 页。
④ 杨晏平：《宋代的江西刻书》，《文献》1996 年第 3 期。

地方教育事业的兴办，方志的修撰等地方文化事业，再延伸到地方社会治理、济困赈灾、公共设施的修建等，南宋江西士人群体都没有缺席，并且这些活动是士人文集中十分普遍的书写内容。可以说，南宋士人群体参与地方社会活动的常态化是我们关注南宋地方社会与士人群体的重要内容。

余　论

  由唐入宋，中国社会经历着一系列的变化，中外学界对此有着较多的论述。① 唐宋的变化或者说唐宋之际的变革，其中最为学人所关注的莫过于士人的变化，因此，士人及士人群体也是唐宋史学界颇为关注的内容。② 西方学界，尤其是美国的宋史学者，自 20 世纪 70 年代开始将他们的研究焦点投向了宋代士大夫和士人文化，他们以社会学领域中的精英分层理论，来关注"唐宋变革"，关注"唐宋变革"视野下的宋代士人。

  美国学者史景迁认为："宋代以后，在官府与百姓中间活跃着一个地方精英集团，它包括当地的富绅和饱学之士，……这一集团通过各种慈善和教育活动，不但对地方政治产生重要影响，而且还扮演了官府与百姓之间的中介这样重要的角色。"③ 包弼德也说："在社会史方面，我们现在可以把唐宋的社会转型定义为士或士大夫（他们是政治和文化精英）之身份的重新界定，以及他们逐渐变为'地方精英'的过程，以此来取代以往把这一转型定义为门阀制的终结和'平民'的兴起。"④ 美籍华裔学者刘子健

---

  ① 包伟民：《近二十年来的美国宋史研究》，《光明日报》2000 年 11 月 3 日；李华瑞：《"唐宋变革"论的由来与发展（上）》，《河北学刊》2010 年第 4 期；李华瑞：《"唐宋变革"论的由来与发展（下）》，《河北学刊》2010 年第 5 期。

  ② 包伟民：《视角、史料与方法：关于宋代研究中的问题》，《历史研究》2009 年第 6 期。另如李华瑞说："宋代士阶层不但是文化主体，而且也是一定程度的政治主体，至少他们在政治上所表现的主动性超过了以前的汉、唐和后面的元、明、清。这是宋代在中国史上一个非常显著的特色，因而研究士大夫政治是宋史研究中的重要问题，涉及面较宽广。"见李华瑞《改革开放以来宋史研究若干热点问题述评》，《史学月刊》2010 年第 3 期。

  ③ ［美］史景迁：《中国纵横：一个汉学家的学术探索之路》，上海远东出版社 2005 年版。

  ④ ［美］包弼德：《唐宋变迁重探》，载北京大学中国传统文化研究中心编《文化的馈赠——汉学研究国际会议论文集》，北京大学出版社 2000 年版。

指出，"11 世纪是文化在精英中传播的时代。它开辟新的方向，开启新的、充满希望的道路，乐观而生机勃发。与之相比，在 12 世纪，精英文化将注意力转向巩固自身地位和在整个社会中扩展其影响。它变得前所未有地容易怀旧和内省，态度温和，语气审慎，有时甚至是悲观。一句话，北宋的特征是外向的，而南宋却在本质上趋向于内敛。"①

此后，刘子健进一步论述了南宋士人与北宋士人之间的区别，"南宋乡绅，既不是唐、五代、北宋残余的旧族，也不是北宋新兴高官的名门。而与明清两代，更不相同。"② 20 世纪 80 年代，韩明士在其老师郝若贝的研究基础上集中于南宋江西抚州地方士人的研究，其代表作《官宦与绅士：两宋江西抚州的精英》一书讨论了在科举背景下的宋代官员以及南宋的社会流动，从北宋到南宋的士人转变，并采用"精英"理论论述南宋抚州地方士人在基层社会的活动，他认为士人从南宋开始由中央转向地方，在地方防务，基层社会救济以及宗教生活等方面发挥着无可替代的作用。"地方性被认为是南宋的新特征。精英们将他们的关注点从此前的全国权力中心以及追求高官位置，转向了巩固他们的地方基地，一个精英的'地方主义'在社会观念领域也开始显现。"③ 韩明士所阐述的精英地方化以及精英与国家政权的分离理论成为美国宋史研究的一致看法。

与此同时，日本学者也认为南宋士人开始参与到"中间领域"中去④。我们看到，台湾地区的学者也赞同这一观点，如梁庚尧在探讨南宋时期的

① ［美］刘子健著，赵冬梅译：《中国转向内在：两宋之际的文化内向》，江苏人民出版社 2002 年版，第 7 页。
② ［美］刘子健：《刘宰和贩饥——申论南宋儒家的阶级性限制社团发展》，《北京大学学报》1979 年第 3 期。
③ Robert Hymes. *Statesmen and Gentlemen：The Elite of Fu – Chou，Chiang – Hsi，in Northern and Southern Sung*，London：Cambridge University press，1986.
④ ［日］斯波义信：《南宋"中间领域"的登场》，载佐竹靖彦等编著《宋元时代史的基本问题》，东京汲古书院 1996 年版，第 185—203 页。王瑞来认为："士人的积极参与和官府的主导相济互补，'齐家、治国'的道学指引，以及政治经历，让以士人和还乡的官僚士大夫为主体的乡绅与国家政权有着剪不断的联系。地方上的士大夫精英、大量普通士人，加之以献纳等方式买来出身夸耀乡里的富民，作为乡绅阶层，从事地方建设，调解地方纠纷，分派役职，动员民众，具有相当大的号召力，成为与国家权力既依附又抗衡的强大地方势力。"见王瑞来《从近世走向近代——宋元变革论述要》，《史学集刊》2015 年第 4 期。

官户、士人与民众的关系时指出："南宋政府对于地方的统治能力有所不足，也使得乡居的官户与士人施财以济人的行为颇为常见。……（南宋）一些士人在无意进取之后，专心经营产业而致富，使得他们有足够的经济能力，只要有心，便能行善；无论是否那样富有，他们也由于长期居于乡里，易于形成与乡民休戚与共之心，对邻里的急难因而较为关心。若干造福乡民的官户，其实也无意仕进，长期居乡，情况与决意仕进的士人相同。"① 又如黄宽重所说："这种经由士人间的合作所形成的地方意识，超越个人与家族，其所发挥济世理念的群体意识，正是南宋基层社会的一大特色。"② 应该说，宋代由于科举的兴盛，导致读书人增多，但士人中举入仕的难度却随之不断加大也是不争的事实。③ 在这种背景下，这些被称之为"科举落第"的士人群体，还遭遇到一种新情况，即南宋官位有限，很多士人尽管中举，但是有差遣的机会并不多，遑论进入中央任职，所以经常待阙乡里。另外，还有因为政治原因遭贬抑的官员士人群体，他们接受了教育，掌握了文化，拥有着影响，他们长期在地方社会生活，因此，这几类群体便成为南宋地方社会中的重要力量。

那他们是如何选择地方的呢？在地方社会他们是否是绝对主导呢？这是我们尝试要回答的问题。如前所述，西方的学者们认为地方精英在南宋不仅开始已经主动地方化了，而且成为地方社会的主导力量。对此，包伟民在评述以韩明士为代表的美国学者关于南宋地方精英研究时说，"说到最后，南宋的精英们究竟有没有'地方化'呢？坦率地讲，尽管到宋代儒学开始呈现'为己之学'的新特征，但其'修身、齐家、治国、平天下'的政治特征并未变化，所以要'居庙堂之高，则忧其民；处江湖之远，则忧其君'。（《范文正集》卷七《岳阳楼记》）参与国家政治，应举出仕，正是精英们主要人身价值之所体现。如果以为以儒生为主题的中国传统社

① 梁庚尧：《豪横与长者：南宋官户与士人居乡的两种形象》，《新史学》1993 年第 4 期。
② 黄宽重：《从中央与地方关系互动看宋代基层社会演变》，《历史研究》2005 年第 4 期。
③ 梁庚尧：《宋代科举社会》，东方出版中心 2017 年版；黄宽重：《从中央与地方关系互动看宋代基层社会演变》，《历史研究》2005 年第 4 期；王瑞来：《从近世走向近代——宋元变革论述要》，《史学集刊》2015 年第 4 期；黄云鹤：《唐宋时期落第士人研究》，博士学位论文，东北师范大学，2005 年，等。

会精英阶层可能与国家'分道扬镳',转向'地方化',实在是本人所难以想象的"①。包伟民在另一篇文中说:"由于北、南宋之间抚州精英家族婚姻资料存在着极大不对称性,韩氏其实无法论证他的实证研究有多大可靠性。"②

应该说,在中国传统时代,读书入仕无疑是士人的第一选择,也是最为主动的追求。缪钺说:"两千多年的中国士人都希望有志用世,想得时行道,求得君主知赏。"③确乎如此,春秋时期孔子提倡"仕而优则学,学而优则仕"④,战国时期孟子提出"士之仕也,犹农夫之耕也"⑤。延及宋代,宋人袁采在教育子弟时则说:"士大夫之子弟苟无世禄可守,无常产可依,而欲为仰事俯育之计,莫如为儒。其才质之美能习进士业者,上可以取科第、致富贵,次可以开门教授,以受束修之俸。其不能习进士业者,上可以事笔札、代笺简之役,次可以习点读,为童蒙之师。如不能为儒,则巫医、僧道、农圃、商贾、技术,凡可以养生而不至于辱先者,皆可为也。"⑥由此可见,业儒入仕仍然是宋代士人的第一选择,较之前代,宋代士人的思想更为开阔,前景也更为多元,如果在无法实现业儒入仕的情况下,可以从事其他职业,只要"可以养生而不至于辱先"。

按照历史逻辑以及前述南宋江西士人参与的地方社会表现,我们认为,宋代士人在"得君行道"受阻的情况下,被动地选择处江湖之远。或者可以说,宋代的士人们并没有主动选择"地方化",而是"被地方化"。南宋随着科举的进一步发展,版图的进一步缩小,能提供的官职数量有限,士人的这种"被地方化"趋势更为明显。这种"被地方化"迫使士人们更多地考虑自身以及家庭的发展,扎根于地方,在地方实现政治抱负就成为其中一个重要的策略。这也正是本文所讨论的重点。宋室南渡后,政

① 包伟民:《精英们"地方化"了吗?——试论韩明士〈政治家与绅士〉与"地方史"研究方法》,《唐研究》第 11 卷,北京大学出版社 2005 年版。

② 包伟民:《视角、史料与方法:关于宋代研究中的问题》,《历史研究》2009 年第 6 期。

③ 缪钺:《二千年多年来中国士人的两个情结》,《中国文化》1991 年第 1 期。

④ 《论语》,朱熹《四书集注》,岳麓书社 1987 年版,第 279 页。

⑤ 《孟子》,朱熹《四书集注》,岳麓书社 1987 年版,第 382 页。

⑥ 袁采著,刘云军校注:《袁氏世范》,商务印书馆 2017 年版,第 103 页。

治生态的变化，让士人的选择常常很被动，他们远离政治风波，在"江湖"中扎根，是无奈之举，但他们在家族姻亲、地缘身份以及业缘纽带的因缘下，通过诗文唱和、文学雅集、走访交游、会文谈艺、题词作画、聚会结社等方式而形成各具特色的士人地方文化圈①，或者说士人文化社群。他们凭借着良好的资源在这些地方文化活动中实现了良好的互动，形成了共同的地方认同和地方记忆。②

同时，他们在地方社会有选择性地参与到地方事务中。如前文所述，南宋江西士人在修建桥梁、济困赈灾、创办学校、发展教育、编修方志、建设祠庙、校刻书籍等地方性事务或文化事业中发挥着重要作用。士人文集中所见的诸多事例告诉我们，在修建桥梁和济困赈灾等地方公益事务，以及在创办学校、发展教育、编修方志、建设祠庙、校刻书籍等地方文化事业中，官府仍然是最重要的主导力量，尤其是在大型的公共事务中。③宋代士人在地方事务中更常见的是协助地方官府，或者在官府的倡导下齐心协力，或者是在官府和民众中间做好沟通。对此，李华瑞曾指出："许多学者以为社会主导地位的阶层，在 12 世纪末的中国经济最发达的南方地区，开始形成一种自存性的地方精英集团，他们掌握着地方社会主要的经济政治资源，已不如前代的精英阶层那么关心在全国政治中建功立业，而是将注意力更多地转向了地方的安定与家族的进德延嗣……但是至少在救

---

① 邓小南说："他们对于自身身份的共识，主要建立在文化（包括道德）修养的基础之上，是否已经通过了科举，是否曾经入仕，并不构成人们相互交往中的重大障碍。换言之，当时生活在地方的士人们，在择群时所看重的，主要不在于对方以往或目前的仕宦身份，不在于一时的穷达，而更注重其本人的文化背景。"见邓小南《北宋苏州的士人家族交游圈—以朱长文交游为核心的考察》，《国学研究》1996 年第 3 卷，第 479 页。

② 祁高飞认为："士人社群是对结社活动的自觉认同与追忆，彰显其对文人聚合的持久影响力。以结社形式存在过的文人群体，即便社事旋结旋散，其优游林下、风流倜傥的记忆也会跨越时空，以追忆社事、怀念社友的形式不断复现于文人之后的文学创作历程中，这里体现了短暂与永恒的辩证哲学。"见祁高飞《清代杭嘉湖地区文学社群研究》，博士学位论文，苏州大学，2013 年。

③ 黄宽重指出："宋朝，县是国家直接行使权力的基点，不仅县一级的亲民官多由士人出身的朝廷命官担任，更借着武装力量改变的方式，强化了中央对地方的统治力，而且透过征差一定资产以上的民户，在各官府专职供役的方式，加强对基层社会的控制。"可以说，宋代对基层社会的控制还是比较有效的。见黄宽重《从中央与地方关系看宋代基层社会演变》，《历史研究》2005 年第 4 期。

荒赈济活动中，'公心好义之士'的作为不会有太大的空间和作用，因为主动出钱出粮赈荒与被强制出钱出粮赈荒本质上没有太大的区别，都是在官府的主导之下。"①

因此，在南宋文化、教育、科举发展，士人崛起，政治生态变化以及地方文化兴起等背景下，在南宋江西的地方事务和文化事业发展进程中，常常可以见到士人群体活跃的身影，他们被动选择地方（"被地方化"）的举动却也是南宋江西士人群体在基层社会施行教化，互动交流，构建认同（"士人社群"）的过程。② 我们所关注的南宋江西区域社会的历史，主要是通过士人文集中所展现的内容，以此观察士人群体在地方社会是如何互动的？士人群体之间在地方社会是如何构建认同的？南宋士人在地方社会的互动与转型既是区域社会中的现象，又是南宋时代转型背景下的产物，对明清地方社会的形成与发展也产生了重要影响。由此，我们可以把南宋士人"被地方化"看作是"宋制"影响元明清时代制度的一个例证。③

---

① 李华瑞：《劝分与宋代救荒》，《中国经济史研究》2010 年第 1 期。

② 如前面所分析的，地方士人不仅有共同的成长环境，有科举仕进的业缘，还有家族，乡谊的纽带，在互动往来中，易于形成可靠的身份认同，进而形成群体意识和共同的价值观，他们既关注乡里，更关注天下，在本朝则美政，在下位则美俗。

③ 严复指出，宋代对于现代中国人民族性和世界观的形成，有重大的影响："古人好读前四史，亦以其文字耳。若研究人心、政俗之变，则赵宋一代历史最宜究心。中国所以成为今日现象者，为善为恶姑不具论，而为宋人之所造就，什八九可断言也。"见严复《严几道与熊纯如书札节钞》三九，《学衡》第 13 期，中华书局 1922 年版。王国维说："天水一朝人智之活动与文化之多方面，前之汉唐，后之元明，皆所不逮也。近代学术多发端于宋人。缘宋自仁宗以后，海内无事，士大夫政事之暇，得以肆力学问。"见王国维《宋代植之金石学》，《王国维遗书》第五册《静安文集续编》，上海书店 1983 年版，第 70 页。

参考文献

古籍

（汉）司马迁：《史记》，中华书局 1982 年版。

（汉）班固：《汉书》，中华书局 1962 年版。

（汉）孔安国传，孔颖达疏：《尚书正义》，李学勤主编《十三经注疏》，北京大学出版社 1999 年版。

（汉）仲长统：《昌言》，中华书局 1965 年版。

（汉）许慎撰，（宋）徐铉校定：《说文解字》，中华书局 2013 年版。

（汉）王符著，（清）汪继培笺《潜夫论笺校正》，中华书局 1985 年版。

（汉）桓谭著，朱之谦校：《新辑本桓谭新论》，中华书局 2009 年版。

（西晋）陈寿：《三国志》，中华书局 1975 年版。

（后晋）刘昫等：《旧唐书》，中华书局 1975 年版。

（南朝宋）范晔：《后汉书》，中华书局 1999 年版。

（南朝齐）沈约：《宋书》，中华书局 2008 年版。

（北齐）魏收：《魏书》，中华书局 1974 年版。

（唐）房玄龄：《晋书》，中华书局 1974 年版。

（唐）李延寿：《北史》，中华书局 1974 年版。

（唐）魏征：《隋书》，中华书局 1973 年版。

（唐）杜佑：《通典》，中华书局 1988 年版。

（唐）李白著，王琦注：《李太白全集》，中华书局 1977 年版。

（唐）韩愈著，马其昶校注：《韩昌黎文集校注》，古典文学出版社 1957 年版。

（唐）刘餗：《隋唐嘉话》，中华书局 1979 年版。

（唐）张九龄著，刘斯瀚校注：《曲江集》，广东人民出版社 1986 年版。

（唐）白居易著，朱金城笺注：《白居易集笺注》，上海古籍出版社 1988 年版。

（宋）陈岩肖：《庚溪诗话》，中华书局 1983 年版。

（宋）陈振孙撰，徐小蛮、顾美华点校：《直斋书录解题》，上海古籍出版社 2015 年版。

（宋）陈亮：《龙川集》，景印文渊阁四库全书，台湾商务印书馆发行 1983—1986 年版。

（宋）陈亮撰，邓广铭点校：《陈亮集》，中华书局 1974 年版。

（宋）陈傅良：《止斋先生文集》，四部丛刊初编本。

（宋）陈耆卿：《嘉定赤城志》，《中国方志丛书》，台北成文出版社 1985 年版。

（宋）陈克：《赤诚集》，景印文渊阁四库全书，台湾商务印书馆发行 1983—1986 年版。

（宋）陈起：《江湖小集》，景印文渊阁四库全书，台湾商务印书馆发行 1983—1986 年版。

（宋）陈著：《本堂集》，景印文渊阁四库全书，台湾商务印书馆发行 1983—1986 年版。

（宋）陈淳著，熊国祯、高流水点校：《北溪字义》，中华书局 1987 年版。

（宋）程颢、程颐撰，王孝鱼点校：《二程集》，中华书局 1981 年版。

（宋）蔡絛：《铁围山丛谈》，中华书局 1983 年版。

（宋）方回：《桐江续集》，景印文渊阁四库全书，台湾商务印书馆发行 1983—1986 年版。

（宋）范成大：《骖鸾录》，景印文渊阁四库全书，台湾商务印书馆发行 1983—1986 年版。

（宋）费衮撰，金圆点校：《梁溪漫志》，上海古籍出版社 1985 年版。

（宋）龚明之：《中吴纪闻》，景印文渊阁钦定四库全书，台湾商务印书馆 1983—1986 年版。

（宋）高斯得撰：《耻堂存稿》，中华书局 1985 年版。

（宋）黄庭坚著，刘琳点校：《黄庭坚全集》，四川大学出版社 2001 年版。

（宋）黄榦：《勉斋集》，景印文渊阁四库全书，台湾商务印书馆发行 1983—1986 年版。

（宋）黄震：《黄氏日抄》，景印文渊阁四库全书，台湾商务印书馆发行 1983—1986 年版。

（宋）黄震撰，王瑞来编：《古今纪要逸编》，中华书局 1985 年版。

（宋）黄休复撰，何韫若、林孔翼注：《益州名画录》，四川人民出版社 1982 年版。

（宋）黄继善：《史学提要》，吴志尹校勘本，现藏于日本内阁文库。

（宋）洪迈撰，孔凡礼点校：《容斋随笔》，中华书局 2005 年版。

（宋）洪迈：《万首唐人绝句》，景印文渊阁四库全书，台北台湾商务印书馆发行 1983—1986 年版。

（宋）洪迈：《夷坚志》，中华书局 2006 年版。

（宋）洪迈撰，李昌宪整理《夷坚志》，大象出版社 2018 年版。

（宋）洪适：《盘洲文集》，四部丛刊初编，上海商务印书馆 1912 年版。

（宋）洪适：《盘洲文集》，景印文渊阁四库全书，台湾商务印书馆发行 1983—1986 年版。

（宋）韩淲撰，刘云军点校：《韩淲集》，科学出版社 2021 年版。

（宋）韩淲撰，孙菊园点校：《涧泉日记》，上海古籍出版社 1993 年版。

（宋）韩驹：《陵阳集》，景印文渊阁四库全书，台湾商务印书馆发行 1983—1986 年版。

（宋）韩元吉：《南涧甲乙稿》，中华书局 1985 年版。

（宋）胡铨：《澹庵文集》，景印文渊阁四库全书，台湾商务印书馆发行 1983—1986 年版。

（宋）胡寅撰，容肇祖点校：《斐然集》，中华书局 1993 年版。

（宋）何薳：《春渚纪闻》，中华书局 1997 年版。

（宋）江少虞：《宋朝事实类苑》，上海古籍出版社 1981 年版。

（宋）孔平仲撰，王根林校点：《孔氏谈苑》，载《宋元笔记小说大观》，上海古籍出版社 2007 年版。

（宋）柳开：《河东集》，景印文渊阁四库全书，台湾商务印书馆发行 1983—1986 年版。

（宋）罗大经撰，王瑞来点校：《鹤林玉露》，中华书局 1983 年版。

（宋）黎靖德编，杨绳其，周娴君校点：《朱子语类》，岳麓书社 1997 年版。

（宋）李焘：《续资治通鉴长编》，中华书局 1985 年版。

（宋）李心传：《建炎以来系年要录》，上海古籍出版社 1999 年影印本。

（宋）李心传撰，徐规点校：《建炎以来朝野杂记》，中华书局 2000 年版。

（宋）李觏：《李觏集》，中华书局 1981 年版。

（宋）李纲撰，王瑞明点校：《李纲全集》，岳麓书社 2004 年版。

（宋）李昉编《文苑英华》，中华书局 1966 年版。

（宋）陆游撰，钱仲联主编，涂小马点校：《陆游全集校注》，浙江教育出版社 2011 年版。

（宋）陆游：《陆游集》，中华书局 1976 年版。

（宋）陆游：《老学庵笔记》，中华书局 1997 年版。

（宋）陆游著，马亚中校注：《渭南文集校注》，浙江教育出版社 2011 年版。

（宋）陆九韶：《陆氏家制》，《续修四库全书》，上海古籍出版社 2002 年版。

（宋）陆九渊著，钟哲点校：《陆九渊集》，中华书局 1980 年版。

（宋）楼钥：《攻媿集》，中华书局 1985 年版。

（宋）刘时举撰，王瑞来校：《续宋编年资治通鉴》，中华书局 2014 年版。

（宋）刘宰：《漫塘集》，景印文渊阁四库全书，台湾商务印书馆发行 1983—1986 年版。

（宋）刘清之：《戒子要录》，景印文渊阁四库全书，台湾商务印书馆发行 1983—1986 年版。

（宋）刘辰翁撰，吴企明校注：《须溪词》，上海古籍出版社 1998 年版。

（宋）刘时举撰，王瑞来校：《续宋中兴编年资治通鉴》，中华书局 2014 年版。

（宋）刘攽：《彭城集》，中华书局 1985 年版。

（宋）刘克庄撰，辛更儒笺校：《刘克庄集笺校》，中华书局 2011 年版。

（宋）刘宰：《漫塘文集》，《宋集珍本丛刊》，线装书局 2004 年版。

（宋）刘辰翁撰，段大林校点：《刘辰翁集》，江西人民出版社 1987 年版。

（宋）吕祖谦：《宋文鉴》，景印文渊阁四库全书，台湾商务印书馆发行 1983—1986 年版。

（宋）吕祖谦撰，黄灵庚等编：《吕祖谦全集》，浙江古籍出版社 2008 年版。

（宋）廖刚：《高峰文集》，景印文渊阁四库全书，台湾商务印书馆发行 1983—1986 年版。

（宋）孟元老等：《东京梦华录》，古典文学出版社 1956 年版。

（宋）耐得翁：《都城纪胜》，景印文渊阁四库全书，台湾商务印书馆发行 1983—1986 年版。

（宋）耐得翁：《都城纪胜》，中国商业出版社 1982 年版。

（宋）佚名编，汝企和点校：《续编两朝纲目备要》，中华书局 1995 年版。

（宋）欧阳修，宋祁：《新唐书》，中华书局 1975 年版。

（宋）欧阳修著，洪本健校笺：《欧阳修诗文集校笺》，上海古籍出版社 2009 年版。

（宋）欧阳守道：《巽斋文集》，四部丛刊本。

（宋）彭龟年撰：《止堂集》，景印文渊阁四库全书，台湾商务印书馆发行 1983—1986 年版。

（宋）庞元英：《文昌杂录》，景印文渊阁四库全书，台湾商务印书馆 1983—1986 年版。

（宋）潜说友：《咸淳临安志》，《宋元方志丛刊》，中华书局 1990 年影印本。

（宋）沈括：《梦溪笔谈》，上海书店 1984 年版。

（宋）沈括撰，胡道静校证：《梦溪笔谈校证》，上海古籍出版社 1987 年版。

（宋）苏轼著，孔凡礼点校：《苏轼文集》，中华书局 1986 年版。

（宋）苏轼著，李之亮笺注《苏轼文集编年笺注》，巴蜀书社 2011 年版。

（宋）苏轼著，王松龄点校：《东坡志林》，中华书局 1981 年版。

（宋）苏辙：《栾城集》，中华书局 1990 年版。

（宋）司马光编著：《资治通鉴》，中华书局 1956 年版。

（宋）施德操：《北牕炙輠录》，景印文渊阁四库全书，台湾商务印书馆发行 1983—1986 年版。

（宋）孙觌：《鸿庆居士集》，景印文渊阁钦定四库全书，台湾商务印书馆 1983—1986 年版。

（宋）释惠洪，陈新点校：《冷斋夜话》，中华书局 1988 年版。

（宋）释道璨：《柳塘外集》，景印文渊阁四库全书，台湾商务印书馆发行 1983—1986 年版。

（宋）王禹偁：《小畜集》，四部丛刊本。

（宋）王庭珪：《卢溪文集》，景印文渊阁四库全书，台湾商务印书馆发行 1983—1986 年版。

（宋）王子俊：《格斋四六》，《宋集珍本丛刊》，线装书局 2004 年版。

（宋）王安石著，唐武标点校：《王文公文集》，上海人民出版社 1974 年版。

（宋）王安石著，（宋）李壁笺注，高克勤点校：《王荆公诗笺注》，上海古籍出版社 2010 年版。

（宋）王明清：《挥麈后录》，四部丛刊续编本。

（宋）王柏：《鲁斋集》，景印文渊阁四库全书，台湾商务印书馆发行 1983—1986 年版。

（宋）王应麟：《玉海》，上海书店 1987 年影印本。

（宋）王栐撰，诚刚点校：《燕翼诒谋录》，中华书局 1981 年版。

（宋）王钦若：《册府元龟》，景印文渊阁四库全书，台湾商务印书馆发行 1983—1986 年版。

（宋）王十朋著，梅溪集重刊委员会编：《王十朋全集》，上海古籍出版社 2012 年版。

（宋）王明清：《挥麈前录》，上海书店出版社 2001 年版。

（宋）王存等：《元丰九域志》，中华书局 1984 年版。

（宋）汪应辰：《文定集》，景印文渊阁四库全书，台湾商务印书馆发行 1983—1986 年版。

（宋）汪应辰：《文定集》，学林出版社 2009 年版。

（宋）汪藻：《浮溪集》，景印文渊阁四库全书，台湾商务印书馆 1983—1986 年版。

（宋）魏了翁：《重校鹤山先生大全文集》，《宋集珍本丛刊》，线装书局 2004 年版。

（宋）魏泰撰，李裕民点校：《东轩笔录》，中华书局 1983 年版。

（宋）魏庆之撰：《诗人玉屑》，景印文渊阁四库全书，台湾商务印书馆发行 1983—1986 年版。

（宋）文莹：《湘山野录》，中华书局 1984 年版。

（宋）卫泾：《后乐集》，景印文渊阁四库全书，台湾商务印书馆 1983—1986 年版。

（宋）文天祥：《文天祥全集》，中国书店 1985 年版。

（宋）文天祥：《文山先生全集》，四部丛刊初编集部，上海商务印书馆缩印乌程许氏藏明本。

（宋）文天祥著，刘文源校笺：《文天祥诗集校笺》，中华书局 2017年版。

（宋）吴曾：《能改斋漫录》，上海古籍出版社 1979 年版。

（宋）辛弃疾著，徐汉明校注：《辛弃疾全集校注》，华中科技大学出版社 2012 年版。

（宋）辛弃疾撰，邓广铭笺注：《稼轩词编年笺注》，上海古籍出版社1998 年版。

（宋）熊克著，顾吉辰，郭群一点校：《中兴小纪》，福建人民出版社1984 年版。

（宋）薛居正：《旧五代史》，中华书局 1976 年版。

（宋）徐度撰，尚成校点：《却扫集》，载《宋元笔记小说大观》，上海古籍出版社 2007 年版。

（宋）徐梦莘：《三朝北盟会编》，上海古籍出版社 1987 年影印本。

（宋）徐铉：《骑省集》，四部丛刊本。

（宋）徐经孙编撰：《矩山存稿》，景印文渊阁四库全书，台湾商务印书馆发行 1983—1986 年版。

（宋）杨万里撰，辛更儒笺校：《杨万里集笺校》，中华书局 2007年版。

（宋）杨仲良：《续资治通鉴长编纪事本末》，北京图书馆出版社 2003年版。

（宋）杨炎正：《西樵语业》，景印文渊阁四库全书，台湾商务印书馆发行 1983—1986 年版。

（宋）袁采著，刘云军校注：《袁氏世范》，商务印书馆 2017 年版。

（宋）袁燮：《絜斋集》，景印文渊阁四库全书，台湾商务印书馆发行1983—1986 年版。

（宋）袁说友：《东塘集》，景印文渊阁四库全书，台湾商务印书馆1983—1986 年版。

（宋）袁甫：《蒙斋集》，丛书集成初编本版。

（宋）袁桷：《延祐四明志》，中华书局1990年版。

（宋）岳珂撰，黄益元、孔一校点：《桯史》，上海古籍出版社2012年版。

（宋）岳珂：《宝真斋法书赞》，中华书局1986年影印本。

（宋）叶梦得：《石林诗话》，中华书局1984年版。

（宋）叶梦得撰，逯铭昕校注：《石林诗话校注》，人民文学出版社2011年版。

（宋）叶适：《水心文集》，四部丛刊本。

（宋）叶绍翁撰，沈锡麟、冯惠民点校：《四朝见闻录》，中华书局1997年版。

（宋）姚勉：《雪坡文集》，江苏巡抚采进本。

（宋）姚勉著，曹诣珍、陈伟文校点：《姚勉集》，上海古籍出版社2012年版。

（宋）宇文懋昭撰，崔文印校证：《大金国志校证》，中华书局1986年版。

（宋）俞文豹：《吹剑录外集》，景印文渊阁四库全书，台湾商务印书馆1983—1986年版。

（宋）俞文豹著，尚佐文、邱旭平点校：《俞文豹集》《唾玉集》，浙江古籍出版社2016年版。

（宋）晏殊、晏几道：《晏殊词集晏几道词集》，上海古籍出版社2016年版。

（宋）曾巩：《曾南丰全集》，广益书局1936年版。

（宋）曾巩撰，陈杏珍、晁继周点校：《曾巩集》，中华书局1984年版。

（宋）曾几：《茶山集》，景印文渊阁四库全书，台湾商务印书馆1983—1986年版。

（宋）曾丰：《缘督集》，明万历詹事讲刻本。

（宋）朱熹：《晦庵先生朱文公文集》，国家图书馆出版社2006年版。

（宋）朱熹：《四书章句集注》，中华书局1983年版。

（宋）朱熹撰，朱杰人、严佐之、刘永翔主编：《朱子全书》，上海古籍出版社，安徽教育出版社2002年版。

（宋）朱熹：《四书集注》，岳麓书社1987年版。

（宋）朱熹著，郭齐，尹波点校：《朱熹集》，四川教育出版社1996年版。

（宋）朱弁：《曲洧旧闻》，中华书局2002年版。

（宋）周必大著，王瑞来校证：《周必大文集校证》，上海古籍出版社2020年版。

（宋）周麟之撰：《海陵集》，景印文渊阁四库全书，台湾商务印书馆发行1983—1986年版。

（宋）周密撰，朱菊如校注：《齐东野语校注》，华东师范大学出版社1987年版。

（宋）周密：《癸辛杂识》，中华书局1988年版。

（宋）郑樵：《通志》，中华书局1987年版。

（宋）祝穆撰，祝洙增订：《方舆胜览》，中华书局2003年版。

（宋）祝穆撰：《古今事文类聚》，景印文渊阁四库全书，台湾商务印书馆发行1983—1986年版。

（宋）真德秀：《西山读书记》，景印文渊阁四库全书，台湾商务印书馆发行1983—1986年版。

（宋）真德秀：《西山文集》，四部丛刊本。

（宋）真德秀：《西山先生真文忠公集》，四部丛刊初编。

（宋）真德秀：《西山文集》，景印文渊阁四库全书，台湾商务印书馆发行1983—1986年版。

（宋）张载著，章锡琛点校：《张载集》，中华书局1978年版。

（宋）张栻著，杨世文，王蓉贵校点：《张栻全集》，长春出版社1999年版。

（宋）张元干：《芦川归来集》，上海古籍出版社1978年版。

（宋）张端义撰，许沛藻等整理：《贵耳集》，大象出版社2013年版。

（宋）张孝祥著，徐鹏校点：《于湖居士文集》，上海古籍出版社 1980 年。

（宋）张磁撰，吴晶、周膂点校：《南湖集》，当代中国出版社 2014 年版。

（宋）赵构：《思陵翰墨志》，景印文渊阁四库全书，台湾商务印书馆发行 1983—1986 年版。

（宋）赵蕃：《淳熙稿》，中华书局 1985 年版。

（宋）赵蕃：《章泉稿》，中华书局 1985 年版。

（宋）赵与时：《宾退录》，上海古籍出版社 1983 年版。

（宋）郑虎臣：《吴都文粹》，景印文渊阁四库全书，台湾商务印书馆发行 1983—1986 年版。

（宋）宗泽：《宗忠简集》，景印文渊阁四库全书，台湾商务印书馆发行 1983—1986 年版。

（宋）晁公武撰，孙猛校证：《郡斋读书志校证》，上海古籍出版社 1990 年版。

（元）刘一清撰：《钱塘遗事》，上海古籍出版社 1985 年影印本。

（元）袁桷：《清容居士集》，北京图书馆出版社 2006 年影印本。

（元）吴澄：《吴文正集》，景印文渊阁四库全书，台湾商务印书馆发行 1983—1986 年版。

（元）佚名撰，汪圣铎点校：《宋史全文》，中华书局 2016 年版。

（元）佚名著，范红娟点校：《宣和书谱》，人民美术出版社 2011 年版。

（元）马端临：《文献通考》，浙江古籍出版社 2000 年版。

（元）脱脱等撰：《宋史》，中华书局 1977 年版。

（元）脱脱等撰：《辽史》，中华书局 1974 年版。

（元）刘将孙：《养吾斋集》，中华书局 1983 年版。

（元）刘将孙著，李鸣、沈静校点：《刘将孙集》，吉林文史出版社 2009 年版。

（元）虞集：《道园学古录》，景印文渊阁四库全书，台湾商务印书馆

1983—1986 年版。

（元）刘壎:《隐居通议》,景印文渊阁四库全书,台湾商务印书馆 1983—1986 年版。

（明）叶盛撰,魏中平校点:《水东日记》,中华书局 1980 年版。

（明）彭大翼:《山堂肆考》,四部丛刊本。

（明）袁褧、袁颐:《枫窗小牍》,景印文渊阁四库全书,台湾商务印书馆 1983—1986 年版。

（明）冯琦,冯瑗:《经济类编》,景印文渊阁四库全书,台湾商务印书馆 1983—1986 年版。

（明）宋濂等撰:《元史》,中华书局 1976 年版。

（清）黄宗羲:《宋元学案》,景印文渊阁四库全书,台湾商务印书馆 1983—1986 年版。

（明）钱士升著,林开甲、唐子恒点校:《南宋书》,齐鲁书社 1998 年版。

（明）陶宗仪:《书史会要》,上海书店出版社 1983 年版。

（明）陈邦瞻:《宋史纪事本末》,中华书局 1977 年版。

（明）田汝成著,陈志明校:《西湖游览志馀》,东方出版社 2012 年版。

（明）黄淮,杨士奇编:《历代名臣奏议》,上海古籍出版社 1989 年影印本。

（明）周圣楷编,邓显鹤增辑,廖承良等点校:《楚宝》,岳麓书社 2016 年版。

（明）张昱:《可闲老人集》,景印文渊阁四库全书,台湾商务印书馆 1983—1986 年版。

（明）龚敩:《鹅湖集》,景印文渊阁四库全书,台湾商务印书馆 1983—1986 年版。

（明）赵秉忠撰:《江西舆地图说》,景印元明善本丛书本。

（明）董斯张撰:《吴兴备志》,景印文渊阁四库全书,台湾商务印书馆 1983—1986 年版。

（明）俞汝楫编：《礼部志稿》，景印文渊阁四库全书，台湾商务印书馆 1983—1986 年版。

（明）曹学佺：《石仓历代诗选》，景印文渊阁四库全书，台湾商务印书馆 1983—1986 年版。

（清）丁晏原辑，周桂峰校点：《山阳诗徵》，陕西人民出版社 2009 年版。

（清）黄宗羲撰，沈善洪主编：《黄宗羲全集》，浙江古籍出版社 1992 年版。

（清）黄以周：《续资治通鉴长编拾补》，上海古籍出版社 1986 年版。

（清）钱大昕：《十驾斋养新》，上海书店 1983 年版。

（清）段玉裁：《说文解字注》，景印文渊阁四库全书，台湾商务印书馆 1983—1986 年版。

（清）永瑢、纪昀主编：《四库全书总目提要》，景印文渊阁四库全书，台湾商务印书馆发行 1983—1986 年版。

（清）王夫之撰，舒士彦点校：《宋论》，中华书局 1964 年版。

（清）徐松辑：《宋会要辑稿》，中华书局 1957 影印本。

（清）徐松撰，刘琳等校点：《宋会要辑稿》，上海古籍出版社 2014 年版。

（清）朱彝尊：《曝书亭集》，国学整理社 1937 年版。

（清）杜登春：《社事始末》，昭代丛书本。

（清）顾广圻撰，王欣夫辑：《顾千里集》，中华书局 2007 年版。

（清）顾祖禹：《读史方舆纪要》，中华书局 2005 年版。

（清）戴望：《管子校正》，《诸子集成》，中华书局 1954 年版。

（清）谢旻等监修：《江西通志》，景印文渊阁四库全书，台湾商务印书馆 1983—1986 年版。

（清）刘坤一：《光绪江西通志》，清光绪七年刻本。

（清）锡德：《饶州府志》，清同治十一年刻本，江西省图书馆藏。

（清）魏瀛修，鲁琪光，钟音鸿纂：《赣州府志》，清同治十二年刻本。

（清）黄德溥：《赣县志》，清同治十一年刻本。

（清）彭际盛：（光绪）《吉水县志》，国家图书馆藏。

（清）董浩等编《全唐文》，中华书局 1983 年版。

（清）仇兆鳌：《杜诗详注》，中华书局 1979 年版。

（清）全祖望撰，朱铸禹汇校集注：《全祖望集汇校集注》，上海古籍出版社 2000 年版。

（清）赵翼撰，王树民校证：《廿二史札记校证》，中华书局 1984 年版。

（清）厉鹗等撰，虞万里校点：《南宋杂事诗》，浙江古籍出版社 1987 年版。

（清）魏禧：《魏叔子日录》，续四库全书影印本，上海古籍出版社 2002 年版。

（清）夏敬观：《映庵词》，清光绪三十三年（1907）刊本。

（清）朱彝尊，（清）汪森编：《词综》，上海古籍出版社 2014 年版。

（清）赵之谦等撰：《光绪江西通志》，华文书局 1967 年版。

杨伯峻译注：《论语》，中华书局 1980 年版。

杨伯峻译注：《孟子》，中华书局 1960 年版。

黄寿祺、张善文：《周易译注》，上海古籍出版社 2001 年版。

李学勤主编：《十三经注疏》，北京大学出版社 1999 年版。

杨伯峻：《春秋左传注》，中华书局 2009 年版。

今人著作

白新良：《中国书院发展史》，天津大学出版社 1995 年版。

包弼德著，刘宁译：《斯文：唐宋思想的转型》，江苏人民出版社 2001 年版。

包伟民：《宋代地方财政史研究》，中国人民大学出版社 2011 年版。

北京图书馆编：《北京图书馆藏珍本年谱丛刊》，北京图书馆出版社 1995 年版。

曹宝麟：《宋代书法史》（宋辽金卷），江苏教育出版社 1999 年版。

曾枣庄，刘琳主编：《全宋文》，巴蜀书社 1988 年版。

曾枣庄，舒大刚主编：《三苏全书》，语文出版社 2001 年版。

陈柏泉：《江西出土墓志选编》，江西教育出版社 1991 年版。

陈峰：《尚武精神的沦落——北宋崇文抑武现象透析》，陕西人民教育出版社 2000 年版。

陈谷嘉、邓洪波：《中国书院制度研究》，浙江教育出版社 1997 年版。

陈谷嘉、邓洪波：《中国书院史资料》，浙江教育出版社 1998 年版。

陈国灿，方如金：《宋孝宗传》，吉林文史出版社 2004 年版。

陈梦雷编纂：《古今图书集成》，中华书局，巴蜀书社 1984 年版。

陈弱水：《唐代文士与中国思想的转型》，广西师范大学出版社 2009 年版。

陈雯怡：《从官学到书院——从制度与理念的互动看宋代教育的演变》，台北联经出版事业股份有限公司 2004 年版。

陈寅恪：《金明馆丛稿二编》，生活·读书·新知三联书店 2001 年版。

陈植锷：《北宋文化史述论》，中国社会科学出版社 1992 年版。

陈志平：《黄庭坚书学研究》，中华书局 2006 年版。

程端麒校点：《精选名儒草堂诗馀》，辽宁教育出版社 2003 年版。

程民生：《神人同居的世界——中国人与中国祠神文化》，河南人民出版社 1993 年版。

程民生：《宋代地域文化》，河南大学出版社 1997 年版。

程民生：《宋代人口问题考察》，河南人民出版社 2013 年版。

邓广铭、漆侠：《两宋政治经济问题》，知识出版社 1988 年版。

邓洪波：《中国书院史》，东方出版中心 2004 年版。

邓小南：《祖宗之法：北宋前期政治述略》，生活·读书·新知三联书店出版社 2006 年版。

邓云特：《中国救荒史》，上海书店 1984 年版。

邓声国点校：《谷村仰承集》（江西旅游文献丛书·名迹卷），江西人民出版社 2018 年版。

杜信孚，漆身起编：《江西历代刻书》，江西人民出版社 1994 年版。

方爱龙：《南宋书法史》，上海古籍出版社 2008 年版。

方彦寿：《朱熹书院门人考》，华东师范大学出版社 2000 年版。

费孝通：《乡土中国》，上海人民出版社 2007 年版。

费孝通：《中国士绅》，生活·读书·新知三联书店 2009 年版。

傅璇琮：《唐代科举与文学》，陕西人民出版社 2003 年版。

傅璇琮主编：《翰学三书》，辽宁教育出版社 2003 年版。

傅增湘：《藏园群书题记》，上海古籍出版社 1989 年版。

葛荃：《立命与忠诚——士人政治精神的典型分析》，浙江人民出版社 2000 年版。

葛荃：《权力宰制理性：士人、传统政治文化与中国社会》，南开大学出版社 2003 年版。

顾宏义：《宋代方志考》，上海古籍出版社 2010 年版。

顾颉刚：《武士与文士之蜕化》，中华书局 2005 年版。

郭沫若：《甲骨文字研究》，科学出版社 1962 年版。

郭学信：《宋代士大夫文化品格与心态》，天津人民出版社 1997 年版。

郭学信：《宋代士大夫群体意识研究》，中国社会科学出版社 2017 年版。

何冠环：《北宋武将研究》，中华书局 2002 年版。

何怀宏：《选举社会及其终结——秦汉至晚清历史的一种社会学阐释》，生活·读书·新知三联书店 1998 年版。

何忠礼：《宋代政治史》，浙江大学出版社 2007 年版。

何竹淇：《两宋农民战争史料汇编》，中华书局 1976 年版。

何宗美：《明末清初文人结社研究续编》，中华书局 2006 年版。

胡适：《胡适全集》，安徽教育出版社 2003 年版。

华人德主编：《历代笔记书论汇编》，江苏教育出版社 2001 年版。

黄宽重：《宋代的家族与社会》，国家图书馆出版社 2009 年版。

黄云鹤：《唐宋下层士人研究》，河北人民出版社 2006 年版。

黄志繁：《贼民之间：12—18 世纪赣南地域社会》，生活·读书·新知三联书店 2006 年版。

贾志扬：《宋代科举》，台北东大图书公司 1996 年版。

孔凡礼,齐治平编:《古典文学研究资料汇编》(陆游卷),中华书局1962年版。

雷树田:《唐宋诗词新话》,陕西人民出版社1988年版。

黎清:《宋代江西文学家族研究》,中山大学出版社2013年版。

李才栋:《江西古代书院研究》,江西教育出版社1993年版。

李昌宪:《中国行政区划通史·宋西夏卷》,复旦大学出版社2007年版。

李国钧:《中国教育制度通史》,山东教育出版社2000年版。

李国钧:《中国书院史》,湖南教育出版社1994年版。

李弘祺:《宋代官学教育与科举》,台北联经出版事业有限公司1992年版。

李华栋主编:《鄱阳湖文化志》,江西人民出版社2014年版。

李劲松:《北宋书院研究》,黑龙江教育出版社2011年。

李希朗校注:《谷村仰承集》,江西人民出版社2015年版。

李泽厚:《中国古代思想史论》,安徽文艺出版社1994年版。

梁太济、包伟民:《宋史食货志补正》,杭州大学出版社1994年版。

梁庚尧:《宋代科学社会》,东方出版中心2017年版。

梁庚尧:《宋代社会经济史论集》,台北允晨文化实业股份有限公司1996年版。

梁启超:《新史学》,中华书局1989年版。

梁漱溟:《中国文化要义》,上海人民出版社2011年版。

廖寅:《宋代两湖地区民间强势力量与地域秩序》,人民出版社2011年版。

林纾、向京:《宋代江西词论》,百花洲文艺出版社1999年版。

凌朝栋:《文苑英华研究》,上海古籍出版社2005年版。

刘方:《宋型文化与宋代美学精神》,巴蜀书社2004年版。

刘海峰:《中国科举史》,东方出版中心2004年版。

刘俊文主编,黄约瑟译:《日本学者研究中国史论著选译》,中华书局1992年版。

刘晓东：《明代士人生活状态研究》，吉林文史出版社 2002 年版。

刘新光：《唐宋时期"江南西道"研究》，中国社会科学出版社 2016 年版。

刘扬忠：《唐宋词流派史》，福建人民出版社 1999 年版。

刘泽华：《士人与社会》（先秦卷），天津人民出版社 1988 年版。

刘泽华：《士人与社会》（秦汉魏晋南北朝卷），天津人民出版社 1992 年版。

刘子健著，赵冬梅译：《中国转向内在：两宋之际的文化内向》，江苏人民出版社 2002 年版。

柳诒徵：《中国文化史》，东方出版中心 1988 年版。

卢辅圣主编：《中国书画全书》，上海书画出版社 2000 年版。

陆友：《研北杂志》，台湾商务印书馆 1986 年版。

罗时进：《地域·家族·文学——清代江南诗文研究》，上海古籍出版社 2010 年版。

马积高等主编：《历代词赋总汇》，湖南文艺出版社 2014 年版。

马宗霍辑：《书林藻鉴》，文物出版社 2003 年版。

毛德琦：《中国历代书院志》，江苏教育出版社 1995 年版。

毛汉光：《中国中古社会史论》，上海书店出版社 2002 年版。

梅新林：《中国文学地理形态与演变》，上海人民出版社 2014 年版。

蒙文通：《道书辑校十种》，巴蜀书社 2001 年版。

苗春德：《宋代教育》，河南大学出版社 1992 年版。

苗春德，赵国权：《南宋教育史》，上海古籍出版社 2008 年版。

苗书梅等点校：《宋会要辑稿·崇儒》，河南大学出版社 2001 年版。

莫砺锋：《江西诗派研究》，齐鲁书社 1986 年版。

欧阳光：《宋元诗社研究丛稿》，广东高等教育出版社 2011 年版。

欧阳勇，刘德清编著：《欧阳修文评注》，江西人民出版社 2012 年版。

彭民权：《江西文人群与宋代文学观念的演变》，中山大学出版社 2011 年版。

彭敏：《宋代湖湘诗人群体与地域文化形象研究》，中国社会科学出版社 2017 年版。

彭适凡：《江西通史》（先秦卷），江西人民出版社 2008 年版。

漆侠：《宋代经济史》，中华书局 2009 年版。

祁琛云：《北宋科甲同年关系与士大夫朋党政治》，四川大学出版社 2015 年版。

钱穆：《国史大纲》，商务印书馆 1996 年版。

钱穆：《国史新论》，生活·读书·新知三联书店 2005 年版。

钱穆：《理学与艺术》，载《宋史研究集》，台湾书局 1974 年版。

钱锺书：《宋诗选注》，生活·读书·新知三联书店 2002 年版。

钱婉约：《内藤湖南研究》，中华书局 2004 年版。

任爽：《唐代礼制研究》，东北师范大学出版社 1999 年版。

桑兵：《清末新知识界的社团与活动》，生活·读书·新知三联书店 1995 年版。

上海辞书出版社文学鉴赏辞典编纂中心编：《唐宋词鉴赏辞典》，上海辞书出版社 2016 年版。

沈松勤：《北宋文人与党争》，人民出版社 1998 年版。

沈松勤：《南宋文人与党争》，人民出版社 2005 年版。

盛朗西：《中国书院制度》，中华书局 1934 年版。

宋燕鹏：《南宋士人与地方公益事业之研究》，中国社会科学出版社 2019 年版。

束景南：《朱子大传》，商务印书馆 2003 年版。

水赉佑：《宋代帖学研究》，上海人民美术出版社 2001 年版。

粟品孝：《南宋军事史》，上海古籍出版社 2008 年版。

唐圭璋：《词学论丛》，上海古籍出版社 1986 年版。

唐圭璋编纂：《全宋词》，中华书局 1999 年版。

唐红卫，李光翠，阳海燕著：《二晏年谱长编》，南开大学出版社 2016 年版。

陶晋生：《北宋氏族：家族·婚姻·生活》，"中央"研究院历史语言研究所 2001 年版。

田志光：《宋代政治制度史研究》，人民出版社 2017 年版。

汪篯：《汉唐史论稿》，北京大学出版社 1992 年版。

王国平主编：《杭州文献集成》，杭州出版社 2014 年版。

王曾瑜：《荒淫无道宋高宗》，河北人民出版社 2007 年版。

王曾瑜：《丝毫编》，河北大学出版社 2009 年版。

王德毅：《宋代灾荒的救济政策》，台北"中国"学术著作奖助委员会 1970 年版。

王宏生：《北宋书学文献考论》，生活·读书·新知三联书店 2008 年版。

王谟撰，习罡华点校：《江西考古录》，江西人民出版社 2015 年版。

王瑞来：《近世中国：从唐宋变革到宋元变革》，山西出版传媒集团 2015 年版。

王世宗：《南宋高宗朝变乱之研究》，"国立"台湾大学出版委员会 1989 年版。

王寿南：《中国文化特质》，生活·读书·新知三联书店 1990 年版。

王水照：《王水照自选集》，上海教育出版社 2000 年版。

王廷治：《中国早期知识分子的社会职能》，河南人民出版社 1997 年版。

王先明：《走向社会的历史学——社会史理论问题研究》，河南大学出版社 2010 年版。

王永平：《中古士人迁移与文化交流》，社会科学文献出版社 2005 年版。

王长华：《春秋战国土人与政治》，上海人民出版社 1997 年版。

王兆鹏：《宋南渡词人群体研究》，凤凰出版社 2009 年版。

王兆鹏：《两宋词人年谱》，台湾文津出版社 1994 年版。

王晚霞校注：《濂溪志八种汇编》，湖南大学出版社 2013 年版。

王诤等编：《全编宋词》，延边人民出版社 2004 年版。

韦政通：《中国思想史》，吉林出版集团 2009 年版。

沃兴华：《米芾书法研究》，上海古籍出版社 2006 年版。

乌丙安：《中国民间信仰》，上海人民出版社 1995 年版。

吴国武：《两宋经学学术编年》，凤凰出版社 2015 年版。

吴晗、费孝通等：《皇权与绅权》，天津人民出版社 1988 年版。

吴松弟：《中国移民史》（第三卷），福建人民出版社 1997 年版。

吴长庚：《朱熹与江西理学》，江西高校出版社 2007 年版。

吴宗慈著，胡迎建校注：《庐山志》，江西人民出版社 1996 年版。

吴宗国：《唐代科举制度研究》，辽宁大学出版社 1992 年版。

夏汉宁：《宋代江西文学家考录》，中山大学出版社 2012 年版。

夏汉宁：《宋代江西文学家地图》，江西美术出版社 2014 年版。

夏汉宁等著：《宋代江西籍进士地图》，江西美术出版社 2018 年版。

肖永明：《儒学·书院·社会——社会文化史视野中的书院》，商务印书馆 2012 年版。

萧东海：《杨万里年谱》，上海三联书店 2007 年版。

萧启庆：《元朝史新论》，允晨文化实业股份有限公司1999 年版。

小田：《江南场景：社会史的跨学科对话》，上海人民出版社 2007 年版。

辛田：《春秋战国时期社会转型研究》，陕西人民出版社 2006 年版。

行龙主编：《区域社会史研究导论》，中国社会科学出版社 2018 年版。

熊海英：《北宋文人集会与诗歌》，中华书局 2008 年版。

徐林：《明代中晚期江南士人社会交往研究》，上海古籍出版社 2006 年版。

徐雁平：《清代世家与文学传承》，生活·读书·新知三联书店 2012 年版。

许怀林：《江西史稿》，江西高校出版社 1998 年版。

许怀林：《江西通史》 （北宋卷、南宋卷），江西人民出版社 2008 年版。

许怀林：《江西文化》（武汉大学主编中国地域文化大系），安徽教育出版社 2006 年版。

严迪昌：《清诗史》，浙江古籍出版社 2002 年版。

阎步克：《士大夫政治演生史稿》，北京大学出版社 1996 年版。

杨果：《中国翰林制度研究》，武汉大学出版社 1996 年版。

杨树达：《积微居小学述林》，中华书局 1983 年版。

杨鑫辉、李才栋：《江西古代教育家评传》，江西教育出版社 1995 年版。

叶维恭：《咏赣诗三百首注》，江西人民出版社 1987 年版。

于迎春：《秦汉士史》，北京大学出版社 2000 年版。

虞文霞、王河：《宋代江西文化史》，江西人民出版社 2012 年版。

虞云国：《宋光宗 宋宁宗》，吉林文史出版社 1997 年版。

虞云国：《宋代台谏制度研究》，上海书店出版社 2009 年版。

袁礼华主编：《赣文化通典》（地理及行政区划沿革卷），江西人民出版社 2013 年版。

袁征：《宋代教育》，广东人民出版社 1991 年版。

张炎：《词话丛编》，中华书局 1986 年版。

张邦炜：《婚姻与社会：宋代》，四川人民出版社 1989 年版。

张国淦：《中国古方志考》，中华书局 1962 年版。

张家驹：《两宋经济重心的南移》，湖北人民出版社 1957 年版。

张建东：《民间的力量——宋代民间士人的教育活动研究》，华中科技大学出版社 2015 年版。

张鉴原著，金水译编：《经世之道：今解浅近录》，宗教文化出版社 1996 年版。

张文：《宋朝社会救济研究》，西南师范大学出版社 2001 年版。

张文：《宋朝民间慈善活动研究》，西南师范大学出版社 2005 年版。

张秀民：《张秀民印刷史论文集》，印刷工业出版社 1988 年版。

张仲礼：《中国绅士：关于其在 19 世纪中国社会中作用的研究》，上海社会科学院出版社 1991 年版。

章柳泉：《中国书院史话》，中国教育出版社 1981 年版。

赵俪生：《赵俪生史学论著自选集》，山东大学出版社 1996 年版。

赵园：《明清之际士大夫研究》，北京大学出版社 1999 年版。

赵云旗：《唐代土地买卖研究》，中国财政经济出版社 2002 年版。

郑振铎：《唐五代两宋词简史》，中国友谊出版公司 2019 年版。

郑翔：《江西历代进士全传》，上海古籍出版社 2016 年版。

周绍良主编：《唐代墓志汇编》，上海古籍出版社 1992 年版。

周绍良主编：《全唐文新编》，吉林文史出版社 2000 年版。

周茶仙，胡荣明：《宋元明江西朱子后学群体研究》，江西人民出版社 2013 年版。

周文英等：《江西文化》，辽宁教育出版社 1993 版。

周扬波：《宋代士绅结社研究》，中华书局 2008 年版。

朱汉民：《湖湘学派与湖湘文化》，湖南大学出版社 2010 年版。

朱瑞熙：《宋代社会研究》，中州书画社 1983 年版。

宗白华：《美学与意境》，人民出版社 1987 年版。

邹锦良：《周必大的生平与思想研究》，江西人民出版社 2013 年版。

邹锦良：《士人社会视域下的宋代江西研究》，江西人民出版社 2018 年版。

邹锦良：《宗族·科举·名士：吉水谷村文化个案研究》，江西人民出版社 2020 年版。

《北京图书馆藏中国历代石刻拓本汇编》，中州古籍出版社 1990 年版。

《历代书法论文选》，上海书画出版社 1979 年版。

期刊论文

包伟民：《近二十年来的美国宋史研究》，《光明日报》2000 年 11 月 3 日。

包伟民：《精英们"地方化"了吗？——试论韩明士〈政治家与绅士〉与"地方史"研究方法》，《唐研究》第 11 卷，北京大学出版社 2005 年版。

包伟民：《视角、史料与方法：关于宋代研究中的"问题"》，《历史研究》2009 年第 6 期。

曹家齐：《宋代书判拔萃科考》，《历史研究》2006 年第 2 期。

陈东原:《书院史略》,《学风》1931 年第 9 期。

陈峰:《宋朝的治国方略与文臣士大夫地位的提升》,《史学集刊》2006 年第 1 期。

陈峰:《宋代主流意识支配下的战争观》,《历史研究》2009 年 2 期。

陈峰:《政治选择与宋代文官士大夫的政治角色——以宋朝治国方略及处理文武关系方面探究为中心》,《河南大学学报》(社会科学版) 2007 年第 1 期。

陈文华、胡义慈:《新干县发现战国粮仓遗址》,《文物工作资料》1976 年第 2 期。

陈锡襄:《闽学会的经过》,《国立第一中山大学语言历史学研究所周刊》第 1 集第 7 期 (1927 年 12 月 13 日)。

陈晓强、陈小芒:《江西书院文化谈》,《西南民族大学学报》2000 年第 11 期。

陈元锋:《唐宋之际:一个历久弥新的学术史话题》,《江西师范大学学报》2006 年第 5 期。

程民生:《论宋代士大夫政治对皇权的限制》,《河南大学学报》(社会科学版) 1999 年第 3 期。

程民生:《神人同居、祠满天下——从祠神来解读宋代社会》,《历史教学问题》2012 年第 6 期。

戴显群、祁开龙:《唐末五代北方士人南迁及其对南方士风的影响》,《福建论坛》(人文社会科学版) 2009 年第 11 期。

邓广铭:《关于宋史研究的几个问题》,《社会科学战线》1986 年第 2 期。

邓小南:《宋代士人家族中的妇女:以苏州为例》,《国学研究》1998 年 5 月第 5 辑。

邓小南:《走向再造:试谈十世纪前中期的文臣群体》,载《漆侠先生纪念文集》,河北大学出版社 2002 年版。

刁培俊:《宋代乡村精英与社会控制》,《社会科学辑刊》2004 年第 2 期。

杜芝明，张文：《长者与宋朝社会》，《云南社会科学》2011 年第 2 期。

方诚峰：《北宋周氏题名记考释》，《文献》2011 年第 2 期。

方志远：《宋代江西研究的成就与存在的问题》，《文史知识》2008 年第 11 期。

傅衣凌：《论乡族势力对于中国封建经济的干涉——中国封建社会长期停滞的一个探索》，《厦门大学学报》1961 年第 1 期。

傅衣凌：《中国传统社会：多元的结构》，《中国社会经济史研究》1988 年第 3 期。

高明士：《东亚古代士人的共通教养》，《台大历史学报》第 30 期（2002 年 12 月）。

葛承雍：《唐代移民与社会变迁特征》，《中国经济史研究》2000 年第 4 期。

葛金芳：《宋代经济：从传统向现代转变的首次启动》，《中国经济史研究》2005 年第 1 期。

谷更有：《乡治方式的传统与变迁——唐宋乡村控制与社会转型系列研究之一》，《郑州大学学报》2007 年第 1 期。

郭东旭：《宋代的诉讼之学》，《河北学刊》1988 年第 2 期。

郭学信：《论宋代士大夫群体意识的时代特征》，《聊城大学学报（社会科学版）》2018 年第 1 期。

郭学信：《士与官僚的合流：宋代士大夫文官政治的确立》，《安徽师范大学学报》（人文社会科学版）2005 年第 5 期。

郭娅：《试论宋代童蒙教育的大众化》，《光明日报》2006 年 10 月 9 日。

郭娅：《宋代童蒙教育的主要特点》，《史学月刊》2001 年第 5 期。

郭娅：《宋代童蒙教育兴盛的原因及其意义》，《湖北大学学报》2003 年第 1 期。

韩明士：《陆九渊，书院与乡村社会问题》，载田浩《宋代思想史》，社会科学文献出版社 2003 年版。

韩昇：《南北朝隋唐士族向城市的迁徙与社会变迁》，《历史研究》
2004 年第 4 期。

何晋勋：《宋代鄱阳湖周边士族的居、葬地与婚姻网络》，《台大历史
学报》第 12 期（1999 年 12 月）。

何忠礼：《试论南宋的社会政治生态及其成因》，《国际社会科学杂志
（中文版）》2016 年第 3 期。

胡青：《宋代江西地方官学考略》，《江西教育科研》1991 年第 2 期。

胡如雷：《唐宋之际中国封建社会的巨大变革》，《史学月刊》1960 年
第 7 期。

胡适：《书院的历史与精神》，《教育与人生》1923 年第 9 期。

黄燕生：《宋代地方志的史料价值》，《中国历史博物馆馆刊》1984 年
第 2 期。

黄云鹤：《宋代落第士人参与基层社会事务问题探究》，《广西社会科
学》2013 年第 8 期。

姜锡东、魏彦红：《近十年来宋代官学研究述评》，《河北师范大学学
报》2014 年第 2 期。

金滢坤：《中晚唐五代科举与清望官的关系》，《中国史研究》2003 年
第 1 期。

近藤一成：《宋代科举社会的形成——以明州庆元府为例》，《厦门大学
学报》2005 年第 6 期。

近藤一成：《宋代的士大夫与社会》，载近藤一成主编《宋元史学的基
本问题》，中华书局，2010 年版。

景戎华：《造极起宋，堪称辉煌》，《读书》1987 年第 5 期。

雷海宗：《断代问题与中国历史的分期》，《清华大学社会科学》1936
年第 1 期。

李并成：《一批珍贵的历史人物档案——敦煌遗书中的邈真赞》，《档
案》1991 年第 5 期。

李栋材：《唐宋元明土地制度概略》，《中央日报》1947 年 10 月 29 日。

李华瑞：《"唐宋变革论"的由来与发展（上）》，《河北学刊》2010 年

第 4 期。

李华瑞：《"唐宋变革论"的由来与发展（下）》，《河北学刊》2010 年第 5 期。

李华瑞：《20 世纪中日"唐宋变革"观研究述评》，《史学理论研究》2003 年第 4 期。

李华瑞：《改革开放以来宋史研究若干热点问题述评》，《史学月刊》2010 年第 3 期。

李华瑞：《劝分与宋代救荒》，《中国经济史研究》2010 年第 1 期。

李华瑞：《近三十年来国内宋史研究方向博士学位论文选题取向分析与思考》，《历史教学》2009 年第 12 期。

李修松、王华娣：《宋明时期老年人会社述论》，《安徽教育学院学报》1996 年第 3 期。

李修松：《唐宋时期的文人结社》，《绍兴师专学报》1990 年第 1 期。

梁庚尧：《豪横与长者：南宋官户与士人居乡的两种形象》，《新史学》1993 年第 4 期。

梁蓉，铁爱花：《从墓志看宋代士人的居乡生活——以四川地区为主的考察》，《乐山师范学院学报》2014 年第 10 期。

林文勋，张锦鹏：《乡村精英·土地产权·乡村动力——中国传统乡村社会发展变迁的历史启示》，《中国经济史研究》2009 年第 4 期。

琳达·沃尔顿著，邓洪波译《南宋书院的地理分布》，《湖南大学学报》1993 年第 1 期。

刘诗中：《江西仙人洞和吊桶环发掘获重要进展》，《中国文物报》1996 年 1 月 28 日版。

刘太祥：《中国古代王朝"中兴"局面的形成原因》，《南都学坛》2006 年第 4 期。

刘锡涛：《江西宋代人才地理研究》，《井冈山学院学报》2006 年第 1 期。

刘泽华：《先秦时期的士》，《文史知识》1987 年第 12 期。

刘子健：《刘宰和贩饥——申论南宋儒家的阶级性限制社团发展》，

《北京大学学报》（哲学社会科学版）1979 年第 3 期。

刘子健：《刘宰和贩饥（续）——申论南宋儒家的阶级性限制社团发展》，《北京大学学报》（哲学社会科学版）1979 年第 4 期。

龙登高：《略论宋代士大夫家庭的经济生活》，《史学月刊》1991 年第 4 期。

龙延，陈开勇：《黄庭坚禅林交游考略》，《重庆师院学报》（哲学社会科学版）2002 年第 2 期。

鲁西奇：《"小国家"、"大地方"：士的地方化与地方社会——读韩明士〈官僚与士绅〉》，《中国图书评论》2006 年第 5 期。

罗时进：《关于文学家族学建构的思考》，《江海学刊》2009 年第 3 期。

马斗成、王滨：《20 世纪 90 年代以来中国大陆宋代士大夫研究综述》，《青岛大学师范学院学报》2007 年第 2 期。

马茂军：《宋代文人的群体意识与诗歌创作》，《辽宁教育行政学院学报》2005 年第 3 期。

牟发松：《汉代三老："非吏而得与吏比"的地方社会领袖》，《文史哲》2006 年第 6 期。

潘富恩：《论"鹅湖之会"》，《学术月刊》1961 年第 7 期。

潘晟：《南宋州郡志：地方官、士人、缙绅的政治与文化舞台》，《史学史研究》2009 年第 4 期。

漆侠：《唐宋之际社会经济关系的变革及其对文化思想领域所产生的影响》，《中国经济史研究》2000 年第 1 期。

祁琛云：《宋人的同年观念及其对同年关系的认同》，《西南大学学报》（社会科学版）2012 年第 1 期。

钱穆：《唐宋时期的文化》，《大陆杂志》1952 年第 4 期。

钱建状、王晓琦：《科举与宋代文人的期集》，《教育与考试》2008 年第 5 期。

邱昌员：《两宋江西词发展及其贡献的定量分析》，《南昌大学学报》2003 年第 3 期。

汝企和：《南宋官府校勘述论》，《河北大学学报》2003 年第 3 期。

桑兵：《从眼光向下回到历史现场——社会学人类学对近代中国史学的影响》，《中国社会科学》2005 年第 1 期。

宋采义：《论宋代神童举》，《史学月刊》1989 年第 6 期。

宋燕鹏、张素格：《南宋地方桥梁的修建与士人参与》，《山西师大学报》（社会科学版）2013 年第 1 期。

宋燕鹏：《试论南宋士人参与地方公益的外在动因》，《宋史研究论丛》第 14 辑，河北大学出版社 2013 年版。

宋燕鹏：《因文化而地位：南宋"士人社会"的成立及其意义》，《宋史研究论丛》2015 年第 1 期。

孙立平：《中国传统社会中贵族与士绅力量的消长及其对社会结构的影响》，《天津社会科学》1992 年第 4 期。

谭其骧：《鄱阳湖演变的历史过程》，《复旦学报》（社会科学版）1982 年第 2 期。

唐启淮《唐五代时期湖南地区社会经济的发展》，《中国社会经济史研究》1985 年第 4 期。

唐长孺：《门阀的形成及其衰落》，《武汉大学学报》1959 年第 8 期。

汪圣铎：《宋代的童子举》，《文史哲》2002 年第 6 期。

王曾瑜：《研究宋代江西地方史三十年的结晶——评〈江西通史〉的〈北宋卷〉和〈南宋卷〉》，《江西社会科学》2010 年第 1 期。

王德毅：《宋代江西的史学》，《台大历史学报》第 21 期（1986 年 12 月）。

王恩厚：《北宋"三冗"弊政述评》，《历史教学》1981 年第 1 期。

王河：《南宋书院藏书考略》，《江西社会科学》1998 年第 3 期。

王华艳、范立舟：《南宋的非政府势力初探》，《浙江社会科学》2004 年第 1 期。

王力平：《中古士族到士人的演进》，《南开学报》（哲学社会科学版）2008 年第 3 期。

王菱菱，刘潇：《南宋地方政府的方志编修》，《河北大学学报》（哲学社会科学版）2018 年第 3 期。

王瑞来：《从近世走向近代——宋元变革论述要》，《史学集刊》2015
年第 4 期。

王瑞来：《金榜题名后：破白与合尖——宋元变革论实证研究举隅之
一》，《国际社会科学》2009 年第 3 期。

王瑞来：《走向象征化的皇权》，朱瑞熙、王曾瑜、姜锡东等主编《宋
史研究论文集》，上海人民出版社 2008 年版。

魏天安：《北宋买马社考》，《晋阳学刊》1988 年第 4 期。

吴铮强：《唐宋时期科举制度的变革与社会结构之演变》，《社会学研
究》2008 年第 2 期。

夏曾佑：《中国古代史》，《民国丛书》第 2 编第 73 册，上海书店 1990
年版。

傅斯年：《中国历史分期之研究》，载《史学方法导论》，中国人民大
学出版社 2006 年版。

夏汉宁：《两宋文坛一道灿烂的风景线——宋代的江西作家群》，《文
史知识》1998 年第 1 期。

肖永明、唐亚阳：《书院与社会教化》，载《中国书院》，湖南教育出
版社 2003 年版。

萧东海：《杨万里和王庭珪的师生交谊》，《井冈山学院学报》2006 年
第 5 期。

谢元鲁：《唐五代移民入蜀考》，《中国社会经济史研究》1987 年第
4 期。

徐爱华、胡建次：《周必大与杨万里的交游及其影响下的诗歌创作
论》，《江西教育学院学报》2005 年第 5 期。

徐红：《北宋进士的交游圈对其家族通婚地域的影响》，《史学月刊》
2008 年第 12 期。

徐洪兴：《唐宋间中国思想转型及其提供的思考》，《解放日报》2008
年 7 月 27 日第 8 版。

徐中舒：《士王皇三字之探源》，《中央研究院历史语言研究所集刊》

1934 年第 4 本。

许怀林:《试论宋代江西经济文化的大发展》,《中华文史论丛增刊》,上海古籍出版社 1982 年版。

许怀林:《宋代民风好讼的成因分析》,《宜春学院学报》2002 年第 1 期。

许南海:《从宋代养生诗看宋代士人的养生》,《黑龙江史志》2011 年第 11 期。

严文明、彭适凡:《仙人洞与吊桶环华南史前考古的重大突破》,《中国文物报》2000 年 7 月 5 日。

闫邦本:《宋代农民起义的高涨》,《西华师范大学学报》1982 年第 3 期。

杨杰:《民间助学与宋代江西教育的勃兴》,《嘉应学院学报》(哲学社会科学版)2016 年第 4 期。

杨世利:《近二十年来宋代士大夫政治研究综述》,《中国史研究动态》2008 年第 4 期。

杨晏平:《宋代的江西刻书》,《文献》1996 年第 3 期。

阳达:《试论宋代科举的义约现象》,《学术研究》2009 年第 4 期。

叶坦:《宋代社会经济结构的变迁》,《江海学刊》1990 年第 5 期。

俞兆鹏:《南宋人才之盛及其原因》,《杭州日报》2005 年 11 月 14 日。

于北山:《有关杨诚斋研究中的几个问题》,《中华文史论丛》1984 年第 4 辑。

张广达:《内藤湖南的唐宋变革说及其影响》,载《唐研究》第 11 卷,北京大学出版社 2005 年版。

张国刚:《中古士族文化的下移与唐宋之际的社会演变》,《中华文史论丛》2014 年第 1 期。

张其凡:《皇帝与士大夫共治天下试析:北宋政治架构探微》,《暨南学报》(哲学社会科学)2001 年第 6 期。

张希清:《论宋代科举取士之多与冗官问题》,《北京大学学报》(哲学社会科学版)1987 年第 5 期。

张希清：《士大夫与天子"共治天下"——范仲淹与庆历新政》，《博览群书》2010 年第 10 期。

张雪红：《南宋教育重心的下移与民间学校教育传播系统的新特征》，《河南大学学报》2008 年第 4 期。

张泽咸：《"唐宋变革论"若干问题的质疑》，《中国唐史学会论文集》，三秦出版社 1989 年版。

赵冬梅：《试论宋代的阁门官员》，《中国史研究》2004 年第 4 期。

赵克尧：《魏晋风度论》，《复旦大学学报》（社会科学版）1988 年第 1 期。

真锅多嘉子：《近十五年来日本对宋代士大夫的研究》，《中国史研究动态》2005 年第 8 期。

钟起煌：《关于赣文化研究的若干问题》，《江西社会科学》1996 年第 8 期。

周佳：《宋代知州知府与当地图经、方志纂述》，《中国历史地理论丛》2009 年第 3 期。

周启成：《〈杨万里传〉补订》，《文献》1988 年第 4 期。

周燕：《宋代贡举中神童举对儿童的培养及入仕影响》，《兰台世界》2014 年第 24 期。

周子翼：《北宋豫章诗社考论》，《江西社会科学》2012 年第 6 期。

朱迎平：《宋代刻书产业对文学的影响》，《上海财经大学学报》2006 年第 3 期。

朱迎平：《宋代题跋文的勃兴及其文化意蕴》，《文学遗产》2000 年第 4 期。

诸葛忆兵：《宋代士大夫的境遇与士大夫精神》，《中国人民大学学报》2001 年第 1 期。

祝尚书：《论南宋四川的"类省试"》，《四川师范大学学报》（社会科学版）2003 年第 5 期。

邹邦奴：《宋代江西的教育》，《上饶师范学院学报》1985 年第 2 期。

邹锦良：《心理认同与士人结群：南宋庐陵士人的日常交游——以周

必大为中心考察》,《北方论丛》2012 年第 4 期。

邹锦良:《"地方精英"视域下的宋代民间办学——以江右为例》,《江西社会科学》2015 年第 3 期。

邹锦良:《杨万里与周必大交谊考论》,《井冈山大学学报》(社会科学版) 2011 年第 6 期。

邹锦良:《区域社会视域下的宋代"童子举"——以饶州为例》,《中国社会历史评论》2019 年第 2 期。

学位论文

刘锡涛:《宋代江西文化地理研究》,博士学位论文,陕西师范大学,2001 年。

周莲弟:《周必大研究》,博士学位论文,香港大学,2001 年。

陈秀宏:《科举制度与唐宋士阶层》,博士学位论文,东北师范大学,2004 年。

崔英超:《南宋孝宗朝宰相群体研究》,博士学位论文,暨南大学,2004 年。

黄云鹤:《唐宋时期落第士人研究》,博士学位论文,东北师范大学,2005 年。

弋杨:《宋代江西书院及其发展的社会环境》,硕士学位论文,四川大学,2005 年。

朱红梅:《唐宋童子科研究》,硕士学位论文,陕西师范大学,2005 年。

潘伟娜:《宋代新编童蒙读物初探》,硕士学位论文,四川大学,2005 年。

由兴波:《诗法书法——宋代"书法四大家"诗学思想与书法理论比较研究》,博士学位论文,复旦大学,2006 年。

史江:《宋代会社研究》,博士学位论文,四川大学,2006 年。

王毅:《南宋江西词人群体研究》,博士学位论文,华东师范大学,2006 年。

李放：《苏轼书法思想研究》，博士学位论文，首都师范大学，2007 年。

杨瑞：《周必大研究》，博士学位论文，浙江大学，2007 年。

郭兰：《周必大研究》，硕士学位论文，河北大学，2007 年。

崔丽君：《宋代江西教育研究》，硕士学位论文，南昌大学，2007 年。

李枚：《科举、家族与地方社会——以宋代德兴地区为中心的考察》，硕士学位论文，南昌大学，2008 年。

梁巍：《宋代童蒙阶段的行为规范教育研究》，硕士学位论文，河北大学，2009 年。

李慧斌：《宋代制度层面的书法史研究》，博士学位论文，吉林大学，2009 年。

李侦观：《宋代士人婚姻观念研究》，博士学位论文，浙江师范大学，2011 年。

王登科：《书法与宋代社会生活研究》，博士学位论文，吉林大学，2010 年。

林萍：《南宋江西地区民间祠神信仰研究》，硕士学位论文，南昌大学，2010 年。

张烨：《社会化视角下的宋代童蒙教育》，硕士学位论文，上海师范大学，2010 年。

刘微：《蔡襄的书法美学思想研究》，硕士学位论文，山东大学，2010 年。

崔延平：《北宋士大夫交游研究》，博士学位论文，山东大学，2011 年。

刘钰琳：《论童子举》，硕士学位论文，重庆师范大学，2011 年。

郭忠羽：《宋代童蒙教育研究》，硕士学位论文，福建师范大学，2012 年。

祁高飞：《清代杭嘉湖地区文学社群研究》，博士学位论文，苏州大学，2013 年。

游姝琪：《南宋闽浙赣毗邻区域理学核心区研究》，博士学位论文，福建师范大学，2014 年。

族谱文献

《白沙南渡周氏族谱》，现藏于江西省吉安市吉安县永和镇周家村。

《山原罗氏族谱·总系》，现藏吉水县黄桥镇山原村。

《花园王氏族谱》，道光三十年（1850）刊本，现藏于江西省吉水县枫江镇花园村。

《新喻墨庄刘氏续编世谱》，现藏于江西省新余市。

外文文献

［德］斐迪南·滕尼斯著，张巍卓译：《共同体与社会》，商务印书馆2019 年版。

［日］内藤湖南著，夏应元选编：《中国史通论》，社会科学文献出版社 2004 年版。

［日］葭森健介：《唐宋变革论于日本成立的背景》，《史学月刊》2005 年第 5 期。

［日］宫崎市定：《东洋的近世》，收录于刘俊文主编、黄约瑟译《日本学者研究中国史论著选译》，中华书局 1992 年版。

［日］寺田網：《宋代教育史概說》，東京博文社 1965 年版。

［日］近藤一成主编：《宋元史学的基本问题》，中华书局 2010 年版。

［日］佐竹靖彦：《总论》，载近藤一成主编《宋元史学的基本问题》，中华书局 2010 年版。

［法］谢和耐著，耿升译：《中国社会史》，江苏人民出版社 1995年版。

［美］韩森著，包伟民译：《变迁之神：南宋时期的民间信仰》，中西书局 2016 年版。

Robert M. Hartwell. , "Demographic, political, and Social Transformations of China, 750 – 1550", *Harvard Journal of Asiatic Studies*, Vol. 42, No. 2（Dec. 1982）pp. 365 –442.

Robert Hymes, *Statesmen and Gentlemen: The Elite of Fu – Chou, Chiang – Hsi, in Northern and Southern Sung*, London: Cambridge University press, 1986.

Anne Gerritsen, *Ji'an Literati and the Local in Song – Yuan – Ming China*, Brill, 2007.

Linda Walton, *Academics and Society in Southern Sung China*, Honolulu: University of Hawaii Press, 1999.

Chengfeng Fang, "The Migration of Zhou Bida's Family during the 1120s and the 1150s: An Evaluation of the CBDB", *Journal of Sung – Yuan studies*, Albany, NY: Dept. of East Asian Studies, State University of New York at Albany, vol. 38, 2008.

后　记

　　呈现在读者面前的这部书稿是本人承担的 2013 年国家社科基金青年项目"南宋江西士人社群与地方社会研究"的最终结项成果，也是本人继博士学位论文之后第二部真正意义上的学术专著。

　　2010 年，我从南京大学博士毕业后回到了攻读硕士学位的母校南昌大学历史系工作。回到南昌后的前两年，我一直忙于一些基本的教学任务和社会杂务，几乎没有关注过课题项目的申报。2012 年初，在院系领导的"催促"下，我才开始申报江西省社科基金项目和江西省高校人文项目，年底开始思考申报国家社科基金项目。几番思虑后，我决定结合本人之前的博士学位论文研究，开始以周必大为中心扩展到对南宋江西士人群体的关注。众所周知，宋代江西经济发达，文化繁荣，学术突出，呈现出"江西现象"，在两宋政治名人和文化大家中，有很多是出自江西，或南迁于江西，他们深明民族大义，勇于担当历史使命，在宋代历史中留下了重要影响。学界对宋代江西的历史文化名人个案研究已近精深，诸如晏殊、欧阳修、王安石、曾巩、黄庭坚、杨万里、文天祥等，不仅常态化地召开过多次国际学术研讨会，而且有关的学术专著、论文以及文献整理都十分宏富。但宋代江西士人数量众多，除了上述这些耳熟能详的士大夫，还有许多名气不如上述这些士大夫，或者默默无闻的士人，他们在宋代政治、经济、社会、文化等方面也产生了一定的影响，尤其是他们留下了大量文献资料，这些文献资料沉埋已久，亟待汇集整理。因此，开展南宋江西士人群体研究不仅能为学界深入研究宋代士人提供便捷的资料，而且对南宋江西士人社群的考察，既能突出地方特色，又具有全国意义。有基于此，2012 年底，我以"南宋江西士人社群与地方社会研究"为题申报国家社科基金青年项目，非常荣幸获得 2013 年度青年项目立项。随后几年，我的学术研究重心便转向南宋江西士人社群与地方社会，并围绕这个主题进行士人文献的收集，整理工作，同时也发表了几篇相关的学术论文。

　　但由于那几年自己正处在职称评审，各类课题申报，开展社会服务和身兼党务工作，以及生活上的成家，买房，装修，孩子出生等各项琐务包围中，精力实在有限，"南宋江西士人社群与地方社会研究"课题的撰写进度十分缓慢，以至于每次填写课题中期检查表的时候我就很心慌，甚至于不懂学术研究的爱人在看到我有时间出去运动交友时，还多次唠叨我："你的国家课题还不赶紧写！"正是在这样的紧迫感下，我利用节假日、下班后的有效时间，抓紧撰写，在 2019 年 5 月底完成了课题的结题报告撰写任务。我清楚地记得，为了课题完稿的最后冲刺，2019 年元月到 5 月，我几乎都是在学校办公室度过的，方便面就吃了几箱，当然这是自己前面没有抓紧时间所导致的。

　　完成这个课题的报告撰写任务后，我当时如释重负，掩卷沉思。回想自己的求学之路，感慨良多。我出生于一个贫穷偏僻的小山村，并且生性愚钝，父母均小学未毕业，我从来没有想过自己会走上学术研究这条道路，也从未想过自己会在大学谋得教职。非常有幸的是，在我求学的过程中不断幸遇惠我良多的恩师们，在恩师们的引领下，我才得以不断努力、进取。感谢我的博士生导师南京大学李昌宪教授，李老师言语不多，为人风趣，治学尚朴。负笈金陵三年，先生惠我良多，他知悉我史料基础较差，特意让我在史料校勘考证方面获得较多锻炼，比如他将其承担的《全宋笔记》中"周必大笔记"和"陆游笔记"的校勘任务交由我来完成。更让我感怀的是，每次上课时，先生就叫我到他家去，一个下午的时间，边喝茶边在他书房"闲聊"式上课。博士三年级时，我的毕业论文每写完一章，先生即发邮件来"索要"，于是我忐忑不安地发给他，数日后，便能收到先生发来的修改意见。这使我及时发现写作中的不足，在写下一章时便能少犯错误。我回南昌工作后，先生和师母来过江西三次，一次是从湖南大学岳麓书院钱师兄处辗转来到南昌大学，我请先生利用晚上休息时间给南昌大学历史系学生做了一个讲座，第二天先生就和师母匆匆回南京了；一次是2014年，我在吉安筹办周必大诞辰888周年学术研讨会，先生到吉安参加会议，并到井冈山游玩；还有一次是2017年杨万里诞辰890周年，我在老家吉水县筹办了这次学术研讨会，先生和师母到了我老家，会议结束时，我还安排我父母与先生、师母一起共进晚餐。

感谢我的硕士生导师袁礼华教授，2004年秋，我在中学工作两年后，有幸考入南昌大学攻读硕士学位。袁老师为人谦和，我学术基础差，但是他经常鼓励我要多看学术论文，然后学习撰写学术论文。数月后，当我将自己写的第一篇学术论文交给他时，心里既高兴又不安。很快，袁老师将我叫至办公室，手里拿着我写的那篇学术论文。当我看到袁师将拙文修改得几乎"面目全非"时，心里十分感动。他不但没有批评我的稚嫩，反而鼓励我勤于看书，善于思考。有了老师的鼓励，此后，我便乐于将自己写的论文拿给袁师"过目"。袁师身兼行政职务，平时极为忙碌，但他总是利用工作之暇将我叫到办公室或家中予以指点。博士毕业回到南昌工作后，他又如父亲般鼓励和督促我不断进步。在我看来，袁老师对我这份特别的关爱，是我不断前行的巨大动力。

时光飞逝，一晃自己到南昌大学工作已经12年了，在这个过程中，自己在教学、科研、行政、社会服务和党派工作等方面得到了磨砺，获得了成长。感谢黄志繁老师这几年在科研，行政等方面如兄长般地手把手教我，让我学习了很多，感谢历史系宋三平、张芳霖、吴小卫等师长对我的关心。感谢国家社科基金通讯评委们对课题结题稿提出的诸多中肯的修改意见。书稿得以出版得益于人文学院的经费支持，在此感谢南昌大学人文学院江马益院长的鼎力相助。书稿的修改也得益于我的硕士研究生何川、刘翔运等在资料搜集、文字校对等方面所做的大量工作。

最后，要特别感谢我的家人对我工作的大力支持和无私帮助，我的父母这几年在南昌帮我照顾家庭小孩，十分辛苦。我的爱人是学工科的，她在企业工作，但她对待工作积极进取，对待生活乐观向上，同时对我的学术、行政、社会服务以及党派工作鼎力支持，并且毫无怨言地承担了家里的大事小情。大儿子圣安 2016 年 12 月出生，给我带来了初为人父的喜悦，只是平时工作繁忙，陪伴他的时间太少，他对我时常有些怨言，小儿子翌阳今年端午节出生，正好是书稿最后修订的时间，他的到来让我更加感受到为人父的责任与担当。今后我将尽力在家庭与工作的平衡中奋勇前行，谨以此书献给他们。

邹锦良

2022 年 6 月 3 日端阳节于江西省妇幼保健院